全国高职高专药学类专业规划教材

GSP 实务

（供药学类、中药学类专业使用）

主　编　张　瑜

副主编　杨文章　周　勇

编　者（以姓氏笔画为序）

王　堃（湖北省医药学校）

杨文章（山东医药技师学院）

宋凯凯（山东医药技师学院）

张　瑜（山东医药技师学院）

张绍元（泰安市第一人民医院）

周　勇（重庆三峡医药高等专科学校）

郑金华（漳州卫生职业学院）

赵云虹（黑龙江省国资技工学校）

崔　璀（河南省医药学校）

中国医药科技出版社

内容提要

本书是全国高职高专药学类专业规划教材之一，采用“模块→项目→任务→活动”结构进行编写。本书内容主要包括：药品与药品质量管理、GSP 概述、GSP 对人员与机构的要求、GSP 对药品采购的管理、GSP 对药品收货与验收的管理、GSP 对储存养护设施与设备的管理、GSP 对校准与验证的管理、GSP 对储存的管理、GSP 对药品养护的管理、药品销售与广告宣传管理、出库与配送管理、药品售后与质量风险管理、质量管理体系文件、计算机管理信息系统、GSP 认证准备、GSP 认证实务等 16 个项目。本书以全面推进一项管理手段、强化两个重点环节、突破三个难点问题的修订目标为依据，确保科学性和先进性。

本书供全国医药院校的药学类及中药学类各专业使用，也可作为相关专业及医药职工培训、自学和有关人员的参考书。

图书在版编目（CIP）数据

GSP 实务/张瑜主编．—北京：中国医药科技出版社，2015.8
全国高职高专药学类专业规划教材
ISBN 978-7-5067-7504-5

Ⅰ.①G… Ⅱ.①张… Ⅲ.①药品-商业经营-质量管理-中国-高等职业教育-教材
Ⅳ.①F721.8

中国版本图书馆 CIP 数据核字（2015）第 152425 号

美术编辑 陈君杞
版式设计 郭小平

出版 中国医药科技出版社
地址 北京市海淀区文慧园北路甲 22 号
邮编 100082
电话 发行：010-62227427 邮购：010-62236938
网址 www.cmstp.com
规格 787×1092mm 1/16
印张 24 3/4
字数 510 千字
版次 2015 年 8 月第 1 版
印次 2018 年 7 月第 3 次印刷
印刷 北京市密东印刷有限公司
经销 全国各地新华书店
书号 ISBN 978-7-5067-7504-5
定价 56.00 元

本社图书如存在印装质量问题请与本社联系调换

全国高职高专药学类专业规划教材
建设指导委员会

主 任 委 员 张耀华（中国药师协会）

副主任委员（以姓氏笔画为序）

王润霞（安徽医学高等专科学校）
刘　伟（长春医学高等专科学校）
刘　斌（天津医学高等专科学校）
李松涛（山东医药技师学院）
李海鹰（济南护理职业学院）
吴少祯（中国医药科技出版社）
金　虹（四川中医药高等专科学校）
金鲁明（山东中医药高等专科学校）
周建军（重庆三峡医药高等专科学校）
周福成（国家执业药师资格认证中心）
黄庶亮（漳州卫生职业学院）

委　　　员 马丽虹（山东医药技师学院）

尹　航（漳州卫生职业学院）
方应权（重庆三峡医药高等专科学校）
王志江（山东中医药高等专科学校）
王　凯（重庆三峡医药高等专科学校）
付达华（漳州卫生职业学院）
冯彬彬（重庆三峡医药高等专科学校）
白正勇（漳州卫生职业学院）
刘　岩（山东中医药高等专科学校）
刘建升（山东医药技师学院）
刘洪波（长春医学高等专科学校）
刘　婕（山东医药技师学院）
孙　莹（长春医学高等专科学校）
许一平（山东中医药高等专科学校）
张利华（山东医药技师学院）
张炳盛（山东中医药高等专科学校）

张　虹（长春医学高等专科学校）
张琳琳（山东中医药高等专科学校）
张　瑜（山东医药技师学院）
李广元（山东中医药高等专科学校）
李本俊（辽宁卫生职业技术学院）
李　淼（漳州卫生职业学院）
杜金蕊（天津医学高等专科学校）
杨元娟（重庆医药高等专科学校）
杨文章（山东医药技师学院）
杨守娟（山东中医药高等专科学校）
杨丽珠（漳州卫生职业学院）
沈　力（重庆三峡医药高等专科学校）
沈小美（漳州卫生职业学院）
陈　文（惠州卫生职业学院）
陈兰云（廊坊卫生职业学院）
陈育青（漳州卫生职业学院）
陈美燕（漳州卫生职业学院）
庞　津（天津医学高等专科学校）
易东阳（重庆三峡医药高等专科学校）
林美珍（漳州卫生职业学院）
林莉莉（山东中医药高等专科学校）
郑开梅（天津医学高等专科学校）
金秀英（四川中医药高等专科学校）
金　艳（长春医学高等专科学校）
贺　伟（长春医学高等专科学校）
徐传庚（山东中医药高等专科学校）
高立霞（山东医药技师学院）
黄金敏（荆州职业技术学院）
靳丹虹（长春医学高等专科学校）
谭　宏（雅安职业技术学院）
魏启玉（四川中医药高等专科学校）

秘 书 长　匡罗均（中国医药科技出版社）

办 公 室　赵燕宜（中国医药科技出版社）
黄艳梅（中国医药科技出版社）
王宇润（中国医药科技出版社）

出版说明

全国高职高专药学类专业规划教材，是在深入贯彻《国务院关于加快发展现代职业教育的决定》及《现代职业教育体系建设规划（2014~2020年）》等文件精神的新形势下，在教育部、国家卫生和计划生育委员会、国家食品药品监督管理总局的领导和指导下，在全国食品药品职业教育教学指导委员会相关专家指导下，中国医药科技出版社在广泛调研和充分论证的基础上，于2014年底组织全国30余所高职高专院校300余名教学经验丰富的专家教师以及企业人员历时半年余不辞辛劳、精心编撰而成。

教材编写，坚持以药学类专业人才培养目标为依据，以岗位需求为导向，以技能培养为核心，以职业能力培养为根本，体现高职高专教育特色，力求满足专业岗位需要、教学需要和社会需要，着力提高药学类专业学生的实践操作能力。在坚持"三基、五性"原则基础上，强调教材的针对性、实用性、先进性和条理性。坚持理论知识"必需、够用"为度，强调基本技能的培养；体现教考结合，密切联系药学卫生专业技术资格考试（药士、药师、主管药师）和执业药师资格考试的要求；重视吸收行业发展的新知识、新技术、新方法，体现学科发展前沿，并适当拓展知识面，为学生后续发展奠定必要的基础。

本套教材的主要特色如下：

1. 理论适度，强化技能 教材体现高等教育的属性，使学生需要有一定的理论基础和可持续发展能力。教材内容做到理论知识"必需、够用"，强化技能培养。给学生学习和掌握技能奠定必要的、足够的理论基础，不过分强调理论知识的系统性和完整性。教材中融入足够的实训内容，将实验实训类内容与主干教材贯穿一起，体现"理实"一体。

2. 对接岗位，教考融合 本套教材体现专业培养目标，同时吸取高职教育改革成果，满足岗位需求，内容对接岗位，注重实践技能的培养。充分结合学生考取相关职业（药士、药师）资格证书和参加国家执业药师资格考试的需要，教材内容和实训项目的选取涵盖了相关的考试内容，满足考试的要求，做到教考、课证融合。

3. 工学结合，突出案例 每门教材尤其是专业技能课教材，在由教学一线经验丰富的老师组成编写团队的基础上，吸纳了部分具有丰富实践经验的企业人员参与编写，确保工作岗位上先进技术和实际案例操作内容写入教材，更加体现职业教育的职业性、实践性和开放性。本套教材通过从药品生产到药品流通、使用等各环节引入的实际案例，使其内容更加贴近岗位，让学生了解实际岗位的知识和技能需求，做到学以致用。

4. 优化模块，易教易学 教材编写模块生动、活泼，在保持教材主体框架的基础上，通过模块设计增加教材的信息量和可读性、趣味性。其中，既包含有利于教学的互动内容，也有便于学生了解相关知识背景和应用的知识链接。适当介绍新技术、新设备以及科技发展新趋势，为学生后续发展奠定必要的基础。将现代职业发展相关知识，作为知识拓展内容。

5. 多媒融合，增值服务 为适应当前教育信息化发展的需要，加快推进“互联网+医药教育”，提升教学效率，在出版纸质教材的同时，免费为师生搭建与纸质教材配套的“中国医药科技出版社在线学习平台”（含数字教材、教学课件、图片、视频、动画及练习题等），从而使教学资源更加丰富和多样化、立体化，更好地实现教学信息发布、师生答疑交流、学生在线测试、教学资源拓展等功能，促进学生自主学习。

本套规划教材（27 种）及公共课程规划教材（6 种），适合全国高职高专药学类、中药学类及其相关专业使用（公共课程教材适合高职高专医药类所有专业教学使用），也可供医药行业从业人员继续教育和培训使用。

编写出版本套高质量的全国高职高专药学类专业规划教材，得到了药学专家的精心指导，以及全国各有关院校领导和编者的大力支持，在此一并表示衷心感谢。希望本套教材的出版，将会受到全国高职高专院校药学类专业广大师生的欢迎，对促进我国高职高专药学类专业教育教学改革和药学类专业人才培养做出积极贡献。希望广大师生在教学中积极使用本套教材，并提出宝贵意见，以便修订完善，共同打造精品教材。

全国高职高专药学类专业规划教材建设指导委员会

中国医药科技出版社

2015 年 7 月

全国高职高专公共课程规划教材目录

（供医药类各专业使用）

序号	名　称	主　编	书　号
1	大学生心理健康教育*	郑开梅	978-7-5067-7531-1
2	应用文写作	金秀英	978-7-5067-7529-8
3	医药信息技术基础*	金　艳　庞　津	978-7-5067-7534-2
4	体育与健康	杜金蕊　尹　航	978-7-5067-7533-5
5	大学生就业指导	陈兰云　王　凯	978-7-5067-7530-4
6	公共关系基础	沈小美　谭　宏	978-7-5067-7532-8

“*”表示该教材配套有“中国医药科技出版社在线学习平台”。

全国高职高专药学类专业规划教材目录

（供药学类、中药学类专业使用）

序号	名　称	主　编	书　号
1	无机化学	刘洪波	978-7-5067-7511-3
2	有机化学*	王志江　刘建升	978-7-5067-7520-5
3	分析化学	靳丹虹	978-7-5067-7505-2
4	生物化学	付达华　张淑芳	978-7-5067-7508-3
5	药理学	杨丽珠	978-7-5067-7512-0
6	药物制剂技术*	张炳盛　王　峰	978-7-5067-7517-5
7	药物分析技术	金　虹　杨元娟	978-7-5067-7515-1
8	药物化学	黄金敏　方应权	978-7-5067-7516-8
9	GMP 实务*	马丽虹　许一平	978-7-5067-7503-8
10	人体解剖生理学	贺　伟　魏启玉	978-7-5067-7507-6
11	静脉用药集中调配实用技术	王秋香	978-7-5067-7509-0
12	中药储存与养护	陈　文　刘　岩	978-7-5067-7521-2
13	天然药物化学*	冯彬彬	978-7-5067-7510-6
14	中药炮制技术*	李松涛　陈美燕	978-7-5067-7525-0
15	中药制剂技术	张利华　易东阳	978-7-5067-7527-4
16	中医药学概论*	张　虹　李本俊	978-7-5067-7502-1
17	中医学基础*	白正勇	978-7-5067-7528-1
18	中药学*	李　淼	978-7-5067-7526-7
19	中药鉴定技术	陈育青　李建民	978-7-5067-7524-3
20	药用植物学*	林美珍　张建海	978-7-5067-7518-2
21	中药调剂*	杨守娟	978-7-5067-7522-9
22	中药化学实用技术	高立霞	978-7-5067-7523-6
23	药事管理与法规*	张琳琳　沈　力	978-7-5067-7514-4
24	临床医学概要*	李广元	978-7-5067-7506-9
25	药品营销心理学	徐传庚　刘　婕	978-7-5067-7519-9
26	GSP 实务*	张　瑜	978-7-5067-7504-5
27	药品市场营销学*	杨文章　林莉莉	978-7-5067-7513-7

“*”表示该教材配套有“中国医药科技出版社在线学习平台”。

前言 preface

本教材是在教育部、国家卫生和计划生育委员会、国家食品药品监督管理总局的领导下，由全国高职高专药学类专业规划教材建设指导委员会组织编写而成，是全国高职高专药学类专业规划教材之一，供全国高职高专院校药学类及中药学类各专业使用，也可作为相关专业及医药职工培训、自学和有关人员的参考书。

本教材是为贯彻落实《国务院关于加快发展现代职业教育的决定》（国发〔2014〕19号）精神和“国家职业标准”及教育部等六部委编制的《现代职业教育体系建设规划（2014-2020年）》精神，依据新版《药品经营质量管理规范》编写而成。

本教材的特点：一是采用“模块→项目→任务→活动”式结构，每个项目前有“学习目标”，后有“目标检测”，突出职业教育特点，加大技能培训力度，实现“一体化教学”目标；二是在深度和广度上，按照“必需、够用”为度的标准。主要内容包括：药品与药品质量管理、GSP概述、GSP对人员与机构的要求、GSP对药品采购的管理、GSP对药品收货与验收的管理、GSP对储存养护设施与设备的管理、GSP对校准与验证的管理、GSP对储存的管理、GSP对药品养护的管理、药品销售与广告宣传管理、出库与配送管理、药品售后与质量风险管理、质量管理体系文件、计算机管理信息系统、GSP认证准备、GSP认证实务等16个项目。根据医药经营企业实务的要求，尤其是满足医药经营企业GSP认证的需要，注重教材的科学性、实用性和可操作性。

本教材由张瑜主编，负责本教材的整体策划、统稿，并完成了项目十五的编写；张绍元完成了项目一的编写；赵云虹完成了项目二、项目七的编写；王堃完成了项目三、项目四的编写；崔璀完成了项目五、项目六的编写；郑金华完成了项目八、项目九的编写；宋凯凯完成了项目十、项目十一、项目十二的编写，其中项目十二的任务三由周勇编写；周勇完成了项目十三、项目十四的编写；杨文章完成了项目十六的编写。本教材采用“横编竖统”的方式，即每位编者既要根据编写大纲和分工完成某部分内容的编写，又要根据编写大纲的统一性，确保教材的衔接性和完整性。

本教材的编写，力求博取众长，追求新颖科学，参阅和汲取大量国内外专著的新观点，使之扬长避短，不断完善和提高，充分体现教材的新颖性和科学性。在此，向给予大力支持的各位领导、专家和各位编者老师的鼎力合作，表示衷心的感谢！

由于时间仓促和水平有限，不完善之处甚至错误在所难免，我们真诚地希望广大读者提出宝贵的意见，便于以后修订完善。

编者

2015年夏

目录 contents

模块一 GSP概论

模块二 GSP对药品购进管理

模块六　GSP 认证

模块一　GSP 概论>>>

项目一　药品与药品质量管理

任务一　药品的概念与特殊性

1. 掌握药品的特殊性。
2. 熟悉药品的概念。

案例阅读

药品是一种特殊的商品，药品的质量关系到人民群众的生命安全。注射青霉素前需要做皮试，其实青霉素本身并不导致过敏，导致过敏的物质是它的分解产物青霉噻唑酸和青霉烯酸。如果生产过程中混入的分解产物过多，就会导致质量不合格，轻的会导致溶血性贫血、药疹、接触性皮炎、间质性肾炎、哮喘发作，重的会导致过敏性休克，甚至死亡。

活动一　药品的概念

1. 药品的定义　《中华人民共和国药品管理法》（以下简称《药品管理法》）第一百条对药品定义："药品是指用于预防、治疗、诊断人的疾病，有目的地调节人的生理机能，并规定有适应证或者功能主治、用法用量的物质，包括中药材、中药饮片、中成药、化学原料药及其制剂、抗生素、生化药品、放射性药品、血清、疫苗、血液制品和诊断药品等。"

2. 药品的含义

（1）药品使用目的是用于预防、治疗、诊断人的疾病，有目的地调节人的生理机能。这是区别药品与保健品、食品、毒品、化妆品的基本点。

（2）药品是人用药品。不包括农药和兽药。

（3）药品的范围，包括中药材、中药饮片、中成药、化学原料药及其制剂、抗生素、生化药品、放射性药品、血清、疫苗、血液制品和诊断药品等。

3. 药品的名称

（1）药品的通用名称，又称法定名称。是指列入国家药品标准的药品的名称。

（2）药品的商品名称，又称专用名称。是指经工商行政管理部门批准注册成为该药品的专用商品名称，是受到法律保护的药品名称。

（3）化学药品的名称，一般包括商品名称、通用名称、化学名称、英文名称、汉语拼音名称。

（4）中药材的名称，包括法定中文名称、汉语拼音名称、拉丁名称。

（5）中药制剂的名称，包括法定中文名称、汉语拼音名称。

（6）曾用名，执行地方标准时，曾采用过，已于 2005 年 1 月 1 日起停止使用。

活动二　药品的特殊性

1. 药品的特性

（1）药品作用的两重性。药品可以防病治病、康复保健，管理得当、使用合理可以治病救人，有利于健康。但多数药品又有不同程度的毒副作用，如果管理不善、使用不当，不仅不能“治病”，还可能“致病”，影响人们的身体健康，甚至危及生命安全。

（2）药品使用的科学性。药品的使用方法、剂量、时间等多种因素在很大程度上决定其使用效果，大部分药品需要在通过医生检查、诊断明确疾病后，并在医生或执业药师的指导下合理使用，才能达到防病治病和康复保健的目的。若滥用药物就很可能造成中毒或产生药源性疾病。

（3）药品质量的严格性。药品质量直接关系到人们的身体健康，甚至生命安危。但是，除了外观，医生和患者无法辨认其内在质量，因此，必须确保药品的安全、有效、均一、稳定。

（4）药品等级的一致性。一般商品有质量等级之分：如优等品、一等品、二等品等，均可以销售；而药品和其他商品不同，它只有合格与不合格之分，只有符合规定的合格品才能允许销售，否则不得销售。

（5）药品监管的严肃性。药品质量的优劣真伪，一般消费者难以辨别，必须有专门的技术人员和专门机构，依据法定标准，用符合要求的仪器和设备，用正确的方法才能作出鉴定或评价。

（6）药品储备的时效性。药品是治疗疾病的物质基础，这就要求药品生产、经营企业及医疗卫生部门对药品要有适量的储备，宁愿药等病，切勿病等药。但是，药品又有一定的有效期，因此，还要注意储备的数量不能过多。

（7）药品种类的复杂性。据不完全统计，全世界约有 20 000 余种，我国中药制剂约 5000 多种，西药制剂约 4000 多种，由此可见，药品的种类繁多而复杂。

2. 药品市场的特性　药品是一种特殊的商品，药品市场除了实行准入制度外，还具有如下特性：

（1）药品市场需求弹性较大。

（2）药品市场需求的多样化和差异性。

（3）药品市场被动消费现象突出。

（4）药品市场专业性强。

（5）药品市场竞争激烈。

（6）药品品种不断更新引导市场。

（7）药品市场分散，销售时间受到限制。

（8）药品市场监管难度比较大。

（9）广告媒体影响药品市场。

任务二　药品质量与药品质量监督管理

学习目标

1. 掌握全面质量管理的特点与方法。
2. 掌握药品质量保证体系的概念与内容。
3. 熟悉药品质量与药品质量标准。

案例阅读

2006 年发生的“欣弗”事件很好地诠释了药品质量的重要性。2006 年 6~7 月，青海、广西、浙江、黑龙江和山东等省、自治区陆续有部分患者使用欣弗（克林霉素磷酸酯）后，出现胸闷、心悸、心慌、寒战、肾区疼痛、过敏性休克、肝肾功能损害等临床症状。截至 2006 年 8 月 15 日，国家药品不良反应监测中心收到有关安徽华源克林霉素磷酸酯葡萄糖注射液不良反应事件报告，涉及全国 16 个省区，共报告欣弗不良反应病例 93 例，死亡 11 人。然而导致这个结果的原因只是因为在生产过程中降低灭菌温度，灭菌时间缩短了 1 分钟。质量合格的药品可以救人，质量不合格的药品反而可以害人。

活动一　药品质量与药品质量标准

（一）药品质量

国际标准化组织（ISO）对质量的定义是：“质量是产品或作业所具有的、能用以鉴别其是否合乎规定要求的一切特性或性能”。“质”表示事物的本体、本性。“量”表示度。“质量”这个词一般表示为产品质量、工作质量和服务质量的优劣的程度。

药品质量，是指药品能满足规定需求和特性的总和，它是衡量药品使用价值的尺度。随着科学技术的发展和人们对产品质量认识的不断提高，用户对药品质量的要求往往不仅是技术标准所规定的项目，而是在使用过程中产品所表现出来的特性，这些特性一般由产品的有效性、安全性、稳定性、均一性及经济性等诸因素表现出来。

（二）药品质量标准

《药品标准工作管理办法》规定：“药品质量标准，是国家对药品质量规格及检验方法所做的技术规定，是药品生产、供应、使用、检验和管理部门共同遵循的法定依据”。

药品标准的含义包括：①药品标准具有法规的性质；②药品标准是由国务院药品监督管理部门颁布；③药品标准是对药品质量规格和检验方法所做的技术规定；④药

用辅料、药品卫生标准均属药品标准；⑤所有从事药品生产、经营、使用、检验、科研的单位和个人均应遵循药品标准，保证药品质量。

1.《中华人民共和国药典》 《中华人民共和国药典》，简称《中国药典》。是由国家药典委员会，根据《药品管理法》的规定，负责组织编纂及制定、修订，是法定的国家药品标准。由国家食品药品监督管理部门批准颁布实施。

图 1-1 现行《中国药典》

新中国成立后，党和政府十分关心人民的医药卫生保健工作，1949 年 11 月原卫生部召集有关医药专家研讨编纂药典问题。1950 年 1 月原卫生部负责组建中国药典编纂委员会，筹划编制新中国药典。并于 1953 年颁布《中国药典》，以后又出版了 1953 年增补本（1957 年出版）；至今已颁布 1963 年版、1977 年版、1985 年版、1990 年版、1995 年版、2000 年版、2005 年版、2010 年版、2015 年版。其中，2000 年版共收载 2692 种：一部收载传统药 992 种（中药材 534 种，中成药 458 种），二部收载现代药 1700 种；2005 年版分为三部：一部（中药）、二部（化学药）、三部（生物制品）；2012 年 7 月 5 日，原卫生部发布公告（2012 年第 12 号），明确《中国药典》2010 年版第一增补本自 2012 年 10 月 1 日起施行。《中国药典》2015 年版共四部（由中国医药科技出版社出版发行），收载品种 5608 种。其中，一部收载 2598 种，二部收载 2603 种，三部收载 137 种，四部收载 270 种及通则 317 个。

2.《中国药典》的收载范围 《中国药典》的收载范围：必须是医疗必须、临床常用、疗效肯定、质量好、副作用小、优先推广使用，并有标准规定的品种。具体规定如下：①工业生产的药品应是工艺成熟、质量稳定、可成批生产的；②中药材应是医疗常用，品种来源清楚，有商品经营的；③中成药应是使用面广、处方合理、工艺成熟，有较长期的使用经验；临床必需的验方、制剂，择优选收；医疗常用的辅料、基质等，适当收载。

3. 药品标准的作用 药品标准在药品管理中的作用可以归纳为：①药品标准是判断药品是否合格或不合格的法定依据；②药品标准是药品质量的法定目标：③执行和实现药品标准，是药品质量控制中的关键；④药品标准是药品质量保证和质量控制活动的重要依据；⑤药品标准是建立、健全药品质量保证体系的基础。

【想一想】

药品标准有什么作用？

活动二 全面质量管理的特点与方法

（一）全面质量管理的概念

质量管理，是对产品质量和影响产品质量的各项工作进行的管理。企业为了生产出适合用户要求的高质量产品，就必须采用各种科学的方法，对影响产品质量的各项工作进行管理，它是企业管理的重要组成部分。

全面质量管理，是指以满足用户的质量要求为目标，组织企业全体员工及有关部门同心协力，建立质量管理体系，运用科学技术和管理方法，开发、研制、生产和销售用户满意产品的管理活动。

全面质量管理（简称 TQC），是由美国的费根堡姆博士首先提出来的，后经美国的戴明博士和朱兰博士在日本的大力推广而形成的质量管理模式。它以系统理论、控制理论为指导，运用数理统计、信息论、管理心理学等知识，在产品质量形成的各个阶段、各个环节，对于影响产品质量的各种因素进行全面系统的控制管理，以求取得满意的结果。

（二）全面质量管理的特点

1. 全过程的质量管理　全过程的质量管理是指对直接或间接影响产品质量的全过程进行质量管理。包括产品设计开发过程、生产技术准备过程、加工制造过程、使用服务过程等各个阶段的质量管理。

2. 全员参加的质量管理　全员参加的质量管理是指从事产品设计制造、管理服务、决策领导的所有人员都参加的质量管理。这是对处在直接质量工作点（如配料、温控、压片等岗位）和间接质量工作点（如科室人员等）的所有人员都参加的质量管理。使企业全体人员树立质量第一的观念，人人承担质量责任，人人把好质量关。

3. 全方位的质量管理　全方位质量管理的对象是全面质量，包括产品质量、工作质量和服务质量。它的核心是提高人的工作质量，从而有效地开发、研制、生产和销售用户满意的产品，全方位提高企业经济效益和社会效益。

（三）全面质量管理的方法

全面质量管理的方法主要包括：基本方法和技术方法。基本方法主要包括：行政方法、法律方法、经济方法；技术方法主要介绍：PDCA 循环法。

1. PDCA 循环法概念　PDCA 循环法，是指按照计划、实施、检查、处理这样 4 个阶段的顺序从事管理工作，并且不断进行循环的一种科学管理方法。

PDCA 循环又称戴明循环，是美国质量管理专家戴明发明的，它体现了质量管理的思想方法和工作步骤，已广泛应用于质量管理工作中。

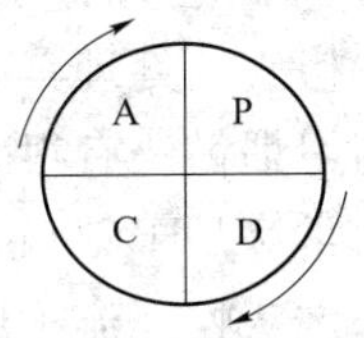

图 1-2　PDCA 循环

PDCA 4 个阶段构成一个循环，即具体的一次质量管理的活动过程。如图 1-2 所示：

P（Plan）——计划，计划阶段是在充分调查研究的基础上进行方针、目标、管理项目、办法、措施等活动计划的制定，称为第一阶段。

D（Do）——实施，为执行阶段，是根据第一阶段制定的计划进行扎扎实实的管理活动，称为第二阶段。

C（Check）——检查，检查阶段是指对计划的执行情况进行检查，哪些完成了计划，哪些没完成，哪些做对了，哪些做错了，是否合乎质量管理的要求，找出存在的问题，称为第三阶段。

A（Action）——处理，处理阶段是根据检查的结果，采取相应措施，成功的给予肯定，失败的给予纠正，并形成制度和标准，防止重犯。没有解决的问题转入下一个循环，作为下一次计划管理的目标之一。

2. PDCA 循环的特点

（1）阶梯式上升，循环前进　PDCA 工作法反映药品质量管理工作循环前进、滚动上升的本质特征。每一过程的 PDCA 管理都不是简单的前一次 PDCA 过程的重复，而是在较高层次、较新内容上的继续。在药品质量管理工作中，每经过一次循环，就意味着解决了一些问题，质量水平有了新的提高。所以阶梯式上升、循环前进是 PDCA 工作的重要特点，如图 1-3 所示：

（2）大环套小环、相互促进　医药企业药品质量管理工作存在着组织形式和管理内容的包容关系。从组织形式方面看，企业是一个大的 PDCA 循环，科室是下一层次的 PDCA 循环，仓库是再下一层次的 PDCA 循环。上一级 PDCA 循环是下一级 PDCA 循环的依据，下一级 PDCA 循环是上一级 PDCA 循环的贯彻落实和具体化。从管理工作内容方面看，大管理内容的 PDCA 循环包容着小管理内容的 PDCA 循环，小管理内容的 PDCA 循环是大管理内容循环的基础和保证。从工作内容上看，PDCA 循环是大环套小环，有机联系，互相促进的。质量管理应注意组织层次和工作内容的上下衔接与协调，如图 1-4 所示：

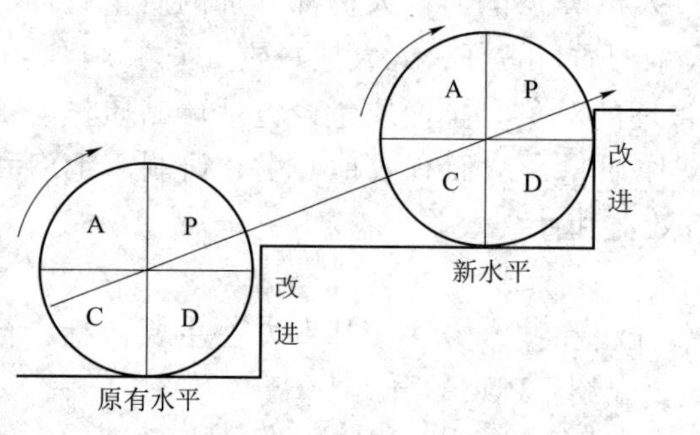

图 1-3　阶梯式上升，循环前进

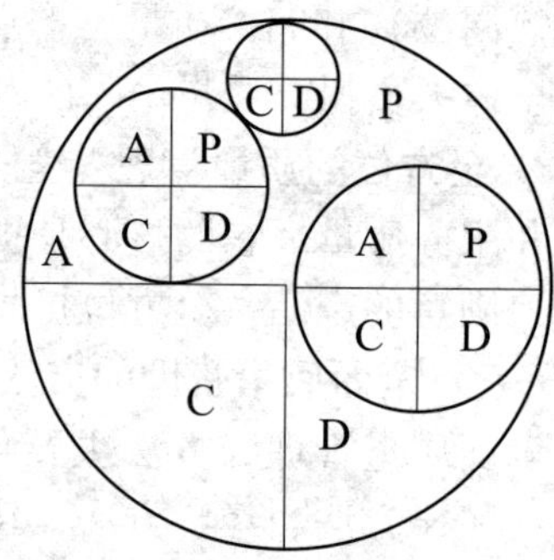

图 1-4　PDCA 包容关系

（3）强调总结与处理　PDCA 循环强调对每一具体工作的总结与处理，认为计划、实施、检查、处理具有同等重要的地位关系，绝无轻重差别。这种认识和做法与传统管理的习惯做法有很大不同。一般管理者往往在工作中重计划、重实施，轻检查、轻处理。常满足于“口号挂在门上，制度贴在墙上，热闹一阵子，还是老样子”的工作方法，虎头蛇尾流于形式。如传统的药品采购一般以购进药品验收入库为一次采购的结束，如按 PDCA 工作法要求采购工作在药品验收入库以后还要增加一项评价工作，检查此次工作中应该肯定的成绩和存在的问题，作为制定下一次采购计划的资料和依据。所以，PDCA 循环工作法强调检查与处理，是保证质量管理沿着维持—改善—维持—改善方向阶梯上升、循环前进的重要基础，是与传统管理方法不同的。

活动三　药品质量保证体系的概念与内容

（一）药品质量保证体系的概念

1. 质量保证　质量保证是指企业对产品或服务方面提供的质量担保。质量保证可分为内部质量保证和外部质量保证。内部质量保证是指企业内部各环节之间提供的保证。如上工序为下工序提供符合质量要求的半成品或服务的保证，可以使企业的各环节相互衔接，实现企业的质量目标；外部质量保证是指企业对用户提供质量保证，保证用户购得的产品在规定时间内质量可靠，使用正常，可以取得用户的信任，赢得用户，赢得市场，增强企业的竞争力，提高企业的经济效益。

2. 药品质量保证体系 药品质量保证体系就是通过一定的制度、办法、程序、机构等把质量保证活动加以系统化、标准化、制度化。其核心就是依靠人的积极性和创造性，发挥科学技术的作用。其实质就是责任制。建立和健全质量保证体系，是实行全面质量管理的重要标志。

（二）药品质量保证体系的内容

药品质量保证体系的内容，主要包括：设计过程的质量保证、生产过程的质量保证、经营过程的质量保证、使用过程的质量保证四个部分。

1. 设计过程的质量保证 医药产品的研制开发是医药产品质量的最早孕育过程，是保证质量的前提。医药产品的研制质量，“先天”地决定着产品质量，从一定意义上说，医药新产品的设计开发即开始决定了该产品的质量水平。

设计标准是制造过程必须遵守的标准和依据。而使用质量则是设计质量、制造质量完善程度的综合体现。因此，设计研制过程的质量保证，是全面质量管理的起点，是企业质量保证体系中首要的一环。

2. 生产过程的质量保证 医药产品正式投产后，能否保证达到质量标准，在很大程度上取决于生产车间技术能力及制造过程的质量管理水平。生产过程的质量保证要注意抓好以下几项工作：

（1）加强工艺管理 使生产制造过程经常处于稳定的控制状态。搞好文明生产，创造良好的工艺过程环境。

（2）组织好原料检验工作 为了保证产品质量，必须根据技术标准，对原材料、在制品、半成品等各方面的质量进行检验，严格把关。保证不合格的原材料不投产，不合格的半成品不转工序、不使用。

（3）组织好质量检验，掌握质量动态 查出影响质量的诸因素并及时采取控制和改善措施。技术检验工作要正确规定技术检验的范围，设置专职检验点；合理选择工序检验的方法；建立一支专群结合的检验队伍，实行自检、互检、专检相结合的“三检制”。

（4）实行工序质量控制 建立对重点工序（或岗位）监督和控制的管理点，运用控制图，加强对工序质量的管理。

（5）严格对不合格品的管理 通过严格管理，做到不合格的原材料、中间体不准投入生产，不合格产品不准出厂。

3. 经营过程的质量保证 医药企业经营过程的质量保证，就是保证患者及时安全有效用药，这是一个综合保证。按照全面质量管理的观点，医药商业企业在实施质量保证时，应把企业各个部门都组织到质量保证体系中来，具体来说，应建立以下几个保证：

（1）计划保证 即保证按市场需要制定采购计划，做到购销平衡，不脱销，不积压。这就包括市场调查和市场预测的质量保证、销售资料的信息质量保证、库存资料的保证等。

（2）采购保证　即保证按计划采购、择优采购。

（3）验收保证　即保证按商品验收率、验收内容、验收方法、验收标准验收商品。

（4）保管保证　保证按仓库条件、保管方法、检查方法、保管责任、安全制度、发放制度、防火制度等进行仓储管理。

（5）销售保证　保证品种齐全、按时付货、出库验货发货、不出差错。

（6）服务保证　建立用户访问制度，质量查询制度，保证用户满意。

（7）教育保证　保证全体员工树立质量第一观点，提高人的综合素质。

4. 使用过程的质量保证　药品的使用过程是检验产品的实验质量的过程，它是企业质量管理的归宿点和出发点。药品质量的好坏，主要看用户的评价。因此，企业质量管理工作必须从生产过程延伸到使用过程。保证消费者疗效确切，安全可靠。

（三）加强药品质量监督管理的意义

1. 加强药品质量监督管理，是医药企业的根本宗旨　在社会主义制度下，社会生产的根本目的，在于不断提高和改善人民的物质文化和生活需要，这也是社会主义医药企业生产经营的宗旨。社会主义医药企业的性质决定了它必须为医疗和患者服务，而其服务的具体表现形式，就是生产尽可能适合市场需要（即医疗和患者的需要）的高质量的药品，这也是社会效益的根本体现。高质量的药品对于防病治病、计划生育、救灾灭疫、抗灾抢险起着重要的作用。努力提高医药质量，坚决打击假药、劣药，充分体现了人民的根本要求和生产经营的根本宗旨。

2. 加强药品质量监督管理，是维护人民生命安全的保证　药品的使用对象是患者。人生在世无论是防病治病、计划生育，还是康复保健都离不开药品。药品是人们生活的必需品之一。它的质量好坏，直接关系到每一个患者的身体健康与生命安全。药品的研制和生产，如果缺乏对人民生命安危、对民族兴衰的高度负责精神，只注意近期疗效，忽视远期后果，甚至只图赚钱，不惜生产假劣药，就会贻害无穷，是对民族和人类的犯罪。

3. 加强药品质量监督管理，是企业生存的保证　以质量求生存，以效益促发展，这是现代企业家的座右铭。从增产节约的观点来说，提高医药质量，就是最好的节约、最大的经济效益。因为药品的特殊性决定了它不允许生产出次品、等外品，只能生产合格品，生产厂家百分之一的次品，对于某患者就是百分之百的危害。药品质量好就等于数量多，质量不好，就不会被市场承认，生产越多浪费就越大。在当今市场经济的大潮中，产品质量差的企业很快就会在竞争中被淘汰。所以，质量是企业的生命。

4. 加强药品质量监督管理，是企业效益的保证　医药企业的经济效益应该包括：质量与数量的统一；价值与使用价值的统一；医疗需要与合理利润的统一。这三个统一是以使用价值为基础的，药品使用价值的表现，其实质就是药品的质量。也就是说，药品的质量就是企业效益的保证。

目标检测

简答题

1. 药品的特殊性有哪些?
2. 掌握全面质量管理的特点与方法。

（张绍元）

项目二　GSP 概述

任务一　《药品经营质量管理规范》（GSP）的产生和发展

1. 掌握 GSP 的定义。
2. 熟悉 GSP 的相关术语。
3. 了解 GSP 的形成过程。

盱眙药店违规卖处方药　女孩顺利买安眠药自杀

蒋女士刚刚上五年级的女儿 2013 年 6 月 17 日和同学偷偷买了助眠药物——佐匹克隆，买药的当天下午两个女孩分别吃了 7 颗和 8 颗，企图自杀，所幸被老师发现，及时洗胃才无大碍，没有酿成惨剧。最让蒋女士气愤的是药店营业员没有任何阻拦便把药卖给了女儿。佐匹克隆是一种普通的处方药，临床上用于治疗失眠，药店经营这个药是可以的，但必须要凭处方进行销售。由于违规销售，并造成一定后果，此事件被立案调查。（案例来源：中国江苏网）

【议一议】

上面事件发生的原因是什么？应如何避免类似事件的发生呢？我们应采取什么措施？

活动一　GSP 的形成过程与相关术语

《药品经营质量管理规范》简称 GSP，是 Good Supplying Practice 的缩写，中文意思即良好药品的供应规范，在我国称为药品经营质量管理规范，是指在药品流通全过程中，用以保证药品符合质量标准而制定的针对药品计划采购、购进验收、储存、销售及售后服务等环节的一整套管理制度。其核心是通过严格的管理制度来约束企业行为，对药品经营全过程进行质量控制，保证向用户提供优质的药品的准则。

为了保障人民用药安全，进一步加强药品经营监督管理，现行版《药品经营质量管理规范》于 2015 年 5 月 18 日经国家食品药品监督管理总局局务会议审议通过，以国家食品药品监督管理总局令第 13 号公布，自 2015 年 7 月 1 日起实施。

法规链接 >>>

现行版 GSP（以下“法规链接”中未注明出处的条款均出自现行版 GSP）

第一条 为了加强药品经营质量管理，保障人民用药安全有效，根据《中华人民共和国药品管理法》《中华人民共和国药品管理法实施条例》，制定本规范。

1. GSP 的形成过程 1982 年，中国医药公司在考察分析研究日本等国家药品经营质量管理工作经验的基础上，结合我国当时的医药商业质量管理工作实际，开始起草制定 GSP 文件。1984 年，我国第一部 GSP——《医药商品质量管理规范（试行）》由原国家医药管理局发布，在全国医药商业系统内试行。我国第一部 GSP 的发布实施引起了医药经营企业的广泛重视，许多企业将 GSP 逐步纳入企业发展的轨道，使之成为企业经营管理的重要组成部分。

1992 年 3 月 18 日，原国家医药管理局为了适应我国药品流通环境的新变化，发布了修订后的《医药商品质量管理规范》，自 1992 年 10 月 1 日起实行。使 GSP 成为政府实行医药行业管理的部门规章。受原国家医药管理局推行 GSP 委员会的委托，中国医药商业协会于 1993 年 6 月组织编写了《医药商品质量管理规范实施指南》，拉开了医药行业实施 GSP 的序幕。

1998 年，原国家药品监督管理局成立后，总结了十几年来实施 GSP 的经验和教训，对 1992 年版《医药商品质量管理规范》进行了重新修订。

2000 年 4 月 30 日，由原国家药品监督管理局发布新版 GSP 及其实施细则，自 2000 年 7 月 1 日起实行。这是我国实施 GSP 以来延续制（修）订的第三部 GSP。2001 年 2 月 28 日，新修订的《药品管理法》的颁布确立了 GSP 的法律地位，标志着我国实施 GSP 工作进入到了依法强制实施阶段。并以此大力推动我国药品经营企业向规模化、集约化方向发展，逐步淘汰小、散、乱、差的企业，从而达到优化医药产业结构，提高药品经营企业整体竞争实力，确保药品经营质量的监管目的。

随着我国经济与社会的快速发展，2000 年版的 GSP 也不能适应药品流通发展和药品监管工作要求，主要表现在：一是与《药品管理法》等法律法规以及有关监管政策存在不一致的地方；二是一些规定已不能适应药品流通发展的状况，如购销模式的改变、企业管理技术和物流业的发展等；三是不能适应药品市场监管新的发展需要，如对购销渠道的规范管理、储存温湿度的控制、高风险品种的市场监管、电子监管的要求等；四是 GSP 的标准总体上已不适应药品许可管理要求，落后于推进产业发展的目标，降低了市场准入的标准，不利于保证药品安全。尤其是《国家药品安全“十二五”规划》《“十二五”期间深化医药卫生体制改革规划暨实施方案》等一系列重要文件的发布，对药品流通改革提出了更明确的要求，为适应医改工作的开展和药品监管工作的需要，修订新版 GSP 显得十分必要。

原国家食品药品监督管理局在修订 GSP 过程中广泛借鉴世界卫生组织以及一些发达国家和地区药品流通监管政策，全面调查了我国药品流通行业状况，多次召开地方食品药品监管部门、药品生产与经营企业以及相关部门代表座谈会，三次上网征求意见，同时征求了商务部、工信部、原卫生部、国家税务总局、国家中医药管理局等部门和相关行业协会的意见，第四部 GSP 于 2015 年审议通过并于 2015 年 7 月 1 日正式实施。

GSP 的修订是中国药品流通监管政策的一次重大调整，是对药品经营活动所应当具备的条件和规范要求的一次较大提升，有效增强了流通环节药品质量风险控制能力。

2. GSP 相关术语

药品：是指用于预防、治疗、诊断人的疾病，有目的地调节人的生理机能并规定有适应证或者功能主治、用法和用量的物质，包括中药材、中药饮片、中成药、化学原料药及其制剂、抗生素、生化药品、放射性药品、血清、疫苗、血液制品和诊断药品等。

药品经营企业：是指经营药品的专营企业或者兼营企业。

药品批发企业：是指将购进的药品销售给药品生产企业、药品经营企业、医疗机构的药品经营企业。

药品零售企业：是指将购进的药品直接销售给消费者的药品经营企业。

药品经营方式：是指《药品经营许可证》依法核准的经营方式。目前，我国药品监督管理部门核准的药品经营方式有批发、零售连锁和零售三种。

药品经营范围：是指药品监督管理部门核准经营药品的品种类别。

在职：与企业确定劳动关系的在册人员。

在岗：相关岗位人员在工作时间内在规定的岗位履行职责。

原印章：企业在购销活动中，为证明企业身份在相关文件或者凭证上加盖的企业公章、发票专用章、质量管理专用章、药品出库专用章的原始印记，不能是印刷、影印、复印等复制后的印记。

待验：对到货、销后退回的药品采用有效的方式进行隔离或者区分，在入库前等待质量验收的状态。

零货：指拆除了用于运输、储藏包装的药品。

拼箱发货：将零货药品集中拼装至同一包装箱内发货的方式。

拆零销售：将最小包装拆分销售的方式。

国家有专门管理要求的药品：国家对蛋白同化制剂、肽类激素、含特殊药品复方制剂等品种实施特殊监管措施的药品。

特殊管理药品：狭义的特殊管理药品是指麻醉药品、精神药品、毒性药品、放射性药品。

药品认证：是指药品监督管理部门对药品研制、生产、经营、使用单位实施相应质量管理规范进行检查、评价并决定是否发给相应认证证书的过程。

【议一议】

为什么要对 GSP 的内容进行不断修订，你了解新版 GSP 的内容吗？调查一下，药品流通领域中，影响药品质量的因素和环节有哪些？GSP 采取哪些措施保证药品质量？

活动二　制定、颁布 GSP 指导思想与基本原则

法规链接 >>>

第二条　本规范是药品经营管理和质量控制的基本准则，企业应当在药品采购、

储存、销售、运输等环节采取有效的质量控制措施，确保药品质量。

一、GSP 指导思想

1. 实行全过程的质量管理 药品经营企业的经营活动可分为售前、售中、售后工作三个过程，再细可分为市场调研、制定计划、采购验收、储存养护、洽谈业务、用药指导、包扎或装箱送货、质量查询、药品退调、市场调研等，这些工作是环环相连、紧密相关的，药品质量综合反映了所有这些工作环节质量管理的状况和效果，一个环节疏忽就导致了所有环节工作的失效。

2. 实行全员参加的质量管理 质量管理工作要靠人来做，那么每个工作过程中的每个环节的工作人员都和质量管理有关，所以从企业经理到销售代表，从化验员到仓库保养员，全体都要参加质量管理。只有通过全体职工的共同努力，协同配合，企业的质量管理工作才有扎实的基础。要实现全员的质量管理，必须抓好质量意识教育，同时实现规范化管理，制定各级质量责任制，明确工作程序、标准和质量要求，规定每个岗位的任务、权限，各司其职，共同配合，共同抓好质量工作。

3. 实现全企业的质量管理 企业内的质量职能分散在企业的各个部门，各个部门的质量管理工作都是不可缺少的，因此既要求企业各个部门都要参加质量管理，充分发挥各自的质量职能，又要协调一致，相互配合。企业各层次都有自己的质量管理活动，上层管理侧重于质量决策、组织协调和控制，保证实现企业的质量目标；中层管理要具体实现上层的质量决策，执行各自的质量职能，进行具体的业务管理；基层管理则要求职工按规范、按规章制度进行工作或操作，进行现场的管理工作，完成具体的工作任务。由此组成一个完整的质量管理体系，实行全企业的质量管理。

4. 分阶段分步骤进行 实施 GSP 是一项系统工程，投资面大、涉及面广、难度大，既有硬件的改造，又有软件管理的建立与完善，还有人员的教育培训等。因此，GSP 实施需要要分阶段、分步骤实施，制定 GSP 实施总体规划后，确定各个阶段的实施目标及其完成期限。

5. 全动态、全循环的质量管理 这个质量管理程序是一个“闭路循环”，环环相扣，首尾相连，而这个循环质量管理程序运作的动力就是用户对药品质量不断提高的要求。这个程序发生中断即“开口”时，就应立即查找原因，及时协调，恢复正常功能；这个质量管理程序与业务经营活动密切联系，起着监督和保证的作用。

全过程、全员、全企业、分阶段、分步骤、全动态、全循环的质量管理，这就是 GSP 的指导思想。根据这些思想，GSP 具体规定了药品经营活动中：“能做什么”“不能做什么”“由谁来做”“应该做到什么程度”“应该如何做”“做得怎么样”“如何调整”等内容。

药品经营企业根据 GSP 的要求严格执行，就能做到经营活动过程中“一切活动有制度约束”“一切活动有人员负责”“一切活动有标准要求”“一切活动按程序进行”；最后达到最终的目的：“一切药品符合质量标准”。

二、GSP 修订思路和基本原则

（一）修订工作的总体思路

1. 依据《药品管理法》《药品管理法实施条例》《行政许可法》等法律法规及有关政策开展修订工作。

2. 查找药品流通过程中各种影响药品质量的安全隐患，采取确实可行的管理措施加以控制，保证经营活动中的药品安全。

3. 调整现行 GSP 中不符合药品监管和流通发展要求的、与药品经营企业经营管理实际不相适应的内容，重点解决药品流通中存在的突出问题和难点问题。

4. 以建立最严格的药品监管制度为原则，以促进药品流通行业提升水平为方向，对药品经营行为的管理和规范进行了较大幅度的提高，使修订的规范具有一定的前瞻性。

5. 积极吸收国外药品流通管理的先进经验，促进我国药品经营质量管理与国际药品流通质量管理的逐步接轨。

（二）GSP 的基本原则

实施 GSP 既是企业依法经营的基本前提，也是企业规范管理的基本准则，是企业确保药品质量的最低管理标准。因此，必须强制执行，没有任何通融的余地，药品经营企业领导一定要支持质量管理监督部门及其工作人员行使职权，在工作中坚持质量第一的原则，必须认真贯彻执行 GSP，来不得任何虚假和侥幸心理。药品经营企业在实施 GSP 的过程中，从药品经营企业的计划、购进、验收、储存、调拨、销售、运输及售后服务等环节坚决摒弃工作凭经验，主观臆断和随意的工作方式。

任务二　掌握现行版 GSP 的主要内容与特点

1. 掌握药品 GSP 主要内容。
2. 熟悉制定 GSP 的意义。
3. 了解新版 GSP 的主要特点。

【议一议】

到企业看一看，检查一下企业制定的质量方针、质量目标是否体现了对药品经营各环节质量控制的基本要求？制定的质量管理体系文件是否涵盖了经营管理方面的内容？（注：这些可是企业 GSP 认证时检查的要点呀！）

活动一　现行版 GSP 的主要内容与特点

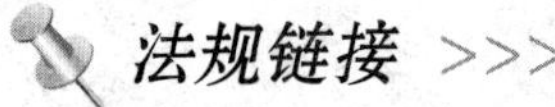

第三条　药品经营企业应当严格执行本规范。

药品生产企业销售药品，药品流通过程中其他涉及储存与运输药品的也应当符合本规范相关要求。

第一百八十二条 药品零售连锁企业总部的管理应当符合本规范药品批发企业相关规定，门店的管理应当符合本规范零售企业相关规定。

第一百八十三条 本规范为药品经营质量管理的基本要求。对企业信息化管理、药品储运温湿度自动监测、药品验收管理、药品冷链物流管理、零售连锁管理等具体要求，由国家食品药品监督管理总局以附录方式另行制定。

（一）现行版 GSP 的主要内容

现行版 GSP 共 4 章，包括总则、药品批发的质量管理、药品零售的质量管理、附则，共计 187 条。现行版 GSP 集现行 GSP 及其实施细则为一体，虽然篇幅没有大的变化，但增加了许多新的管理内容。如借鉴了国外药品流通管理的先进经验，引入供应链管理理念，结合我国国情，增加了计算机信息化管理、仓储温湿度自动检测、药品冷链管理等新的管理要求，同时引入质量风险管理、体系内审、验证等理念和管理方法，从药品经营企业人员、机构、设施设备、文件体系等质量管理要素的各个方面，对药品的采购、验收、储存、养护、销售、运输、售后管理等环节做出了许多新的规定。企业实施 GSP 核心内容见表 2-1。

表 2-1 企业实施 GSP 核心内容

<table>
<tr><th>类别</th><th>进</th><th>存</th><th>销</th></tr>
<tr><td>硬件设施</td><td>验收场所及设施</td><td>仓储设施，养护场所及设备</td><td>营业场所及设施、运输设施设备</td></tr>
<tr><td rowspan="2">人员资格和职责</td><td>业务计划人员、采购人员、质量检查验收人员</td><td>保管员、养护员</td><td>业务销售员、处方审核人员、营业员、配送运输人员</td></tr>
<tr><td colspan="3">企业负责人和质量管理负责人、质量管理机构负责人、质量管理人员</td></tr>
<tr><td>质量管理程序和制度</td><td>1. 按需进货，择优选购，质量第一；
2. 供方合法资质审核；
3. 合同明确质量条款；
4. 首营企业、首营品种质量审核；
5. 逐批验收</td><td>1. 仓库分区与色标管理；
2. 分类储存与保管；
3. 效期药品管理；
4. 退货管理；
5. 不合格药品管理；
6. 药品养护</td><td>1. 依法销售；
2. 出库质量复核；
3. 安全规范销售；
4. 问题药品召回；
5. 质量事故处理；
6. 合理运输；
7. 做好售后服务</td></tr>
<tr><td rowspan="2">过程控制</td><td>供货方清单及附件，购进记录，质量验收相关记录</td><td>仓储、养护相关记录，不合格品相关记录，退货记录，信息传递凭证</td><td>复核记录、销售记录、售后服务记录</td></tr>
<tr><td colspan="3">质量方针及目标、质量管理制度、质量管理程序、职责、质量标准、档案（质量、养护、教育、健康）、质量体系内审、质量风险管理、药品冷链管理、计算机信息化管理、验证等</td></tr>
</table>

（二）现行版 GSP 的主要特点

1. 全面提升软件和硬件要求 现行版 GSP 全面提升了企业经营的软硬件标准和要求，在保障药品质量的同时，也提高了市场准入门槛，有助于抑制低水平重复，促进行业结构调整，提高市场集中度。

在软件方面，现行版 GSP 明确要求企业建立质量管理体系，设立质量管理部门或者配备质量管理人员，并对质量管理制度、岗位职责、操作规程、记录、凭证等一系列质量管理体系文件提出详细要求，并强调了文件的执行和实效；提高了企业负责人、质量负责人、质量管理部门负责人以及质管、验收、养护等岗位人员的资质要求。

在硬件方面，现行版 GSP 全面推行计算机信息化管理，着重规定计算机管理的设施、网络环境、数据库及应用软件功能要求；明确规定企业应对药品仓库采用温湿度自动监测系统，对仓储环境实施持续、有效的实时监测；对储存、运输冷藏、冷冻药品要求配备特定的设施设备。

2. 针对薄弱环节增设一系列新制度 针对药品经营行为不规范、购销渠道不清、票据管理混乱等问题，现行版 GSP 明确要求药品购销过程必须开具发票，出库运输药品必须有随货同行单并在收货环节查验，物流活动要做到票、账、货相符，以达到规范药品经营行为，维护药品市场秩序的目的。

针对委托第三方运输，现行版 GSP 要求委托方应考察承运方的运输能力和相关质量保证条件，签订明确质量责任的委托协议，并要求通过记录实现运输过程的质量追踪，强化了企业质量责任意识，提高了风险控制能力。

针对冷链管理，现行版 GSP 提高了对冷链药品储存、运输设施设备的要求，特别规定了冷链药品运输、收货等环节的交接程序和温度监测、跟踪和查验要求，对高风险品种的质量保障能力提出了更高的要求。

3. 与医改“十二五”规划及药品安全“十二五”规划等新政策紧密衔接 为落实医改“十二五”规划和药品安全“十二五”规划关于药品全品种全过程实施电子监管、保证药品可追溯的要求，现行版 GSP 规定了药品经营企业应制定执行药品电子监管的制度，并对药品验收入库、出库、销售等环节的扫码和数据上传等操作提出具体要求。

为配合药品安全“十二五”规划对执业药师配备的要求，现行版 GSP 规定了药品零售企业的法定代表人或企业负责人应当具备执业药师资格；企业应当按国家有关规定配备执业药师，负责处方审核，指导合理用药。

【练一练】

2015 年国家食品药品监督管理总局颁布的现行版《药品经营质量管理规范》共（　　）章，（　　）条，确保从进、存、销三个方面保证药品质量。

活动二　实施 GSP 的重要意义

法规链接 >>>

第四条 药品经营企业应当坚持诚实守信，依法经营。禁止任何虚假、欺骗行为。

第一百八十六条 药品经营企业违反本规范的，由药品监督管理部门按照《中华人民共和国药品管理法》第七十九条的规定给予处罚。

1. 实施 GSP 是贯彻执行国家有关法律法规的需要 GSP 作为我国药品经营质量管理工作基本准则，收录了以往质量管理法规中对药品商业企业的要求内容，如进货管理、验收管理、储存与养护管理、销售与售后服务管理等，因此，实施 GSP 将会更好地促进药品经营企业做到依法经营和依法管理，以保证经销药品质量，保护用户、消费者的合法权益和人民用药安全有效。

2. 实施 GSP 是药品经营企业提高综合素质的需求 质量是企业的生命，企业只有提高综合素质才能求生存、谋发展。现行版 GSP 对企业管理水平、制度建设、人员素质、设施设备等都做了具体规定，全面提升了企业经营的软硬件标准和要求，提高了市场的准入门槛，促进企业达到 GSP 认证的规定，对于不能定期达到 GSP 认证的企业予以取缔，有助于抑制企业低水平重复建设，促进行业结构调整，提高市场集中度。现行版 GSP 实施将有效打击缺乏质量保障企业的生存能力，药品流通领域散、小、乱等方面的乱象可有效地解决，而大型医药公司趁此机会获得更多市场份额，重塑企业品牌和形象，提高企业素质和质量管理水平，减少不良恶性竞争。

3. 实施 GSP 是药品国际贸易的需求 值得关注的是，现行版 GSP 借鉴了世界卫生组织及美国、欧盟等发达国家和地区药品流通监管政策，对企业的经营质量管理要求再次提升，使我国 GSP 基本达到了国际通行的标准要求，为我国药品经营企业走向世界打开了通道，促进我国药品经营企业的国际医药交流，从各个层面提高企业的素质，使企业得到长足发展。

4. 实施 GSP 是消除药品质量隐患，确保药品安全有效的需要 GSP 是国家为规范我国药品经营企业行为而制定，对药品流通实行全过程、全方位的监管，减少了销售假药、药品流通混乱等各种影响药品安全的风险隐患，保证药品的安全性、有效性和稳定性，这是 GSP 的基本作用和实施 GSP 的根本目的。

目标检测

一、单项选择题

1.《药品经营质量管理规范》已于 2015 年 5 月 18 日经国家食品药品监督管理总局局务会议审议通过，自（　　）日起施行

A. 2015 年 8 月 1 日起施行　　B. 2015 年 7 月 1 日起施行

C. 2015 年 12 月 1 日起施行　　D. 2016 年 1 月 1 日起施行

2. 除（　　）之外，均应执行《药品经营质量管理规范》

A. 药品经营企业

B. 药品生产企业

C. 药品流通过程中涉及储存、运输药品的企业

D. 药品生产企业销售药品

二、多项选择题

1. 制定《药品经营质量管理规范》的目的和依据是（　　）

A. 加强药品经营质量管理

B. 规范药品经营行为

C. 保障人体用药安全、有效

D.《中华人民共和国药品管理法》《中华人民共和国药品管理法实施条例》

E. 提高药品经营企业经济效益

2.《药品经营质量管理规范》是药品经营管理和质量控制的基本准则，企业应当在（　　）环节采取有效的质量控制措施，确保药品质量

A. 采购　　B. 储存　　C. 销售

D. 财务　　E. 运输

3.《药品经营质量管理规范》对药品经营企业的经营要求是（　　）

A. 坚持诚实守信　　B. 依法经营

C. 禁止任何虚假、欺骗行为　　D. 照章纳税

E. 宣传用药安全

4. 国家有专门管理要求的药品是（　　）

A. 蛋白同化制剂　　B. 肽类激素

C. 生物制品　　D. 含特殊药品复方制剂

E. 易串味中药材

5. 原印章是指企业在购销活动中，为证明企业身份在相关文件或者凭证上加盖的（　　）原始印记，不能是印刷、影印、复印等复制后的印记

A. 企业公章　　B. 发票专用章　　C. 质量管理专用章

D. 药品出库专用章　E. 财务专用章

6. 以下说法正确的是（　　）

A. 待验：对到货、销后退回的药品采用有效的方式进行隔离或者区分，在入库前等待质量验收的状态

B. 零货：指拆除了用于运输、储藏包装的药品

C. 拼箱发货：将零货药品集中拼装至同一包装箱内发货的方式

D. 拆零销售：将最小包装拆分销售的方式

E. 首营企业：与本企业首次发生供需关系的药品经营企业

【技能训练】

训练目的：通过参观让学生了解 GSP 对药品经营企业的要求。

参观药品经营企业，初步了解药品经营企业硬件设施、人员资格和职责、质量管理程序和制度过程控制等方面内容，根据 GSP 要求进行对照，交流讨论。

具体要求：

1. 了解企业经营方式、经营范围并与《药品经营许可证》对照，看是否相符。查看企业《营业执照》及《执业药师注册证》及其内容。

2. 了解药品经营企业经营面积、经营品种。

3. 了解药品经营企业的工作人员情况及工作职责。

4. 了解企业管理制度及相关记录。

要点提示：通过观察、分析等手段，确定企业提供的资料和数据是否真实可信，有无虚假、欺骗行为。对发现虚假、欺骗的，注意充分收集相关证据；要区分工作疏漏与虚假、欺骗，分别对待。

案例

安康一药店卖过期药 店主称因员工一时疏忽所致

2012 年 7 月安康周先生的舅妈在金州路一家药店里购买了两盒妇女养血丸，可是在服药两天后却出现了不适、恶心想吐的现象，周先生的舅妈拿来药瓶一看，竟然发现这药盒子上标注的有效期为 2011 年 12 月 29 日，已过期大半年了。于是她开始怀疑自己的身体不适与吃过期药有关。由于有视频为证，药店负责人承认周先生的药确实是在他们药店购买的，但出现这样的情况是因为员工一时疏忽，误把退货区的药上架了，经过调解，店方表示愿意按照周先生的要求积极处理此事。（案例来源：西部网讯 陕西广播电视台《第一新闻》）

（赵云虹）

模块二　GSP对药品购进管理>>>

项目三　GSP 对人员与机构的要求

学习目标

1. 掌握 GSP 对药品批发企业、零售连锁企业、零售企业人员的要求。
2. 掌握 GSP 对药品批发企业、零售连锁企业、零售企业机构的要求。
3. 熟悉 GSP 对人员培训与健康检查的要求。

案例阅读

2011 年 10 月 6 日，68 岁的夏婆婆在一家药店经店员推荐，购买了 5 支优必林（胰岛素 30-70R）和 4 盒倍他乐克（酒石酸美托洛尔）降压药。回家后夏婆婆的女儿李女士发现所购胰岛素已变质，且倍他乐克的有效期是到 2011 年 10 月 1 日，已过期 5 天。李女士将此情况举报到当地药监部门。经核查，夏婆婆购药当天该店内没有执业药师在岗，店内药品的采购、验收、储存都是老板一人负责。按照《药品管理法》的相关规定，该药店属于销售假药和劣药，并涉嫌提供虚假证明材料获取经营资格，当地药监部门和工商部门随即吊销了该药店的《药品经营许可证》，并处罚金 2 万元。

【议一议】

这个案例中，销售假药和劣药的药店在人员机构方面存在哪些问题？

任务一　GSP 对人员的要求

为保证药品经营质量，保障用药安全，GSP 要求药品批发、零售连锁、零售企业从事药品经营和质量管理工作的人员，应当符合有关法律法规及本规范规定的资格要求，不得有相关法律法规禁止从业的情形。

企业相关人员的法律从业禁止规定是指《药品经营许可证管理办法》规定：企业法定代表人、企业负责人、质量负责人无《药品管理法》第七十六条、第八十三条规定情形的。

法规链接 >>>

《药品管理法》：

第七十五条　从事生产、销售假药及生产、销售劣药情节严重的企业或者其他单位，其直接负责的主管人员和其他直接责任人员十年内不得从事药品生产、经营活动。

第八十二条 违反本法规定，提供虚假的证明、文件资料样品或者采取其他欺骗手段取得《药品生产许可证》、《药品经营许可证》、《医疗机构制剂许可证》或者药品批准证明文件的，吊销《药品生产许可证》、《药品经营许可证》、《医疗机构制剂许可证》或者撤销药品批准证明文件，五年内不受理其申请，并处一万元以上三万元以下的罚款。

根据 GSP 的要求，企业应做到：

1. 人员档案应齐全。
2. 个人档案内容应有姓名、性别、岗位、学历、专业、专业技术职称、执业资格、岗位工作年限、健康、培训、工作经历和工作能力证明材料等。
3. 人员花名册内容应与人员档案的相应内容保持一致。
4. 人员资质应与其岗位相称。
5. 人员资质应符合现行版 GSP 及有关法律法规、政策文件的要求。
6. 不得有《药品管理法》第七十五条、第八十二条规定的禁止情形。

企业在录用人员时需填写药品从业人员基本情况登记表并存档，见表 3-1。

表 3-1　药品从业人员基本情况登记表

<table>
<tr><td colspan="2">姓名</td><td></td><td>性别</td><td></td><td>籍贯</td><td colspan="2"></td><td rowspan="4">照　片</td></tr>
<tr><td colspan="2">身份证号</td><td colspan="3"></td><td>最高学历</td><td colspan="2"></td></tr>
<tr><td colspan="3">毕业学校及专业</td><td colspan="5"></td></tr>
<tr><td colspan="3">执业资格或职称</td><td colspan="2"></td><td>岗位</td><td colspan="2"></td></tr>
<tr><td rowspan="5">主要
工作
简历</td><td colspan="2">起止年月</td><td colspan="6">在何地、何单位从事何岗位工作</td></tr>
<tr><td colspan="2"></td><td colspan="6"></td></tr>
<tr><td colspan="2"></td><td colspan="6"></td></tr>
<tr><td colspan="2"></td><td colspan="6"></td></tr>
<tr><td colspan="2"></td><td colspan="6"></td></tr>
<tr><td colspan="3">何时何地何方式
取得何职称</td><td colspan="6"></td></tr>
<tr><td colspan="9">本人自____年起从事药品经营质量管理工作，至今已有__年的工作经验，情况属实</td></tr>
<tr><td colspan="9">本人承诺
1. 本人对以上填写的内容及提供的材料真实性、可靠性和完整性负责
2. 本人将严格按照《中华人民共和国药品管理法》等法律、法规和规章行事
3. 本人在该单位任质量负责人、质量管理员、处方审核员期间不在其他单位兼职
4. 本人无《中华人民共和国药品管理法》第七十五条、第八十二条规定的情形
5. 本人对以上的声明和承诺负法律责任
本人签名：　　年　月　日</td></tr>
<tr><td colspan="2">招用单位
意见</td><td colspan="3"></td><td colspan="2">当地药监部门
审核意见</td><td colspan="2"></td></tr>
</table>

活动一 对药品批发企业人员的要求

法规链接 >>>

第十九条 企业负责人应当具有大学专科以上学历或者中级以上专业技术职称，经过基本的药学专业知识培训，熟悉有关药品管理的法律法规及本规范。

第二十条 企业质量负责人应当具有大学本科以上学历、执业药师资格和3年以上药品经营质量管理工作经历，在质量管理工作中具备正确判断和保障实施的能力。

第二十一条 企业质量管理部门负责人应当具有执业药师资格和3年以上药品经营质量管理工作经历，能独立解决经营过程中的质量问题。

第二十二条 企业应当配备符合以下资格要求的质量管理、验收及养护等岗位人员：

（一）从事质量管理工作的，应当具有药学中专或者医学、生物、化学等相关专业大学专科以上学历或者具有药学初级以上专业技术职称；

（二）从事验收、养护工作的，应当具有药学或者医学、生物、化学等相关专业中专以上学历或者具有药学初级以上专业技术职称；

（三）从事中药材、中药饮片验收工作的，应当具有中药学专业中专以上学历或者具有中药学中级以上专业技术职称；从事中药材、中药饮片养护工作的，应当具有中药学专业中专以上学历或者具有中药学初级以上专业技术职称；直接收购地产中药材的，验收人员应当具有中药学中级以上专业技术职称。

经营疫苗的企业还应当配备2名以上专业技术人员专门负责疫苗质量管理和验收工作，专业技术人员应当具有预防医学、药学、微生物学或者医学等专业本科以上学历及中级以上专业技术职称，并有3年以上从事疫苗管理或者技术工作经历。

第二十三条 从事质量管理、验收工作的人员应当在职在岗，不得兼职其他业务工作。

第二十四条 从事采购工作的人员应当具有药学或者医学、生物、化学等相关专业中专以上学历，从事销售、储存等工作的人员应当具有高中以上文化程度。

人员需满足相关业务岗位资质条件才能上岗，在相关人员的档案中应有符合规定的材料。

一、企业负责人

1. 有企业负责人任命文件。

2. 企业负责人个人档案中有企业负责人大学专科以上学历原件或者中级以上专业技术职称证书原件。

3. 有企业负责人药学专业知识培训证书或相关培训证明材料。

4. 企业负责人应熟悉有关药品管理的法律法规及现行版GSP的内容。

5. 不得存在学历、职称不符合规定的情况。

二、质量负责人

1. 有质量负责人任命文件。

2. 质量负责人个人档案中应有其 3 年以上药品经营质量管理工作经历的相关证明材料、大学本科以上学历原件和执业药师注册证原件（已经注册到本单位，在有效期内）。体外诊断试剂批发企业的质量负责人还应有 3 年以上从事体外诊断试剂经营管理的工作经验证明原件。

3. 质量负责人应具备正确判断和保障实施质量管理的能力。

4. 质量文件、记录中有质量负责人履职的签名。

5. 不得存在学历、执业资格、工作经历和能力不符合规定的情况。

三、质量管理部门负责人

1. 有质量管理部门负责人任命文件。

2. 质量管理部门负责人个人档案中应有其 3 年以上药品经营质量管理工作经历的相关证明材料、执业药师注册证原件（已经注册到本单位，在有效期内）。体外诊断试剂批发企业的质量管理部门负责人应为执业药师或具有检验学相关专业大学本科以上学历的主管检验师。

3. 质量管理部门负责人应具备独立解决经营过程中有关质量问题的能力。

4. 质量文件、记录中有质量管理部门负责人履职的签名。

5. 不得存在执业资格、工作经历和能力不符合规定的情况。

四、企业相关质量管理工作岗位人员

1. 企业从事药品质量管理工作的人员不得少于 3 人，除质量负责人、质量管理部门负责人外，至少还应配备一名不低于省级药品批发企业许可验收标准或许可换证验收标准规定资质的质量管理员。质量管理员个人档案中有其药学中专或者医学、生物、化学等相关专业大专以上学历证书原件，或（中）药师以上专业技术职称证书原件。

2. 经营体外诊断试剂（药品类）批发企业质量管理人员为 2 人。1 人为执业药师；1 人为主管检验师，或具有检验学相关专业大学本科以上学历并从事检验相关工作 3 年以上工作经历。

3. 验收员个人档案中有其药学或医学、生物、化学等相关专业中专以上学历证书原件，或（中）药师以上专业技术职称证书原件。

4. 体外诊断试剂验收员个人档案中应有检验学中专以上学历证书原件。

5. 养护员个人档案中有其药学或医学、生物、化学等相关专业中专以上学历证书或（中）药师以上专业技术职称证书原件或复印件。

6. 中药材、中药饮片验收员的个人档案中有其中药学专业中专以上学历证书原件，或者具有主管中药师以上专业技术职称证书原件。

7. 验收直接收购地产中药材的验收员，应具有主管中药师以上专业技术职称。

8. 中药材、中药饮片养护员的个人档案中有其中药学专业中专以上学历证书原件或复印件，或者具有中药师以上专业技术职称证书原件或复印件。

9. 疫苗的质量管理和验收应有 2 名以上专业技术人员专门负责。

10. 专业技术人员的个人档案中应有其预防医学、药学、微生物学或者医学等专业本科以上学历证书原件、中级以上专业技术职称证书原件、3 年以上从事疫苗管理或者技术工作经历证明原件。

在现行版 GSP 中，相关质量管理工作岗位人员还需要特别注意：

1. 质量负责人、质量管理部门负责人、质量管理员、验收员应与企业签订正式劳动合同，按国家规定缴纳医保及相关社会保险费用。

2. 质量负责人、质量管理部门负责人、质量管理员、验收员应在工作时间内履行岗位职责。

3. 质量负责人、质量管理部门负责人、质量管理员、验收员不得兼职采购、收货、储存、养护、销售、出库复核、运输、财会、信息管理等其他业务工作。

4. 企业负责人不得兼职质量负责人，保证相互监督和制约。

5. 质量负责人不得兼职质量管理部门负责人，保证质量管理领导岗位层级的分布和职责的落实。

6. 质量管理人员不能兼验收员。

7. 验收员不能兼收货员、养护员。

8. 条款中对相关中药技术人员条件的设置要求，显示出本规范对中药材、中药饮片经营的专业技术条件的重视和提升。

五、采购、销售及储存等工作人员

1. 采购人员的个人档案中有其药学或者医学、生物、化学等相关专业中专以上学历证书原件或复印件。

2. 销售、储存、分拣配货等工作人员的个人档案中有其高中以上文化程度证明材料原件或复印件。

3. 体外诊断试剂售后服务人员应具有检验学中专以上学历。

4. 维护和管理现代物流设施设备及计算机、中央数据处理系统能力等的计算机专业技术人员应有 2 级以上计算机等级证书。

根据 GSP 相关要求，批发企业人员条件见表 3-2。

表 3-2　GSP 对药品批发企业人员要求汇总

序号	岗　位	专　业	学历	职称（执业资格）	上岗条件	备注
1	企业负责人	无	≥大专	或≥中级	药学专业知识培训	二选一
2	质量负责人	无	≥本科	执业药师	3 年以上质量管理工作经历	三项同时满足
3	质管部责任人	无	无	执业药师	3 年以上质量管理工作经历	三项同时满足
4	质量管理员	药学	≥中专	或≥药学初级		二选一
		或医学、生物、化学等相关专业	≥大专	或≥药学初级		二选一

续表

序号	岗位	专业	学历	职称（执业资格）	上岗条件	备注
5	验收员	药学或医学、生物、化学等相关专业	≥中专	或≥药学初级		二选一
6	中药材、中药饮片验收员	中药学	≥中专	或≥中药学中级		二选一
7	直接收购地产中药材验收员	中药学	无	≥中药学中级		二项同时满足
8	养护员	药学或医学、生物、化学等相关专业	≥中专	或≥药学初级		二选一
9	中药材、中药饮片养护员	中药学	≥中专	或≥中药学初级		二选一
10	采购员	药学或医学、生物、化学等相关专业	≥中专	无		
11	保管员、复核员	无	≥高中	无		
12	销售员	无	≥高中	无		
13	疫苗技术人员（质管和验收）	预防医学、药学、微生物学、医学等	≥本科	≥中级	3年以上疫苗管理或技术工作经历	四项同时满足
14	体外诊断试剂质量管理人员（2人）			执业药师		
		检验学相关专业	≥本科	或主管检验师	3年以上检验工作经历	二选一
15	体外诊断试剂验收、售后人员	检验学	≥中专	无		
16	特殊管理和冷藏冷冻的药品储运人员	无	无	无	法规和专业知识培训并经考核合格后上岗	

备注：

1. 药学初级以上专业技术职称指药士、药师或中药师及以上技术职称。
2. 中药学初级以上专业技术职称是指中药师及以上技术职称。
3. 中药学中级以上专业技术职称是指主管中药师及以上技术职称或执业中药师。
4. 专业技术人员是指具有预防医学、药学、微生物学或者医学等专业本科以上学历及中级以上专业技术职称。中级以上专业技术职称指相关专业的助理研究员、工程师、主管药（技）师及以上职称。

活动二　对零售连锁企业人员的要求

药品零售连锁企业总部的人员管理应当符合本规范药品批发企业相关规定，门店的人员管理应当符合本规范药品零售企业相关规定，需要注意的是：

一、零售连锁公司门店负责人必须是本店实际负责人，不得在其他企业或单位兼职。

二、总部法定代表人或企业负责人具备执业药师资格的，门店负责人可以不是执业药师，但应具有中专以上学历且具有药师（中药师）以上专业技术职称；总部法定代表人或企业负责人不具备执业药师资格的，门店负责人必须是执业药师，并注册在本店。

三、经市局批准同意实行执业药师远程审方服务的零售连锁企业，其门店应有药师负责处方复核。

活动三　对零售企业人员的要求

法规链接 >>>

第一百二十八条　企业法定代表人或者企业负责人应当具备执业药师资格。

企业应当按照国家有关规定配备执业药师，负责处方审核，指导合理用药。

第一百二十九条　质量管理、验收、采购人员应当具有药学或者医学、生物、化学等相关专业学历或者具有药学专业技术职称。从事中药饮片质量管理、验收、采购人员应当具有中药学中专以上学历或者具有中药学专业初级以上专业技术职称。

营业员应当具有高中以上文化程度或者符合省级药品监督管理部门规定的条件。中药饮片调剂人员应当具有中药学中专以上学历或者具备中药调剂员资格。

根据 GSP 相关要求，零售企业人员相关岗位资格条件如表 3-3 所示：

表 3-3　GSP 对药品零售企业人员要求汇总

序号	岗　位	专　业	学历	职称（执业资格）	上岗条件	备注
1	企业法人代表或企业负责人	无	无	执业药师		
2	质量管理、验收、采购员	药学或医学、生物、化学等相关专业	≥中专	或≥药学初级		二选一
3	中药饮片质量管理、验收、采购员	中药学	≥中专	或≥中药学初级		二选一
4	营业员	无	≥高中		或符合省级药品监督管理部门规定的条件	二选一
5	中药饮片调剂员	中药学	≥中专	或≥中药调剂员资格		二选一
6	特殊管理、国家有专门管理要求的和冷藏冷冻的药品销售人员	无	无	无	法规和专业知识培训并经考核合格后上岗	

需要注意的是：

1. 零售企业经营范围有处方药的，企业法定代表人或企业负责人档案中应有其执业药师证书原件。如零售企业经营范围为非处方药的，企业法定代表人或者企业负责人应当具备执业药师资格或药师以上技术职称。

2. 每家药店应注册一名以上执业药师（营业面积超过 $150m^2$ 以上的应注册不少于 2 名执业药师；经营中药饮片的应有一名中药执业药师），且必须在证书有效期内。

3. 药店内应由注册在本单位的执业药师负责处方审核，药品调配处方上应有执业药师本人签名。

4. 相关岗位人员必须符合现行版 GSP 中规定的学历及职称要求，不得弄虚作假。营业员不具备高中以上文化程度的可经市级以上食品药品监督管理部门培训，考试合格后，取得岗位合格证书。

知识拓展

假药与劣药：《药品管理法》规定如下：

第四十八条 禁止生产（包括配制，下同）、销售假药。有下列情形之一的，为假药：

（一）药品所含成份与国家药品标准规定的成份不符的；（二）以非药品冒充药品或者以他种药品冒充此种药品的。

有下列情形之一的药品，按假药论处：

（一）国务院药品监督管理部门规定禁止使用的；（二）依照本法必须批准而未经批准生产、进口，或者依照本法必须检验而未经检验即销售的；（三）变质的；（四）被污染的；（五）使用依照本法必须取得批准文号而未取得批准文号的原料药生产的；（六）所标明的适应症或者功能主治超出规定范围的。

第四十九条 禁止生产、销售劣药。药品成份的含量不符合国家药品标准的，为劣药。

有下列情形之一的药品，按劣药论处：

（一）未标明有效期或者更改有效期的；（二）不注明或者更改生产批号的；（三）超过有效期的；（四）直接接触药品的包装材料和容器未经批准的；（五）擅自添加着色剂、防腐剂、香料、矫味剂及辅料的；（六）其他不符合药品标准规定的。

任务二　GSP 对机构的要求

活动一　对药品批发企业机构的要求

法规链接 >>>

第十三条 企业应当设立与其经营活动和质量管理相适应的组织机构或者岗位，明确规定其职责、权限及相互关系。

第十四条 企业负责人是药品质量的主要责任人，全面负责企业日常管理，负责提供必要的条件，保证质量管理部门和质量管理人员有效履行职责，确保企业实现质量目标并按照本规范要求经营药品。

第十五条 企业质量负责人应当由高层管理人员担任，全面负责药品质量管理工作，独立履行职责，在企业内部对药品质量管理具有裁决权。

第十六条 企业应当设立质量管理部门，有效开展质量管理工作。质量管理部门的职责不得由其他部门及人员履行。

第十七条　质量管理部门应当履行以下职责：

（一）督促相关部门和岗位人员执行药品管理的法律法规及本规范；

（二）组织制订质量管理体系文件，并指导、监督文件的执行；

（三）负责对供货单位和购货单位的合法性、购进药品的合法性以及供货单位销售人员、购货单位采购人员的合法资格进行审核，并根据审核内容的变化进行动态管理；

（四）负责质量信息的收集和管理，并建立药品质量档案；

（五）负责药品的验收，指导并监督药品采购、储存、养护、销售、退货、运输等环节的质量管理工作；

（六）负责不合格药品的确认，对不合格药品的处理过程实施监督；

（七）负责药品质量投诉和质量事故的调查、处理及报告；

（八）负责假劣药品的报告；

（九）负责药品质量查询；

（十）负责指导设定计算机系统质量控制功能；

（十一）负责计算机系统操作权限的审核和质量管理基础数据的建立及更新；

（十二）组织验证、校准相关设施设备；

（十三）负责药品召回的管理；

（十四）负责药品不良反应的报告；

（十五）组织质量管理体系的内审和风险评估；

（十六）组织对药品供货单位及购货单位质量管理体系和服务质量的考察和评价；

（十七）组织对被委托运输的承运方运输条件和质量保障能力的审查；

（十八）协助开展质量管理教育和培训；

（十九）其他应当由质量管理部门履行的职责。

一、药品批发企业质量管理组织机构

药品批发企业质量管理组织机构，见图 3-1。

二、各部门岗位职责

1. 企业法人代表（董事长）　负责公司重大事情决策，对公司经营负责。

2. 企业负责人（总经理）　药品质量的主要责任人，全面负责企业日常管理，提供必要的条件，保证质量管理部门和质量管理人员有效履行职责。

3. 企业质量负责人　全面负责药品质量管理工作，独立履行职责，在企业内部对药品质量管理具有裁决权职责：质量裁决、制度审核、首营审批等。

4. 业务副经理　协助总经理负责公司药品的购销及售后服务工作。

5. 质量管理部　全面负责药品的质量管理，有效开展质量管理工作（详细职责见 GSP 第十七条）。本部门职责不得由其他部门及人员履行。委托药品现代物流企业储存药品的企业，质量管理部门应指导和监督被委托方的药品验收、储存、养护、出库复核等质量工作。

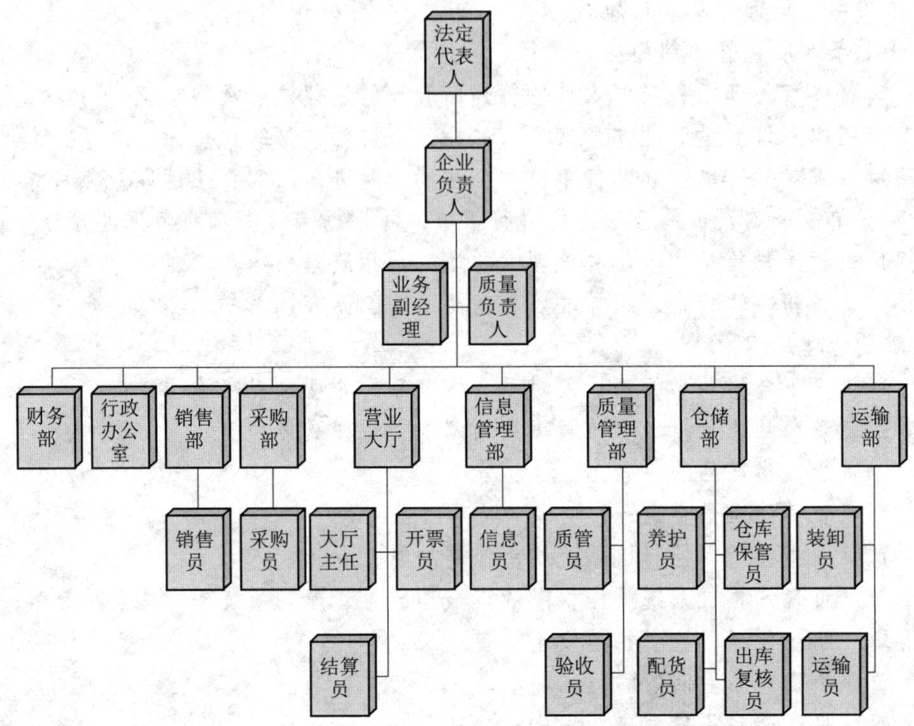

图 3-1　药品批发企业质量管理组织机构

6. 采购部　确保从合法的企业购进合格的药品。包括负责制订购进计划；索取供货单位及药品资质证明文件；与供货单位签订购货合同、质量保障协议；及时索取供方的销售发票，建立采购记录，确保票、账、货一致；依法购进特殊管理药品等。

7. 仓储部　负责药品的收货、储存、养护、配货、出库等工作，为质量管理部门提供准确可靠的养护数据。具体包括：对到货药品的品种、数量、运输方式、到货温度等进行核对和记录，通知验收；根据药品的储藏要求放置相应库房，对药品进行合理储存；检查并改善仓库卫生环境；负责仓库设备的使用和维护，定期检查，并建立记录档案；负责药品的在库养护工作，监测与调控库房温湿度，并建立记录档案；发现质量可疑的药品，在计算机系统中锁定并隔离（悬挂“暂停发货”牌），报告质量管理部门处理；负责药品的出库复核及配货工作；定期盘点库存，并对药品进行效期管理；协助开展验证工作。

8. 销售部　负责药品的销售及售后服务工作，确保将药品销售至合法单位并建立销售纪录。依法销售特殊管理药品。质量投诉和药品不良反应报告等质量管理工作在本部门执行。

9. 运输部　确保药品在运输过程中的质量和安全。包括确定运输方式及工具；定期检查、养护运输设施，并建立记录；确保特殊管理药品和冷冻冷藏药品的运输符合相关规定，并建立运输过程中的冷链记录。

10. 财务部　负责企业的财务管理工作。包括公司资金调拨、财务统计、费用控制，编制财务计划及报表。严格管理进货发票、销售发票，确保票、账、货、款一致。经营特殊管理药品，不得用现金交易。

11. 行政办公室　负责日常行政事务，包括制订劳动用工制度、人员招聘、培训、考核等管理工作，传达总经理工作指示，督促落实公司的各项规章制度。

12. 信息管理部　负责计算机系统相关工作。负责企业计算机信息维护，协助药品电子监管数据上传。

13. 营业大厅　负责药品的销售开票、结算管理工作。

活动二　对药品零售连锁企业机构的要求

一、药品零售连锁组织机构

药品零售连锁企业的基本框架是总部、配送中心与门店，总部和配送中心的机构设置与职能与批发企业要求一致，企业在业务部下属设置运营管理组，负责连锁门店的日常运营管理工作，各连锁门店负责药品零售工作，对售出药品的质量负责，其机构要求应参照零售企业。

零售连锁的经营理念就是通过总部的标准化、专业化、集中化管理门店的作业使之单纯化、高效化。其核心就在于“统一”。

例如：《武汉市药品 GSP 现场检查评定标准药品零售企业（征求意见稿）》中，要求零售连锁公司下属门店必须实行“六统一”：统一品牌标识、统一质量管理、统一采购、统一全额配送、统一服务规范、统一计算机系统管理。门店未做到“六统一”的，视同单体药店管理。批发公司、零售企业下属门店参照执行。

二、药品零售连锁企业质量管理组织机构

药品零售连锁企业质量管理组织机构，如图 3-2 所示。

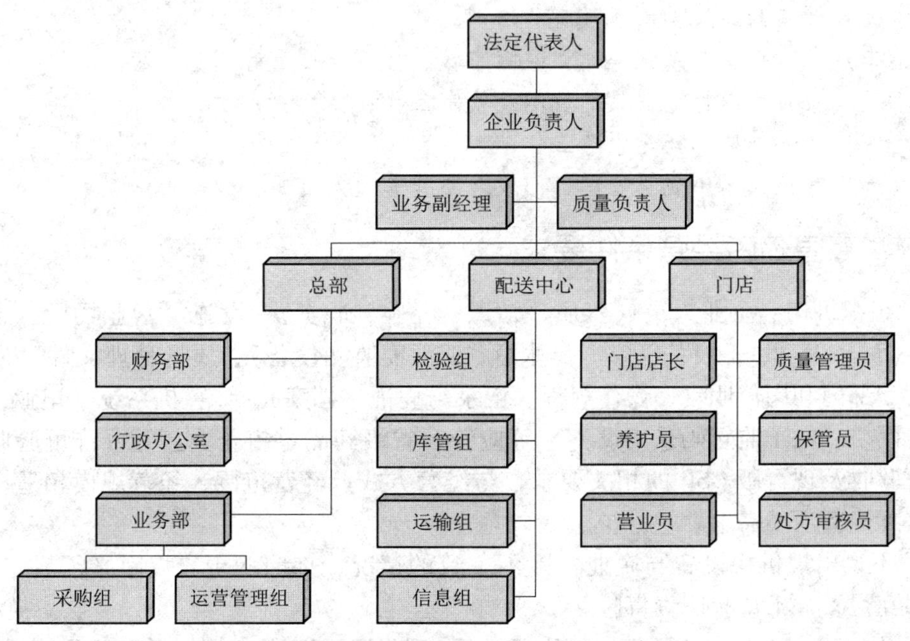

图 3-2　药品零售连锁企业质量管理组织机构

活动三　对药品零售企业机构的要求

法规链接 >>>

第一百二十四条　企业应当具有与其经营范围和规模相适应的经营条件，包括组织机构、人员、设施设备、质量管理文件，并按照规定设置计算机系统。

第一百二十五条　企业负责人是药品质量的主要责任人，负责企业日常管理，负责提供必要的条件，保证质量管理部门和质量管理人员有效履行职责，确保企业按照本规范要求经营药品。

第一百二十六条　企业应当设置质量管理部门或者配备质量管理人员，履行以下职责：

（一）督促相关部门和岗位人员执行药品管理的法律法规及本规范；

（二）组织制订质量管理文件，并指导、监督文件的执行；

（三）负责对供货单位及其销售人员资格证明的审核；

（四）负责对所采购药品合法性的审核；

（五）负责药品的验收，指导并监督药品采购、储存、陈列、销售等环节的质量管理工作；

（六）负责药品质量查询及质量信息管理；

（七）负责药品质量投诉和质量事故的调查、处理及报告；

（八）负责对不合格药品的确认及处理；

（九）负责假劣药品的报告；

（十）负责药品不良反应的报告；

（十一）开展药品质量管理教育和培训；

（十二）负责计算机系统操作权限的审核、控制及质量管理基础数据的维护；

（十三）负责组织计量器具的校准及检定工作；

（十四）指导并监督药学服务工作；

（十五）其他应当由质量管理部门或者质量管理人员履行的职责。

一、零售药店经营条件要求

1. 组织机构、企业人员（资质、知识、经验、职责）、设施（营业场所、仓库的布局、面积、容积）、设备（空调、冰箱、温湿度监测设备）、质量管理文件（质量管理制度、部门和岗位职责、操作规程、记录与凭证、档案）、计算机系统（电脑、ERP 软件、网络、电子监管码采集设备）等应符合省级药品零售企业新开办许可验收、许可换证验收及现行版 GSP 的相关要求，与经营方式、经营范围、经营规模相适应，能满足实际经营活动需求。

2. 不得出现机构设置与企业实际不一致的情况，部门职责、权限必须界定清晰，不得相互交叉，不得有职责盲区。

3. 不得出现人员资质不符、能力不胜任、未履行职责的情况，兼职不得违反规定。

4. 经营场所和库房的布局、面积、容积应与经营范围和规模匹配。

5. 空调系统功率应与经营场所和库房的面积、容积匹配。

6. 经营冷藏药品的，应配备冰箱等冷藏设备。

7. 应依据经营范围，加强对冷藏药品、二类精神药品、毒性中药品种、罂粟壳及含麻黄碱类复方制剂等专门管理类药品的管理，建立专门的质量管理制度和质量监控、追溯措施。

8. 计算机系统应符合现行版 GSP 相关附录的要求，适应企业实际经营情况，能实现药品电子监管和远程监管的要求。

二、药品零售企业质量管理组织机构

药品零售企业质量管理组织机构，如图 3-3 所示。

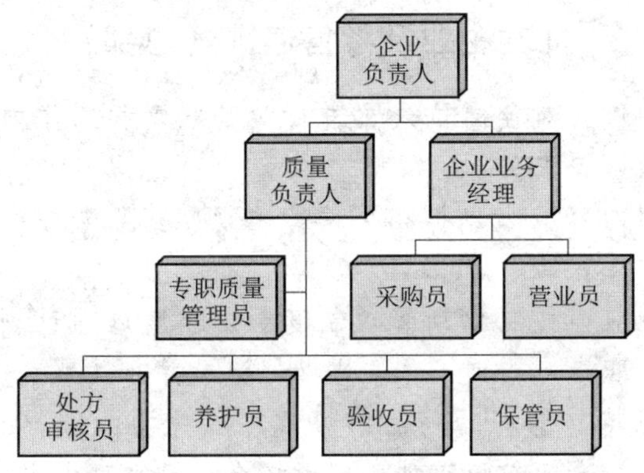

图 3-3　药品零售企业质量管理组织机构

三、人员岗位职责

根据现行版 GSP 规定，药品零售企业为保证药品经营质量，需设置相应的质量管理机构，划定各部门或人员的职责范围。

1. 企业负责人（法人代表）　质量领导及决策人，全面负责组织店内药品质量、工作质量、服务质量等。

2. 质量负责人　负责组织店内质管工作的管理与审核，宣传、贯彻药品的法律法规，严把药品质量关。

3. 业务经理　负责对店内所经营的药品进行采购，督促药师和营业员正确向顾客销售药品。

4. 专职质量管理员　协助质量负责人组织实施质量工作计划，收集质量信息、具体负责各种档案资料的收集、处理和建档工作。

5. 质量验收员　严格执行质量验收程序，负责购进药品的质量检验。

6. 质量养护员　严格执行药品养护程序，负责药品陈列、库存药品养护检查工作。

7. 处方审核员　负责对所经营的处方药进行处方收方、审方、复核等，保证安全、有效。

8. 采购员　负责制订采购计划，依法购进、规范经营，保证顾客购药需求和合理的库存。

9. 营业员 负责具体的销售工作，依法正确、合理销售药品，严格遵守公司考勤制度，树立良好的职业道德，保持友善、热情的工作态度，对待客户要积极主动。

10. 保管员 负责保管药品，清查数量，进行合理储存。

任务三 GSP 对人员培训与健康检查的要求

活动一 培训教育的要求

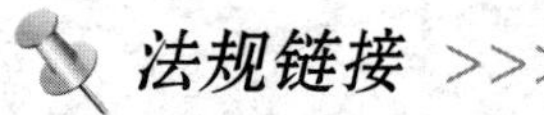

批发企业及零售连锁（总部）

第二十五条 企业应当对各岗位人员进行与其职责和工作内容相关的岗前培训和继续培训，以符合本规范要求。

第二十六条 培训内容应当包括相关法律法规、药品专业知识及技能、质量管理制度、职责及岗位操作规程等。

第二十七条 企业应当按照培训管理制度制定年度培训计划并开展培训，使相关人员能正确理解并履行职责。培训工作应当做好记录并建立档案。

第二十八条 从事特殊管理的药品和冷藏冷冻药品的储存、运输等工作的人员，应当接受相关法律法规和专业知识培训并经考核合格后方可上岗。

零售企业及零售连锁（门店）

第一百三十条 企业各岗位人员应当接受相关法律法规及药品专业知识与技能的岗前培训和继续培训，以符合本规范要求。

第一百三十一条 企业应当按照培训管理制度制定年度培训计划并开展培训，使相关人员能正确理解并履行职责。培训工作应当做好记录并建立档案。

第一百三十二条 企业应当为销售特殊管理的药品、国家有专门管理要求的药品、冷藏药品的人员接受相应培训提供条件，使其掌握相关法律法规和专业知识。

一、培训类型

1. 岗前培训 是指上岗前必须接受培训，符合岗位要求后方可上岗履行职责。

2. 继续培训 在岗位任职期间应定期接受的培训，符合岗位要求方可继续从事岗位工作。

二、培训岗位

全公司与药品经营相关的各岗位人员。

三、培训要求

符合现行版 GSP 规范要求，达到能正确理解并履行职责的培训目标。

四、培训内容

培训内容应包括：

1. 法律法规，包括《药品管理法》《药品流通监督管理办法》、现行版 GSP 等相关法律法规；

2. 专业知识与技能，包括药理学、药剂学、药物化学、药物分析、生化药学、微生物学等药学基本理论，药物性质、储存条件、不良反应等药品知识，以及药品陈列与养护、储存与保管、服务与咨询等技能；

3. 质量管理制度；

4. 部门职责、岗位职责及岗位操作规程等。

根据法规政策的最新要求，培训内容应及时更新。

五、培训方式

1. 普遍培训；

2. 岗位培训；

3. 重点岗位培训。

六、培训的工作流程

培训流程如图 3-4 所示。

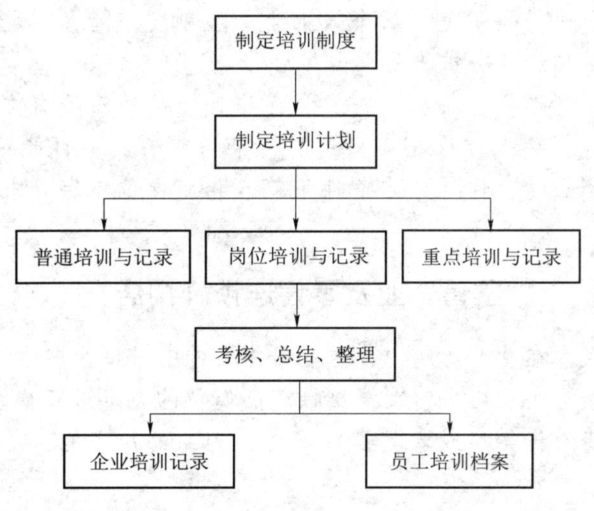

图 3-4 培训工作流程

1. 制定培训管理制度。企业有义务提供培训条件并保障培训效果。

2. 制定年度培训计划，包括监管部门、行业协会等组织的外部培训，以及企业自身组织的内部培训。应在培训需求调研的基础上，结合监管要求、企业制度修订等情况，按照培训管理制度的规定制定培训计划。

3. 应按培训计划、培训计划的内容开展培训工作。

4. 应进行培训效果的测评，确保相关人员能正确理解并履行职责。

5. 有培训记录和档案。

培训记录应包含：培训时间、培训内容、培训地点、举办单位、参加人员等。

培训档案应包含：培训计划、培训通知、培训教材、签到簿、课件、考卷、培训证书等。

七、高风险类别岗位培训要求

特殊管理药品及冷冻冷藏药品等高风险类别药品相关的岗位，需要重点培训，并建立相关岗位人员的培训记录、培训档案。相关岗位人员均应经考核合格后方可上岗。

培训内容包括：特殊管理药品和冷藏冷冻药品的专业知识、操作要求、应急预案等，涉及的相关法律法规和专业知识除《药品管理法》、现行版 GSP 外，还包括：《麻醉药品和精神药品管理条例》《麻醉药品和精神药品运输管理办法》《放射性药品管理办法》《医疗用毒性药品管理办法》《药品类易制毒化学品管理办法》《易制毒化学品管理条例》《危险化学品安全管理条例》等。

活动二　健康检查的要求

 *法规链接* >>>

批发企业及零售连锁（总部）

第二十九条　企业应当制定员工个人卫生管理制度，储存、运输等岗位人员的着装应当符合劳动保护和产品防护的要求。

第三十条　质量管理、验收、养护、储存等直接接触药品岗位的人员应当进行岗前及年度健康检查，并建立健康档案。患有传染病或者其他可能污染药品的疾病的，不得从事直接接触药品的工作。身体条件不符合相应岗位特定要求的，不得从事相关工作。

零售企业及零售连锁（门店）

第一百三十三条　在营业场所内，企业工作人员应当穿着整洁、卫生的工作服。

第一百三十四条　企业应当对直接接触药品岗位的人员进行岗前及年度健康检查，并建立健康档案。患有传染病或者其他可能污染药品的疾病的，不得从事直接接触药品的工作。

第一百三十五条　在药品储存、陈列等区域不得存放与经营活动无关的物品及私人用品，在工作区域内不得有影响药品质量和安全的行为。

一、健康检查的人员范围及要求

企业依法对员工健康状况进行管理。

1. 直接接触药品岗位的人员均应有岗前、每年度健康检查的档案。

2. 体检时间、体检计划应符合人员健康管理制度的规定。

3. 体检项目应与工作岗位相适应，如质量管理、验收、养护人员应做视力、辨色力检查等。

4. 健康检查档案包括检查时间、地点、应检人员，检查结果，不合格人员的处理情况，原始体检表等内容。

5. 患有传染病或其他可能污染药品的疾病的，包括痢疾、伤寒、甲型病毒肝炎、戊型病毒性肝炎等消化道传染病及活动性肺结核、化脓性皮肤病等，应调离直接接触药品的岗位。

6. 色盲、心脏病、精神病等身体条件不符合相应岗位特定要求的，不得从事验收、搬运等相关工作。

二、卫生管理

（一）对批发企业及零售连锁（总部）的要求

1. 有个人卫生管理制度。

2. 有劳动保护制度，对劳动防护用品的购买、验收、保管、发放、使用、更换、报废等进行有效管理。

3. 储存、运输等岗位人员有劳动保护措施，如：冷藏、冷冻药品存储区域配备棉衣，堆垛搬运人员佩戴安全帽、鞋、手套等。

4. 储运场所不得有不符合卫生管理要求和对存储环境、药品产生污染的情况。

（二）对零售企业及零售连锁（门店）的要求

1. 有营业场所和个人卫生管理制度。营业时间内，工作人员应穿着工作服。工作服应整洁、卫生，符合卫生管理要求，不得对存储环境、药品产生污染。

2. 药品储存、陈列等区域不得存放与经营活动无关的物品及私人用品。

3. 药品储存、陈列等区域区内的人员不得有洗漱、就餐、饮酒、吸烟、打闹、嬉戏等影响药品质量和安全的行为。

目标检测

一、填空题

1. 质量管理部门或者质量管理人员负责组织制订________文件，并指导、监督文件的执行。

2. 零售企业法定代表人或者企业负责人应当具备________资格。

3. 企业各岗位人员应接受相关法律法规及药品专业知识与技能________培训和________培训。

4. 企业应当对直接接触药品岗位的人员进行________及________健康检查，并建立健康档案。

二、单项选择题

1. 直接收购地产中药材的，验收人员应当具有（　　）

A. 中药学中级以上专业技术职称　　B. 中药专业专科以上学历

C. 中药专业中专以上学历　　D. 高中以上学历

2. 从事采购工作的人员应当具有药学或者医学、生物、化学等相关专业（　　）以上学历

A. 专科　　　B. 本科　　　C. 中专　　　D. 研究生

三、判断题

1. 质量管理部门应组织对被委托运输的承运方运输条件和质量保障能力的审查。（　　）

2. 业务部门应指定专人负责计算机系统操作权限的审核。（　　）

3. 从事特殊管理药品和冷藏冷冻药品的储存、运输等工作的人员，应当接受相关法律法规和专业知识培训并经考核合格后方可上岗。（　　）

4. 药品批发企业中的验收员可以兼任养护员。（　　）

【技能训练】

现有某大型药品批发企业开设分部，经营范围是化学制剂、中成药及中药饮片，需招聘质量管理部门负责人一名、质量管理员、验收员、养护员和销售员若干，请同学们按照各岗位要求的资质条件，选取 2 个以上的职位编写应聘简历表。应聘简历表如表 3-4 所示。

表 3-4　应聘简历表

<table>
<tr><td colspan="2">姓名</td><td></td><td>性别</td><td></td><td>籍贯</td><td></td><td rowspan="4">照　片</td></tr>
<tr><td colspan="2">身份证号</td><td colspan="3"></td><td>最高学历</td><td></td></tr>
<tr><td colspan="3">毕业学校及专业</td><td colspan="4"></td></tr>
<tr><td colspan="3">执业资格或职称</td><td colspan="2"></td><td>应聘岗位</td><td></td></tr>
<tr><td rowspan="5">主要工作简历</td><td colspan="2">起止年月</td><td colspan="5">在何地、何单位从事何岗位工作</td></tr>
<tr><td colspan="2"></td><td colspan="5"></td></tr>
<tr><td colspan="2"></td><td colspan="5"></td></tr>
<tr><td colspan="2"></td><td colspan="5"></td></tr>
<tr><td colspan="2"></td><td colspan="5"></td></tr>
<tr><td colspan="3">何时何地何方式取得何职称</td><td colspan="5"></td></tr>
<tr><td colspan="3">个人求职意向说明</td><td colspan="5"></td></tr>
</table>

（王　堃）

项目四　GSP 对药品采购的管理

学习目标

1. 掌握药品采购的原则、程序和方法。
2. 掌握首营企业、首营品种的概念，正确填写首营企业审核表、首营品种审核表。
3. 熟悉发票管理，熟悉进货情况质量评审的相关内容。
4. 了解药品购销合同的主要内容和形式。
5. 学会填写采购记录。

案例一

2013 年 3 月，湖南某地刮起一股三七粉购买热潮，当地某药房采购员黄某在未确切核实供应商供货资质的情况下，通过网络低价购回了 50kg 某中药材公司宣传的优质三七粉，由于药房三七粉脱销，所购三七粉未经检验就投入销售。一周后，该药房被多次投诉销售掺假的三七粉。当地药监部门取样送检后，证实该批三七粉是掺入三七茎叶所打的劣质三七粉，与其包装标识完全不符。当地药监部门以销售假药对该药店处以 2 万元罚款，并赔偿消费者损失，整个案件中该药房在经济和信誉上都蒙受了巨大的损失。

案例二

2013 年 5 月，河南某药品批发公司因严重亏损被当地另一家大型医药公司兼并，新公司接收原公司资产时发现，该公司的仓库中还积压着大量未售出的药品，很多批次已近效期或已过期。核查该公司的采购、仓储、销售记录后发现，原公司采购部门制定采购计划时盲目购进大量进口药品，因价格过高不被当地零售药店所接受，销量很低，大量药品积压在库，而畅销药品又经常脱销，没有库存。由于原公司一直没有调整采购品种，最终导致资金周转不灵而被新公司兼并。

【想一想】

以上案例出现的原因是什么，你认为药品的进货环节应该注意哪些问题，企业如何避免类似案例的发生？

任务一　药品采购的原则、程序和方法

法规链接 >>>

第六十一条　企业的采购活动应当符合以下要求：

（一）确定供货单位的合法资格；

（二）确定所购入药品的合法性；

（三）核实供货单位销售人员的合法资格；

（四）与供货单位签订质量保证协议。

采购中涉及的首营企业、首营品种，采购部门应当填写相关申请表格，经过质量管理部门和企业质量负责人的审核批准。必要时应当组织实地考察，对供货单位质量管理体系进行评价。

活动一　药品的采购原则与程序

一、药品的采购原则

通过前面的两个案例可以发现，采购作为药品经营质量控制过程的第一个环节，购进药品质量的好坏、品种的选择对于后续的如验收、储存及销售等各个环节都有直接的影响，甚至影响整个企业的经营状况。因此，药品经营企业必须严把采购关，在采购过程中遵循以下原则：

1. 质量优先　质量是药品采购的首要原则。药品是人们用于预防、治疗、诊断疾病的物质，是一种特殊的商品。药品的质量合格与否直接影响消费者的生命健康。因此，企业在采购药品和选择供应商时都必须将质量放在选择的第一位，严格审核供应商的供货资质和药品的合法性。

2. 以需订购　企业购进药品最终目的是为了销售，进货前需要作详细的市场调查和预测，购入的药品种类必须符合市场的供需状况才能有好的销售前景。另外，进货时机也非常重要，做到洞察先机，提前备货，及时吐货是成功的关键。例如东阿阿胶这种滋补性的中药材，冬季时需求量增大，销售量增多，经营企业需提前备货，而夏季属于其销售淡季，则应减少其进货量。

3. 勤进快销　企业的仓库容量和流动资金是有限的，药品的采购必须建立在合理库存的基础上，购进的数量与销售的容量相符，做到进销结合，不积压、不脱销，保证资金和货品周转的连续性。

4. 经济核算　企业经营的核心是为了获得收益，在保证药品质量的基础上，企业的采购需要控制成本，在制定采购计划时需精打细算、减少支出，选择质价相称、价格便宜的药品。

5. 合作共赢　购销双方都希望在交易中获得利润，因此在采购洽谈过程中也需要主动考虑合作方利益，协调与各方利益关系，达成互利互惠。

二、药品采购的质量管理程序

1. 药品采购的前置工作

（1）盘库存　商品库存情况是采购工作的基础资料，能有效掌握本企业的实际库存，确定库存不足（需购进）、库存饱和（不需购进）、库存积压（需外调）的药品品种，能及时调整采购计划。

盘库存是以商品账目为依据，以实际库存为标准，做到“货账相符，库存真实”。

（2）市场调查研究　药品的购进必须符合市场的需要，因此在采购前必须认真进行市场调查研究工作，这需要采购部门收集汇总市场信息，并加以分析整理，做出正确的市场预测，选择适销对路的购进品种。一般来说，需要关注的市场信息包括：国家政策、经济、文化水平、供货信息、需求信息、价格信息、流通渠道信息以及促销信息等。

（3）编制采购计划　采购员在确保药品质量的前提下，根据供应商信誉、药品价格市场需要、季节特点、病疫情况以及结合库存余缺定期编写采购计划，报质量负责人审查同意后进行采购。

编写采购计划需填写采购计划审核表，见表 4-1。

表 4-1　药品采购计划审批表

计划时限：______年______月______日至______年______月______日

药品名称	剂型	规格	包装	批准文号	供货单位	生产单位	生产批号	参考价格	购进数量	市场状况
采购部门审批意见	负责人（签章）： 年　月　日									
质管部门审批意见	负责人（签章）： 年　月　日									
财务部门审批意见	负责人（签章）： 年　月　日									
公司质量负责人审批意见	负责人（签章）： 年　月　日									

2. 药品采购质量管理程序

（1）选择供货商。选择供货企业的法定资格及质量信誉，其程序如图 4-1 所示：

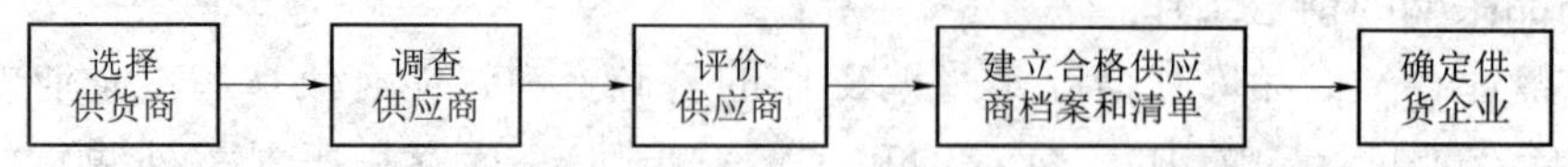

图 4-1　选择供货商的程序

供货商的合法资质主要是指企业应具有的“两证一照”，即《药品生产许可证》或《药品经营许可证》、GMP 认证证书或 GSP 认证证书、营业执照。此外，选择供应商时要求供应商具有良好的质量信誉，包括良好的质量历史、制造能力、实物质量和质量体系；具有履行合同的能力，包括充足的药品品种和数量、合适的价格、及时交货的能力及优良的服务等。

业务部门需就以上要求对所选择的供应商进行调查，调查内容包括：①法定资格及质量信誉的调查：证照是否齐全、有效，生产/经营范围是否与证照一致。②生产/经营过程的调查：是否有优良的生产工艺、设施设备、卫生环境、经营及仓储管理等，是否通过 GMP 或 GSP 认证。③管理能力的调查：管理人员是否有质量意识，是否有完善的质量管理体系和负责贯彻执行质量第一原则的质量管理机构，是否对员工开展继续教育和培训等。④技术能力的调查：检验技术和设备的现代化程度、人员资质及专业技术人员的比例。⑤新产品效果的调查：供方开发的新产品是否安全、有效、稳定、优越及被消费者接受。

调查完成后，业务部门需收集供货单位所有的资料并加以评价，具体的评价方法有：①文件评审和证书验证：索取相关证照、材料的复印件并加盖供货单位原印章。②比对历史使用情况：过往的产品和服务质量、交货情况、市场发展前景及社会信誉。③必要时到供货企业进行实地考察。

评价合格的供应商应建立合格供应商档案表及合格供应商清单，以便采购部门从合格的供应商清单中选择进货单位。对于首营企业，需填写“首营企业审核表”，并经企业质量管理机构、企业负责人的审核批准，详见本项目任务二。合格供应商档案表及合格供应商清单见表 4-2 和表 4-3。

表 4-2　合格供应商档案表

编号：　　　　　　　　　　　　　　　　　　　　建档时间：　　年　月　日

<table>
<tr><td colspan="2">企业名称</td><td colspan="2"></td><td>地址</td><td colspan="2"></td></tr>
<tr><td colspan="2">法定代表人</td><td></td><td>联系电话</td><td></td><td>邮政编码</td><td></td></tr>
<tr><td colspan="2">营业执照</td><td colspan="2"></td><td>许可证</td><td colspan="2"></td></tr>
<tr><td colspan="2">生产/经营范围</td><td colspan="2"></td><td>经营方式</td><td colspan="2"></td></tr>
<tr><td rowspan="2">企业概况</td><td>年产值</td><td colspan="4">获得主要荣誉</td><td>技术人员人数</td></tr>
<tr><td></td><td colspan="4"></td><td></td></tr>
<tr><td>产品状况</td><td colspan="3">主要产品：</td><td colspan="3">质量状况：</td></tr>
</table>

续表

<table>
<tr><td rowspan="2">质量保证</td><td colspan="2">质量机构名称</td><td colspan="2">质量认证情况</td><td colspan="2">质量管理与制度情况
（按 GMP 或 GSP 管理）</td></tr>
<tr><td colspan="2"></td><td colspan="2"></td><td colspan="2"></td></tr>
<tr><td rowspan="2">质量负责人</td><td>姓名</td><td>性别</td><td>文化程度</td><td>职务</td><td>技术职称</td><td>质量工作年限</td></tr>
<tr><td></td><td></td><td></td><td></td><td></td><td></td></tr>
<tr><td>综合评价</td><td colspan="6">审核以上这些资料符合规定，可以列入合格供货方档案。

质管部负责人： 年 月 日 总经理： 年 月 日</td></tr>
<tr><td>附件</td><td colspan="6">药品生产/经营许可证复印件□ GMP/GSP 认证证书复印件□
营业执照□ 销售人员身份证复印件□ 销售人员法人委托书复印件□
合同样式和《质量保证协议书》□
《税务登记证》和《组织机构代码证》复印件□
相关印章、随货同行单（票）、空白发票样式复印件□
开户户名、开户银行及账号□
其他________</td></tr>
</table>

表 4-3 合格供应商清单

序号	供应商名称	经营范围	注册地址	邮编	联系人	联系电话/传真	法人代表	质保情况	备注

有效期：________年________月________日至________年________月________日

（2）选择购入药品。购进药品需要审核药品的合法性，即是否是合法企业生产或经营的、药品的法定质量标准、批准文号、生产批号、有效期、包装等，尤其对首营品种，需填写“首次经营药品审批表”，并经企业质量管理机构、企业物价部门和企业主管领导的审核批准，详见本项目任务二。选择购入药品的合法性和质量可靠性，如图 4-2 所示。

（3）对与本企业进行业务联系的供货单位销售人员，进行合法资格的验证。

（4）签订有明确质量条款的购货合同。

（5）购货合同中质量条款的执行。

供应商或药品申报首营企业或首营品种已通过审核的，采购质量管理程序，如图 4-3 所示。

国内药品：

1. 生产批件 2002 年底以前获得药品生产批准文号的产品在 2002 年底全部换发了《药品注册证》。2002 年 12 月以后获得药品生产批准文号的药品获得的是《药品注册批件》。

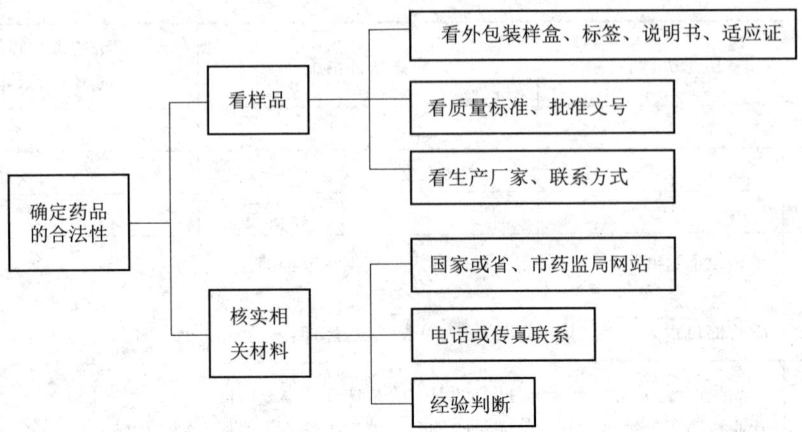

图 4-2　选择购入药品的程序

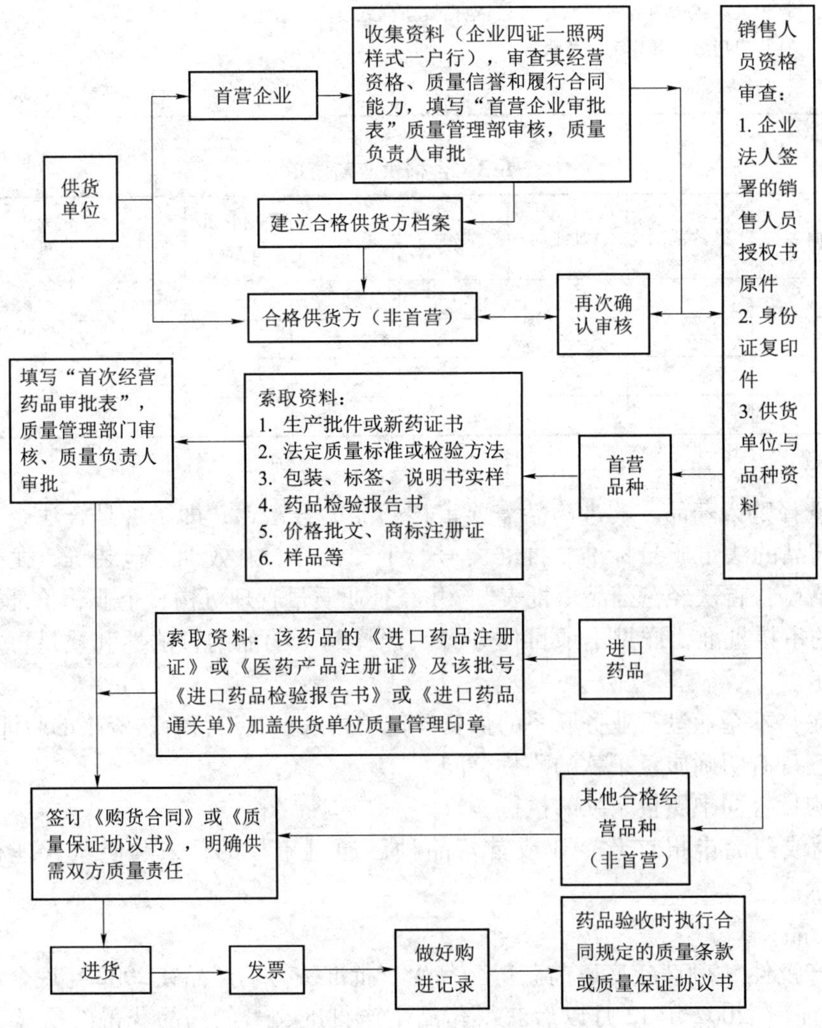

图 4-3　药品采购质量管理程序

2. 检验报告书　如供货单位为生产企业，则为出厂检验报告书原件；供货单位为批发企业，则是加盖供货单位质量管理专用章原印章的检验报告书原件或复印件。如采用电子数据形式传递和保存检验报告书，应确认其合法性和有效性。

进口药品：

（1）中国香港、澳门和台湾制造厂商的药品批准后发《医药产品注册证》；

（2）进口药品获得的是《进口药品注册证》；

（3）进口麻醉药品和精神药品应当有《进口准许证》；

（4）进口药材应当有《进口药材批件》；

（5）进口国家规定的实行批签发管理的生物制品，必须有批签发证明文件和《进口药品检验报告书》或注明“已抽样”字样的《进口药品通关单》。

3. 药品采购流程　药品采购流程如图 4-4 所示：

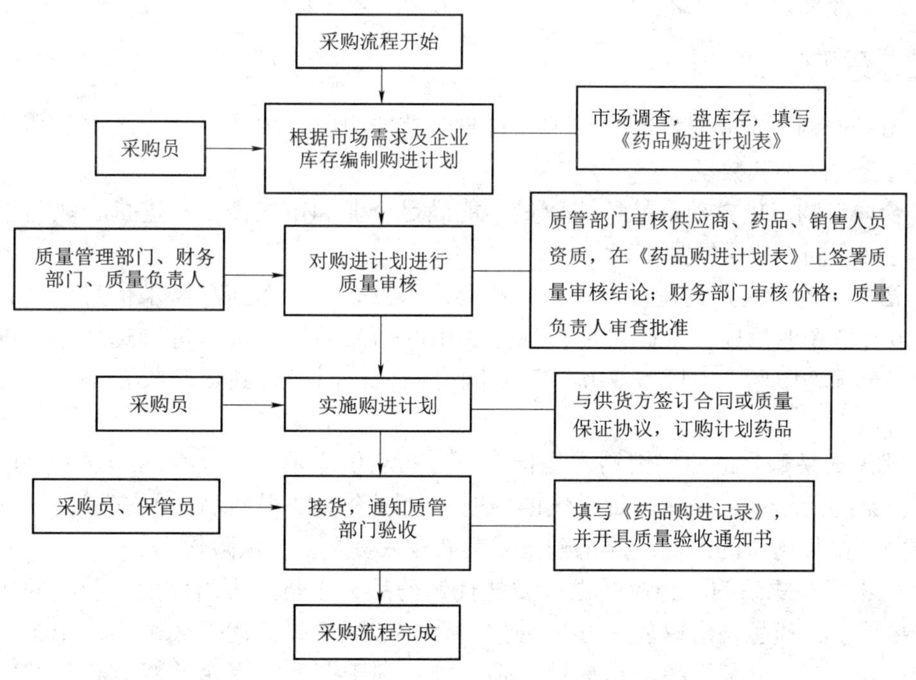

图 4-4　药品采购流程

知识拓展

进货中的“六进两有底”。六进：优质产品优先进；紧俏产品计划进；一般品种平衡进；急救品种及时进；季节品种提前进，效期品种分批进。

两有底：市场信息要有底，市场动态要有底。

活动二　药品采购的方法

企业采购药品需要选择合适的采购渠道和方式。

一、药品采购渠道

1. 批发和零售连锁企业

（1）从国内药品生产企业采购；

（2）从国内营销企业采购；

（3）从中外合资企业采购；

（4）从国外进口；

（5）从国家储备库拨出更新。

2. 零售企业

（1）从当地药品批发企业采购；

（2）从当地药品生产企业采购；

（3）从外地药品企业采购。

二、采购方式

1. 市场选购 企业根据市场需求和自身经营能力，自主从供货方已有的药品中选择购进适合的品种和数量。

2. 合同订购 供方现有品种或数量不能满足企业和市场需要，进货企业与供货单位签订订购合同，按合同产销。

3. 招标采购 此方式是目前采购的趋势，需方企业发布药品需求信息，具有资格的生产或经营企业投标，企业根据投标方提供的药品品质和价格进行选择，以价格最低、质量最优者中标。中标后双方签订采购合同，合同履行到货验收合格后，财务复核入账付款。

4. 代理式采购 也叫代销制，是指企业与药品供应单位订立合约，在一定区域内垄断销售某些药品，在办理进货手续的同时，代理企业获得药品的所有权，形成“风险共担、利益共享”的局面。此采购方式前期投入资金多，风险较高。

5. 代批代销式采购 企业受供方委托代销药品，在药品售出以前，药品的所有权归委托单位。在药品售出以后，办理进货手续并结算货款。代批代销不占用企业的流动资金，并有利于供货方的产品推销，是一种有利于调动供需企业双方积极性的购销方式。

6. 网络采购 随着电子商务的迅猛发展，药品网络营销将走入常态化，企业可直接通过网络采购药品。其优势是节约流通成本，缩短收集市场信息和完成采购的时间，有利于企业把握机遇，提高效益。

任务二　GSP 对药品首营审核的管理

现行版 GSP 要求，对首营的审核主要包括：首营企业审核、首营品种审核、对供货单位销售人员的核实。

活动一　首营企业审核

法规链接 >>>

第六十二条　对首营企业的审核，应当查验加盖其公章原印章的以下资料，确认真实、有效：

（一）《药品生产许可证》或者《药品经营许可证》复印件；

（二）营业执照及其年检证明复印件；

（三）《药品生产质量管理规范》认证证书或者《药品经营质量管理规范》认证证书复印件；

（四）相关印章、随货同行单（票）样式；

（五）开户户名、开户银行及账号；

（六）《税务登记证》和《组织机构代码证》复印件。

一、首营企业的概念

首营企业是指采购药品时，首次与本企业发生供需关系的生产或经营企业。

二、首营企业的审核内容

首营企业的选定应进行包括资格和质量保证能力的审核。具体审核内容包括：

1. 对供货企业进行验“证”（即工商部门的营业执照，药品经营或生产许可证），考察其是否具有法定资格，是否超出其符合规定的生产（经营）范围。

2. 考察供货企业的生产或经营环境，对药品生产企业要考察其生产条件，对经营企业要考察其经营、仓储条件。

3. 考察供货企业的质量信誉、管理水平和质量保证体系。包括质量管理体系是否健全，发生质量问题的原因，是否有纠正预防措施，纠正预防措施是否真实有效等。

审核工作由企业的质量管理机构会同业务部门共同完成。审核的方式主要是资料的审查和验证，必要时应当组织实地考察，对供货单位质量管理体系进行评价。

特别注意“必要时”包括以下情况：

发生过药品质量问题的生产企业；国家食品药品监督管理总局质量公告上有被公告的不合格药品的企业；不良信誉记录或其他不良行为的企业；发生大量业务往来的公司；材料无法核实的公司；注册资金太少，人员不齐整的公司；低温冷链供货单位。

三、审核首营企业应收集的资料

对首营企业的审核，应查验的资料，如表 4-4 所示：

表 4-4　首营企业资料审核目录

项目	序号	资料目录（确定供货单位、购进药品、购销人员合格，签质保协议）
首营企业	1	营业执照及年检证明复印件（①超营范围、②未年检、③效期超期：应有正在办理证明）
	2	《药品生产许可证》或《药品经营许可证》正本或副本复印件，若在有效期内有过许可变更的，必须提供副本的变更内容（注意①超营范围、②未年检、③效期超期）

续表

项目	序号	资料目录（确定供货单位、购进药品、购销人员合格，签质保协议）
首营企业	3	质量体系认证证书：GMP 认证证书（注意有效期和对应经营品种剂型）或 GSP 认证证书复印件（注意效期超限）
	4	《税务登记证》、增值税一般纳税人证和《组织机构代码证》复印件（注意年检、效期超期）
	5	开票信息（开户户名、开户银行及账号、公司地址）销售药品所开的税票
	6	随货同行单（票）样式、供货单位公司的相关印章印模、空白发票样式复印件
	7	质量保证协议书：现行版 GSP 第六十五条规定内容缺一不可，①明确责任；②提供合规资料且真实、有效；③按规开发票；④药品质量达标；⑤包装、标签、说明书合规；⑥运输质保及责任；⑦质保协议有效期
	8	标明有明确质量条款的供货合同
	9	企业质量体系情况调查表
	10	法人授权委托书原件（盖公章原章和法人印章或签名的授权书，应载明被授权人姓名、身份证号，及授权的品种、地域、期限）、人员身份证复印件和上岗证
	备注	1. 上述复印件均需加盖供货单位原印章 2. “相关印章”包括：出库专用章、质量专用章、公章、合同专用章、财务专用章、发票专用章、法人章和销售专用章 3. “随货通行单”样式必须真实印有“随货同行单”字样 4. 不论企业有多少个结算账户，至少备案 3 个，其中必须要有基本结算账户，企业的基本账户提供开户许可证，一般账户提供银行印签卡，均备份 5.《药品生产（经营）许可证》在国家食药监总局网站核实，营业执照在工商局网站核实，《税务登记证》在税务局网站核实，《组织机构代码证》在组织机构代码中心网站核实；所有审核工作有记录，网上、电话核实有截图等凭证 6. 经营特殊管理药品的首营企业，还必须审核其经营特殊管理药品的合法资格，索取加盖首营企业原印章的药品监督管理部门的批准文件

1.《药品生产许可证》或者《药品经营许可证》复印件（有变更事项的还须提供许可证副本变更事项登记记录或药监部门证明文件）。

2. 所销售品种剂型相关的药品 GMP 证书或者 GSP 认证证书复印件。

3.《税务登记证》和《组织机构代码证》复印件。

4. 营业执照及其年检证明复印件。

5. 相关印章、随货同行单（票）、空白发票样式复印件。

6. 开户户名、开户银行及账号；质量保证协议、采购合同。

7. 质量体系调查表、合格供货方档案表及开票资料复印件。

上述复印件均需加盖供货单位原印章。质量管理人员在查验材料时，需审核各复印件的真伪，经营范围、效期和年检情况，确保材料真实有效。

四、填写《首营企业审核表》

《首营企业审核表》如表 4-5 所示。

表 4-5 首营企业审核表

编号： 填报部门： 填报人： 填报日期： 年 月 日

<table>
<tr><td colspan="2">企业名称</td><td colspan="6"></td><td>法定代表人</td><td></td></tr>
<tr><td colspan="2">注册地址</td><td colspan="6"></td><td>企业负责人</td><td></td></tr>
<tr><td colspan="2">生产/仓库地址</td><td colspan="6"></td><td>邮政编码</td><td></td></tr>
<tr><td colspan="2">企业类别</td><td colspan="8">□药品生产企业 □药品经营企业</td></tr>
<tr><td colspan="2">生产/经营许可证号</td><td colspan="4"></td><td colspan="3">许可证发证日期</td><td></td></tr>
<tr><td colspan="2">许可证发证机关</td><td colspan="4"></td><td colspan="3">许可证有效期</td><td></td></tr>
<tr><td colspan="2">营业执照登记机关</td><td colspan="4"></td><td colspan="3">营业执照注册号</td><td></td></tr>
<tr><td colspan="2">营业执照有效期</td><td colspan="4"></td><td colspan="3">注册资金</td><td></td></tr>
<tr><td colspan="2">生产/经营范围</td><td colspan="8"></td></tr>
<tr><td colspan="2">GMP/GSP 认证证书编号</td><td colspan="4"></td><td colspan="3">GMP/GSP 认证证书有效期</td><td></td></tr>
<tr><td colspan="2">组织机构代码证号</td><td colspan="4"></td><td colspan="3">组织机构代码证有效期</td><td></td></tr>
<tr><td>质量保证协议书</td><td colspan="5">已签订：□质量条款规
□质量条款不规范
□未签订</td><td colspan="3">质量保证协议有效期</td><td></td></tr>
<tr><td rowspan="2">供货单位委托业务人员情况</td><td colspan="2">姓名</td><td colspan="2"></td><td colspan="3">委托书有效期</td><td colspan="2"></td></tr>
<tr><td colspan="2">身份证号码</td><td colspan="2"></td><td colspan="3">联系电话</td><td colspan="2"></td></tr>
<tr><td rowspan="2">企业资信情况</td><td colspan="2">开户银行</td><td colspan="2"></td><td colspan="3">账 号</td><td colspan="2"></td></tr>
<tr><td colspan="2">税务登记证号</td><td colspan="2"></td><td colspan="3">企业规模</td><td colspan="2">□一般纳税人 □小规模纳税人</td></tr>
<tr><td>企业供货能力审核</td><td colspan="9"></td></tr>
<tr><td rowspan="4">采购部</td><td colspan="9">所附资料：□质量体系调查表 □药品生产/经营许可证 □营业执照
□GMP/GSP 认证证书 □税务登记证 □组织机构代码证 □开户户名、开户银行及账号
□法人授权委托书 □业务人员身份证复印件 □质量保证协议 □印章备案 □随货同行备案</td></tr>
<tr><td colspan="9">采购员签字： 日期：</td></tr>
<tr><td colspan="3" rowspan="2">采购部门审批</td><td colspan="6">□同意开展业务 □不同意 原因：</td></tr>
<tr><td colspan="6">部门负责人签字： 日期：</td></tr>
</table>

续表

质量管理部	资料审核情况	□经审核、资料齐全、合法有效 □经审核、资料不齐全 □经审核、资料无效	
	企业情况	核查方式：	□经核查与资料内容一致
			□经核查与资料内容不一致
	委托业务人员核查情况	核查方式	□网上核查　核查网站：
			□电话核查　电话号码：
		□经核查可与其洽谈业务 □经核查不能与其洽谈业务	
	质量管理体系情况	□符合合格供应商要求　□不符合合格供应商要求	
		核查人签字：　　　　日期：	
	审核意见：	□经审核、资料齐全、合法有效、同意列入合格供货方	
		□经审核不同意列入合格供货方　原因：	
		质管部经理签字：　　　　日期：	
质量负责人审批	□同意		
	□不同意　原因：		
	质量负责人签字：　　　　日期：		

五、首营企业审核流程

首营企业审核流程，如图 4-5 所示。

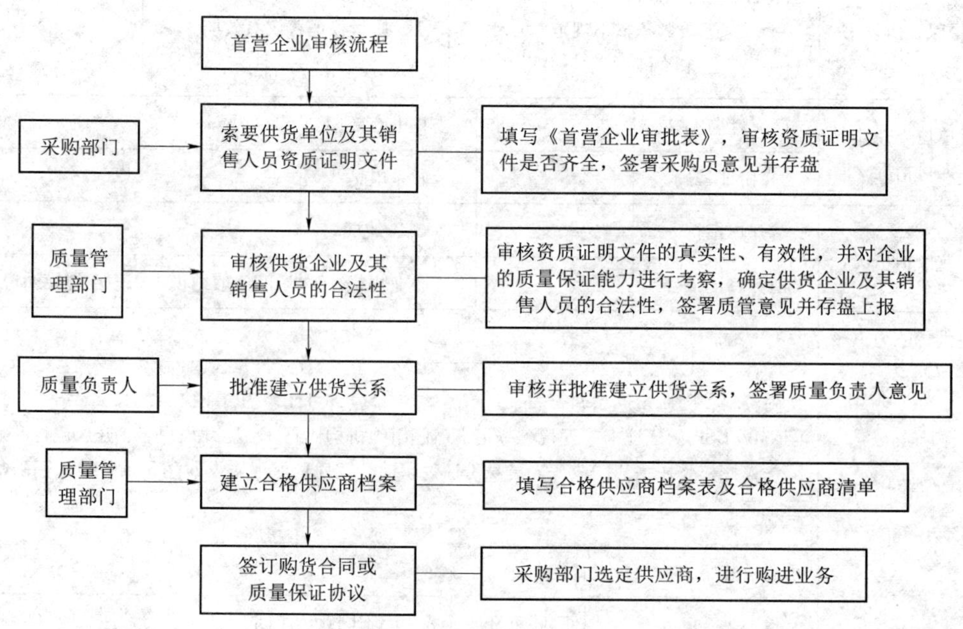

图 4-5　首营企业审核流程

1. 由采购部门填写首营企业审核表，并收集供货单位及销售人员资质证明资料，填写采购原因，在微机中录入基础信息，确认存盘后，交质量管理部门审核。

2. 质量管理部门通过相关政府网站检索、电话咨询及资料比对等方式对资料辨别、核实后，在首营企业审核表上填写意见，在微机确认后，将表上报给质量负责人。

3. 质量负责人审核批准在首营表上签字，同时在微机程序中确认后，转给采购部门。

4. 采购部门收到有质量负责人签字的首营表方能进行业务活动。

5. 首营材料由质量管理部门归入合格供应商档案。

六、微机程序的操作

上述工作既有纸质材料的传递，还要有微机程序的操作。如图 4-6 所示：

图 4-6　首营企业审核微机程序操作窗口

活动二　首营品种审核

法规链接 >>>

第六十三条　采购首营品种应当审核药品的合法性，索取加盖供货单位公章原印章的药品生产或者进口批准证明文件复印件并予以审核，审核无误的方可采购。

以上资料应当归入药品质量档案。

一、首营品种的概念

首营品种：是指本企业首次采购的药品。药品经营质量管理规范中将从经营企业、生产企业首次采购的同一品种、规格、批号的药品也列为首营品种；新规格、新剂型、新包装也作为首营品种审批。

【练一练】

请同学们根据以上概念，判断以下情况的药品属于首营品种吗？

（1）某医药公司第一次向 A 药厂购入一批阿莫西林胶囊，其后也是第一次向 B 医药公司购入同一批次、相同规格的阿莫西林胶囊，那么向 B 医药公司购买的这批阿莫西林胶囊是不是首营品种？

（2）某药店第一次向某医药公司购进一批速效救心丸，其后再向该医药公司购买时，该品种的速效救心丸更换了包装，由原来的 40mg×50 粒/瓶×3 瓶/盒更换成 40mg×60 粒/瓶×4 瓶/盒，那么新包装的这批速效救心丸是首营品种吗？

二、首营品种的审核

1. 审核的目的 确定购入药品的合法性，了解药品的质量、储存条件等基本情况，明确企业有无经营该品种的能力和条件。

2. 审核的范围 新品种、新规格、新剂型、新包装。

3. 审核的内容 核实药品的批准文号及质量标准，审核药品包装、说明书、标签等是否符合相关规定，明确药品适应证或功能主治、储存条件、检验方法及质量状况。核实药品是否符合供货单位《药品生产（经营）许可证》规定的生产（经营）范围，是否超出本企业经营范围，严禁采购超生产（经营）范围的药品。原有经营品种发生规格、剂型或包装变更时，应重新审核。

4. 审核所需资料 首营品种资料审核目录，如表 4-6 所示。

表 4-6 首营品种资料审核目录

项目	序号	国产药品	进口药品
首营品种	1	该品种供货方药品生产许可证或经营许可证和营业执照复印件，GMP 或 GSP 认证证书复印件（如同属首营企业只用收取一份）	
	2	药品生产批件复印件，包括《药品注册批件》或《再注册批件》《药品补充申请批件》	《进口药品注册证》《医药产品注册证》或者《进口药品批件》复印件
	3	药品注册批件的附件（药品质量标准复印件、包装、标签、说明书）	质量标准、药品标签、说明书、包装的实物或复印件
	4	药品实物样品	药品实物样品
	5	出厂检验报告书或省、市药检所质量检测合格报告单复印件	加盖“已抽样”的“进口药品通关单”或“进口药品检验报告书”复印件
	6	国家的药品价格批文复印件或省级物价部门的登记证明资料	物价批文复印件
	7	注册商标批文复印件（新品）	

续表

项目	序号	国产药品	进口药品
首营品种	8	非处方药品审核登记证复印件	
	9	新药证书复印件（新药）	
	10	中药保护品种证书复印件（中药保护品种）	
	补充 1	药品批发和零售连锁企业购进首营品种需进行药品内在质量检验，如无内在质检能力的，应向供货单位索要该批号药品的质量检验报告书，或送县以上药品检验所检验	
	补充 2	进口麻醉药品、精神药品还应取得《进口准许证》复印件，进口中药材应索取《进口药材批件》复印件，进口分装药品需提供《药品补充注册批件》复印件	
	补充 3	生物、血液制品需索取《生物制品批签发合格证》《进口生物制品检验报告书》复印件	
	补充 4	实施电子监管的药品，包装上应具有符合规定的中国药品电子监管码标识，做到无码不购	

企业购进首营品种审核时需向供货单位索取以上资料并加盖供货单位公章原印章，确保材料齐全、真实、有效。

有关部门如对资料有其他要求的，由药品购进人员负责向供货单位索取，资料完备后再送相应部门审批。当发生灾情、疫情、突发事件或者临床紧急救治等特殊情况，紧急调拨的药品可以在事后将相关资料、证明补齐。

三、填写“首营药品审批表”

“首营药品审批表”见表 4-7。

表 4-7　首营药品审批表

编号：　　　　填报部门：　　　　填报人：　　　　填报日期：　　年　月　日

基本情况	通用名称		商品名称	
	英文名或汉语拼音		规格	
	剂型		单位	
	中包装		装箱规格	
	批准文号		质量标准	
	生产企业		详细地址	
	生产（经营）许可证号		证书有效期	
	营业执照号		执照有效期	
	GMP（GSP）证书号		证书有效期	
	产品批号		产品有效期	
	出厂检验报告书号		检验报告书号	
	（首批）检验结论	合格□　不合格□	储存条件	
	药品性状、质量、用途、疗效等情况			
价格情况	零售价（单位）		批发价	
	供价		终审供价	

续表

药品属性	化学原料药及其制剂□ 中药材□ 中药饮片□ 中成药□ 中西成药□ 抗生素原料药及制剂□ 生化药品□ 特殊管理药品□ 血清、疫苗、血液制品□ 诊断药品□ 其他□			
药品分类	非处方药：OTC 乙□ OTC 甲□ 处方药：Rx□			
所附资料	药品生产许可证或经营许可证和营业执照复印件□ GMP 或 GSP 认证证书复印件□ 药品生产批件及附件□ 样品及同批号出厂检验报告书□ 非处方药审核登记证书□ 物价单□ 商品名批复件□ 其他补充资料□			
供货方业务员情况	姓名		身份证号	
	联系电话		授权情况	
采购员申请原因				
	签字： 年 月 日			
业务部门意见				
	负责人： 年 月 日			
质量管理部门意见				
	质量管理负责人： 年 月 日			
物价部门意见				
	负责人： 年 月 日			
质量负责人审批意见	□同意进货 □不同意进货			
	签名： 年 月 日			

注：首营品种档案应及时更新，保证合法资质持续有效

四、建立药品质量档案

质量管理部门将企业负责人审核批准的“首营药品审批表”及以下资料归入药品质量档案。内容包括：

1. 药品批准文号；
2. 药品质量标准；
3. 标签、说明书及质量检验报告书；
4. 新药证书；
5. 药检部门抽检资料；
6. 用户反馈意见表；
7. 入库验收及在库检查等质量信息汇总表；
8. 药品质量档案表（表 4-8）。

表 4-8 药品质量档案表

编号： 建档日期： 年 月 日

药品通用名称		商品名称			
汉语拼音或外文名		剂型		品种类别	
规格		有效期		质量标准	
批准文号				储存条件	
生产企业				GMP 证书号	
药品生产许可证号		许可期限至		营业执照号	
首营企业审核表号		审核日期		实地考察人员	
首营品种审批表号		审批日期		首批进货日期	
生产企业联系电话		传真		E-mail	
建档原因及目的					
外观质量检查情况					
包装、标签和说明书情况					
临床疗效情况					
用户反馈情况					
质量查询情况					
质量标准变更情况					
抽检化验情况					

库存质量考察情况						
进货日期	产品批号	进货数量	质量状况	原因分析	处理措施	备注

此外，首营品种的试销期一般是 2 年，业务部门要充分作好市场需求调查，了解发展趋势，收集用户评价意见，作好相关记录。质量管理部门应定期分析药品质量的稳定性和可靠性。

五、首营品种审核程序

首营品种与首营企业的审核程序基本是一致的，如图 4-7 所示：

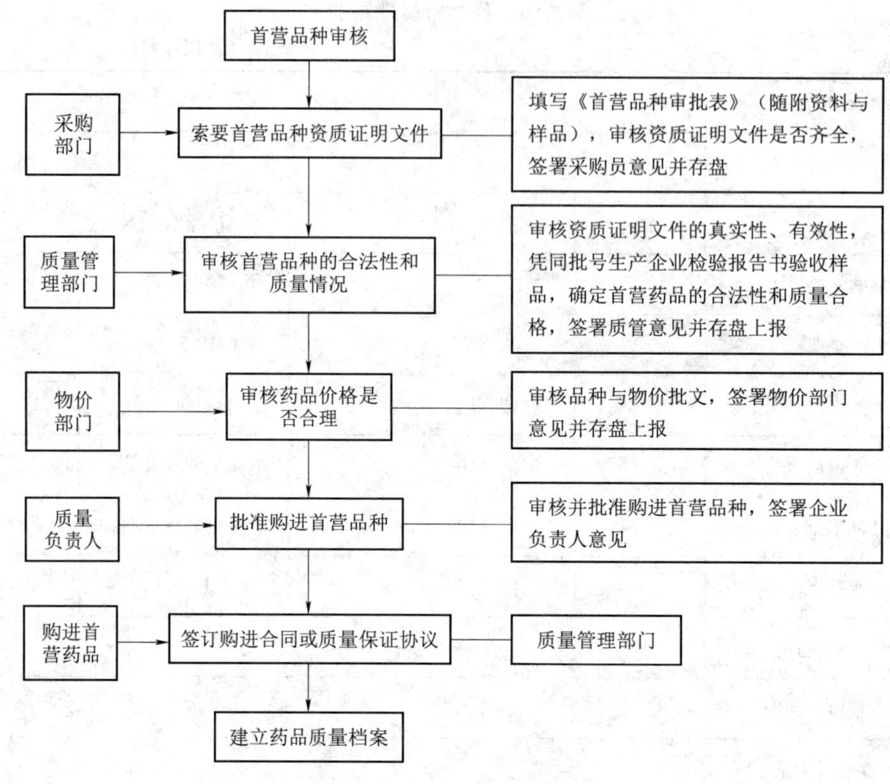

图 4-7　首营品种审核流程

活动三　核实供货单位销售人员的合法资格

法规链接 >>>

第六十四条　企业应当核实、留存供货单位销售人员以下资料：

（一）加盖供货单位公章原印章的销售人员身份证复印件；

（二）加盖供货单位公章原印章和法定代表人印章或者签名的授权书，授权书应当载明被授权人姓名、身份证号码，以及授权销售的品种、地域、期限。

一、供货单位销售人员资格审核资料

1. 加盖供货单位公章原印章的销售人员身份证复印件；

2. 加盖供货单位公章原印章和法定代表人印章或者签名的授权委托书，授权委托书应当载明被授权人姓名、身份证号码，以及授权销售的品种（附具体品种清单）、地域、期限（一般不超过 1 年）；

3. 供货单位及供货品种相关资料（有效品种目录及相关资料）。

供货单位销售人员档案应及时更新，保证合法资质持续有效。

企业应索取与本企业联系药品销售事宜的供货单位销售人员的相关资料，并进行合法性资格审核。建立供货单位销售人员档案（表 4-9），并实行动态管理，及时对不再具备合法资格的销售人员采取有效措施，停止业务往来。

表 4-9　供货单位销售人员档案表

供货单位	销售人员姓名	法人授权委托书	身份证复印件	从业资格	联系电话	备注

二、供货单位销售人员委托书

见表 4-10。

表 4-10　供货单位销售人员委托书

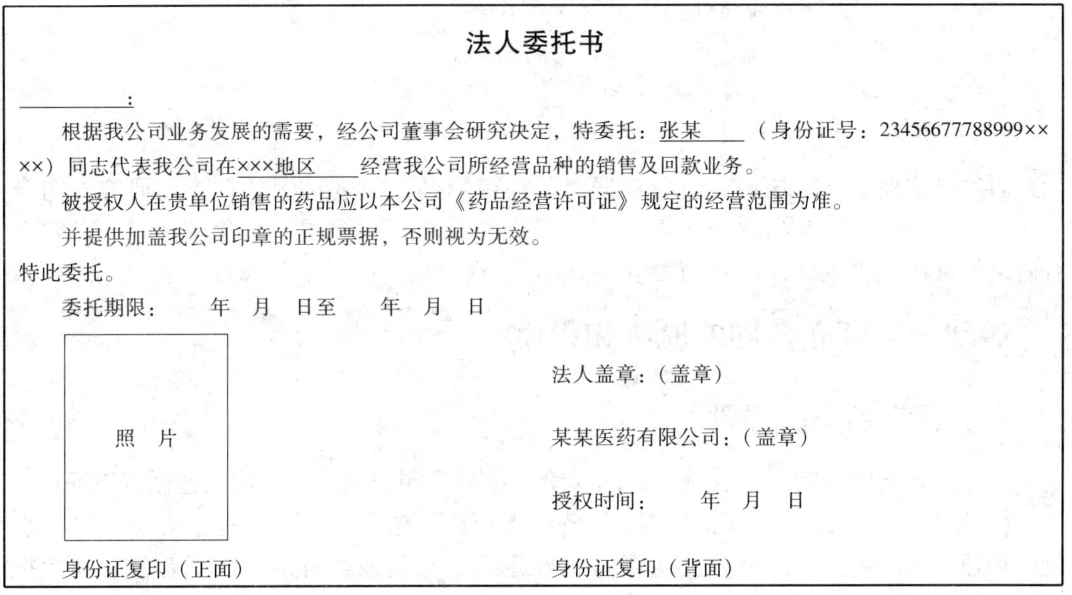

法人委托书

________：

根据我公司业务发展的需要，经公司董事会研究决定，特委托：张某____（身份证号：23456677788999××××）同志代表我公司在×××地区____经营我公司所经营品种的销售及回款业务。

被授权人在贵单位销售的药品应以本公司《药品经营许可证》规定的经营范围为准。

并提供加盖我公司印章的正规票据，否则视为无效。

特此委托。

委托期限：　　年　月　日至　　年　月　日

照　片

法人盖章：（盖章）

某某医药有限公司：（盖章）

授权时间：　　年　月　日

身份证复印（正面）　　身份证复印（背面）

三、授权书注意的问题

1. 授权书未标明授权日期；

2. 授权书未标明授权期限；

3. 授权书未标明授权销售的品种：如果是生产企业，应当列明或附具体品种；如果是经营企业应提供有效药品目录，可以标明“我公司经营的品种，以我公司提供的有效药品目录为准”，如果经营公司的品种有特殊委托事项，则应标明。严禁同一业务员代理多家品种。

核实方法包括：

1. 授权书的内容是否符合要求；

2. 电话授权单位核实销售人员身份。

四、销售人员职业资格证书（上岗证书）

医药购销人员还可以通过培训考核获得相关部门授予的上岗资格证或职业资格证，如医药商品购销员等。在资格审核时如有相关资格证书可在资料中加入证书复印件。

任务三　购销合同管理

法规链接 >>>

第六十五条　企业与供货单位签订的质量保证协议至少包括以下内容：
（一）明确双方质量责任；
（二）供货单位应当提供符合规定的资料且对其真实性、有效性负责；
（三）供货单位应当按照国家规定开具发票；
（四）药品质量符合药品标准等有关要求；
（五）药品包装、标签、说明书符合有关规定；
（六）药品运输的质量保证及责任；
（七）质量保证协议的有效期限。

通过供应商资格审核后，企业根据对医药市场药品供需情况的调查和研究，向合适的供应商采购所需药品。采购必须签订正式的药品采购合同，尤其是合同中必须含有质量保证协议，以确保药品的质量安全。

活动一　订立合同的原则和程序

一、订立合同的原则

为保证合同的顺利履行，预防合同纠纷，药品采购合同的签订应该遵循以下原则：

1. 法人原则　合同的当事人必须具备法人资格。这里的法人，是指有一定的组织机构和独立支配财产，能够独立从事商品流通活动或其他经济活动，享有权利和承担义务，依照法定程序成立的企业。当事人应当以自己的名义签订经济合同。委托别人代签，必须要有委托证明。

2. 合法原则　也就是必须遵照国家的法律、法令、方针和政策签订合同，其内容和手续应符合有关合同管理的具体条例和实施细则的规定。

3. 平等互利原则　必须坚持平等互利，充分协商达成一致的原则签订合同。

4. 书面原则　采购合同应当采用书面形式。当然，可以预先口头要约。

二、购销合同的评审流程

企业对所拟订立的采购合同，都应建立合同档案。凡有关合同履行、变更和解除的往来文书、电话记录、电报、传真均需归档。购销合同评审流程见图 4-8。

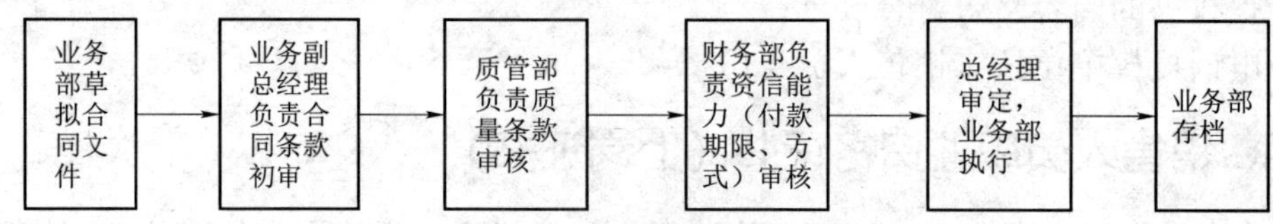

图 4-8　购销合同的评审流程

三、订立合同的程序

签订合同的程序是指合同当事人双方对合同的内容进行协商，达成共识，并签署书面协议的过程。一般有以下几个环节，如图 4-9 所示：

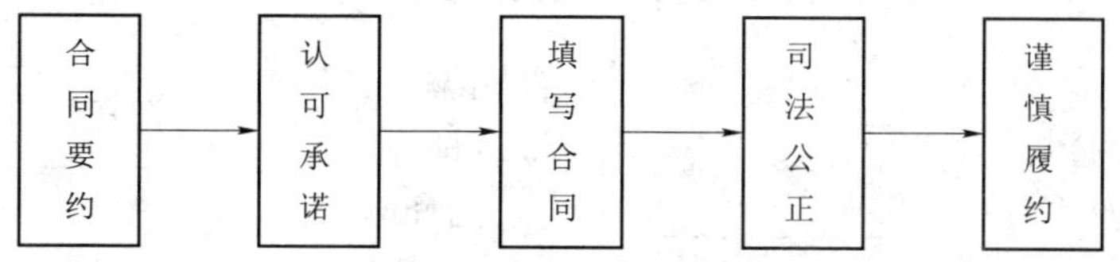

图 4-9　订立合同的程序

1. 合同要约　订约提议是指当事人一方向对方提出的订立合同的要求或建议，也称要约。订约提议应提出订立合同所必须具备的主要条款和希望对方答复的期限等，以供对方考虑是否订立合同。提议人在答复期限内不得拒绝承诺。

2. 认可承诺　承诺，是指受约人完全接受订立合同的提议。受约人对合同条款部分或附加条件地同意，则不是承诺，而是提出新要约，这时就需要进一步协商。

接受提议是指提议被对方接受，双方对合同的主要内容表示同意，经过双方签署书面契约，合同即可成立，也称承诺。承诺不能附带任何条件，如果附带其他条件，应认为是拒绝要约，而提出新的要约。新的要约提出后，原要约人变成接受新的要约的人，而原承诺人成了新的要约人。实践中签订合同的双方当事人，就合同的内容反复协商的过程。

3. 填写合同　认真、仔细填写合同文本。

4. 司法公证　必要时，报请见证机关见证，或报请公证机关公证。有的经济合同，法律规定还应获得主管部门的批准或工商行政管理部门的签证。对没有法律规定必须签证的合同，双方可以协商决定是否见证或公证。

5. 谨慎履约　谨慎、严格履行签约手续。

活动二　药品采购合同的内容与文本格式

一、药品采购合同的主要内容

药品采购合同的条款一般包括：

1. 药品品种、供货单位、生产厂家或产地、规格、数量、计量单位、价格、交易金额、约定损耗等。必要时，可附上明细表。

2. 明确规定药品的质量要求、包装标准、验收办法、作价办法、运输方法、交货日期、交货地点、货款结算方式和时间、双方必须承担的经济责任和义务（包括药品质量问题的责任划分和处理方法、合同违约责任的划分和处理方法）、合同的变更和解除条件以及其他事项（为稳妥起见注明不足或不完善之处，双方另行协商约定）。

3. 签订合同需双方签字。合同需使用企业的合同专用章，不得使用科室或行政公章。

4. 企业应每年与供货单位签订质量保证协议。不必每份合同上都写明质量条款，只需说明按双方另行签订的质量保证协议即可。

二、药品采购合同格式

药品采购合同

合同编号：________________

甲方（需方）：________________　　签订地点：________________

乙方（供方）：________________　　签订时间：________年____月____日

甲乙双方本着平等自愿、诚实信用的原则，根据《中华人民共和国合同法》等法律、法规规定，经双方协商一致，就有关事项达成如下具体协议：

第一条 药品品种、数量、价格

采购药品品种和数量：甲方向乙方所采购的药品品种、剂型、规格、数量、价格等详见药品采购清单（于本合同末见表 4-11），合计：品种为____个，签约金额为____（单位，人民币元），大写________________，含增值税，税率：____%。

第二条 质量标准

1. 乙方交付的药品质量必须符合法定质量标准要求，每批药品均附有该药品生产企业同批次的出厂药品合格检验报告和合格证。

2. 进口药品应提供相应批次的进口药品注册证和口岸药检所的进口药品检验报告书复印件，并加盖供货方质量管理部门红章。

3. 生物制品须提供该批药品的批签发证明材料复印件并加盖供货方质量管理部门红章。

第三条 质量保证

乙方须向甲方提供以下材料，并保证其真实性和有效性：

1. 营业执照、药品生产或经营许可证、GSP 或 GMP 认证证书、药品批准文件、产品质量标准、产品质量检验报告书、组织机构代码证、销售地物价部门批准的价格批文、法人委托书、被委托人身份证等有效复印件并加盖供货单位原印章。

2. 质量保证协议原件并加盖供货单位原印章。

第四条 药品有效期

乙方所提供药品的有效期不得少于 12 个月；特殊品种双方另行协商。

第五条 包装标准

1. 乙方提供的全部药品均应按国家规定的标准保护措施进行包装，包装方式必须符合药品的理化性质和运输要求。在每件包装上，必须注明品名、规格、生产厂家或产地、内包装数量、重量、生产日期、批号、有效期、调出单位，并附有质量合格的标志。

2. 每一个包装箱内应附有一份详细装箱数量单和该药品生产企业同批号的出厂药品批次检验记录或合格证。如为拼装箱件，箱内应按前述要求附有各种药品数量单和药品质量证明材料复印件，并加盖配送企业公章。

3. 标签和说明书：药品的标签和说明书均应符合国家有关规定，印刷清晰。

4. 特殊要求：____________________。

第六条　配送服务

1. 交货日期：____________________。

2. 交货地点：____________________。

3. 交货方式：①乙方送货□；②甲方自提□；③其他方式________。

4. 运输方式：①公路运输□；②铁路运输□；③其他方式________。

第七条　验收方式

乙方送达甲方指定地点后的当日，双方现场进行数量和外观验收。

第八条　付款方式

1. 结算时间

代销：①实销实结□；②其他方式________。

购销：①现款□；②货到________天结算□；③批结□；④其他方式________。

2. 支付方式

①支票□；②汇款□；③承兑汇票□；④电汇□；⑤其他方式________。

3. 发票

乙方应向甲方提供____%的增值税发票。

第九条　双方的权利义务

1. 甲方须在合同规定的时间内，按实际入库的药品数量及时结算货款；并在货物验收入库后____日内结清货款。

2. 甲方在接收药品时，应于当日对药品进行验收入库，对乙方提供的药品不符合合同约定的品种、数量、质量要求的部分，甲方有权拒绝接受。

3. 甲方有证据证明乙方交付的药品不符合质量标准（以省、省辖市药监部门的检验结果为准）或延期交货等不按合同约定交货时，可以书面通知乙方终止该药品的供货。

4. 乙方必须按照合同约定的药品品种、数量、质量要求和期限，配送药品。

5. 乙方应保证甲方在使用所购药品时，不存在该药品专利权、商标权或保护期等知识产权方面的争议，如产生争议由乙方自行处理和承担责任。

6. 乙方应对验收时发现的破损、有效期少于 12 个月或不符合特殊约定期限的药品及其他不合格包装药品及时更换。

7. 乙方供应药品在医院使用过程中，因受举报、抽检等检查出现质量问题，属生产经营企业责任的，被药品监督管理部门处罚的后果由乙方负责。

第十条　违约责任

1. 乙方提供的药品不符合合同约定质量、期限等要求，给甲方造成损失的乙方应当赔偿损失。

2. 乙方不履行本合同或未按合同约定的时间、地点配送药品或提供伴随服务，甲方可要求乙方支付违约金。乙方每延误____日，违约金为迟交药品货款的____%，直至交货或提供服务为止，但违约金最高不超过迟交药品货款的____%；乙方在支付违约金后，甲方要求继续履行合同义务的，乙方还应当履行应尽义务。违约金不足以弥补甲方损失的，乙方应另行赔偿损失。

3. 甲方未在合同约定的期限内向乙方支付货款的，乙方可要求甲方支付违约金。

甲方每延误____日，违约金为未支付货款的____%，直至甲方支付应付货款为止，但违约金最高不超过迟交药品货款的____%；当甲方未支付货款金额达到本合同约定金额的____时，乙方可以书面形式通知甲方终止合同。

第十一条 不可抗力

1. 买卖双方或一方因不可抗力而导致合同实施延误或不能履行合同义务，不应该承担误期赔偿或终止合同的责任。

2. 不可抗力，是指那些卖方无法控制、不可预见的事件，但不包括卖方的违约或疏忽。这些事件包括但不限于：战争、严重火灾、洪水、台风、地震及其他双方商定的事件。

3. 在不可抗力事件发生后，买卖双方或一方应尽快以书面形式将不可抗力的情况和原因通知对方。除买方另行要求外，卖方应尽实际可能继续履行合同义务，以及寻求采取合理的方案履行不受不可抗力影响的其他事项。不可抗力事件影响消除后，双方可通过协商在合理的时间内达成进一步履行合同的协议。

第十二条 合同有效及修改

1. 本合同自双方签字盖章之日起生效。合同有效期自____年____月____日至____年____月____日。

2. 本合同的所有附件是本合同不可分割的一部分。

3. 合同履行期满后。双方继续合作的可续签合同，有修改或补充的部分须以书面形式进行，并经双方签字盖章后生效。

第十三条 纠纷仲裁

因合同引起的或与本合同有关的任何争议，由双方当事人协商解决；也可以向有关部门申请调解。协商或调解不成，可向人民法院起诉。

第十四条 本协议一式____份，甲方____份，乙方____份，本合同未尽事宜由甲、乙双方另行议定并签订补充协议。补充协议与本合同具有同等法律效力。补充协议不得违背本合同的实质性内容，与本合同不一致的一律以本合同为准。

第十五条 其他约定事项____________________。

甲方（盖章）	乙方（盖章）
单位名称：____________________	单位名称：____________________
单位地址：____________________	单位地址：____________________
法定代表人（负责人）：__________	法定代表人（负责人）：__________
签约代表：____________________	签约代表：____________________
联系电话：____________________	联系电话：____________________
传　　真：____________________	传　　真：____________________
邮政编码：____________________	邮政编码：____________________
开户银行：____________________	开户银行：____________________
账　　号：____________________	账　　号：____________________
税　　号：____________________	税　　号：____________________

表 4-11　药品采购清单

序号	药品名称	剂型	规格	包装	生产厂家	单位	数量	单价	折扣率	供货价	金额	备注
总计金额：　+税额（　%）　=　元												

三、质量保证协议

质量保证协议应包含现行版 GSP 中第六十五条所含内容，应对资料真实性和有效性、合法票据、药品质量、包装、标签、说明书、运输等质量保证和质量责任做出详细规定，明确协议的有效期，并加盖双方具有法律效力的印章、签署签约日期。

协议有效期限不得超过《药品生产许可证》或《药品经营许可证》的有效期。

质量保证协议应由法定代表人签字，法定代表人不能签订的，应授权代表人签字，并有授权书。

药品经营质量保证协议书（样例）如下：

质量保证协议

甲方（需方）：____________________　注册地址：____________________

乙方（供方）：____________________　注册地址：____________________

为保证所经营药品的质量，保障人体用药安全，根据《药品管理法》和《药品流通监督管理办法》有关规定，经甲乙双方友好协议协商，签订质量保证协议书如下：

一、甲、乙双方均为合法企业，并互相提供《药品经营许可证》或《药品生产许可证》和营业执照复印件、经办人的法人委托书、身份证复印件存档。

二、质量条款

1. 乙方提供的药品质量应符合国家药品质量标准和有关质量要求；整件包装的药品应附产品合格证；药品包装和标识应符合《药品包装、标签、说明书管理规定》和货物运输的要求；

2. 进口药品（进口中药材）应提供加盖有乙方公章或质管机构原印章的《进口药品注册证》（或《医药产品注册证》）（《进口药材批件》）、《进口药品检验报告单》（或加盖有“已抽样”字样的《进口药品通关单》）复印件；按原国家食品药品监督管理局《生物制品批签发管理办法》要求实行生物批签发的药品还应提供加盖有乙方公章或质管机构原印章的《生物制品批签发合格证》复印件；

3. 乙方提供的中药材、中药饮片质量应符合法定的质量标准（包括省级中药炮制规范）。发运中药材应有包装，必须注明品名、产地、日期、调出单位等，并附有质量合格标识；中药饮片的标签应注明品名、规格、产地、生产企业、批号、生产日期等，并附有质量合格标识；实施批准文号管理的中药饮片需提供其批准文号批件，其包装必须注明中药饮片的批准文号。

4. 乙方所提供的中药饮片其包装材料应选用与药品性质相适应及符合药品质量要求的包装材料和容器。

5. 乙方所提供的药品若出现质量问题，则由此引起的一切损失均由乙方承担。

三、乙方给甲方的购销凭证上注明乙方公司的全称，内容真实，字迹清楚，不得任意涂改。购销凭证上的药品名称、规格、生产企业、产品批号及数量等内容应与来货实物相一致并加盖公章，否则甲方有权拒收。

四、乙方提供的药品距生产日期不得超过 6 个月（进口药品有效期不得少于 1 年，有效期只有 1 年的，不得超过 4 个月），同一品规药品的批号，5 件以内不能超过 1 个，20 件以内不能超过 2 个。

五、首营品种应附有加盖厂家质量检验机构原印章的出厂检验报告单。

六、药品在运输途中的破损、污染和甲方在销售过程中发现的非人为的破损，产品无批号、无有效期或产品在有效期内发生变质等异常情况，乙方应无条件承担因此造成的一切损失，包括：退货费用、顾客投诉的赔偿费用、交通费用及手续费用等。

七、因经营过程中发现假、劣药品，使甲方遭顾客投诉、被行政部门处罚，或被媒体曝光等给甲方造成经济、名誉损失的，乙方应承担一切直接经济损失，并按每个品种 2000~20 000 元进行赔偿（具体视情节、损失轻重）。

八、乙方供应的药品发生不良反应而使甲方遭顾客投诉或被媒体曝光等给甲方造成经济、名誉损失的，乙方应承担全部赔偿责任。

九、乙方提供给甲方有商品条形码的药品应能提供《中国商品条码系统成员证书》。因条码冒用或盗用等造成的一切责任及费用均由乙方承担。

十、甲方验收时发现在运输过程中造成的破损、污染等，均由乙方承担。

十一、甲方对乙方提供的药品应及时检查验收。若发现质量问题，应在收到货的五个工作日内向乙方反馈，逾期不予受理。如双方有分歧，以政府主管部门出具的药品检验报告为准。

十二、甲方按 GSP 要求及药品储藏要求储存药品。若因甲方储存的原因造成的损失由甲方负责。

十三、甲方有责任为乙方提供产品质量、服务质量等信息，以便乙方不断提高产品质量和服务质量。

十四、对药品监督管理部门发现的不合格药品，按药品监督管理部门的规定处理。

十五、此协议一式两份，甲、乙双方各执一份。其未尽事宜，通过协商解决。

十六、本协议自双方签订之日起生效，有效期从________年____月____日至________年____月____日。

甲方（签章）	乙方（签章）
代表人：	代表人：
签订日期：　　年　月　日	签订日期：　　年　月　日

任务四　发票、采购记录及进货情况质量评审

活动一　发票与采购记录

法规链接 >>>

第六十六条　采购药品时，企业应当向供货单位索取发票。发票应当列明药品的通用名称、规格、单位、数量、单价、金额等；不能全部列明的，应当附《销售货物或者提供应税劳务清单》，并加盖供货单位发票专用章原印章、注明税票号码。

第六十七条　发票上的购、销单位名称及金额、品名应当与付款流向及金额、品名一致，并与财务账目内容相对应。发票按有关规定保存。

第六十八条　采购药品应当建立采购记录。采购记录应当有药品的通用名称、剂型、规格、生产厂商、供货单位、数量、价格、购货日期等内容，采购中药材、中药饮片的还应当标明产地。

第六十九条　发生灾情、疫情、突发事件或者临床紧急救治等特殊情况，以及其他符合国家有关规定的情形，企业可采用直调方式购销药品，将已采购的药品不入本企业仓库，直接从供货单位发送到购货单位，并建立专门的采购记录，保证有效的质量跟踪和追溯。

第七十条　采购特殊管理的药品，应当严格按照国家有关规定进行。

一、发票管理

为规范药品经营企业药品采购行为，确保药品质量安全有效，药品购进渠道正规合法，实现药品购进的可追溯，质量事故可索赔，逃税漏税可清查，药品经营使用单位购进药品必须向供货单位索取《增值税专用发票》或者《增值税普通发票》，实施发票管理。

1. 发票的内容　根据现行版 GSP 规定，药品经营使用单位与供货单位签订的质量保证协议中必须包括供货单位应当按照国家规定开具发票的内容。

药品采购发票内容应列明药品的通用名称、规格、单位、数量、单价、金额等，不得缺漏。采购发票内容不能全部列明的，应附有《销售货物或者提供应税劳务清单》，并加盖供货单位发票专用章原印章、注明税票号码。

2. 发票的管理要点

（1）采购发票或应税劳务清单所载内容应与采购记录、供货单位提供的随货同行单内容保持一致。

（2）采购发票或应税劳务清单所载内容应与购进药品电子监管码的核注记录一致。

（3）应在税务局网站上核实采购发票的合法性。发票的开具时间必须符合国家税

法有关规定，发票内容应当结合药品电子监管码记录予以核实。

（4）采购发票的付款方式应与签订合同、财务制度规定一致。

（5）企业付款流向及金额、品名应与采购发票上的购、销单位名称及金额、品名一致，与供货单位作为首营企业审核时档案中留存的开户行和账号一致，并与财务账目内容相对应。不符合规定的发票，不得作为财务报销凭证，任何单位和个人有权拒收。此要求的目的是防止“走票”的违法行为。

（6）发票与实际物流一致，药品到货验收时，药品、发票（清单）、随货同行单，必须一一对应，做到票（发票和随货同行单）、账、货相符，与资金流对应。

（7）采购付款方式是现金的，应与供货单位电话核实，符合财务制度规定，并不超过财务制度中规定的最大现金支付额度。采购付款使用银行承兑结算的，应通过电话等方式向上、下家询问核实。特殊管理的药品及国家有专门管理要求的药品货款应汇到供货单位的银行账户，不得使用现金结算。

（8）采购发票应按照有关规定，至少保存 5 年。

3. 索取发票的必要性 药品安全关系到人民群众的身体健康和生命安全，消除药品安全隐患是政府监管部门的职责要求，也是政府重点民生工程之一。《药品管理法》第三十四条明确规定：药品生产企业、药品经营企业、医疗机构必须从具有药品生产、经营资格的企业购进药品。

目前进入市场的药品供应商，除批发企业、医药代表外，还存在不具有合法资格的流动和挂靠经营的人员，他们的购销药品的行为给药品质量带来严重的安全隐患。而药品经营使用单位采购药品时索取发票能够作为确定供货单位合法性的佐证，对保证药品质量起到至关重要的作用。严格发票管理的目的是希望通过对资金流、票据的强化管理，使流通渠道规范化，实现药品购进的可追溯，发生质量事故可索赔，防止“挂靠经营”等违法行为和经销假劣药品的违法活动，同时防止逃漏税行为的发生。

二、采购记录

1. 购进记录的内容 采购药品应当建立采购记录。采购记录至少应当有药品的通用名称、剂型、规格、生产厂商、供货单位、数量、价格、购货日期等内容，采购中药材、中药饮片的还应当标明产地。

2. 购进记录的要求

（1）所有药品采购记录必须存档，且必须在计算机系统建立采购记录档案。

（2）采购记录应由采购部门负责建立。依据权限在计算机系统中生成、确认采购订单后，计算机系统自动生成采购记录。采购记录生成后，任何人未经批准不得随意修改，如确实需要修改，应按规定的办法和相应的权限进行。修改的原因和过程应在计算机系统中记录。

（3）采购记录应与采购发票或应税劳务清单所载内容、供货单位提供的随货同行单内容保持一致。

（4）采购记录至少保存 5 年。

3. 采购记录样表　见表 4-12。

表 4-12　药品购进记录

序号	药品通用名称	剂型	规格	生产厂商	供货单位	数量	价格	购货日期	备注

三、药品采购的特殊情况

1. 药品直调　原则上，药品不允许直调。企业质量管理制度应明确规定“发生灾情、疫情、突发事件或者临床紧急救治等特殊情况，以及其他符合国家有关规定的情形，方可采用直调方式购销药品，其他情形不得采用直调方式购销药品”。

应建立专门的直调药品采购记录，保证有效的质量跟踪和追溯。

直调药品质量管理要求应符合现行版 GSP 的有关规定。

2. 特殊管理药品的采购

（1）特殊管理药品应设置专用的采购管理制度。

（2）特殊管理药品购销双方均应持有政府监管部门的批准文件，并在有效期内。

（3）特殊管理药品禁止使用现金交易。

（4）特殊管理药品的运输、邮寄应按照国家相关规定进行，需取得相应的运输证明（不跨年度），采用相应的措施保证安全。

活动二　药品采购情况质量评审

法规链接 >>>

第七十一条　企业应当定期对药品采购的整体情况进行综合质量评审，建立药品质量评审和供货单位质量档案，并进行动态跟踪管理。

一、进货情况质量评审

1. 评审的目的　药品质量评审制度可以实现对质量不可靠和质量信誉不良的供货单位建立退出机制，保证采购药品的质量。

2. 评审的组织　由采购部、质量部、销售部、储运部等业务部门共同组成药品采购质量评审组织。

3. 评审的依据　现行版 GSP 第七十一条规定。

4. 评审的内容　药品采购质量评审内容应包括收货拒收、验收不合格、销后退回、售后投诉等药品质量管理情况，以及监督抽验情况、供货单位质量信誉等。

5. 评审的要求

（1）建立药品供货单位质量档案，并及时更新，进行动态跟踪管理。

（2）药品采购质量评审应定期进行，至少一年评审一次，有评审报告。

（3）建立药品采购质量评审档案，包括工作计划、评审记录、评审报告、对下一年度确定供货单位的建议、采购工作的改进办法等内容。药品采购质量评审档案应及时更新，进行动态跟踪管理。

6. 评审方法 审核和验证、现场考察。

二、进货情况质量评审制度及评审档案

如表 4-13、表 4-14、表 4-15 所示。

表 4-13 药品进货情况质量评审管理制度 文件编号：

起草人		起草日期	年 月 日
审核组长		审核日期	年 月 日
批准人		批准日期	年 月 日
		执行日期	年 月 日
版本号		分发号	

一、目的：对供货单位进行筛选，选择产品质量佳、信誉好的供应商。

二、范围：本公司药品的供应商。

三、责任：质管部部长、总经理。

四、内容

1. 质管员每年对供应商供货情况进行一次质量评审，评审后形成“药品购进质量评审报告表”，报质管部长审核，总经理批准。评审报告表应及时归档备查。

2. 各部门对每个供应商的药品提供以下数据：

2.1 全年供货次数、一次验收合格次数；

2.2 内在质量原因不合格品的品种数、全年送货总品种数；

2.3 销后退回品种数、全年送货总品种数；

2.4 药品全年质量投诉的总次数；

2.5 药品全年药检部门抽样结果。

2.6 药品库存周转情况是否正常。

3. 评审公式

3.1 一次验收合格率＝一次验收合格次数/全年送货总次数×100%

3.2 品种在库储存的稳定性。

药品在符合储存要求的条件下由于内在质量原因导致不合格品率来反映稳定性。

内在质量原因不合格品率＝内在质量原因不合格的品种数/全年送货总品种数×100%

3.3 销后退回率。

销后退回率＝销后退回品种数/全年送货总品种数×100%

4. 评审标准及结论

4.1 只有全部符合以下各项指标的供应商，质量评审为合格。

4.2 合格供应商标准

4.2.1 一次验收合格率≥95%；

4.2.2 药品内在质量原因不合格品率≤10%；

4.2.3 药品销后退回率≤10%；

4.2.4 药品全年质量投诉的总次数为 0；

4.2.5 药品全年药检部门抽样结果为合格；

4.2.6 药品库存周转情况正常。

5. 评审结果处理

评审不合格的供应商从《合格供应商名录》中除掉，该供应商的品种从《合格品种名录》中除掉。

进货情况质量评审属于质量风险管理范畴，一要制定评审制度；二要落实评审制度。评审完成后，相关文件记录存档。质量情况评审档案包括：评审计划审批表、会议记录和审批报告。

表 4-14　采购情况质量评审计划审批表

一、评审目的	根据现行版 GSP 第七十一条规定（GSP 认证评定标准 07101、07102 项），应每季度对进货企业和进货药品的质量情况进行质审，通过对药品采购的整体情况进行综合质量评审，并进行动态跟踪管理，确保公司药品采购的全过程质量控制，严格把好药品采购质量关，从而保证经营药品质量安全有效。
二、评审范围	对公司所有供货单位、供货单位销售人员合法资格进行综合评审；对采购的药品，包括中成药、化学原料药、化学药制剂、抗生素、生化药品、生物制品等品种，从药品供应商，采购订单到药品收货、验收、入库、养护等情况以及经营过程的质量反馈，进行综合评审。
三、依据文件	按公司制定的有关制度、程序进行。
四、评审项目与内容	1. 对供货单位法定资格及质量信誉的审核； 2. 对供货单位销售人员资料的审核； 3. 对所采购药品合法性和质量可靠性审核； 4. 首营企业及首营品种的审核； 5. 是否与供货单位签定质量保证协议书； 6. 采购的药品是否手续齐全，记录是否完整； 7. 进货收货验收质量情况是否符合规定要求； 8. 药品在库储存养护质量情况； 9. 用户对我公司药品质量反映如何。
五、评审方式	采取询问、查验资料与记录、现场考察等方式方法对进货质量进行科学、公平、公正的评审。
六、评审时间	
七、评审人员	
八、评审结果	由评审组对本次评审进行综合评价，公布评审结果，对存在的问题采取有效措施，并进行验证。
制表人	签字： 年　月　日
审核人	签字： 年　月　日
批准人	签字： 年　月　日

表 4-15 进货情况质量评审报告

一、评审目的	为了掌握药品进货质量情况，确保在合法的企业购进合法的优质药品，保证人民用药安全有效。
二、评审依据	GSP、本公司的有关制度程序和国家的相关法律法规。
三、评审机构及人员	评审机构：　　　　　　质量领导小组： 评审人员：
四、评审项目	1. 药品采购计划有无质管人员参加； 2. 首营企业及首营品种审核情况； 3. 购进合同或质量保证协议书签订情况； 4. 购进记录情况； 5. 供货单位证明管理情况； 6. 药品验收情况。
五、评审时间	20××年××月××日—××日
六、综合评价	经验证，供货方合法证照齐全（包括首营企业、首营品种之所需资料）。经营行为与范围与证照内容一致，履行合同能力包括药品、数量、价格、交货期及服务等方面均符合规定要求。 药品质量：所供药品标准从外观质量验收、包装情况、标签说明书等方面的检查亦符合规定要求，并存入质量档案。 药品生产企业多为 GMP 达标，社会信誉较高、交货及时、能严格按照国家物价部门的价格服务于需方，并注意回访，重视需方的建议和意见，能及时调整需方所提出的适应满足市场的合理要求。
七、评审结果	药品质量符合质量标准和有关质量要求，服务质量亦符合经营规定要求，可列入合格供供货方名单，以供本公司采购药品择优选购。
××××药业有限公司评审小组 20××年××月××日	

目标检测

一、填空题

1. 首营企业是指采购药品时，首次与本企业发生________的生产或经营企业。

2. 首营品种是指本企业首次采购的药品。包括新品种、________、________、________均作为首营品种审批。

3. 企业应当核实、留存供货单位销售人员以下资料：加盖供货单位公章原印章的销售人员________；加盖供货单位公章原印章和法定代表人印章或者签名的________。

二、单项选择题

1. 采购药品应建立采购记录，至少保存（　　）年

A. 1　　B. 3　　C. 5　　D. 10

2. (　　) 部门负责对购货单位采购人员的合法资格进行审核

A. 销售部　　B. 质量管理部门　　C. 采购部门　　D. 行政办公室

三、多项选择题

1. 药品采购记录应当包括哪些项目 (　　)

A. 价格　　B. 剂型　　C. 生产厂商

D. 数量　　E. 购货日期

2. 对首营企业的审核，应当查验加盖其公章原印章的以下资料，确认真实、有效：(　　)

A.《药品生产许可证》或者《药品经营许可证》复印件

B. 营业执照及其年检证明复印件

C.《药品生产质量管理规范》认证证书或者《药品经营质量管理规范》认证证书复印件

D. 相关印章、随货同行单（票）样式和开户户名、开户银行及账号

E.《税务登记证》和《组织机构代码证》复印件

3. 企业的采购活动应当符合以下要求：(　　)

A. 确定供货单位的合法资格　　B. 确定所购入药品的合法性

C. 核实供货单位销售人员的合法资格　　D. 与供货单位签订质量保证协议

E. 确定购货单位的合法资格

四、简答题

1. 企业与供货单位签订的质量保证协议至少包括哪些内容？

2. 简述药品采购质量管理程序。

【技能训练一】

模拟填写：首营企业审批表（表 4-16）。

表 4-16　首营药品审批表

编号：　　填报部门：　　填报人：　　填报日期：　　年　月　日

基本情况	通用名称		商品名称	
	英文名或汉语拼音		规格	
	剂型		单位	
	中包装		装箱规格	
	批准文号		质量标准	
	生产企业		详细地址	
	生产（经营）许可证号		证书有效期	
	营业执照号		执照有效期	
	GMP（GSP）证书号		证书有效期	
	产品批号		产品有效期	
	出厂检验报告书号		检验报告书号	
	（首批）检验结论	合格□　不合格□	储存条件	
	药品性状、质量、用途、疗效等情况			

续表

价格情况	零售价（单位）		批发价	
	供价		终审供价	
药品属性	化学原料药及其制剂□ 中药材□ 中药饮片□ 中成药□ 中西成药□ 抗生素原料药及制剂□ 生化药品□ 特殊管理药品□ 血清、疫苗、血液制品□ 诊断药品□ 其他□			
药品分类	非处方药：OTC 乙□ OTC 甲□ 处方药：Rx□			
所附资料	药品生产许可证或经营许可证和营业执照复印件□ GMP 或 GSP 认证证书复印件□ 药品生产批件及附件□ 样品及同批号出厂检验报告书□ 非处方药审核登记证书□ 物价单□ 商品名批复件□ 其他补充资料□			
供货方业务员情况	姓名		身份证号	
	联系电话		授权情况	
采购员申请原因				
	签字：　　　年　月　日			
业务部门意见				
	负责人：　　　年　月　日			
质量管理部门意见				
	质量管理负责人：　　　年　月　日			
物价部门意见				
	负责人：　　　年　月　日			
公司负责人审批意见	□同意进货 □不同意进货			
	签名：　　　年　月　日			

【技能训练二】

模拟填写：首营药品审批表（表 4-17）。

表 4-17　首营药品审批表

编号：　　　填报部门：　　　填报人：　　　填报日期：　　年　月　日

基本情况	通用名称		商品名称	
	英文名或汉语拼音		规格	
	剂型		单位	
	中包装		装箱规格	
	批准文号		质量标准	
	生产企业		详细地址	
	生产（经营）许可证号		证书有效期	
	营业执照号		执照有效期	

续表

基本情况	GMP（GSP）证书号		证书有效期	
	产品批号		产品有效期	
	出厂检验报告书号		检验报告书号	
	（首批）检验结论	合格□　不合格□	储存条件	
	药品性状、质量、用途、疗效等情况			
价格情况	零售价（单位）		批发价	
	供价		终审供价	
药品属性	化学原料药及其制剂□　中药材□　中药饮片□　中成药□　中西成药□　抗生素原料药及制剂□　生化药品□　特殊管理药品□　血清、疫苗、血液制品□　诊断药品□　其他□			
药品分类	非处方药：OTC 乙□　OTC 甲□　处方药：Rx□			
所附资料	药品生产许可证或经营许可证和营业执照复印件□ GMP 或 GSP 认证证书复印件□ 药品生产批件及附件□　样品及同批号出厂检验报告书□ 非处方药审核登记证书□　物价单□商品名批复件□　其他补充资料□			
供货方业务员情况	姓名		身份证号	
	联系电话		授权情况	
采购员申请原因				
	签字：　　　　年　月　日			
业务部门意见				
	负责人：　　　　年　月　日			
质量管理部门意见				
	质量管理负责人：　　　　年　月　日			
物价部门意见				
	负责人：　　　　年　月　日			
质量负责人审批意见	□同意进货 □不同意进货			
	签名：　　　　年　月　日			

【技能训练三】

模拟填写：药品质量档案表（表 4-18）。

表 4-18 药品质量档案表

编号：　　　　　　　　　　　　　　　　　　　　　　　　建档日期：　　年　月　日

药品通用名称		商品名称			
汉语拼音或外文名		剂型		品种类别	
规格		有效期		质量标准	
批准文号				储存条件	
生产企业				GMP 证书号	
药品生产许可证号		许可期限至		营业执照号	
首营企业审核表号		审核日期		实地考察人员	
首营品种审批表号		审批日期		首批进货日期	
生产企业联系电话		传真		E-mail	
建档原因及目的					
外观质量检查情况					
包装、标签和说明书情况					
临床疗效情况					
用户反馈情况					
质量查询情况					
质量标准变更情况					
抽检化验情况					

库存质量考察情况						
进货日期	产品批号	进货数量	质量状况	原因分析	处理措施	备注

【技能训练四】

模拟填写：采购记录表（表 4-19）。

表 4-19 药品购进记录

序号	药品通用名称	剂型	规格	生产厂商	供货单位	数量	价格	购货日期	备注

（王　堃）

项目五　GSP 对药品收货与验收的管理

学习目标

1. 掌握收货和验收的方式、程序及验收内容。
2. 掌握批发企业和零售连锁企业的相关规定。
3. 掌握药品标签、说明书的检查方法；掌握中药材和中药饮片、进口药品、售后退回药品的验收方法；掌握药品包装质量检查方法。
4. 掌握药品验收的方法及不合格药品的处理程序。
5. 了解药品验收的重要性。

某医药公司药品验收案例

2009 年，某医药公司采购部从湛江某公司购进“天津制药”生产的“达美康”一批，当时验收员在检查该品种检验报告单时发现这份检单有明显的涂改痕迹，于是产生了疑问。检查药品的包装情况发现，该药品的包装盒比较粗糙，里面的药片泛黄，于是报告质量管理员进行处理。经过与采购员沟通并和厂家联系后发现，这个品种的批号厂家没有生产，说明药品是假货。市食品药品监督管理局封存了该药品。

通过这个案例说明，在验收环节做好来货凭证的检查是非常重要的，往往供应商无法提供真实的报告时，就会在凭证上做手脚，验收员通过资料的审查就可以查到进货渠道是否规范，从而避免购进假药。药品到货时，收货人员必须逐一检查药品的随货清单，包括税票、出库清单、药品检验报告书。检查这些凭证是验收环节的关键步骤。

请同学们根据案例思考，什么是药品的验收？它的重要性表现在哪些方面？

任务一　药品收货与验收的基本要求与程序

活动一　收货与验收

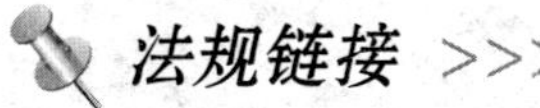

第七十二条　企业应当按照规定的程序和要求对到货药品逐批进行收货、验收，

防止不合格药品入库。

1. 收货的概念 收货是指药品经营企业对到货药品，通过票据的查验，对货源和实物进行检查和核对，并将符合要求的药品按照其特性放入相应待验区的过程。包括票据之间核对、票据与实物核对、运输方式和运输条件的检查及放入待验区等。

2. 验收的概念 验收是指验收人员依据国家药典标准、相关法律法规和有关规定，以及企业验收标准对采购药品的质量状况进行检查的过程。包括查验检验报告、抽样、查验药品质量状况、记录等。

3. 收货类型

（1）采购到货收货，主要是根据供货单位的随货同行单，核对照药品的采购记录，审核药品来源，目的是核实采购渠道。

（2）销后退回到货收货，主要依据销后退回的相关审批手续，核对销售记录，审核药品退回来源，目的是核实退回渠道。

4. 收货方式 收货方式的流程，如图 5-1 所示。

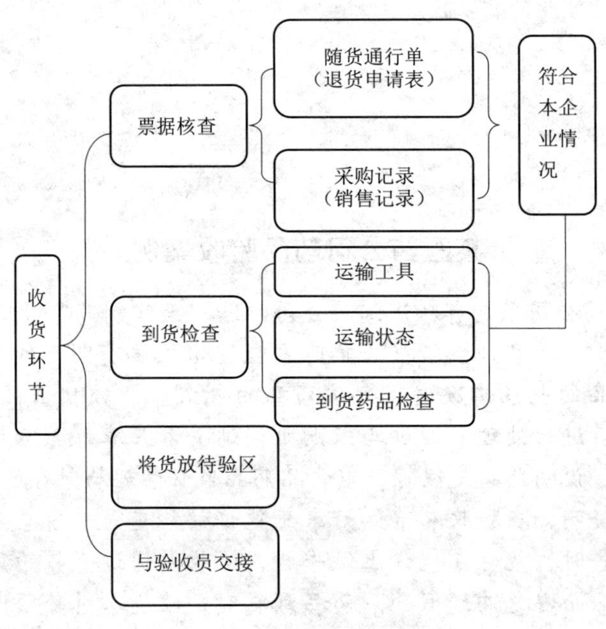

图 5-1 收货方式

5. 药品的验收方式 实地验收和入库验收两种形式。

实地验收：所谓实地验收就是指验收人员到给本企业提供药品的生产或经营企业进行的验收，又称下厂验收。

一般来说，下列产品必须进行实地验收：①大批量的本地区的地产产品；②就厂直调产品；③大型医疗器械产品；④需要使用专检仪器或设备检验的产品。

下列产品可实行进行入库验收：①对批量较少，质量稳定，要求简单产品；②远离本企业的生产经营企业提供的产品。

【想一想】

同学们，你们知道什么是随货同行单吗？

随货同行单内容要求：

（1）随货同行单（票）应当包括供货单位、生产厂商、药品的通用名称、剂型规格、批号、数量、收货单位、收货地址、发货日期等内容，并加盖供货单位药品出库专用章原印章。

（2）存在的问题：①内容不全；②无原印章；③手写；④品名不符、数量不符、批号不符。

【想一想】

同学们，你们知道什么叫核实运输方式吗？联系实际，我们在工作中应该怎么做呢？

活动二 收货和验收的程序

【议一议】

你所知道的药品验收的程序包括哪些内容？

表 5-1 药品验收程序的内容

1. 入库时
2. 书面凭证
3. 记录 …

1. 收货程序

（1）票据核对，其主要内容包括对随货同行单的检查和采购记录（销售记录）的检查。与本企业实际情况相符，再进行下一个环节。

（2）到货检查，其主要内容包括对运输工具、运输状态的检查及到货药品检查。

（3）将货放待验区。

（4）与验收员办理交接手续。

知识拓展

票据检查要点：

（1）没有随货同行单（票）或随货同行单（票）与备案样式不符的，不得收货。

（2）对照随货同行单（票）查询采购记录，没有采购记录的不得收货。

（3）随货同行单（票）与采购记录内容进行核对，如随货同行单（票）中供货单位、生产厂商、药品的通用名称、剂型、规格、数量、收货单位、收货地址等内容与采购记录内容不符的，不得收货，并通知采购部门进行处理。

（4）对于数量不符的，应当与供货单位核实确认后，并按照采购制度的要求重新办理采购手续，采购记录与药品随货同行单（票）数量一致后，收货人员方可收货。

（5）供货单位对随货同行单（票）与采购记录、药品实物不相符的内容不予确认的，到货药品应当拒收，存在异常情况的，报质量管理部门处理。

（6）退货药品收货票据检查。

（7）特殊药品收货票据检查。

2. 验收程序 应主要包括以下三个环节：

（1）检查书面凭证 药品入库时先进入待验区，由验收员根据购货凭证、清单，首先清点大件数量，然后逐一核对品名，规格，数量，效期，生产厂名，供货厂商，批号，批准文号，注册商标，合格证。药品到货后，验收人员对上述内容进行逐项审查，确定这些单据的真实性，规范性，以及它们和所到药物的一致性。

（2）外观检验 审查完书面凭证之后，对照书面凭证从外观上逐项核对所到药品的品名、批号、厂家、商标、包装有无破损、有无受到污染等情况，大致判定所到的货物的品质。

如发现品名、规格、包装、标签和说明书等不符合规定或外观质量不合格，验收员可坚持质量否决权拒绝收货，如疑为内在质量问题可与供货方联系处理。

（3）填写验收记录 待验药品应在 5 日内验收完毕，认真做好验收记录。并在入库通知单及购货凭证上加盖“质量验收专用章”，以便仓储部办理入库手续，财务部凭盖有质量验收专用章的购货凭证付款。

3. 收货与验收流程图 收货与验收流程，如图 5-2 所示。

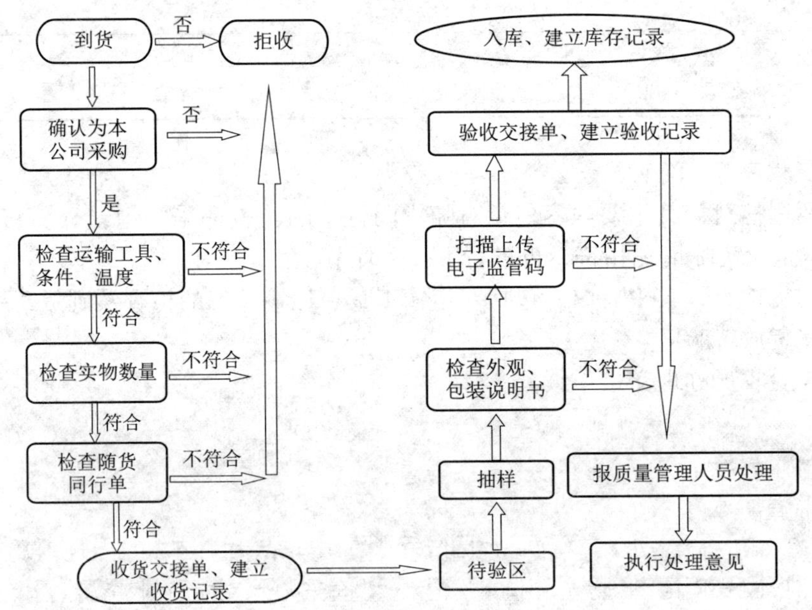

图 5-2 收货与验收流程

知识拓展

《药品管理法》第十七条规定：药品经营企业购进药品，必须建立并执行进货检查验收制度，验明药品合格证明和其他标识，不符合规定要求的，不得购进。

活动三　待验区域及设施设备

法规链接 >>>

第七十五条　收货人员对符合收货要求的药品，应当按品种特性要求放于相应待验区域，或者设置状态标志，通知验收。冷藏、冷冻药品应当在冷库内待验。

1. 药品待验区域及验收药品的设施设备，应当符合以下要求：

（1）待验区域有明显标识，并与其他区域有效隔离；

（2）待验区域符合待验药品的储存温度要求；

（3）设置特殊管理的药品专用待验区域，并符合安全控制要求；

（4）保持验收设施设备清洁，不得污染药品；

（5）按规定配备药品电子监管码的扫码与数据上传设备。

2. 对验收环境及设施设备的要求（表 5-2）：

表 5-2　验收环境设施设备要求

类别	要　求
验收环境	必须要有与经营业务相适应的专门验收场所和符合卫生条件的检查室
	验收养护室应环境洁净，地面，墙壁平整光滑，面积按小型 $20m^2$，中型 $40m^2$，大型 $50m^2$ 分别安排
设施设备	具有温湿度调控设施，以防潮控温
	光线充足并配备符合规定要求的照明设施
	具有防尘，防虫，防污染设施和必要的消毒设施，防止任何可以对药品造成的污染，确保药品的质量
	应配备千分之一天平、量具、白瓷盘、崩解仪、澄明度检测仪、标准比色液等。企业经营中药材，中药饮片的还应配置水分分析仪，紫外荧光灯，解剖镜或显微镜

3. 验收人员条件

（1）从事验收、养护工作的，应当具有药学或者医学、生物、化学等相关专业中专以上学历或者具有药学初级以上专业技术职称。

（2）从事中药材、中药饮片验收工作的，应当具有中药学专业中专以上学历或者具有中药学初级以上专业技术职称；直接收购地产中药材的，验收人员应当具有中药学中级以上专业技术职称。

（3）从事质量管理、验收工作的人员应当在职在岗，不得兼职其他业务工作。

（4）质量管理、验收、养护、储存等直接接触药品岗位的人员应当进行岗前及年度健康检查，并建立健康档案。患有传染病或者其他可能污染药品的疾病的，不得从事直接接触药品的工作。身体条件不符合相应岗位特定要求的，不得从事相关工作。

（5）验收人员应由经过专业培训，熟悉药品性能、具有一定的独立工作能力，视力在 0.9 或 0.9 以上（不包括校正后），无色盲，色弱疾患。定期接受公司组织的员工继续教育。

任务二　验收的主要内容

活动一　药品质量检查项目及外观质量检查

案例阅读

药品不是绝对稳定的物质，一种出厂前经检验质量合格的药品，在运输和贮存过程中会受到外界各种因素的影响，有可能发生变化而成为不合格品。为了保证人民用药安全有效，药店必须定期对所经营的药品进行质量检查。药店按药品标准进行检验常受条件限制，在平时日常工作中难以做到，但是药品在分解变质时，往往会引起外观性状的变化，如改变了颜色、产生沉淀、吸潮结块、味道特臭、生虫长霉等，这可以通过人的眼、鼻、舌、手等感觉器官得以发现。

此外，还要注意对药品的包装、容器、标签和说明书进行检查。这种检查，通常称为“药品质量外观检查”。对药品质量外观进行检查时，要求检查人员熟知正常药品的性状，如片剂表面或折断面的颜色和气味，丸剂大小、色泽是否均匀，糖浆剂颜色和黏稠度，胶囊剂表面清洁度和填充物性状等，对以上几个方面仔细认真的检查和比较，是日常发现假劣药品的重要途径之一。

【练一练】

通过案例请同学们思考，药品外观质量检查的项目有哪些（表 5-3）？

表 5-3　药品外观质量检查项目

检查项目	检查内容
片剂	
胶囊剂	
滴眼剂	
软膏剂	
散剂	
……	

1. 定义　药品的外观性状检查，是通过人的感官（眼、鼻、舌）来检查或识别药品的真、伪、优、劣，所以又称感官检查。但应注意有毒或有刺激性及未知成分的药品，切不可随意用口尝或用鼻子去嗅，以免造成事故。

药品内在质量不同将引起其外观性状的不同，如色、嗅、味等。对于假药而言，其外观性状与真药必然有别，只是区别显著的可以通过感官感知，而区别不显著的便逃过感官检查能辨别的范围；对于劣药而言，药品内在质量的改变将引起其外观变化，一个出厂合格的药品，经过辗转运输和贮存，受到温度、光线、湿度等外界条件的影响，往往会变色、结块、发霉等。大多数药品的质量变异，可在外观形状上反映出来。因此，对药品进行外观性状检查是药品入库验收的重要内容。下面介绍几种常见药品剂型的外观检查方法和判断标准，见表 5-4。

表 5-4　药品外观质量验收检查项目内容汇总

剂型	类型	外观质量检查项目
片剂	压制片（素片）（含脏器、蛋白质制剂）	性状（色泽）、明显暗斑（中草药除外）、麻面、黑点、色点、碎片、松片、霉变、飞边、结晶析出、吸潮溶化、虫蛀、异嗅、其他
	包衣片（糖衣片、薄膜衣片、肠溶衣片）	性状（色泽）、花片、黑点、斑点、粘连、裂片、爆裂、掉皮、脱壳、霉变、瘪片（异形片、凹凸不平）、片芯变色变软、其他
胶囊剂	硬胶囊剂	性状（色泽）、褪色、变色、破裂、漏粉、霉变、异嗅、查内容物无结块、其他
	软胶囊剂	性状、胶丸大小均匀、光亮、粘连（振摇即散不算）、破裂、漏油、异嗅、畸形丸、霉变、其他
滴丸剂		性状、胶丸大小均匀、光亮、粘连、黏瓶、破裂、漏油、畸形丸、霉变、其他
注射剂	注射用粉针	性状（色泽）、澄清度、黏瓶、吸潮、结块、溶化、色点、色块、黑点、白块、纤维、玻璃屑、封口漏气、铝盖松动、其他
	冻干型粉针	性状（色泽）、黏瓶、溶化、萎缩、铝盖松动、其他
	水针剂	性状（色泽）、长霉、白点、白块、纤维、玻璃屑、色点、结晶析出、瓶盖松动、裂纹、其他
滴眼剂	溶液型滴眼剂	性状（色泽）、浑浊、沉淀、结晶析出、长霉、裂瓶、漏药、白点、白块、纤维、色点、色块、其他
	混悬型滴眼剂	性状（色泽）、长霉、色点、色块、结块、漏药、胶塞、瓶盖松动、颗粒细度、滴管长度、其他
散剂	散剂	性状（色泽、混合均匀）、溶解、结块、异物、破漏、其他
	含结晶水药物散剂	性状（色泽、均匀）风化、潮解、异物、破漏、霉变、其他
颗粒剂（冲剂）		性状（色泽）、结块、潮解、颗粒均匀、异物、异嗅、霉变、破漏、虫蛀、其他
酊水剂	酊剂	性状（色泽）、澄清度、结晶析出、异物、浑浊、沉淀、渗漏、其他
	口服溶液剂	性状（色泽）、澄清度、结晶析出、沉淀、异物、渗漏、霉变、其他
	口服混悬剂	性状（色泽）、结块、异物、颗粒细微下沉缓慢、渗漏、霉变、其他
	口服乳剂	性状（色泽）、异物、异嗅、分层、渗漏、霉变、其他
糖浆剂		性状、澄清度、浑浊、沉淀、结晶析出、异物、异嗅、酸败、产氧、渗漏、霉变、其他
软膏剂	油脂性基质	性状、异物、异嗅、酸败、霉变、漏药、其他
	乳剂型基质	性状、异物、异嗅、酸败、分层、霉变、漏药、其他
眼膏剂		与软膏剂检查一致外，涂于皮肤上无刺激性，无金属异物
气雾剂		性状、异物、漏气、破漏、喷嘴（揿压费力、喷不出或连续喷）
栓剂		性状、霉变、酸败、干裂、软化、变形、走油出汗、其他

续表

剂型	类型	外观质量检查项目
膜剂		完整光洁、色泽均匀、厚度一致、受潮、霉变、气泡、压痕均匀易撕开、其他
丸剂	蜜丸、水蜜丸、浓缩丸	性状、圆整均匀、大小蜜丸应细腻滋润、软硬适中、皱皮、其他
	水丸、糊丸	性状、大小均匀、光圆平整、粗糙纹、异物、其他
橡胶膏剂		性状、药物涂布均匀、透油（透背）、老化、失黏、其他

知识拓展

名词解释

1. 麻面：片面粗糙不光滑。
2. 裂片：片剂受到震动或经放置一段时间从腰间裂开或顶部脱落一层的现象称为裂片。
3. 飞边：药片的边缘高过于片面而突出，形成不整齐的薄边。
4. 毛边：片子边缘有缺口。
5. 花斑：片面呈现较明的斑点。
6. 龟裂与爆裂：片面或边缘发生裂纹甚至部分包衣裂掉。
7. 暗斑：系指片面若隐若现的斑点。
8. 松片：将药片放在中指与示指间，用拇指轻轻挤压即行碎裂。

2. 药品验收质量检查项目

（1）药品品名、规格（含量及包装）生产批号、生产企业、化验单号、检验依据、出厂日期、检验部门和检验人员签章。

（2）药品的标签或说明书必须注明药品的品名、规格、批准文号、生产批号、注册商标、主要成分、适应证、用法、用量、禁忌、不良反应、注意事项和贮藏条件等。有效期或使用期限的药品，标签上必须标明该药品之有效期或使用期限；分装药品必须附有说明书，在包装上应有品名、规格、批准文号、生产厂名、注册商标、产品批号、分装单位和分装批号，规定有效期的药品，在分装后要说明原有效期；原料药标签应注明质量标准，特殊管理药品和外用药品的标签及包装上应有 GSP 实施细则中规定的标志。

（3）药品外包装在药品外包装上必须印有品名、规格（含量及包装）、数量、批准文号、生产批号、注册商标，有效期限或使用期限、生产企业、生产许可证编号、体积、重量、储运图示标志、危险物品的标志。药品包装必须有封口胶条、封口签。

（4）注册商标药品标签或包装上必须标明“注册商标”字样或者标明注册标记，只有商标没有注册标记是无效的。

活动二　标签和说明书检查

法规链接 >>>

第七十八条　验收人员应当对抽样药品的外观、包装、标签、说明书以及相关的证明文件等逐一进行检查、核对；验收结束后，应当将抽取的完好样品放回原包装箱，加封并标示。

1. 药品标签和说明书的检查要点

（1）标签或说明书的项目，内容是否齐全。

（2）药品的各级包装标签是否一致。

（3）标签所标示品名，规格与实物是否相符，标签与说明书内容是否一致。

（4）标签印字是否清晰，粘贴是否端正，牢固，整洁。

（5）属分装药品应检查其包装及标签上是否注明药品的品名，规格，原厂牌，批号，分装单位，分装批号，效期，使用期药品分装后是否标注有效期或使用期。

（6）注册商标是药品生产企业将其产品质量、装潢包装以及图案或文字形式向工商行政管理部门申请注册的标记，它拥有专用权，受到国家法律保护。除中药材、中药饮片外，药品必须使用注册商标。未经核准注册的，不得在市场销售。注册商标必须在药品包装和标签上注明。商标使用人必须对其使用商标的药品质量负责，药厂在使用注册商标时必须标明“注册商标”或注册标记。无注册商标或注册商标未按规定标识的药品，不应作为商业性购进，亦即不予验收入库。

2. 批准文号的查核　我国《药品管理法》第三十一条规定：“生产新药或者已有国家标准的药品的，须经国务院药品监督管理部门批准，并发给批准文号；但是，生产没有实施批准文号管理的中药材和中药饮片除外。”《药品管理法》还规定，未取得批准文号生产、销售的药品属假药。因此，药品在入库验收时，应严格检查核对批准文号，一是要查有无批准文号，二是要核对所用批准文号是否为原国家药品监督管理局统一规定的格式。

药品生产批准文号格式有两类：一是国家食品药品监督管理总局新药管理文号；二是国家食品药品监督管理总局生物制品、血液制品批准文号。如国家食品药品监督管理总局审核批准为试生产的新药，批准文号格式为“国药试字（　　）号”，试产品仅限供应特定的医疗单位使用，其他各类新药批准后一律为正式生产，批准文号为“国药试字（　　）号”。

3. 药品生产批号的检查　第六十九条“在规定限度内具有同一性质和质量，并在同一连续生产周期中生产出来的一定数量的药品为一批。每批药物均要编制生产批号。”药品的生产批号是药品生产编号的一种表示。常以同一次投料、同一生产周期、同一生产工艺所生产的产品作为一个批号计。国内的批号（Lot No）的标示法，通常以生产的日期和分批号表示，可以直接读出药品的生产日期。批号内容包括：生产日期号（日号）和分批号（分号），标注日号在前，分号在后，日号和分号之间以短横线相连。

日号一律规定为六位数字表示，如 2014 年 11 月 16 日生产的，其日号为 141116；2014 年 10 月 22 日生产的，其日号为 141022。分号的具体表示由生产单位根据品种、投料、检验、分装、小组代号等自行确定。例如 2014 年 11 月 16 日生产的第二批，即标为 141116-2；如果某药品生产批号为 141122 则表示该药品是 2014 年 11 月 22 日生产的，这天生产了一批。每一个品种同一天投料作为一个日号，每投料一次作为一个分号。如果生产设备等发生改变，也可以用其他数字或字母标示出来。

知识拓展

由于药品生产批号编制的特点，药品生产批号有了一些特殊的意义：（1）可以直接识别药品的生产日期，辨别药品生产的早晚，以掌握使用的先后。（2）通过批号和药品的有效期可直接推算出失效期。（3）批号代表一批药品的质量，是留样观察的最小单位，借以考察其质量情况。

【练一练】

如果某药品的生产批号为070809，则表示该药品是：（　　）

A. 2007年8月份生产的第9批药品

B. 2009年8月份生产的第7批药品

C. 2007年8月9日生产的，这天生产了一批

D. 2009年7月份生产的第8批药品

活动三　产品合格证与合格证明文件

法规链接 >>>

《附录4》第九条　验收药品应当按照批号逐批查验药品合格证明文件，对于相关证明文件不全或内容与到货药品不符的，不得入库，并交质量管理人员处理。

第七十六条　验收药品应当按照药品批号查验同批号的检验报告书。供货单位为批发企业的，检验报告书应当加盖其质量管理专用章原印章。检验报告书的传递和保存可以采用电子数据形式，但应当保证其合法性和有效性。

具体要求：

1. 应当按照药品批号查验同批号的检验报告书：检验报告书应当加盖供货单位质量管理专用章原印章，检验报告书的传递和保存可以采用电子数据形式，但应当保证其合法性和有效性。

2. 从生产企业购进药品应查验出厂检验报告书原件；从批发企业购进药品应查验加盖供货单位质量管理与用章原印章的检验报告书原件或复印件。

3. 采用电子数据形式传递和保存检验报告书，应确认其合法性和有效性。

4. 无同批号检验报告书的，不得验收。

5. 验收实施批签发管理的生物制品时，应当有加盖供货单位质量管理专用章原印章的《生物制品批签发合格证》复印件。

6. 验收进口药品应当有加盖供货单位质量管理专用章原印章的相关证明文件：

（1）《进口药品注册证》或《医药产品注册证》；

（2）进口麻醉药品和精神药品应当有《进口准许证》；

（3）进口药材应当有《进口药材批件》；

（4）《进口药品检验报告书》或注明“已抽样”字样的《进口药品通关单》；

（5）进口国家规定的实行批签发管理的生物制品，必须有批签发证明文件和《进口药品检验报告书》。

【练一练】

验收药品应当按照________逐批查验药品的________文件，对于相关证明文件不全或内容与到货药品不符的，________入库，并交质量管理部门处理。

活动四 进口药品与售后退回药品

法规链接 >>>

对销后退回的药品，验收人员应按进货验收的规定验收，必要时应抽样送检验部门检验。验收进口药品应有符合规定的《进口药品注册证》和《进口药品检验报告书》复印件；进口预防性生物制品，血液制品应有《生物制品进口批件》复印件；进口药材应有《进口药材批件》复印件。以上批准文件应加盖供货单位质量管理机构原印章。

1. 进口药品的验收要求

（1）《进口药品注册证》内容　应含药品通用名称、商品名、主要成分、剂型，规格，包装规格，有效期，公司或生产厂名称及地址，注册证有效期，检验标准，注册证号，批准时间，发证机关及印鉴等。

（2）进口药品验收注意事项　验收进口药品时，不仅要查看有无《进口药品注册证》及《进口药品检验报告书》复印件，还要查看注册证等证明文件的有效期限，只有在有效期限内使用的证件才是合法的。

注意核对品名和生产厂家、供货厂商以及包装和标识等内容。

进口药品的验收应单独记录，设计单独的“进口药品入库验收记录”，另外，进口药品入库验收登记簿还应与《进口药品注册证》《进口药品检验报告书》复印件同时归档，不得分开存档。

2. 售后退回药品的验收要求

（1）对售后退回药品，应开箱检查，核对品名，规格，数量，生产企业，生产批号或生产日期，对药品质量进行复验，做出明确的结论和处理意见。

经复验，属质量问题，应及时与生产企业或货源单位联系，作退货、换货或修理等处理。经复验，属其他原因造成损坏或无法整修时，应通知有关部门处理。经复验，产品确无质量问题，内外包装完好，应通知有关部门与退货方联系，妥善解决。

（2）质量验收员按照销后退回药品的验收程序进行质量验收，验收合格的，记录后转入合格品库（或区）；验收不合格的，记录后转入不合格品库（或区），并做好不合格药品台账。

（3）销后退回药品质量验收记录应至少保存 5 年。

3. 售后退回药品的收货、验收流程图　售后退回药品的收货、验收流程图，如图 5-3 所示。

4. 冷藏、冷冻退货药品的收货、验收流程图　冷藏、冷冻退货药品的收货、验收流程图，如图 5-4 所示。

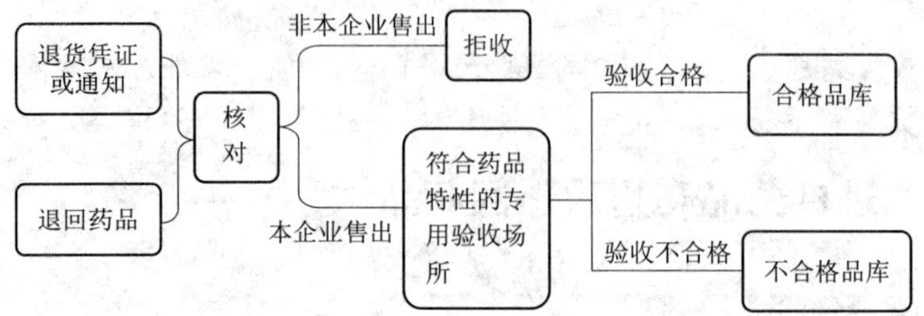

图 5-3　售后退回药品的收货、验收流程

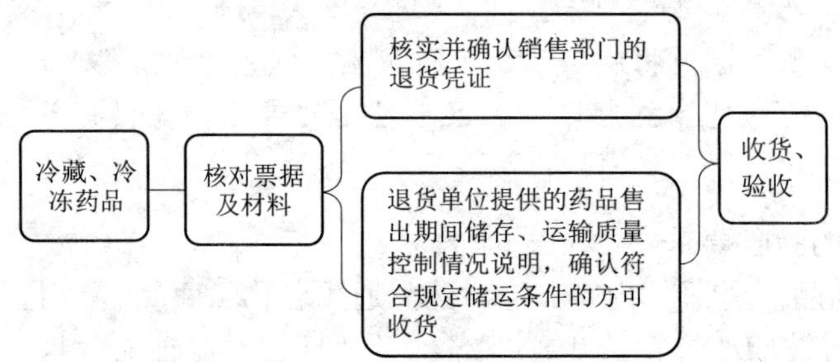

图 5-4　冷藏、冷冻退货药品的收货、验收流程

知识拓展

进口药品验收应索取的资料：

1.《进口药品注册证》或《医药产品注册证》；

2. 进口麻醉药品和精神药品应当有《进口准许证》；

3. 进口药材应当有《进口药材批件》；

4.《进口药品检验报告书》或注明“已抽样”字样的《进口药品通关单》；

5. 进口的国家规定的批签发管理的生物制品必须有批签发证明文件和《进口药品检验报告书》。

活动五　中药材和中药饮片

法规链接 >>>

根据《药品经营质量管理规范实施细则》第二十九条规定：验收中药材和中药饮片应有包装，并附有质量合格的标志。每件包装上，中药材标明品名、产地供货单位；中药饮片标明品名、生产企业、生产日期等。实施文号管理的中药材和中药饮片，在包装上还应标明批准文号。

1. 验收方法和内容　按药品验收单上的项目逐项检查中药材和中药饮片的包装和合格证，对于中药材要认真检查其品名、产地、供货单位和发货日期，对于中药饮片要详细检查其品名、生产企业、生产日期等内容，其标签必须注明品名、规格、产地、生产企业、产品批号、生产日期；实施文号管理的中药材和中药饮片要检查其批准文号，并做好记录。

（1）中药材、中药饮片的验收方法　一般采用感观验收，主要通过手摸、眼观、嘴尝、鼻闻等方式。有条件的也可做显微、理化等方面的检查，对中药材、中药饮片的内部结构、成分，含量进行检定。

（2）验收的内容

①外包装的验收

A. 中药材、中药饮片的外包装应符合药用或食用标准。

B. 中药材、中药饮片应有外包装，并附有质量合格标志。

C. 中药材包装上应标明品名、产地、供货单位，中药饮片应标明品名、生产企业、生产日期等。实施批准文号管理的中药材、中药饮片，在包装上还应标明批准文号。

②干湿度的验收

A. 中药材安全含水量应在 10%～15%间。

B. 中药饮片安全含水量菌藻类应在 5%～10%间，其余应在 7%～13%间。

③杂质的验收　中药材的杂质应控制在 2%～3%之间，中药饮片的药屑、杂质，根、根茎、藤木类、花、叶及动物、矿物类、菌类的药屑、杂质不超过 2%，果实、种子类、树脂类、全草类的药屑、杂质不超过 3%。

④中药饮片片型的验收　中药饮片的各种片型应符合规定、厚薄均匀、整齐。表面光洁，无整体、无连刀片、斧头片，异型片不得超过 10%。

中药饮片厚度要求，如表 5-5 所示：

表 5-5　中药饮片厚度要求

片　型	要　求
片	极薄片：0.5mm 以下（鹿茸片）
	薄片：1～2mm（半夏、槟榔）
	厚片：2～4mm（大黄、泽泻、山药、白术）
段	长 10～15mm（全草类）
块	8～12mm 方块（何首乌、附子、葛根、茯苓）
丝及类丝宽	2～3mm
叶类丝宽	5～10mm

对一些不宜切制的中药根据调剂和医疗上的需要，粉碎成颗粒或粉末，粉碎后的颗粒应均匀无尘，粉末应符合《中国药典》要求。对中药材、中药饮片在验收中发现虫蛀、发霉、泛油、变色、气味散失、潮解溶化、腐烂等现象为质量检验不合格。

2. 验收中对发现问题的处理

（1）对包装标示不全的应予以拒收。

（2）在验收时有虫蛀，霉变、泛油、变色等现象的应予以拒收。

（3）对干湿度不符合规定，杂质超标，片型不符合规定的应予以拒收。

（4）对不符合标准的应予以拒收。

（5）对假药劣药应就地封存，并上报当地的药品监督管理部门。

（6）对有疑问的品种，本企业不能确定其质量是否合格的，应报送当地药检所检验。

3. 毒性的中药材、中药饮片的验收要求

(1) 毒性中药材、中药饮片的包装要符合规定。

(2) 毒性中药材、中药饮片必须实行双人验收、双人签字的制度。

活动六　包装质量检查

法规链接 >>>

第七十七条　企业应当按照验收规定，对每次到货药品进行逐批抽样验收，抽取的样品应当具有代表性。

（一）同一批号的药品应当至少检查一个最小包装，但生产企业有特殊质量控制要求或者打开最小包装可能影响药品质量的，可不打开最小包装；

（二）破损、污染、渗液、封条损坏等包装异常以及零货、拼箱的，应当开箱检查至最小包装；

（三）外包装及封签完整的原料药、实施批签发管理的生物制品，可不开箱检查。

第七十八条　验收人员应当对抽样药品的外观、包装、标签、说明书以及相关的证明文件等逐一进行检查、核对；验收结束后，应当将抽取的完好样品放回原包装箱，加封并标示。

根据这个规定，药品在入库验收时，对包装的检查，可分为外包装和内包装检查。

1. 外包装检查

(1) 什么是药品的外包装?

外包装（运输包装）是指内包装外面的木箱、纸箱、木桶、铁桶等包皮以及衬垫物、防潮（寒）纸、麻袋、塑料袋等包装物。药品包装（包括运输包装）必须加封口、封签、封条或使用防盗盖、瓶盖套等。

(2) 外包装的检查内容包括以下三个内容:

一般项目，外包装物是否坚固，耐压，防潮，防震；包装衬垫物是否清洁卫生，干燥；有无虫蛀，鼠咬；衬垫是否紧实，瓶之间无空隙，纸箱是否封牢，捆扎是否坚固，封签、封条有无破损。

必需项目，外包装上必须注明的品名，规格，厂牌，批号，批准文件，注册商标，有效期（效期药品），数量数字是否清晰齐全。

特定项目，有关特定储运图示标志及危险药品的包装标志是否清晰，粘贴拴挂是否牢固；各种药品的储运标志，是否根据内装药品的要求，按照国家标准规定的式样印刷或粘贴的；危险药品必须符合危险药品包装标志要求；箱内应附“合格证”或具有“合格”字样的装箱单。

2. 内包装检查

(1) 药品的内包装　内包装是直接接触药品的盛装容器。它对药品质量有着重要的影响，因此，必须加强验收中药品内包装的检查。内包装包括盛药品的瓶塞、纸盒、塑料袋、纸袋、金属等容器以及贴在这些容器外面的瓶签、盒签和瓶（盒）内的填充物等。

(2) 内包装的检查内容　内包装的检查主要是对盛装容器质量和包装工作质量两

个方面的检查。

盛装容器质量的检查：盛装药品的各种容器，均应无毒、洁净，与内容药物应不发生化学物理变化，并不得影响内容药物的质量。因此，在药品入库验收中对盛装容器应检查以下内容：

容器应端正、统一，内外清洁、干燥、无裂痕或破损。容器内有附加填充物的，填充物应干净、干燥、充实。容器选用应合理，该用玻璃瓶包装的不能以塑料或纸袋代替。如碘片，因其具有较强的氧化性，只适合用磨口玻璃瓶为容器，因为塑料袋不耐磨，不宜使用，纸袋不仅不耐磨而且可被碘氧化变色，直至破损，也不能用来包装。油类药物则不宜采用塑料制品，因为油脂可溶解塑料中的有害物质。需遮光的药品应采用棕色容器或以黑纸包裹的无色容器或其他不透光的容器。

包装工作质量的检查：封口应严密、合格，不应有渗漏、泄漏、盖塞松动、脱落等现象。

包装印字应清晰，包装所规定的事宜，如品名、规格、批号等不得缺项。瓶签应粘贴牢固、端正、适中。包装外不应留有药物痕迹、粘贴剂或油墨等污迹。

3. 中药材的包装检查　中药材应当有包装，并标明品名、规格、产地、供货单位、收购日期、发货日期等；直接收购地产中药材的，应当在中药样品室（柜）中收集所收购品种的样品，在验收时通过实物与样品的对照，起到保证验收质量的作用。验收人员负责样品的收集、养护及更新，防止样品出现质量变异；质量管理人员负责样品的复核确认，以保证样品的准确性。

4. 中药饮片的包装检查　中药饮片的包装或容器应当与药品性质相适应及符合药品质量要求。中药饮片的标签应当注明品名、规格、产地、生产企业、产品批号、生产日期；整件包装上应当有品名、产地、日期、供货单位等，并附有质量合格的标志。实施批准文号管理的中药饮片，还需注明批准文号。

知识链接

药品标识如图 5-5 所示。

图 5-5　药品标识

知识拓展

每一最小包装的标签、说明书应符合以下规定：

标签有药品通用名称、成份、性状、适应证或者功能主治、规格、用法用量、不良反应、禁忌、注意事项、贮藏、生产日期、产品批号、有效期、批准文号、生产企业等内容；对注射剂瓶、滴眼剂瓶等因标签尺寸限制无法全部注明上述内容的，至少标明药品通用名称、规格、产品批号、有效期等内容；中药蜜丸蜡壳至少注明药品通用名称。

任务三　验收方法

活动一　抽样的原则与方法

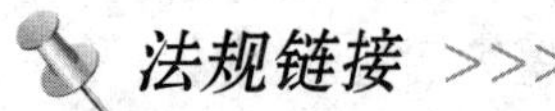

第七十七条　企业应当按照验收规定，对每次到货药品进行逐批抽样验收，抽取的样品应当具有代表性。

【情景模拟】

GSP 检查现场提问验收员：对企业验收抽样规则的熟悉程度。

1. 抽样原则　应当对每次到货的药品进行逐批抽样验收，抽取的样品应当具有代表性，对于不符合验收标准的，不得入库，并报质量管理部门处理。

2. 抽样方法

（1）抽取的件数：同一批号药品整件数量在 2 件及以下的，应全部抽样；整件数量在 2~50 件的，至少抽样 3 件；整件数量在 50 件以上的，每增加 50 件至少增加抽样 1 件，不足 50 件的按 50 件计。

（2）对抽取的整件药品需开箱抽样检查，从每整件的上、中、下不同位置随机抽取 3 个最小包装进行检查，对存在封口不牢、标签污损、有明显重量差异或外观异常等情况的，至少再增加一倍抽样数量，进行再检查。

（3）对整件药品存在破损、污染、渗液、封条损坏等包装异常的，要开箱检查至最小包装。

（4）一般抽取的数量是：片剂，胶囊等抽样 100 片（粒）；注射液 1~20ml 抽样 200 支，50ml 或 50ml 以上抽样 20 支（瓶）；散剂 3 袋（瓶），颗粒剂 5 袋（块）；酊剂、水剂、糖浆剂等分别为 10 瓶；气雾剂、膏剂、栓剂分别为 20 瓶（支，粒）。

（5）到货的非整件药品要逐箱检查，对同一批号的药品，至少随机抽取一个最小包装进行检查。

（6）同一批号的药品应当至少检查一个最小包装，但生产企业有特殊质量控制要求或打开最小包装可能影响药品质量的，可不打开最小包装；外包装及封签完整的原料药、实施批签发管理的生物制品，可不开箱检查。

（7）销后退回药品进行逐批检查验收，并开箱抽样检查；整件包装完好的应当按照前四项规定的抽样原则加倍抽样检查，无完好外包装的每件应当抽样检查至最小包装，必要时应当送药品检验机构检验。

活动二　验收记录的管理及相关规定

法规链接 >>>

第八十条　验收药品应当作好验收记录，包括药品的通用名称、剂型、规格、批准文号、批号、生产日期、有效期、生产厂商、供货单位、到货数量、到货日期、验收合格数量、验收结果等内容。验收人员应当在验收记录上签署姓名和验收日期。

1. 验收记录内容应真实、准确、完整、可追溯，包括：药品通用名称、剂型、规格、批准文号、批号、生产日期、有效期、生产厂商、供货单位、到货数量、到货日期、验收合格数量、验收结果、验收人员签字等。具体要求如下：

（1）验收药品应作好验收记录，验收人员应在验收记录上签署姓名和验收日期。验收不合格的应当注明不合格事项及处置措施。

（2）经验收人员验收确认，录入验收数据，计算机系统自动生成药品验收记录，包括采购来货、销后退回药品验收记录。

（3）验收人员应在验收记录上签署姓名和验收日期。

（4）验收结论为不合格的，应在验收记录中注明不合格事项及处置措施。

（5）验收记录应保存至药品有效期后 1 年，不得少于 5 年。

（6）冷藏冷冻药品运输过程中的温度记录应作为验收记录保存。

2. 中药材验收记录内容应包括：品名、产地、供货单位、到货数量、验收合格数量等。中药饮片验收记录内容应包括品名、规格、批号、产地、生产日期、生产厂商、供货单位、到货数量、验收合格数量等。实施批准文号管理的中药饮片还应记录批准文号。

3. 销售退回药品验收记录内容应包括：退货单位、退货日期、通用名称、规格、批准文号、批号、生产厂商（或产地）、有效期、数量、验收日期、退货原因、验收结果和验收人员等内容。

4. 注意事项

（1）药品批号必须如实记录。不能打“√”“×”或填“有”“无”。因为，依批号能明确该批药品的生产日期，同一药品因生产批次和包装班次不同可有不同的批号，批号也是有质量问题药品追踪的主要依据。

（2）品名和供货单位不要用简称。

（3）有效期为药品有效的截止期，而购进记录中的有效期是药监部门核准的药品有效期。如果包装上没有药品有效的截止期，应根据有效期换算成其有效截止期，如至××年××月。

（4）企业没有必要按针、片、水、粉分剂型各建一本记录，这样记录本数量多且打破了验收时间顺序，不便于跟踪追查质量状况。

（5）不得用铅笔填写记录，字迹应清楚，内容真实完整，能反映当时实际检查情况。

（6）不得撕毁或任意涂改记录；确实需要更改时，应划去后在旁边重写，并使原记录清晰可见，在改动处签名或盖本人图章。

（7）签名要签全名，不得代签或只写姓氏。

（8）按表格内容填写齐全，不得空格漏项；如无内容一律用"—"表示。

活动三　不合格药品的控制管理与处理程序

1. 不合格药品处理　凡质量验收不合格，非药用规格或包装与其标志内容不符合规定要求，或未经药品监督管理部门批准的人用药品以及无批准文号、无注册商标、无生产批号的药品，应做到：

（1）拒收，填写《药品拒收报告单》。

（2）填写"药品复查通知单"，报质量管理部确认。

（3）确认为不合格的药品应存于不合格品库（区），挂红牌标志。

（4）及时通知供货方，并按国家有关的规定进行处理。

2. 不合格药品的判定方法

（1）无批准文号（国家另有规定的除外），未经药品监督管理部门批准生产的药品。

（2）整件包装中无出厂检验合格证的药品。

（3）标签和说明书的内容不符合药品监督管理部门批准范围、不符合规定、没有规定标志的药品。

（4）购自不具有法定资格（无"证照"或"证照"不全）的药品经营企业或非法药品市场的药品。

（5）生产企业不合法的药品。

（6）性状外观与合格品有明显差异的药品。

（7）内外包装有明显破损、封口不严的药品。

药品拒收报告单，如表 5-6 所示。

表 5-6　药品拒收报告单

编号：

通用名称		商品名称		供货企业	
剂型		规格		数量	
生产企业		产品批号		有效期至	
拒收原因	验收人员：　　日期：				
业务部门意见	负责人：　　日期：				
质量管理部门意见	负责人：　　日期：				

知识拓展

不合格药品管理制度

一、为加强不合格药品管理，防止不合格药品流入市场，保证企业所经营药品的质量，特制订本规定。

二、不合格药品

（1）质量验收人员在进货验收或销后退回药品验收时发现的外观质量及包装质量不符合法定质量标准的药品。

（2）各级药品监督部门抽查检验不合格的药品。

（3）企业质量管理部抽样送检确认不合格的药品。

（4）过期、失效、霉烂变质及有其他质量问题的药品。

（5）各级药品监督管理部门发文通知禁止销售的药品。

三、不合格药品的确认及处理

（1）验收过程中发现的不合格品，不得入库，应将不合格品存放于待处理区内，并立即与供货方联系，作适当处理，财务部门不得付款。

（2）在库检出不合格药品应立即挂暂停发货牌，将不合格药品立即转至指定仓库或仓位存放，严格执行色标区别，专账管理，定期盘点；报质量管理部复检后处理。

（3）由企业质量管理部检查及各级药品监督管理部门检验出的不合格药品或药品监督部门发文通知禁止销售的品种，必须立即通知回收，集中存放于不合格药品库内，等候处理。

（4）过期失效、霉烂变质的药品，由企业分管领导批准后可报销。

（5）及时作好不合格药品记录。

（6）对不合格药品，确定为废品的，经办理报损审批手续后，在质量管理部监督下销毁，销毁凭据保存 5 年。

四、凡不合格药品，不准销售，仓库有权拒绝发货。

五、如发现不合格药品账货不符，保管人员必须立即向质量管理部或相关负责人报告，及时追查不符原因，防止不合格药品流向社会。

六、如有违反上述规定，擅自处理不合格药品者，将严肃处理，给予相应的行政或经济处罚。

活动四　药品质量档案与药品质量信息管理

1. 药品质量档案　建立药品质量档案是在对药品质量信息、资料进行收集、汇总、分析的基础上，为药品质量管理工作提供可靠的裁决、处理依据的有效形式。药品质量档案从广义上讲，是指质量活动中形成的所有原始记录、票据凭证、传递文件等信息资料；狭义上讲，是指按品种建立的以该药品质量信息为主要内容的档案资料，其内容应包括药品的质量标准、合法性证明文件、质量状态记录等内容。

2. 建档范围　应包括：

（1）首营品种；

（2）主营品种；

（3）除首营品种之外的其他新经营品种；

（4）发生过质量问题的品种；

（5）药品监督管理部门重点监控的品种；

（6）药品质量不稳定的品种；

（7）消费者投诉较集中的品种；

（8）其他有必要建立质量档案的品种。

3. 药品质量信息管理 企业应建立以质量管理部为中心，各相关部门、门店为网络单元的信息反馈、传递、分析及处理的完善的质量信息网络体系，由质量管理部负责网络的正常运行和维护，及时收集企业内外环境的质量信息并汇总分析后，将信息反馈、传递至执行部门。

根据《药品管理法》和《药品经营质量管理规范》的要求，为确保进、销、调、存过程中的药品质量信息反馈顺畅。质量管理部门为质量管理信息中心，负责质量信息的传递、汇总、处理。

4. 质量信息 应包括以下内容：

（1）国家和行业有关药品质量管理的法律、法规、政策等；

（2）供货单位的人员、设备、工艺、制度及生产质量保证能力情况；

（3）同行竞争对手的质量措施、质量水平、质量效益；

（4）企业内部经营环节中与质量有关的数据、资料、记录、报表、文件等（包括药品质量、环境质量、服务质量、工作质量各个方面）；

（5）药品监督检查公布的与本企业相关的质量信息；

（6）消费者的质量查询、质量反馈和质量投诉等信息档案，见表 5-7。

表 5-7 药品质量信息档案

药品通用名称		商品名称		品种类别	
汉语拼音或外文名		剂型			
规格		有效期		质量标准	
批准文号				储存条件	
生产企业				GMP 证号	
供货企业				GSP 证号	
药品生产（经营）许可证号		许可期限至		营业执照号	
首营企业审核表号		审核日期		实地考察人员	
首营品种审批表号		审批日期		首批进货人员	
生产企业联系电话		传真		E-mail	
建档原因及目的：					

5. 药品质量信息管理要求

（1）质量信息的收集原则为准确、及时、适用、经济。

（2）质量信息的收集方法：

①内部信息

A. 通过统计报定期反映各类与质量相关的信息；

B. 通过质量分析会、工作汇报会等会议收集与质量相关的信息；

C. 通过各科填报质量信息反馈单及相关记录实现质量信息传递；

D. 通过多种方式收集职工意见、建议，了解质量信息。

②外部消息

A. 通过问卷、座谈会、电话访问等调查方式收集信息；

B. 通过现场观察与咨询来了解相关信息；

C. 通过人际关系网络收集质量信息；

D. 通过现有信息的分析处理获得所需的质量信息。

（3）质量信息的处理由企业领导决策，质管组负责组织传递并督促执行。

（4）建立完善的质量信息反馈系统，对异常、突发的质量信息要以书面形式 10 小时内迅速向领导反馈，确保质量信息的及时畅通传递和准确有效利用。

（5）员工应相互协调、配合，将质量信息报质量管理部，再由质量管理部分析汇总报领导审阅，然后将处理意见以信息反馈单的方式传递至职工，此过程文字资料由质量管理部备份，存档。

（6）如因工作失误造成质量信息未按要求及时、准确反馈，连续出现两次者，将在季度质量考核中处罚。

知识链接

药品质量档案，如表 5-8 所示。

表 5-8　某大药房零售连锁有限公司药品质量档案表

<table>
<tr><td colspan="3">建档部门</td><td colspan="2"></td><td>建档日期</td><td colspan="2">年　月　日</td></tr>
<tr><td colspan="3">建档原因</td><td></td><td>建档人</td><td></td><td>质量标准</td><td></td></tr>
<tr><td colspan="3">生产企业名称</td><td colspan="5"></td></tr>
<tr><td colspan="3">品名</td><td colspan="5"></td></tr>
<tr><td colspan="3">规格</td><td colspan="3"></td><td>剂型</td><td></td></tr>
<tr><td colspan="3">主要成分</td><td colspan="5"></td></tr>
<tr><td colspan="3">功能主治</td><td colspan="5"></td></tr>
<tr><td colspan="3">用法用量</td><td colspan="5"></td></tr>
<tr><td colspan="3">性状</td><td colspan="5"></td></tr>
<tr><td colspan="3">禁忌</td><td colspan="5"></td></tr>
<tr><td colspan="3">贮藏要求</td><td colspan="2"></td><td>OTC</td><td colspan="2">是　甲类□　乙类□　否□</td></tr>
<tr><td colspan="3">批准文号</td><td colspan="2"></td><td>注册商标</td><td colspan="2"></td></tr>
<tr><td colspan="3">营业执照编号</td><td colspan="2"></td><td>许可证编号</td><td colspan="2"></td></tr>
<tr><td colspan="8">质量状态记录</td></tr>
<tr><td>年</td><td>月</td><td>日</td><td>购进数量</td><td>批号</td><td colspan="2">质量状态</td><td>不良反应</td></tr>
<tr><td></td><td></td><td></td><td></td><td></td><td colspan="2"></td><td></td></tr>
<tr><td></td><td></td><td></td><td></td><td></td><td colspan="2"></td><td></td></tr>
<tr><td></td><td></td><td></td><td></td><td></td><td colspan="2"></td><td></td></tr>
</table>

目标检测

单项选择题

1. 非处方药的包装盒、药品外标签、药品说明书的右上方均标示有什么样的彩色标识性图案（　　）

A. 正方形　　B. 菱形　　C. 椭圆形　　D. 长方形

2. 哪些情况颗粒剂不应使用（　　）

A. 结块发黏　　B. 松散　　C. 有光泽　　D. 干燥

3. 药品的批号含义是指（　　）

A. 用以识别“批”的一组数字或字母加数字

B. 用以追溯和审查该批药品的生产历史

C. 常采用生产流水号或生产日期表示

D. 以上都是

4. 药品包装必须按照规定印有或者贴有标签并附有（　　）

A. 赠品　　B. 说明书　　C. 使用证明　　D. 发票

5. 非处方药品的说明书和包装标签必须印有规定的标识。你能指出乙类非处方药品的标识吗（　　）

A. 红底白字　　B. 绿底白字　　C. 白底红字　　D. 白底绿字

6. 下列哪种不属于药品变质的情况（　　）

A. 胶囊软化　　B. 药丸变形　　C. 药片发霉　　D. 冬天药膏变硬

【技能训练一】

模拟药品验收。

1. 实践目标

熟悉药品（含原料药和各种剂型药品）验收的基本操作程序和要求。

2. 实践准备

（1）场所：模拟药库或教室为实践地点。

（2）人员：将学生分为 6~8 人的项目小组，每组学生推选 2 人担任组长与其他组员共同完成实践练习。

（3）操作对象：各类型药品。

（4）操作所用工具或材料：主要验收工具和设备。

3. 实践内容

（1）抽签决定操作对象，通过抽签得到自己验收操作药品类型；

（2）根据操作对象选择相应的验收工具；

（3）根据操作对象类型，依据相关验收要求，按验收程序进行相应的验收操作；

（4）根据验收操作结果和相应的判断依据，对所验收药品合格与否下结论；

（5）根据验收操作过程和 GSP 的要求，作好验收记录。

【技能训练二】

填写药品验收记录（表 5-9）。

表 5-9　药品购进入库验收记录表

年		来货单位	品名	剂型	规格	生产企业	单位	数量	单价	金额（元）	批准文号	批号	效期	注册商标	包装情况	质量情况	验收结论	验收员签名	付款日期	凭证号码	发票号码
月	日																				

（崔　璀）

模块三　GSP 对储存养护的管理 >>>

项目六　GSP 对储存养护设施、设备的管理

药店违规储存药品案

进入夏季高温时节，杭城各大连锁药店的药品储存情况如何？记者拿着温度计，走访了杭城几家大型连锁药店。

当记者走进一家药店内时，就感觉空气闷热。店内仅开了两台电扇，没开空调。记者从柜台上拿了一盒治疗脚气的药膏，药盒的外包装上注明了“储存温度须在 20℃以下”，但此时，室内温度已有 28℃。除此以外，记者发现其他的药膏类药品，也都没有在 20℃的规定温度下储存。

当天调查发现，一些规模不大的药店，几乎都存在药品不按规定温度贮藏的现象，甚至有些药店工作人员，并不知晓药品有储存条件的规定。杭州九洲大药房连锁药店负责人告诉记者，药品如超过储藏温度，容易变形、变质，失去药效。如活菌制剂类的药品需冷藏，否则治疗作用就要降低。栓剂也需放冰箱冷藏，必须要保持一定形状，热了就要融化。

【练一练】

通过案例，请同学们依据所知道的药品储存养护相关知识，分析案例，并填入表 6-1。

表 6-1　药品储存养护相关知识

分析问题	分析结果
该案例中药品储存条件是否合法	
给消费者带来的隐患是什么	
如何避免	

学习目标

1. 掌握药品仓库的分类和设施设备的分类。
2. 熟悉药品仓库库区布局的基本要求。
3. 了解药库的环境要求、仓库的配置原则及养护要点。

任务一　仓库环境和仓库分区分类

活动一　仓库整体环境的选择

法规链接 >>>

第四十三条　企业应当具有与其药品经营范围、经营规模相适应的经营场所和库房。

第四十四条　库房的选址、设计、布局、建造、改造和维护应当符合药品储存的要求，防止药品的污染、交叉污染、混淆和差错。

按照 GSP 规定，企业应有与其经营规模相适应的仓库。库区地面应平整、无积水和杂草，没有污染源。如表 6-2 所示。

表 6-2　仓库内环境的要求

要点	具体要求
环境	库区不得种植易长虫的花草、树木，可种植一些小灌木和没有花絮、花粉、绒毛的花草；在库区内多种植草皮，既能美化环境，又能吸收有害气体和尘埃
库区地面	库区地面平坦、整洁，不易受酸碱或其他化学药品腐蚀。一般可用沥青混凝土地面，厚度在 3cm 左右，负荷量大的可用厚度 2~4cm 的水泥地面，负荷小的或保暖库可用木制地板
排水要求	为了防止库房地面返潮或雨水积水，修建时应使库内地面高于库外地面；库外四周必须设置排水沟道，并经常保持畅通

具体要求如下：

1. 仓库库区选址及安全要求

（1）选址要求：药品储存作业区、辅助作业区、办公生活区应分开一定距离或有隔离措施，装卸作业场所应有顶棚。

（2）库房建筑要求：仓库具有适宜药品分类保管和符合药品储存要求的库房。库房内墙壁、顶棚和地面光洁、平整、门窗结构严密。

（3）安全防火要求：库区应有符合规定要求的消防、安全措施。

2. 药品仓库的选址需考虑的因素

（1）交通方便，运输通畅，无大量粉尘、有害气体及污水等严重污染源。

（2）与药品生产的布局相适应。

（3）药品生产企业的原料库、半成品库、成品库的设置应符合 GMP 要求，应与生产过程相衔接，尽量减少储运过程中的污染。

（4）医药物流企业的药品采购仓库应建设在大中城市及药品生产比较集中的地区，以便就近收购，近厂近储。

（5）中药材采购仓库通常设置在中药材生产基地或药材集散地，便于大量集中收购和调运的地点。

（6）应与各企业药品经营规模相适应。

（7）要考虑经济区域和药品的合理流向。按经济区域分布仓库网点，有利于购—销—存的相互联系，可以缩短运输路程，减少流通环节，加速药品流转，降低流通费用。

（8）应选择地质坚固，地势干燥、平坦，地形较高的位置，既便于库内运输，又便于地面排水。仓库不应建在地质松软或地质构造不稳定地段；库址还要考虑到地下水位和汛期洪水等情况。临近海、河的地区不得有地下水上溢；要有良好的排水条件，在雨季和汛期无水淹之患。

（9）化学危险品仓库应远离居住区，单独设立。

（10）给水充足，用电方便。

3. 药品经营企业仓库面积　企业应当具有与其药品经营范围、经营规模相适应的经营场所和库房。

知识拓展

名词解释

经营场所：是进行经营业务洽谈、样品展示、信息传输、相关管理的处所。

库房：用来储存、保管、养护药品和有关物资的地方。

活动二　仓库的分类与库区的合理布局

法规链接 >>>

第四十五条　药品储存作业区、辅助作业区应当与办公区和生活区分开一定距离或者有隔离措施。

第四十六条　库房的规模及条件应当满足药品的合理、安全储存，并达到以下要求，便于开展储存作业：（一）库房内外环境整洁，无污染源，库区地面硬化或者绿化；（二）库房内墙、顶光洁，地面平整，门窗结构严密；（三）库房有可靠的安全防护措施，能够对无关人员进入实行可控管理，防止药品被盗、替换或者混入假药；（四）有防止室外装卸、搬运、接收、发运等作业受异常天气影响的措施。

第四十七条　库房应当配备以下设施设备：（一）药品与地面之间有效隔离的设备；（二）避光、通风、防潮、防虫、防鼠等设备；（三）有效调控温湿度及室内外空气交换的设备；（四）自动监测、记录库房温湿度的设备；（五）符合储存作业要求的照明设备；（六）用于零货拣选、拼箱发货操作及复核的作业区域和设备；（七）包装物料的存放场所；（八）验收、发货、退货的专用场所；（九）不合格药品专用存放场所；（十）经营特殊管理的药品有符合国家规定的储存设施。

1. 药库的分类　药库是用来储存和养护药品的场所，是保证药品质量必备和最基础的设施。仓库储存的药品种类繁多，性能各异，以及仓储作业的复杂性，根据现行版 GSP 的规定，可将药品仓库分为以下几类。

（1）按照一般管理要求　分为待验库（区）、合格品库（区）、发货库（区）、不合格品库（区）、退货库（区），经营中药饮片还应划分零货称取专库（区）。

以上各库（区）均应实行色标管理，其统一标准是：待验库（区）、退货库（区）为黄色；合格品库（区）、发货库（区）、零货称取专库（区）为绿色；不合格品库（区）为红色。

（2）按照温湿度管理要求　按药品储存温度、相对湿度管理要求，仓库可分为常温库、阴凉库、冷库。

常温库，温度为 10～30℃；阴凉库，温度为不高于 20℃；冷库，温度为 2～10℃。各库房相对湿度应保存在 35%～75% 之间。

（3）按照特殊管理要求　分为麻醉药品库、一类精神药品库、毒性药品库、放射性药品库和危险品库。

（4）按照储存的商品类型分类　按照 GSP 要求：药品与非药品应当分开存放，中药材、中药饮片应与其他药品分开存放。医药商品仓库通常分为：

①化学药品库（西药）：用于储存各种化学药制剂、抗菌药、生物化学药品等。

②中成药药品库：用于储存各种中成药制剂。

③中药材库：用于储存各种中药材。

④中药饮片库：储存各种经过炮制后包装的中药饮片。

⑤生物制品库：用于储存各种疫苗、活菌制剂、抗毒素、血液制品、酶制剂等需要冷藏特殊储存的药品。

⑥化学原料药品库：储存各种化学原料药。

⑦生物原料库；储存各种用于生化药品提取的各种动物脏器。

（5）按照仓库的建筑结构分类

①平房仓库。

②多层楼房仓库。

③高层货架立体仓库。

【议一议】

生物制品（疫苗、血液制品等）应该储存在哪类库房？为什么？

2. 库区的分布　根据仓库业务活动和工作任务的不同，GSP 要求仓库库区布局分储存作业区、辅助作业区和办公生活区，见表 6-3。

表 6-3　库区的分布

<table>
<tr><td rowspan="7">储存作业区</td><td rowspan="5">药品区</td><td>外用药品区或库</td></tr>
<tr><td>其他药品区或库</td></tr>
<tr><td>拆零药品区或库</td></tr>
<tr><td>特殊管理药品库</td></tr>
<tr><td>中药材、中药饮片库</td></tr>
<tr><td rowspan="2">非药品区</td><td>保健食品及功能食品区或库</td></tr>
<tr><td>医疗器械区或库</td></tr>
<tr><td rowspan="3">辅助作业区</td><td>收货区</td><td rowspan="3"></td></tr>
<tr><td>发货区</td></tr>
<tr><td>待处理区（待验、退回）</td></tr>
</table>

续表

办公区	用于管理办公、对外开票等	
生活区	宿舍、食堂等	

（1）储存作业区　是仓库的主体部分与主要业务场所，是指仓库用于收发药品储存、整理、分类、加工、包装的场所，主要包括库房、货场以及整理、分类、包装等场地。仓储作业区的布置应保证药品收发迅速、装卸搬运便当、储存药品安全、仓容合理利用的要求。各作业场所的布置，必须与仓库业务顺序相一致，使各作业环节密切衔接，以便加速作业流程。

（2）辅助作业区　是仓储作业的辅助场所，主要是为药品储存保管业务服务的。一般包括验收养护室、中药标本室、中药饮片分装室以及存放片垫用品、包装物料、搬运装卸机具等的场所。

辅助作业区的设置应靠近仓储作业区，以便及时供应。辅助作业区应与仓储作业区相隔一定距离，防止辅助作业区发生事故危及存货区域。

（3）办公生活区　是仓库的行政管理机构和生活服务设施的所在地，包括办公室、警卫室、汽车队、食堂、浴室、文体活动室、宿舍、休息室等。行政生活区，一般应与库区各作业场所隔开，并有隔离设施和设置单独的出入口，以减少人员往来对仓储作业的影响和干扰，保证作业安全和药品储存安全并且便于收、发药品办理手续；警卫室应设在库区出入门口，以利于履行检查手续。

按照 GSP 要求，以上辅助作业区和办公生活区对储存作业区不得造成污染。

3. 仓库总平面布局要求　根据仓库总体设计的要求，科学、合理设计各个区域的具体布局要求：

（1）方便仓库作业和药品的安全储存。

（2）最大限度地利用仓库的面积。

（3）防止重复搬运、迂回运输和避免交通阻塞。

（4）有利于充分使用仓库设施和机械设备。

（5）符合仓库安全及消防要求。

（6）符合仓库目前需要与长远规划。

仓库平面布局，如图 6-1 所示：

图 6-1　仓库平面布局

任务二　设施设备的分类和配置原则

活动一　设施设备的分类

法规链接 >>>

第四十七条　库房应当配备以下设施设备：（一）药品与地面之间有效隔离的设备；（二）避光、通风、防潮、防虫、防鼠等设备；（三）有效调控温湿度及室内外空气交换的设备；（四）自动监测、记录库房温湿度的设备；（五）符合储存作业要求的照明设备；（六）用于零货拣选、拼箱发货操作及复核的作业区域和设备；（七）包装物料的存放场所；（八）验收、发货、退货的专用场所；（九）不合格药品专用存放场所；（十）经营特殊管理的药品有符合国家规定的储存设施。

第八十五条　企业应当根据药品的质量特性对药品进行合理储存，并符合以下要求：……（四）储存药品应当按照要求采取避光、遮光、通风、防潮防虫、防鼠等措施。

药品仓库的划分可分为硬件和软件两大方面，具体内容包括：

（一）硬件

1. 装卸搬运设备　是仓库用来提升、堆码、搬运药品的机械设备。亦称起重运输设备，一般可分为两类：

（1）装卸堆垛设备　包括各种类型起重机、叉车、堆码机、滑车等。

（2）搬运传送设备　包括各种手推车、电瓶车或内燃机搬运车、拖车、运货卡车、各式平面传送装置和垂直传送装置等。

2. 保管设备

（1）苫垫用品　包括苫布、苫席、油毡、塑料布、枕木、码架、地台板、水泥条（墩）、石条（块）等。用于上盖下垫。

（2）存货用具　包括货架、货台、货橱、中药饮片储存箱，电冰箱或小冷藏库用于储存需冷藏药品，如生物制品、脏器制剂等。

3. 计量设备

（1）称量设备　包括各种磅秤、杆秤、台秤、天平秤以及自动称量装置等。

（2）库内量具　包括直尺、折尺、卷尺、卡钳、自动计数机等。

4. 储存养护设备

（1）检测调节温湿度的设备　如空调、除湿机、温湿度检测仪等。

（2）通风照明保暖避光设备　如抽（排）风机、各式电扇、联动窗户启闭装置，防护窗纱，带百叶的排风扇、暖气片组、照明灯、遮阴篷等。

（3）“五防”设施　防鼠用的粘鼠板、老鼠夹，防虫、防尘用的纱网，防盗用的护栏、防盗门窗，防火用的消防器材等。

5. 药品验收室检验设备　验收室应配有千分之一天平、澄明度检测仪、标准比色液等；经营中药材、中药饮片的还应配备水分测定仪、紫外荧光灯、解剖镜或显微镜；

验收养护室、中药标本室应有必要的防潮、防尘设备并备有空调。

6. 劳动防护用品 如工作服、安全帽、坎肩、围裙、胶鞋（耐酸碱）、绝缘手套、口罩、护目镜、防毒面具以及防放射线装置等。

7. 其他用品及工具 包括电脑、打印机、开箱器、小型打包机、封装机、电工刀、剪刀、排刷、标号打印机等。见表 6-4。

表 6-4 设施设备一览

序号	设备编号	设施设备名称	规格型号	生产厂家	购置价格（元）	购置日期	启用日期	配置地点	用途	使用与维护负责人
1	001	电脑	联想 200	联想	4000	2015-3-16	2015-3-16	柜台	办公	张三
2	002	打印机	联想 100	联想	1000	2015-3-16	2015-3-16	柜台	办公	张三
3	003	灭火器 1	金城 500	金城	200	2015-3-16	2015-3-16	仓库	灭火	李四
4	004	灭火器 1	金城 500	金城	200	2015-3-16	2015-3-16	办公区	灭火	李四
5	005	温湿度计 1	家庭 100	家庭	20	2015-3-16	2015-3-16	仓库	库控	李四
6	006	温湿度计 2	家庭 100	家庭	20	2015-3-16	2015-3-16	办公区	库控	李四

药品仓库的部分硬件，如图 6-2、图 6-3、图 6-4、图 6-5 所示：

图 6-2 自动计数机

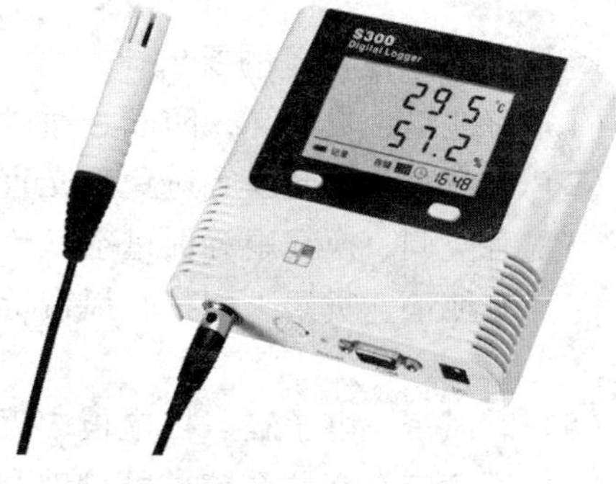

图 6-3 温湿度检测仪

图 6-4 叉车

图 6-5 货架

（二）软件

软件包括制度与记录和凭证两大类（即书面文件，实施过程真实记录）。见表6–5。

表6–5 制度与记录和凭证

类型	内 容
质量管理制度	药品保管、养护、出入库制度
质量程序文件	药品储存养护质量的操作程序，出库复核程序
管理记录、凭证、台账	温湿度记录、近效期药品催调表
计算机管理软件	仓储管理系统（WMS）：订单、出入库、输配送作业

知识拓展

相关术语

1. 制度——“能做什么”，强制性。
2. 职责——责任。
3. 标准——衡量事物的准则，基本限度。
4. 程序——处理问题的标准方法

活动二 设施设备配置要求与原则

1. GSP 对仓库设备的要求

（1）有地垫、货架等，防潮、通风。地垫、货架等与地面之间高度不小于10cm。

（2）有窗帘、遮光膜等避免阳光直射的避光设备。

（3）有空调、换气扇等促进空气流通的通风设备。

（4）有地垫、货架、门帘、风帘等防止地面及墙壁的潮气或外界水汽影响的防潮设施。

（5）有风帘、电子猫、挡鼠板、灭蝇灯、捕鼠笼、粘鼠胶等防虫、防鼠设备。

（6）库房应有空调系统，可自动调节库房温度。

（7）库房应配备加湿器、除湿机、换气扇等设备，相对湿度应控制在35%～75%。

（8）库房应安装温湿度自动监测系统，自动监测、记录库房温湿度，且能在温湿度超标时自动报警。

（9）独立库房及大面积库区应按每300m^2 安装一个探头，面积小于300m^2 的库房须安装一个探头；每个独立冷库至少安装两个探头；高架立体库每2400m^3 安装一个探头。每个探头所测到的温湿度至少每两个小时自动记录一次，记录的数据应不可更改并能长期保存；有能实时监控库房温湿度的途径，可以为显示屏观看、电脑直联等。

按照《GB 50034—2004 建筑照明设计标准》的规定，根据库房高度、面积选用合适的照明设备，照度应能满足储存作业要求。

（10）危险品库的照明灯应做防爆处理。库房内应划分专用的零货储存区，便于零货拣选。

（11）有专用的拼箱发货操作区域、零货复核区域。有便于零货拼箱、发货、复核的操作台、零货箱、周转箱、运输箱、封口胶、标签、条码采集器等设备。

（12）有存放包装物料的专用库房或专用区域。

2. GSP 设施、设备的管理要求

（1）定期检查、维修、保养。

（2）操作使用记录。

（3）管理工作记录。

（4）管理档案。

3. 药材、中药饮片的要求　经营中药材、中药饮片的，应当有专用的库房和养护工作场所，直接收购地产中药材的应当设置中药样品室（柜）。

中药材、中药饮片应分开、专库存放。有专用的中药材、中药饮片养护工作场所，养护场所可以共用。收集的中药样品应标明品名、常用名、产地、收集时间，并与所收购中药材、中药饮片相匹配。

4. 冷藏、冷冻药品的要求

法规链接 >>>

第四十九条　经营冷藏、冷冻药品的，应当配备以下设施设备：（一）与其经营规模和品种相适应的冷库，经营疫苗的应当配备两个以上独立冷库；（二）用于冷库温度自动监测、显示、记录、调控、报警的设备；（三）冷库制冷设备的备用发电机组或者双回路供电系统；（四）对有特殊低温要求的药品，应当配备符合其储存要求的设施设备；（五）冷藏车及车载冷藏箱或者保温箱等设备。

具体要求：

①经营冷藏、冷冻药品的，应当配备与其经营规模和品种相适应的冷库、冷藏车及车载冷藏箱或者保温箱等设备。

②对有特殊低温要求的药品，应当配备符合其储存要求的设施设备；经营有特殊低温要求的药品，应配备装量、温度适宜的冷库、冷柜、冰箱等设施设备。冷冻储存要求的制冷设备启停温度设定值应在-23～-12℃范围内。

③与经营规模相适应的冷库、冷库制冷设备的备用发电机组或双回路供电系统。

④用于冷库温度自动监测、显示、记录调控、报警的设备；通过预先设置的温湿度上下限，若环境温湿度超限，系统可自动报警，通知管理人员及时采取措施。

冷库应有温度监测探头（两个以上）、温度显示设备、温度自动记录系统、调控系统、报警系统（高低温报警、断电报警、故障报警）。

药品储存环境温湿度自动监测应符合现行版 GSP 规范及其相关附录的规定。

⑤与经营规模相适应的冷库。

5. 经营生物制品类冷藏药品的，应配备与其经营规模和品种相适应的冷库（至少 $50m^3$）、2 辆以上冷藏车（容积不少于 $2m^3$），以及车载冷藏箱或者保温箱等设备。

6. 经营非生物制品类冷藏药品的，应配备与其经营规模和品种相适应的冷库（至少 $50m^3$）、冷藏车（1 辆以上，容积不少于 $2m^3$）。

7. 经营疫苗的，应当配备两个以上独立冷库。经营疫苗的，应有两个以上独立冷库，总容积为 $80m^3$ 以上。经营疫苗的，应有 2 辆以上冷藏车。

8. 经营体外诊断试剂的，冷库至少 $30m^3$、冷藏车 1 辆以上或车载冷藏箱 80L 以上。

9. 设置 2 个独立冷库的，应配备应急发电系统或二路供电的切换装置，保证系统的连续供电。设置 1 个独立冷库的，应设 2 套独立的制冷系统，一用一备，自行切换，每套设备的能力均可独立满足库房的控温要求。

10. 运输药品应当使用封闭式货物运输工具。

目标检测

一、单项选择题

1. 药品批发企业中药饮片验收室必须具备的验收设备之一是（　　）

A. 药材水分测定仪　B. 干湿球温湿度计　C. 紫外荧光灯　D. 电脑

2. 直接收购地产中药材的应当（　　）

A. 聘任专业技术人员　B. 配备中药材鉴别仪器

C. 设置中药样品室（柜）　D. 有专用的运输工具

3. 应在 2~10℃冷藏库中暗处保存的药品是（　　）

A. 胶囊剂　B. 片剂　C. 青霉素原料药　D. 生物制品

4. 企业应当根据药品的质量特性对药品进行合理储存，储存药品相对湿度为（　　）

A. 35%~75%　B. 45%~75%　C. 30%~70%　D. 30%~80%

5. 《中国药典》规定药品贮藏条件中对"阴凉库"温度的规定（　　）

A. 不超过 25℃　B. 不超过 30℃　C. 不超过 15℃　D. 不超过 20℃

6. 药品仓库待发货区通常悬挂（　　）

A. 红色标志　B. 绿色标志　C. 黄色标志　D. 蓝色标志

二、填空题

1. 库房的________、________、________、建造、改造和维护应当符合药品储存的要求，防治药品的污染、________、________和差错。药品________区、________区应当与办公区和生活区分开一定距离或者有________措施。

2. 经营中药材、中药饮片的，应当有专用的________和________工作场所，直接收购地产中药材的应当设置________室（柜）。

3. 药品经营企业冷藏库的温度要求是：________，相对湿度是________；阴凉库的温度要求是________，常温库的要求是________。

4. 运输药品应当使用________货物运输工具。

【技能训练一】

实践操作并填写某企业经营设施、设备情况（表 6–6）。

表 6–6　某企业经营设施、设备情况表

<table>
<tr><td rowspan="2">营业场所及辅助办公用房</td><td colspan="2">营业用房面积</td><td colspan="2">辅助用房面积</td><td>办公用房面积</td><td>备注</td></tr>
<tr><td colspan="2">m^2</td><td colspan="2">m^2</td><td>m^2</td><td></td></tr>
<tr><td rowspan="3">药品储存用仓库</td><td colspan="5">仓库面积</td><td>备注</td></tr>
<tr><td>仓库总面积</td><td>冷库面积</td><td>阴凉库面积</td><td>常温库面积</td><td>特殊管理药品专库面积</td><td></td></tr>
<tr><td>m^2</td><td>m^2</td><td>m^2</td><td>m^2</td><td>m^2</td><td></td></tr>
<tr><td rowspan="2">养护室</td><td>面积</td><td colspan="4">仪器、设备</td><td>备注</td></tr>
<tr><td>m^2</td><td colspan="4"></td><td></td></tr>
<tr><td rowspan="9">其他</td><td colspan="2">中药饮片分装室面积</td><td></td><td colspan="2">配送中配货场所面积</td><td></td></tr>
<tr><td rowspan="6">运输用车辆和设　备</td><td colspan="5">运输用车辆</td></tr>
<tr><td colspan="3">车型：冷藏车</td><td colspan="2">数量：</td></tr>
<tr><td colspan="3">车型：轻型厢式货车</td><td colspan="2">数量：</td></tr>
<tr><td colspan="3">车型：轻型封闭货车</td><td colspan="2">数量：</td></tr>
<tr><td colspan="3">GSP 无线监控冷藏箱</td><td colspan="2">数量：</td></tr>
<tr><td colspan="3">红外测温仪</td><td colspan="2">数量：</td></tr>
<tr><td rowspan="2">电脑</td><td colspan="3">服务器：</td><td colspan="2">数量：</td></tr>
<tr><td colspan="3">终端电脑：</td><td colspan="2">数量：</td></tr>
<tr><td colspan="2" rowspan="7">温湿度自动监控系统</td><td colspan="3">测点终端：阴凉库</td><td colspan="2">数量：</td></tr>
<tr><td colspan="3">测点终端：冷库</td><td colspan="2">数量：</td></tr>
<tr><td colspan="3">测点终端：冷藏车</td><td colspan="2">数量：</td></tr>
<tr><td colspan="3">管理主机：温湿度监控</td><td colspan="2">数量：</td></tr>
<tr><td colspan="3">不间断电源：UPS</td><td colspan="2">数量：</td></tr>
<tr><td rowspan="2">相关软件</td><td colspan="2">数据转换器</td><td colspan="2">数量：</td></tr>
<tr><td colspan="2">监控软件</td><td colspan="2">数量：</td></tr>
<tr><td colspan="2">监控系统</td><td colspan="3">仓库：</td><td colspan="2">办公：</td></tr>
<tr><td colspan="2" rowspan="2">符合药品特性要求的设备</td><td colspan="5"></td></tr>
<tr><td colspan="5"></td></tr>
<tr><td colspan="2">仓库现代化物流设备设施</td><td colspan="5"></td></tr>
</table>

填写说明：

1. 根据企业设施、设备的实际填写。如无栏目所设项目，应注明“无此项”。
2. 表中所有面积均为建筑面积，单位为平方米。
3. “营业场所及辅助、办公用房”栏目中“辅助用房”指库区中服务性或劳保用房。

【技能训练二】

实践操作并填写某企业药品储存养护（表 6–7）。

表 6-7 某企业药品储存养护表

	评　价	养护措施	备注
环境卫生	卫生状况优□ 卫生状况一般□ 卫生状况差□		
场所温度	温度符合规定要求□ 温度高于规定要求□ 温度低于规定要求□		
场所湿度	湿度符合规定要求□ 湿度高于规定要求□ 湿度低于规定要求□		
陈列设施	陈列设施完好□ 陈列设施陈旧□ 陈列设施破损□		
温湿度计	运转正常□ 出现故障□ 损坏□		
萤虫灯	使用正常□ 出现故障□ 损坏□		
灭火器	使用正常□ 出现故障□ 损坏□		
空调设备	使用正常□ 出现故障□ 损坏□		
通风设备	使用正常□ 出现故障□ 损坏□		
防火设备	使用正常□ 出现故障□ 损坏□		
防虫、防鼠、防鸟设备	使用正常□ 出现故障□ 损坏□		
计算机系统	运转正常□ 出现故障□ 损坏□		
电子扫码枪	使用正常□ 出现故障□ 损坏□		
干燥设备	使用正常□ 出现故障□ 损坏□		
增湿设备	使用正常□ 出现故障□ 损坏□		
药品分类	分类正确□ 分类不正确□		
药品标示	放置正确□ 放置不正确□		
药品外观质量	外观质量完好□ 外观质量异常□		
药品包装质量	包装完好□ 包装出现异常□		
养护情况	养护正常□ 养护不及时□ 养护措施正确□ 养护不正确□		

（崔　璀）

项目七　GSP 对校准、验证的管理

案例阅读

近期我国发生了数起注射疫苗中毒或死亡的事故，在事故调查中均存在疫苗储藏运输等环节温控不利现象。

印尼地震时，断电和冰箱损坏导致疫苗暴露在常温环境下数小时或数日，加贴了VVM（疫苗热标签指示装置）的疫苗中，仅脊髓灰质炎减毒活疫苗的VVM出现了颜色指示终点而被报废，其他疫苗的VVM都显示正常。没有加贴VVM的卡介苗，则因为无法判断而直接报废。

【议一议】

应如何避免类似事件的发生呢？我们应采取什么措施？

从以上案例知道，药品是特殊商品，在生产、贮存、运输使用等任意一个环节出现问题都会导致药品变质，病人身体不适，甚至死亡。为保证患者能用上安全、有效、质量过关的药品，新版 GSP 首次引入了设备验证管理的理念，并对药品经营企业作了如下明确要求。

法规链接 >>>

第五十三条　企业应当按照国家有关规定，对计量器具、温湿度监测设备等定期进行校准或者检定。

企业应当对冷库、储运温湿度监测系统以及冷藏运输等设施设备进行使用前验证、定期验证及停用时间超过规定时限的验证。

第五十四条　企业应当根据相关验证管理制度，形成验证控制文件，包括验证方案、报告、评价、偏差处理和预防措施等。

第五十五条　验证应当按照预先确定和批准的方案实施，验证报告应当经过审核和批准，验证文件应当存档。

第五十六条　企业应当根据验证确定的参数及条件，正确、合理使用相关设施设备。

任务一　校准与验证的组织

学习目标

1. 掌握 GSP 对校准与验证的要求。
2. 熟悉验证对象及组织部门。
3. 了解有关验证的概念及相关术语。

活动一　对药品经营企业校准与验证的要求

法规链接 >>>

本活动内容除 GSP 第五十三至五十六条要求外，在 GSP 附录 5 中还对校准与验证提出如下要求：

第一条　本附录适用于《药品经营质量管理规范》（以下简称《规范》）中涉及的验证范围与内容，包括对冷库、冷藏车、冷藏箱、保温箱以及温湿度自动监测系统（以下简称监测系统）等进行验证，确认相关设施、设备及监测系统能够符合规定的设计标准和要求，并能安全、有效地正常运行和使用，确保冷藏、冷冻药品在储存、运输过程中的质量安全。

第二条　企业质量负责人负责验证工作的监督、指导、协调与审批，质量管理部门负责组织仓储、运输等部门共同实施验证工作。

第三条　企业应当按照质量管理体系文件的规定，按年度制定验证计划，根据计划确定的范围、日程、项目，实施验证工作。

第四条　企业应当在验证实施过程中，建立并形成验证控制文件，文件内容包括验证方案、标准、报告、评价、偏差处理和预防措施等，验证控制文件应当归入药品质量管理档案，并按规定保存。

（一）验证方案根据每一项验证工作的具体内容及要求分别制定，包括验证的实施人员、对象、目标、测试项目、验证设备及监测系统描述、测点布置、时间控制、数据采集要求，以及实施验证的相关基础条件，验证方案需经企业质量负责人审核并批准后，方可实施。

（二）企业需制定实施验证的标准和验证操作规程。

（三）验证完成后，需出具验证报告，包括验证实施人员、验证过程中采集的数据汇总、各测试项目数据分析图表、验证现场实景照片、各测试项目结果分析、验证结果总体评价等，验证报告由质量负责人审核和批准。

（四）在验证过程中，根据验证数据分析，对设施设备运行或使用中可能存在的不符合要求的状况、监测系统参数设定的不合理情况等偏差，进行调整和纠正处理　使相关设施设备及监测系统能够符合规定的要求。

（五）根据验证结果对可能存在的影响药品质量安全的风险，制定有效的预防措施。

第五条　企业应当根据验证方案实施验证。

（一）相关设施设备及监测系统在新投入使用前或改造后需进行使用前验证，对设计或预定的关键参数、条件及性能进行确认，确定实际的关键参数及性能符合设计或规定的使用条件。

（二）当相关设施设备及监测系统超出设定的条件或用途，或是设备出现严重运行异常或故障时，要查找原因、评估风险，采取适当的纠正措施，并跟踪效果。

（三）对相关设施设备及监测系统进行定期验证，以确认其符合要求，定期验证间隔时间不超过 1 年。

（四）根据相关设施设备和监测系统的设计参数以及通过验证确认的使用条件，分别确定最大的停用时间限度；超过最大停用时限的，在重新启用前，要评估风险并重新进行验证。

第六条　企业应当根据验证的内容及目的，确定相应的验证项目。

（一）冷库验证的项目至少包括：

1. 温度分布特性的测试与分析，确定适宜药品存放的安全位置及区域；
2. 温控设备运行参数及使用状况测试；
3. 监测系统配置的测点终端参数及安装位置确认；
4. 开门作业对库房温度分布及药品储存的影响；
5. 确定设备故障或外部供电中断的状况下，库房保温性能及变化趋势分析；
6. 对本地区的高温或低温等极端外部环境条件，分别进行保温效果评估；
7. 在新建库房初次使用前或改造后重新使用前，进行空载及满载验证；
8. 年度定期验证时，进行满载验证。

（二）冷藏车验证的项目至少包括：

1. 车厢内温度分布特性的测试与分析，确定适宜药品存放的安全位置及区域；
2. 温控设施运行参数及使用状况测试；
3. 监测系统配置的测点终端参数及安装位置确认；
4. 开门作业对车厢温度分布及变化的影响；
5. 确定设备故障或外部供电中断的状况下，车厢保温性能及变化趋势分析；
6. 对本地区高温或低温等极端外部环境条件，分别进行保温效果评估；
7. 在冷藏车初次使用前或改造后重新使用前，进行空载及满载验证；
8. 年度定期验证时，进行满载验证。

（三）冷藏箱或保温箱验证的项目至少包括：

1. 箱内温度分布特性的测试与分析，分析箱体内温度变化及趋势；
2. 蓄冷剂配备使用的条件测试；
3. 温度自动监测设备放置位置确认；
4. 开箱作业对箱内温度分布及变化的影响；
5. 高温或低温等极端外部环境条件下的保温效果评估；
6. 运输最长时限验证。

（四）监测系统验证的项目至少包括：

1. 采集、传送、记录数据以及报警功能的确认；
2. 监测设备的测量范围和准确度确认；
3. 测点终端安装数量及位置确认；
4. 监测系统与温度调控设施无联动状态的独立安全运行性能确认；
5. 系统在断电、计算机关机状态下的应急性能确认；
6. 防止用户修改、删除、反向导入数据等功能确认。

第七条　应当根据验证对象及项目，合理设置验证测点。

（一）在被验证设施设备内一次性同步布点，确保各测点采集数据的同步、有效。

（二）在被验证设施设备内，进行均匀性布点、特殊项目及特殊位置专门布点。

（三）每个库房中均匀性布点数量不得少于 9 个，仓间各角及中心位置均需布置测点，每两个测点的水平间距不得大于 5 米，垂直间距不得超过 2 米。

（四）库房每个作业出入口及风机出风口至少布置 5 个测点，库房中每组货架或建筑结构的风向死角位置至少布置 3 个测点。

（五）每个冷藏车厢体内测点数量不得少于 9 个，每增加 20 立方米增加 9 个测点，不足 20 立方米的按 20 立方米计算。

（六）每个冷藏箱或保温箱的测点数量不得少于 5 个。

第八条 应当确定适宜的持续验证时间，以保证验证数据的充分、有效及连续。

（一）在库房各项参数及使用条件符合规定的要求并达到运行稳定后，数据有效持续采集时间不得少于 48 小时。

（二）在冷藏车达到规定的温度并运行稳定后，数据有效持续采集时间不得少于 5 小时。

（三）冷藏箱或保温箱经过预热或预冷至规定温度并满载装箱后，按照最长的配送时间连续采集数据。

（四）验证数据采集的间隔时间不得大于 5 分钟。

第九条 应当确保所有验证数据的真实、完整、有效、可追溯，并按规定保存。

第十条 验证使用的温度传感器应当经法定计量机构校准，校准证书复印件应当作为验证报告的必要附件。验证使用的温度传感器应当适用被验证设备的测量范围，其温度测量的最大允许误差为±0.5℃。

第十一条 企业应当根据验证确定的参数及条件，正确、合理使用相关设施设备及监测系统，未经验证的设施、设备及监测系统，不得用于药品冷藏、冷冻储运管理。

验证的结果，应当作为企业制定或修订质量管理体系文件相关内容的依据。

第十二条 企业可与具备相应能力的第三方机构共同实施验证工作，企业应当确保验证实施的全过程符合《规范》及本附录的相关要求。

相关术语 >>>

1. 冷藏药品 指对贮藏、运输条件有冷处或冷冻等温度要求的药品。

2. 冷处 指温度符合 2~10℃的贮藏、运输条件。除另有规定外，生物制品应在 2~8℃避光贮藏、运输。

3. 冷冻 指温度符合-2℃及以下的贮藏、运输条件。

4. 冷链 指冷藏药品等温度敏感性药品的贮藏、流通过程都必须处于规定的温度环境下，以保证药品质量的特殊供应链管理系统。

5. 使用前验证 是指相关设施设备及系统在新投入使用前或改造后，对设计或预订的关键参数、条件及性能进行测试并确认。设施设备及系统在确定实际的关键参数及性能符合设计方案或规定的使用条件和标准后方可投入使用。

使用前验证包括如下内容：

（1）设计确认 是选择与设定目标一致，符合预期要求的供应商或服务提供商、工程承包商。

（2）安装确认 确认是否符合安装要求，包括说明书、施工图纸等文件是否完整、紧固件是否牢靠、安装与图纸是否一致、供电是否符合标准等。

（3）运行确认　是确认系统（冷库、冷藏车等）空载试运行是否符合标准，包括各种关键报警点的确认；除霜、除湿过程的确认；故障安全模式的确认；主用和备用机组轮流工作的确认。

（4）性能确认　是模拟实际的使用情况，冷藏车、冷藏箱、保温箱进行动态条件下实际运输的验证，过程中采集监测数据以判断能否满足使用要求。包括：储存环境空载、最大负载立体温（湿）度分布测试，寻找波动大的冷点和热点进行监控；应急计划（如断电保温时间等）的验证；开关门温（湿）度分布验证等。冬夏极端条件下应各做一次。

6. 专项验证（有因验证）　专项验证是指设施设备及系统改变、超出设定的条件或用途，或发生设备严重运行异常或产生故障时，针对所调整或改变的情况进行的验证，以确定其性能及参数符合设定的标准。

7. 定期验证　定期验证是指根据相关设施设备及系统的具体情况，定期进行的验证，确认处于正常使用及运行的相关设施、设备及系统的参数漂移、设备损耗、异常变化趋势等情况，定期验证间隔时间不应超过一年。

8. 停用时间超过规定时限的验证　企业根据相关设施设备和系统的设计参数以及通过验证确认的使用条件，分别确定各类设施设备及系统最大的停用时间限度，超过规定的最大停用时限后需重新投入使用前，应当重新进行验证。如：验证合格的设施设备，停用超过三个月，因环境、规格材料、装载方式、装载量等影响温度的因素发生变化，或因设备维修后部分参数发生变更均应该再验证，基于风险评估结果来确保再验证的合理性。

【议一议】

到企业仓库实地考察，向老员工问一下，有哪些设施、设备是必须要验证的？有哪些设备是需要校准检定的？

活动二　校准、检定和验证

法规链接 >>>

第五十三条　企业应当按照国家有关规定，对计量器具、温湿度监测设备等定期进行校准或者检定。

《附录5》第十条　验证使用的温度传感器应当经法定计量机构校准，校准证书复印件应当作为验证报告的必要附件。验证使用的温度传感器应当适用被验证设备的测量范围，其温度测量的最大允许误差为±0.5℃。

一、校准、检定和验证的概念

校准：是在规定条件下，为确定计量器具示值误差的一组操作。

检定：是为评定计量器具计量特性，确定其是否符合法定要求所进行的全部工作。

验证：是证明任何操作规程（或方法）、生产工艺或系统能够达到预期结果的一系列活动。

强制检定：是指由县级以上人民政府计量行政部门所属或者授权的计量检定机构，对用于贸易结算、安全防护、医疗卫生、环境监测方面，并列入《中华人民共和国强制检定的工作计量器具目录》的计量器具实行定点定期检定。

非强制性检定：是由使用单位自行进行的定期检定或者本单位不能检定的，送有资质的其他计量检定机构进行的检定。

二、校准、检定的要求

按照国家计量法相关规定，对属于国家强制检定的计量器具应当依法强制检定。药品经营企业需要强制检定的计量器具主要包括：称量器具、液态温度计等。对属于国家非强制检定的计量器具应当定期进行校准，温湿度自动监测相关设备属于非强制检测范围。企业应按年度组织进行校准。

企业应该按照国家有关规定，对计量器具、温湿度监测设备等定期进行校准或者检定。应有校准、检定管理制度或规程，明确有关校准或检定的周期（每年至少一次）。有专人负责计量器具、温湿度监测设备（温湿度监控探头、温度记录仪、手持测温仪）等的定期校准或检定工作，确保计量、监测的数据准确，并建立相应的管理档案。如干湿球温湿度计、水银式温湿度计、各类台秤等需强制检定的计量器具，必须有计量检测机构出具的检定合格证（在有效期内），有计量器具、温湿度监测设备等定期校准或检定的记录，记录的时间应与制度规定的周期相符。用于校准、检定、验证的标准器具应经法定的检测机构检定合格，未经检定合格的，其校准、检定、验证结果应视同无效。若企业无计量或检定专业人员，可委托法定计量检测机构或其他具有校准、检定、验证能力的单位进行校准和验证，但必须严格审核其资质，确保校准、检定、验证不流于形式。

【议一议】

温湿度监测设备主要用于监测哪些环境的温湿度？试分析一下强制检定和非强制检定的异同点？

活动三　验证对象及组织部门

法规链接 >>>

第五十三条　企业应当对冷库、储运温湿度监测系统以及冷藏运输等设施设备进行使用前验证、定期验证及停用时间超过规定时限的验证。

《附录 5》第二条　企业质量负责人负责验证工作的监督、指导、协调与审批，质量管理部门负责组织仓储、运输等部门共同实施验证工作。

冷链验证是现行版 GSP 中新增加的内容之一，下面我们就来讨论一下企业冷链验证的对象及负责验证的组织。

一、冷链验证对象

对大型药品批发企业和零售连锁企业总部来说，按 GSP 和相关附录的要求，主要对冷库、冷藏运输车辆、车载冷藏箱、保温箱以及冷藏储运温湿度自动监测系统等进行使用前验证、使用过程中定期验证及停用时间超过规定时限的验证，确认相关设施、设备及系统能符合规定的设计标准和要求，可安全、有效的正常运行和使用，确保冷藏、冷冻药品在储存、运输过程中的药品质量。定期检验每年至少一次。

二、企业内负责验证的组织及职责

为了能更好地完成验证工作，企业必须成立专门的验证组织。一个完整健全的验证管理组织有两种形式：一种是常设机构，一种是兼职机构。也可根据不同验证对象，分别建立各有关部门组成的验证小组。常设机构由质量管理负责人和各部门负责人联合组成。涉及哪个项目验证就要组成由项目负责人负责的项目验证部。项目验证部是一个临时机构，可以随着项目验证的结束而解散。

（一）常设机构

1. 验证组织成员　常设验证组织成员及分工，如表 7-1 所示。

表 7-1　常设验证组织成员及分工

姓名	所在部门	职务	验证组织内分工
×××	副总办公室	副总	组长
×××	质管部	经理	副组长
×××	仓储部及运输部等	经理或项目负责人	配合验证实施
×××	综合办公室	主任	验证文件管理

其中，企业质量负责人（分管质量的副总）负责验证工作的监督、指导、协调与审批。质量管理部门的职责负责验证工作的组织与实施。

2. 验证组织机构的主要职责

（1）负责验证管理的日常工作；

（2）制定及修订验证操作规程；

（3）年度验证计划的制订及监督；

（4）验证方案的起草或协调；

（5）验证文档管理。

（二）兼职机构（亦称项目验证小组，临时设立）

1. 验证小组成员　验证小组成员分工，如表 7-2 所示。

表 7-2　验证小组成员分工

工作人员姓名	所在部门	职务	验证小组内分工
×××	质管部	部长	验证小组组长
×××	运输部	冷藏车司机	验证前准备工作、验证操作实施
×××	仓储部	保管员	验证前准备工作、验证操作实施
×××	×××有限公司	项目经理	验证实施操作、报告分析

2. 验证小组职责

（1）负责验证方案的起草，并组织实施验证工作；

（2）负责验证数据的搜集、整理、汇总，并对各项验证结果进行分析与评价；

（3）负责组织、协调完成各项因验证而出现的变更工作；

（4）负责验证报告的起草、审核，出具验证结果并报批。

【议一议】

企业质量负责人的职责是什么？质量管理部门负责哪个部分的验证工作。验证组织包括哪些形式，如何建立？

任务二　校准与验证的内容

1. 掌握连续验证时间的测定。
2. 熟悉验证流程、验证测点的分布及何为验证文件及验证控制文件。
3. 了解验证文件体系内容。

活动一　验证文件的种类与项目

法规链接 >>>

《附录 5》第四条　企业应当在验证实施过程中，建立并形成验证控制文件，文件内容包括验证方案、标准、报告、评价、偏差处理和预防措施等，验证控制文件应当归入药品质量管理档案，并按规定保存。

（一）验证方案根据每一项验证工作的具体内容及要求分别制定，包括验证的实施人员、对象、目标、测试项目、验证设备及监测系统描述、测点布置、时间控制、数据采集要求，以及实施验证的相关基础条件，验证方案需经企业质量负责人审核并批准后，方可实施。

（二）企业需制定实施验证的标准和验证操作规程。

（三）验证完成后，需出具验证报告，包括验证实施人员、验证过程中采集的数据汇总、各测试项目数据分析图表、验证现场实景照片、各测试项目结果分析、验证结果总体评价等，验证报告由质量负责人审核和批准。

（四）在验证过程中，根据验证数据分析，对设施设备运行或使用中可能存在的不符合要求的状况、监测系统参数设定的不合理情况等偏差，进行调整和纠正处理，使相关设施设备及监测系统能够符合规定的要求。

（五）根据验证结果对可能存在的影响药品质量安全的风险，制定有效的预防措施。

相关术语 >>>

验证文件：是实施验证的指导性文件，也是完成验证，确立各种标准的客观证据。

控制文件：企业根据 GSP 及其相关附录的规定制定相关验证管理制度或规程，形成的验证控制文件。

冷链管理：指用于冷藏药品物流链过程中的收货、验收、储藏、养护、发货、运输、温度控制和监测等管理全过程。

一、验证控制文件的种类

验证控制文件可分两类，一类是制度规范文件，例如：企业冷链验证管理规范；企业冷链人员培训管理规范；冷链计量器具校准规范；冷链温度偏差处理规定等。另一类是有关方案流程、文件记录汇编，例如：企业年度验证计划；冷藏车验证测试方案、报告；冷库验证测试方案报告；冷藏箱验证测试方案报告；验证偏差整改方案、报告等。

二、验证控制文件的内容

验证控制文件的内容包括验证计划、方案、记录、报告、评价偏差调查和处理、纠正和预防措施等。

1. 验证计划 按照质量管理体系文件中与验证管理相关的规定，企业根据业务经营模式和规模，以及使用的相关设施设备和系统的具体情况，按年度制定验证计划，验证组织严格按计划确定的范围、时间项目开展实施工作。

2. 验证方案 验证方案的内容包括待验证系统或设备的简介、组织分工、验证目的、范围、可接受标准、采样方法、验证步骤实施计划以及待填记录等内容。

验证方案的起草是涉及检查及试验方案的过程。因此，它是实施验证的工作依据，也是重要的技术标准。实施验证活动以前必须制定好相应的验证方案，验证的每个阶段都应有各自的验证方案，验证方案根据每一项认证工作的具体内容及要求分别制定，包括验证的实施人员、对象、目标、测定项目、验证设备及系统描述、测点布置、时间控制、数据采集要求以及实施验证的相关基础条件，验证方案应当经过批准方可实施。

3. 验证记录 记录各项目监测点的数据。企业应确保所有记录的连续、真实、完整、有效，无篡改，可追溯，并按规定保存。

4. 验证报告 验证完成后应当出具验证报告，验证报告内容包括验证过程、过程中采集的数据汇总、各测试项目数据分析图表、各测试项目结果分析，验证实施人员、验证结果总体评价等。验证报告应当经过审核和批准。

5. 偏差调查和处理 所有偏差必须得到有效处理，出现偏差时（与可接受标准不符），必须找出偏差产生的原因并及时解决，在认证过程中应当根据验证测定的实际情况，对可能存在的设施、设备或使用不符合要求的状况、系统参数设计得不合理等偏差处理进行调整和纠正。使相关设施设备及系统运行状况符合规定的要求和标准。

6. 纠正和预防措施 根据验证结果对可能存在的问题，制定有效的预防措施。有效防止各种影响药品质量安全的因素造成的风险。

根据以上验证结果制定验证后相关设施设备的标准操作程序（SOP）。

三、冷链验证项目

企业在制定验证方案时，应当根据验证的设施、设备和监测系统的具体情况及验证目的确定相应的验证项目。在现行版 GSP 附录 5 第六条中，主要确定冷链的验证项目。

1. 药品储存库房或仓间需验证的内容

（1）验证目的　掌握温度分布情况，明确制冷机组的控制线盒报警线，掌握冷库开门时间和断电保温时间，测试冷库报警系统。

（2）验证的内容

①温度分布特性的测试与分析，分析超过规定的温度限度的位置或区域，确定适宜药品存放的安全位置及区域。

②温控设备运行参数及使用状况测试。

③温控系统配置的温度监测点终端参数及安装位置确认。

④根据操作实际状况测定开门作业对库房温度分布及变化的影响。

⑤断电状况测试实验，确定设备故障或外部供电中断的状况下，仓库保温情况及变化趋势分析。

⑥每年应当至少做两次本地区极端外部环境的高温和低温条件下保温效果的验证。

⑦库房新设备投入使用前或改造后应当进行空载验证，定期验证时应当做满载测试验证。

（3）验证步骤示例

①验证负责人确定验证方案、验证时间及操作流程；

②提前通知仓储部协调待验证库房；

③准备验证工具；

④验证负责人在验证时间内根据冷库验证流程进行库房验证；

⑤验证过程中的相关数据在完成验证后应即时读取，保存数据；

⑥完成验证报告后标示验证标记。

2. 冷藏车验证的内容

（1）验证目的　依据制冷机稳定性及记录冷藏车的温度控制数值，确认有代表性监控点，掌握提前预冷时间，熟练掌握装卸货开门时间及操作方法，明确应急预案准备时间，确定车内货物的码放方式。

（2）验证测试内容

①空车验证制冷时间，温度分布均匀性，满车验证载货后温度分布均匀性。根据药品运输的温度和时间要求，对每台冷藏车做温度分布验证，测出车内的温度最高、最低点。分析超过规定的温度限度的位置或区域，确定适宜药品存放的安全位置及区域；

②温控设备运行参数及使用状况测试；

③温控系统配置的温度监测点参数及安装位置确认；

④根据操作实际状况测定开门卸货时间对车厢温度分布及变化的影响；

⑤断电或停机状况测试实验，确定设备故障或外部供电中断的状况下，车厢保温的情况及变化趋势分析；

⑥每年应当至少做两次本地区极端外部环境的高温和低温条件下，保温效果验证；

⑦车辆新投入使用前或改造后应当进行空载验证，定期验证时应当做满载测试验证；

⑧运输路径及运输最长时限验证；

⑨冷藏车制冷机组、发动机组运行情况，系统的运行可靠性和相关报警验证等。

（3）验证步骤示例

①验证负责人确定验证方案、验证时间及操作流程；

②提前通知运营部协调待验证车辆；

③准备各种验证工具；

④验证负责人在验证时间内，根据冷藏车验证流程进行车辆验证；

⑤验证过程相关记录，完成车辆验证后及时读取、保存数据；

⑥完成验证报告后，标示验证标记。

3. 被动制冷系统验证（冷藏/保温箱验证） 被动制冷系统是指用预先冷冻的冰盒或冰袋制冷，加保温绝缘包装实现低温条件。被动制冷系统验证应考虑运输路径、沿途气候条件、运输方式和运输时间等因素。

（1）验证内容

①包装系统的模拟环境验证和实际运输路径验证。

②不同密度保温箱保温性能验证。

③温度实时监测设备（温度记录仪）放置位置验证。

④蓄冷剂配置使用的条件测试，蓄冷剂放置方式不能直接接触药品，尤其是 -20℃ 的深冰。

⑤根据操作实际状况测定开箱作业对箱体温度分布及变化的影响。

⑥抗压、抗摔、抗碰撞测试。

⑦实际存在的极端外部环境的高温和低温条件下的保温效果验证。

（2）验证步骤示例

①确定包装材料与包装方式。

②制定质量验收标准，规定冰袋、泡沫箱、纸箱具体形式。

③制定 SOP。规范各种包装方式，冰袋预冷、释冷 15℃、2～8℃；硬冰袋释冷 20 分钟。

④操作记录：详细记录所有操作关键环节，如冰袋温度、数量等。

⑤线路验证：选择极端温度或运输最差条件进行。

4. 冰箱、冷柜的验证

（1）根据药品储存的温度要求做温度分步验证，测出温度最高点和最低点。

（2）正常运行状态下，连续 24 小时的温（湿）度自动记录数据（记录时间间隔不超过 10 分钟）。

（3）应急计划（如断电保温时间等）的验证等。

以上验证在冬夏极端条件下应各做一次。

5. 温湿度监测系统的验证 温湿度监测系统的验证应根据 GSP 及其有关附录规定进行。验证使用的温湿度传感器应当经过校准或检定，校准或检定报告书复印件应当作为验证报告的必要附件。验证使用的系统温湿度测量设备的最大允许误差应当符合以下要求：

（1）测量范围在 0~40℃之间，温度的最大允许误差为±0.1℃。

（2）测量范围在-25~0℃之间，温度的最大允许误差为±0.5℃。

（3）相对湿度的最大允许误差为±1%*RH*。

【议一议】

验证计划、设备技术资料、验证过程记录表格、验证工具、检验记录及设施设备维护保养记录是否属于验证文件？是否需要存档保存？

活动二　验证流程与验证测点的布局

法规链接 >>>

《附录 5》第六条 企业应当根据验证的内容及目的，确定相应的验证项目。

（一）冷库验证的项目至少包括：

1. 温度分布特性的测试与分析，确定适宜药品存放的安全位置及区域；
2. 温控设备运行参数及使用状况测试；
3. 监测系统配置的测点终端参数及安装位置确认；
4. 开门作业对库房温度分布及药品储存的影响；
5. 确定设备故障或外部供电中断的状况下，库房保温性能及变化趋势分析；
6. 对本地区的高温或低温等极端外部环境条件，分别进行保温效果评估；
7. 在新建库房初次使用前或改造后重新使用前，进行空载及满载验证；
8. 年度定期验证时，进行满载验证。

（二）冷藏车验证的项目至少包括：

1. 车厢内温度分布特性的测试与分析，确定适宜药品存放的安全位置及区域；
2. 温控设施运行参数及使用状况测试；
3. 监测系统配置的测点终端参数及安装位置确认；
4. 开门作业对车厢温度分布及变化的影响；
5. 确定设备故障或外部供电中断的状况下，车厢保温性能及变化趋势分析；
6. 对本地区高温或低温等极端外部环境条件，分别进行保温效果评估；
7. 在冷藏车初次使用前或改造后重新使用前，进行空载及满载验证；
8. 年度定期验证时，进行满载验证。

（三）冷藏箱或保温箱验证的项目至少包括：

1. 箱内温度分布特性的测试与分析，分析箱体内温度变化及趋势；
2. 蓄冷剂配备使用的条件测试；
3. 温度自动监测设备放置位置确认；
4. 开箱作业对箱内温度分布及变化的影响；

5. 高温或低温等极端外部环境条件下的保温效果评估；
6. 运输最长时限验证。
（四）监测系统验证的项目至少包括：
1. 采集、传送、记录数据以及报警功能的确认；
2. 监测设备的测量范围和准确度确认；
3. 测点终端安装数量及位置确认；
4. 监测系统与温度调控设施无联动状态的独立安全运行性能确认；
5. 系统在断电、计算机关机状态下的应急性能确认；
6. 防止用户修改、删除、反向导入数据等功能确认。

一、验证流程

1. 验证流程　如图7-1所示。

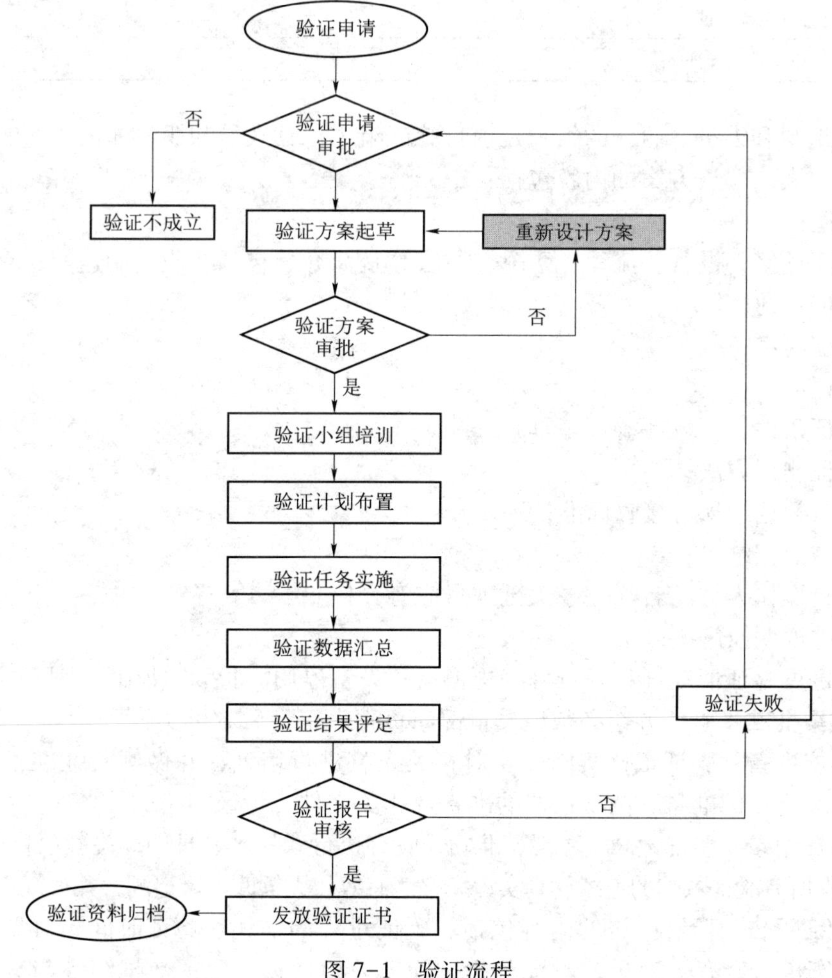

图7-1　验证流程

2. 冷链物流设施验证步骤　冷链物流设施验证步骤依次为：计划、组织和人员、方案、方案批准、方案实施前准备、实施过程的验证记录、验证报告、验证结果应用。

（1）计划　验证是一个细致而又繁杂的工作，验证实施前要明确实施计划。计划内容包括：冷链设备验证时间、验证对象、验证执行人、界定验证标准和程度，执行部门和质量部门负责人复核、评价，质量部门负责人审核（表 7-3）。

表 7-3　××××年度验证计划表

验证范围	冷库、冷藏运输设施设备、储运温湿度监测系统		
验证项目	日程安排		负责人
	验证方案完成时间	验证完成时间	
冷库空载验证			
冷库满载验证			
冷藏车空载验证			
冷藏车满载验证			
冷藏箱满载验证			
温湿度监测系统验证			
低温天气环境下的验证			

（2）组织和人员　验证的组织是项目验证组织，其人员和职责如前所述。

（3）方案　验证方案的内容包括：

①概述；

②验证对象（设备、流程、系统、方法等）简介，包括构成、用途等；

③验证目的；

④验证内容；

⑤验证项目；

⑥验证条件、参数（验证工具）；

⑦验证测试方法；

⑧测试数据结果可接收标准；

⑨测试数据结果；

⑩执行操作人员签名（记录关键项目应有复核）；

⑪偏差说明及解决方法；

⑫确定再验证情况（设备维修、更换后；设备停用×月后再使用、×月后再验证）。

3. 方案批准　验证方案必须经质量部门负责人审批后方可实施。

4. 实施准备　验证工作实施前要对相关人员进行培训，并做好验证准备工作，包括设备（系统）的准备、测试仪器的准备及相关文件、记录表格的准备等。

5. 验证记录　验证记录应客观、准确，应有执行者签名、日期，关键项目应有复核。企业应确保所有验证数据的连续、真实、完整、有效、无篡改、可追溯，并按规定保存。

6. 验证报告　验证报告的内容包括：验证过程的描述、验证时间、对象等，是否按验证方案执行，有无变更，验证分析，验证原始数据，验证数据统计与分析，偏差分析与解决方法，验证结论。将验证结果与可接受标准进行比较、分析，最后得出该系统（方法）是否满足预先所设定的标准，是否有效、可行的结论。

7. 验证结果应用　验证要有相关设施设备的验证档案，验证结束后，根据验证结果（验证确定的参数及条件）开展以下工作：

（1）设定监控条件，制作冷链操作规程；

（2）根据冷库和冷藏车内温度分布状况参数，确定药品摆放位置，使药品在储存、运输过程中得到符合法定温度条件保证；

（3）指导日常温度监控位置设置，确保设施、设备在经验证合格的条件下发挥效能；

（4）对出现严重温度偏差，分析查找原因，采取纠正与预防措施，确保药品质量安全；

（5）设计相关设施设备的使用记录，内容应与验证确定的参数及条件保持一致。

企业根据验证确定的参数及条件，正确、合理地使用相关设施设备，未经验证的设施设备及系统等不能用于药品冷藏、冷冻、储运、管理。验证的结果应用于质量管理体系文件相关内容的制定及修订。企业委托储存、运输、冷藏或冷冻药品的，一定按照 GSP 的相关规定，对受委托方进行质量体系审计，索取承运单位的运输资质文件，运输设施设备和监测系统证明及验证文件、承运人资质证明、运输过程温度控制及监测等相关资料。对受托方冷藏、冷冻相关设施、设备、系统不符合要求的以及未经过验证的，不得委托储存及运输。企业可委托具备相应能力的第三方机构实施验证工作，但验证过程应当符合 GSP 及其附录要求。

二、验证测点的布局

企业应按照 GSP 及相关附录要求，根据验证的对象及项目的具体情况，合理布局验证测点：

（1）在验证对象内一次性同步布点，确保测点数据的同步、有效；

（2）在各类设备中应进行均匀性布点和特殊项目及特殊位置专门布点；

（3）每个库房中均匀性布点数量不得少于 9 个，仓间各角及中心位置均应当布置测点，每两个测点的水平面间距不得大于 5m，垂直间距不得超过 2m；

（4）库房每个作业出入口及风机至少布置 5 个测点，库房中每组货架或建筑死角（包括房柱）的风向死角位置至少应当布置 3 个测点；

（5）每个冷藏车厢体内均匀性布点总数量不得少于 9 个，每增加 $20m^3$ 增加 9 个测点，不足 $20m^3$ 的按 $20m^3$ 计算；

（6）每个冷藏箱或保温箱的测点数量不得少于 5 个。

活动三　连续验证时间的确定

法规链接 >>>

《附录 5》第八条　应当确定适宜的持续验证时间，以保证验证数据的充分、有效及连续。

（一）在库房各项参数及使用条件符合规定的要求并达到运行稳定后，数据有效持续采集时间不得少于 48 小时。

（二）在冷藏车达到规定的温度并运行稳定后，数据有效持续采集时间不得少于 5 小时。

（三）冷藏箱或保温箱经过预热或预冷至规定温度并满载装箱后，按照最长的配送时间连续采集数据。

（四）验证数据采集的间隔时间不得大于 5 分钟。

根据《附录 5》第八条中的要求，企业应当在验证标准中确定适宜的连续验证时间，以保证验证数据的充分、有效、连续。

1. 库房温度分布均衡性验证，在库房各项参数及使用条件符合规定的要求，并达到运行平衡后，数据连续采集时间不得少于 48 小时；

2. 冷藏车温度分布均衡性实验，应当在冷藏车达到规定的温度并运行稳定后，根据最远的配送距离所需要的有效时间连续采集数据；

3. 冷藏箱或保温箱在经过预冷并满载装箱完毕后，按照最远的配送时间连续采集数据。

验证数据应科学可靠，验证与实际操作相结合，验证周期应当至少做两次验证（极端外部环境的高温和低温条件下），每次验证应做 3 次连续测试，如不能获得稳定连续的合格数据，应重新调整验证方案，进行再验证。对验证偏差数据应进行分析和评估。所有偏差必须得到有效处理，出现偏差时（与可接受标准不符），必须找出偏差产生的原因并及时解决。

案例 1

某医药公司冷库验证方案（满载）

文件编号：

起草人（签字） ××× 职务：项目经理 起草时间：2014 年 6 月 8 日	审定人（签字） ××× 职务：质量负责人 审定日期：2014 年 6 月 9 日	批准人（签字） ××× 职务：质量负责人 批准日期 2014 年 6 有 9 日

1. 概述

（1）冷库基本情况

①冷库长 8m，宽 6.4m，高 2.78m，总计 142.34m^3。

②冷库内风机安装在门对面墙上，距离地面约 2.18m 的高度。温控系统的温度探头在风机下方回风口位置，距地面高度 2.18m。

③制冷机参数设定为 3~7℃。

④库房投入使用年限：新改造未使用。

⑤验证类型：使用前满载验证。

（2）验证用记录仪情况：

设备名称	长期数据记录仪	规格型号	PDEI
生产厂商	某电子技术有限公司	校准情况	符合要求

2. 验证标准　现行版 GSP（国家食品药品监督管理总局令第 13 号）及附录 5 验证管理。

3. 验证目的

（1）温度分布特性的测试与分析，确定适宜药品存放的安全位置及区域。

（2）温控设备运行参数及使用状况测试。

（3）开门作业对库房温度分布及药品储存的影响。

（4）确定设备故障或外部供电中断状况下，库房保温性能及变化趋势分析。

4. 验证小组成员情况

（1）验证小组成员

工作人员姓名	所在部门	职务	验证小组内分工
×××	质管部	部长	验证小组组长
×××	储运部	冷库保管员	验证前准备工作、验证操作实施
×××	×××有限公司	项目经理	验证实施操作、报告分析

（2）验证小组职责

①负责验证方案的起草，并组织实施验证工作。

②负责验证数据的收集、整理、汇总，并对各项验证结果进行分析与评价。

③负责组织、协调完成各项因验证而出现的变更工作。

④负责验证报告的起草，并出具验证结果评定及结论。

5. 验证实施的必要条件

（1）系统文件　压缩机系统安装完好，能正常运行；温湿度自动监测系统正常运行。

（2）文件要求　压缩机标准操作规程，温湿度自动监测系统标准操作规程。

（3）仪表校准　验证用温湿度记录仪应经过校准。

（4）测点安装　按附录 5 验证管理要求设计验证布点方案。

（5）人员培训　参加验证人员应该经过验证方案的培训工作。

6. 验证前条件的确认

（1）系统条件确认

①压缩机运行情况；

②长期数据记录仪运行情况。

（2）文件要求及技术资料检查

①压缩机标准操作规程；

②温湿度自动监测系统标准操作规程。

（3）仪表校准确认

验证用记录仪校验情况

仪器名称	长期数据记录仪 PDEI	生产单位	某电子设备有限公司
校准单位	某市计量检定测试院	校准日期	2013 年 11 月 14 日 2014 年 2 月 26 日
仪器名称	长期数据记录仪 PDEI	生产单位	某电子设备有限公司
出厂编号	校准情况	出厂编号	标准情况
A13-118	已校准	A13-115	已校准
A14-085	已校准	A13-103	已校准
……			

(4) 温湿度测点安装位置检查

①测点分布平面图（图 7-2）

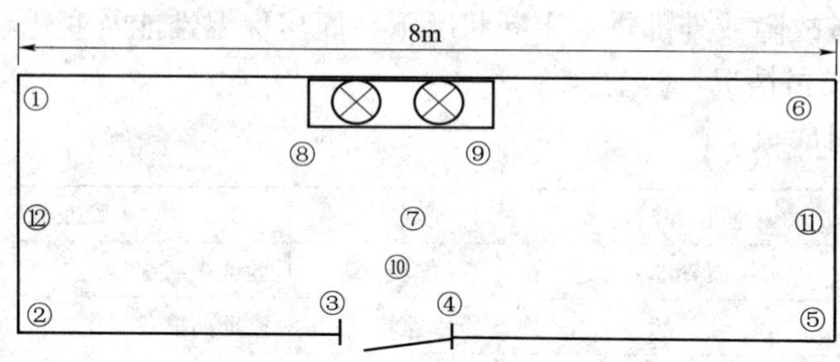

图 7-2 测点分布平面图

②测点分布说明

a. 测点分上下两层布点，上层距地面 180cm，下层距地面 12cm。

b. 1#、2#、5#、6#测点分别位于冷库四角，距墙 30cm，货垛的后面。

c. 3#、4#测点分别位于门的左右两侧，距墙 80cm；10#测点位于门的正前方 200cm 处。

d. 8#、9#测点分别位于风机前 100cm 的位置。

e. 7#测点位置为库房四角对角线的中心点。

f. 11#（一个测点）、12#测点分别位于 5 和 6 测点的中间位置、1#和 2#测点中间位置，货垛的后面。

g. 冷库门外放记录仪一台，测试冷库外实时温度。

h. 共计 24 台记录仪。

③各测点对应的记录仪编号情况表

序号	记录仪出厂编号	安装位置	序号	记录仪出厂编号	安装位置
1	A13-118	1#上	13	A13-115	7#上
2	A14-085	1#下	14	A13-103	7#下
3	A13-104	2#上	15	A13-114	8#上
4	A14-093	2#下	16	A14-082	8#下
5	A13-110	3#上	17	A13-113	9#上
6	A14-025	3#下	18	A14-081	9#下
7	A13-109	4#上	19	A13-107	10#上
8	A14-087	4#下	20	A14-084	10#下
9	A13-117	5#上	21	A13-111	11#
10	A14-088	5#下	22	A13-108	12#上
11	A13-106	6#上	23	A13-112	12#下
12	A13-105	6#下	24	A13-116	冷库外

7. 验证操作规程

(1) 按照验证测点分布图，进行布点。

（2）设置记录仪记录间隔时间 5 分钟。

（3）启动记录仪开始记录。

（4）关闭冷库门，启动制冷机，设置制冷机制冷下限温度为 3℃，上限为 7℃，预冷至规定温度。

（5）将冷库内摆放 2/3 药品，填充至记录仪空隙，摆放按照附录要求。

（6）冷库自动运行正常后，开门 10 分钟后，关闭冷库门。

（7）采集数据超过 48 小时后，断电至有测点超过 8℃。

（8）回收设备，导出数据，进行分析。

8. 满载时性能测试项目

（1）温控系统启动测试　按附录要求布置验证记录仪测点，见终端布置图，启动记录仪记录，按照制冷机标准操作规程，设定温控参数为 3～7℃，启动制冷机，记录启动时间。冷库预冷后将冷库内摆放 2/3 药品，测试制冷机能否在设定的参数内，自动启停。

（2）开门测试　在制冷机自动启停后，打开库门，记录时间，10 分钟后关门。

（3）稳定性测试　冷库温度稳定后采集至少 48 小时的数据，分析温度分布特性与确定适宜药品存放的安全位置及区域。

（4）停机保温测试　规定的稳定性测试数据采集时间后，在冷库温度上升期间，切断冷库电源，记录时间，监测有超出 8℃的测点的时间。

9. 验证过程记录表

序号	操作内容	时间	备注
1	确认验证对象各项参数		
2	将冷库内摆放 2/3 药品		
3	依据验证点位安装要求安装测点		
4	确认测点安装位置合理并拍照		
5	关闭库门，确认设置的温度范围，验证开始		
6	温控系统达到设定温度的时间		
7	开门作业开始时间		
8	开门作业结束时间		
9	断电作业开始时间		
10	验证作业结束时间		
11	验证设备拆除时间		

10. 验证方案的培训　验证开始前，验证小组成员接受验证方案培训，明确职责和分工，在验证过程中完成本职工作。

冷库<u>满载</u>验证报告

文件编号：

参与验证人员签字：	
验证报告分析人（签字）	
验证报告批准人（签字）	

（1）验证过程记录表

操作执行人：　　　　　　　　　　　　　　　　　　　　日期 2014 年 8 月 4 日至 8 月 7 日

序号	操作内容	时间	备注
1	确认验证对象各项参数	8:40	2014. 8. 4
2	依据验证点位安装要求安装测点	8:50	2014. 8. 4
3	确认温控设备设置的温度范围 3～7℃并记录，预冷开始	9:07	2014. 8. 4
4	预冷停止时间	11:10	2014. 8. 4
5	开始将冷库内摆放 2/3 药品时间	11:10	2014. 8. 4
6	停止摆放药品时间	11:42	2014. 8. 4
7	确认测点安装位置合理并拍照	11:43	2014. 8. 4
8	重新启动温控系统时间	11:44	2014. 8. 4
9	温控系统达到设定温度的时间	15:40	2014. 8. 4
10	开门作业开始时间	17:16	2014. 8. 4
11	开门作业结束时间	17:26	2014. 8. 4
12	断电作业开始时间	19:30	2014. 8. 6
13	验证作业结束时间	20:50	2014. 8. 6
14	验证设备拆除时间	8:00	2014. 8. 7

（2）验证过程记录分析

1）验证现场实景　如图 7-3 所示。

图 7-3　验证现场

2）数据曲线图　如图 7-4 所示。

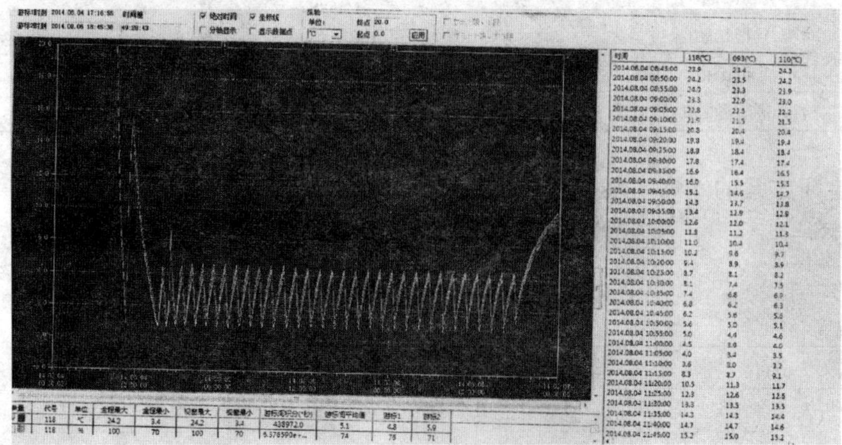

图 7-4　数据曲线

3）验证项目及内容的逐项分析

①温度分布特性的测试与分析，确定适宜药品存放的安全位置及区域

数据分析：从各测点数据及曲线图（图 7-5）分析，稳定运行期间的极大值：6.7℃，极小值：2.6℃，各测点趋势图一致。在稳定运行期间，同一时刻各温度点方差曲线处于 0~0.1℃之间，说明库内温度均匀一致。

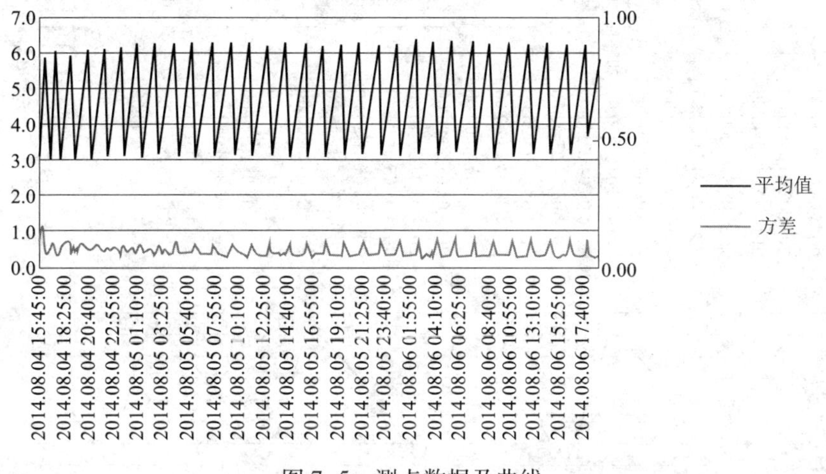

图 7-5　测点数据及曲线

结论：当前冷库温控环境下，控制各测点在 2.6~6.7℃的范围，温度均衡性很好，除风机前 1m 范围内不请允许放置药品外，其他区域都是可放置药品的安全位置。

②温控设施运行参数及使用状况测试和确认（图 7-6）

数据分析：

a. 温控系统设定的运行参数 3~7℃，配置的温度监测点安装位置在风机的回风口处，距地面 218cm，温控系统正常运行期间，各测点温度在 2.6~6.7℃区间；

b. 当冷库外温度在 18.3℃左右时，冷库制冷机组在 8 小时（8 月 4 日 20:00~8 月 5 日 4:00）内启动 4 次，平均启动周期时间：98 分，平均 0.06℃/分钟。

c. 冷库制冷机组的制冷时间平均为 25 分钟，降温幅度平均为 3.1℃，平均制冷状态降温速率为 0.124℃/分钟。

d. 在冷库外温度为 17℃左右时，冷库预冷时间为 2 小时 3 分钟。

结论：温控系统测点安装位置合理。制冷机制冷性能优良。建议当前环境下，冷库制冷机开机 123 分钟之后才进行冷库开门出入库等作业。

③开门作业对库房温度分布药品储存的影响（图 7-7）

数据分析：开门作业，在冷库外温度为 18.6℃，冷库开门 10 分钟（17:16~17:26），部分测点超出 8℃，随着制冷机启动，在 10 分钟内重新降至 8.0℃以下。

结论：当前环境下，开门造成了温度升高，建议每次开门作业时间尽量选择在不高于 4℃时，时间不超过 5 分钟。如进货量较多时，应分次进行。待制冷机制冷停止后，再次进行进出作业。

④断电状况测试实验，确定设备故障或外部供电中断的状况下仓库保温情况及变化趋势分析（图 7-8）。

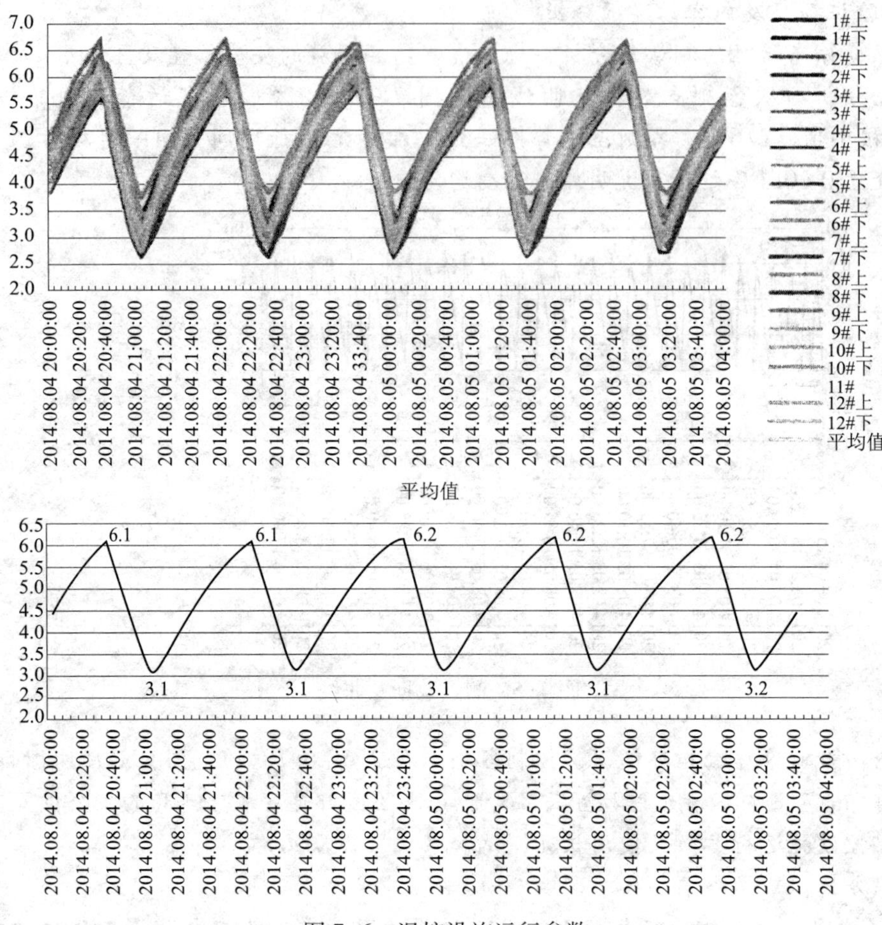

图 7-6　温控设施运行参数

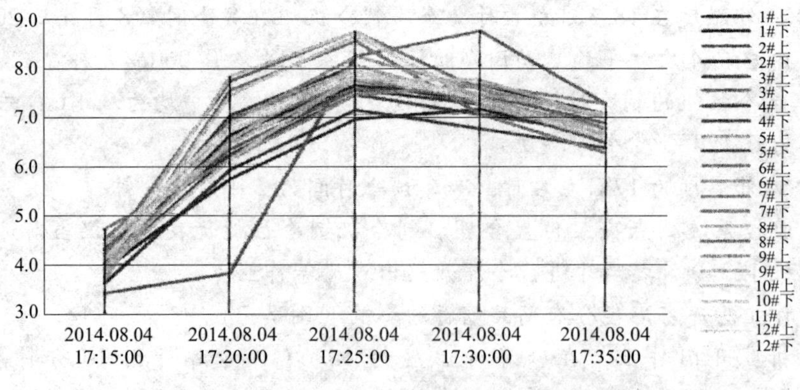

图 7-7　开门作业对库房温度的分布影响

数据分析：当冷库外温度为 17.7℃时，断电后，按照最先到达 8℃的 1#上测点的曲线分析，从 6.3~8.0℃，用时 80 分钟。

结论：冷库考虑到温度高点停电的极端情况，针对此极端情况，首先加强对备用设施的维护和检查，在该库故障并短期内无法修复时应在 50 分钟内及时启动备用设施。

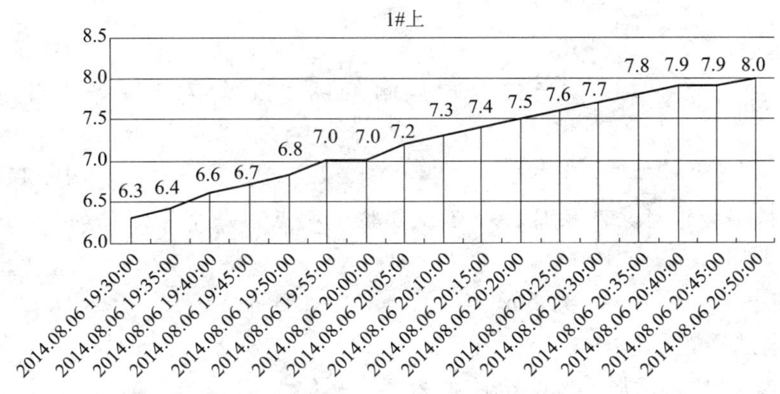

图 7-8　断电状态测试实验

（3）偏差及预防措施（略）

（4）结论　依据以上结果，可判定新改造的冷库温控系统在满载情况下能够符合储存冷藏药品的要求。

【议一议】

根据前面验证文件内容，要求学生分组讨论以下问题。

1. 该验证文件的适用范围。

2. 参照课文内容，说出该项目验证方案共包括多少项，并简述各项内容。

3. 验证报告共有几项，每项的内容是什么？

目标检测

一、判断题

1. 企业质量负责人应当由高层管理人员担任，全面负责药品质量管理工作，独立履行职责，在企业内部对药品质量管理具有裁决权。(　　)

2. 储运部门负责组织验证，校准相关设施设备。(　　)

3. 质量管理部门应组织对被委托运输的承运方运输条件和质量保障力的审查。(　　)

4. 从事特殊管理的药品和冷藏、冷冻药品的储存、运输等工作的人员，应当接受相关法律法规和专业知识培训并经考核后方可上岗。(　　)

二、单项选择题

1. 企业应当按照国家有关规定，对计量器具、温湿度监测设备等定期进行(　　)

A. 维护　　B. 检查

C. 校准或者检定　　D. 保养

2. 应当确定适宜的持续验证时间，以保证验证数据的充分、有效及连续，因此验证数据采集的间隔时间不得大于(　　)

A. 5 小时　　B. 最长的配送时间

C. 48 小时　　D. 5 分钟

3. 冷藏、冷冻药品应当在（　　）内待验

A. 阴冷库　　B. 冷库　　C. 冷藏箱　　D. 冰箱

4. 企业应当对冷库、储运温湿度监测系统以及冷藏运输等设备进行使用前（　　）

A. 检查　　B. 记录　　C. 验证　　D. 保养

5. 应当根据验证对象及项目，合理设置验证测点，每个保温箱的测点数量不得少于（　　）

A. 5 个　　B. 5m　　C. 3 个　　D. 9 个

三、多项选择题

1. 现行版 GSP 比老版 GSP，新增的内容有：（　　）

A. 质量控制的要求　B. 校准与验证　　C. 计算机系统管理

D. 采购与销售　　E. 电子监管的要求

2. 企业应当根据相关验证管理制度，形成验证控制文件，包括（　　）等

A. 验证方案　　B. 报告　　C. 评价

D. 偏差处理　　E. 预防措施

3. 冷藏箱及保温箱应具有（　　）的功能

A. 自动调节箱内温度　　B. 外部显示箱内温度

C. 外部显示箱内湿度　　D. 采集箱内温度数据

E. 具有 USB 接口

4. 企业应当对冷库、储运温湿度监测系统以及冷藏运输等设施设备进行（　　）

A. 使用前验证　　B. 使用中验证

C. 使用后验证　　D. 停用时间超过规定时限的验证

E. 定期验证

5. 验证完成后，需出具验证报告，包括（　　）以及验证结果总体评价等，验证报告由质量负责人审核和批准

A. 验证实施人员　　B. 验证过程中采集的数据汇总

C. 各测试项目数据分析图表　　D. 验证现场实景照片

E. 各测试项目结果分析

（赵云虹）

项目八　GSP 对储存的管理

药品储存不当导致变质

某药店投诉，从某医药批发公司进货一批吲哚美辛栓，其中一箱有走油及酸败现象，但同批号进货其他栓剂药品则无此问题。为此该批发企业质量管理人员立即调查，经查发现此箱药品堆放在库房散热器与供暖管道之间。质管员确定该问题是由于药物储存不当造成的。最后，该批发企业同意此药店吲哚美辛栓退货请求，一切损失由该批发企业承担。

【想一想】

通过本案例，你对药品储存有何认识？GSP 对药品堆垛有何要求？

学习目标

1. 掌握药品储存和陈列的色标管理，熟练运用温湿度调控措施。
2. 掌握中药材、中药饮片养护技术，针对不同质量特性采取适宜的养护方法。
3. 掌握药品效期管理方法，熟悉特殊管理药品的储存要求。
4. 熟悉 GSP 对药品储存和养护的要求。
5. 熟悉药品的分类储存，掌握药品堆垛的“六距”。
6. 熟悉货架储存要求，能根据仓库管理的实际，设计货架布局。

任务一　GSP 对储存的要求

活动一　对药品批发和零售连锁企业的要求

法规链接 >>>

第八十五条　企业应当根据药品的质量特性对药品进行合理储存，并符合以下要求：

（一）按包装标示的温度要求储存药品，包装上没有标示具体温度的，按照《中华人民共和国药典》规定的贮藏要求进行储存；

（二）储存药品相对湿度为35%～75%；

（三）在人工作业的库房储存药品，按质量状态实行色标管理：合格药品为绿色，不合格药品为红色，待确定药品为黄色；

（四）储存药品应当按照要求采取避光、遮光、通风、防潮、防虫、防鼠等措施；

（五）搬运和堆码药品应当严格按照外包装标示要求规范操作，堆码高度符合包装图示要求，避免损坏药品包装；

（六）药品按批号堆码，不同批号的药品不得混垛，垛间距不小于5厘米，与库房内墙、顶、温度调控设备及管道等设施间距不小于30厘米，与地面间距不小于10厘米；

（七）药品与非药品、外用药与其他药品分开存放，中药材和中药饮片分库存放；

（八）特殊管理的药品应当按照国家有关规定储存；

（九）拆除外包装的零货药品应当集中存放；

（十）储存药品的货架、托盘等设施设备应当保持清洁，无破损和杂物堆放；

（十一）未经批准的人员不得进入储存作业区，储存作业区内的人员不得有影响药品质量和安全的行为；

（十二）药品储存作业区内不得存放与储存管理无关的物品。

第八十六条 养护人员应当根据库房条件、外部环境、药品质量特性等对药品进行养护，主要内容是：

（一）指导和督促储存人员对药品进行合理储存与作业；

（二）检查并改善储存条件、防护措施、卫生环境；

（三）对库房温湿度进行有效监测、调控；

（四）按照养护计划对库存药品的外观、包装等质量状况进行检查，并建立养护记录；对储存条件有特殊要求的或者有效期较短的品种应当进行重点养护；

（五）发现有问题的药品应当及时在计算机系统中锁定和记录，并通知质量管理部门处理；

（六）对中药材和中药饮片应当按其特性采取有效方法进行养护并记录，所采取的养护方法不得对药品造成污染；

（七）定期汇总、分析养护信息。

第八十七条 企业应当采用计算机系统对库存药品的有效期进行自动跟踪和控制，采取近效期预警及超过有效期自动锁定等措施，防止过期药品销售。

第八十八条 药品因破损而导致液体、气体、粉末泄漏时，应当迅速采取安全处理措施，防止对储存环境和其他药品造成污染。

第八十九条 对质量可疑的药品应当立即采取停售措施，并在计算机系统中锁定，同时报告质量管理部门确认。对存在质量问题的药品应当采取以下措施：

（一）存放于标志明显的专用场所，并有效隔离，不得销售；

（二）怀疑为假药的，及时报告药品监督管理部门；

（三）属于特殊管理的药品，按照国家有关规定处理；

（四）不合格药品的处理过程应当有完整的手续和记录；

（五）对不合格药品应当查明并分析原因，及时采取预防措施。

第九十条　企业应当对库存药品定期盘点，做到账、货相符。

一、GSP 对药品储存的要求

1. 对储存温度的要求细化：按包装标示的温度要求及参考现行《中国药典》的通则进行。《中国药典》2015 版规定的贮藏温度为冷处指 2～10℃，阴凉处指不超过 20℃，常温条件指 10～30℃。

2. 明确了储存环境中相对湿度的范围 35%～75%。此范围不同于旧版 GSP 的规定。

3. 质量状态分三类：合格、不合格与待确定，分别用醒目的绿色、红色和黄色表示。统一后便于管理。

4. 药品储存的基本要求：按照要求采取避光、遮光、通风、防潮、防虫、防鼠等措施。

5. 堆码“六距”：垛间距不少于 5cm，地距不少于 10cm，与墙、顶、温度调控设备、管道等固定设施间距不少于 30cm。以确保药品储存温湿度的相对稳定。

6. 分库分类储存。

（1）药品与非药品应分开存放。

（2）外用药与其他药品应分开存放。

（3）外包装容易混淆的品种应分区或隔垛存放。

（4）中药材和中药饮片应分库存放。

（5）危险品应与其他药品分库存放。

（6）拆除外包装的零货药品应当集中存放。

（7）不合格品应存放在不合格品区内，按《不合格药品管理规定》进行管理。

（8）退回药品应存放在退货区待验，经验收并确认合格品后再移入合格品区，不合格的应移入不合格品区。

7. 由于特殊管理药品范围的拓展，其管理变动应按国家有关规定储存。

8. 增加了储存环境的卫生要求，以及储存区人员控制的要求。

【议一议】

哪些药品的质量容易受光照影响？避光、遮光的具体措施有哪些？

二、GSP 对药品养护的要求

1. 强调应改善储存条件、防护措施、卫生环境。

2. 制订养护计划，按照养护计划对库存药品的外观、包装等质量状况进行检查，并建立养护记录。

3. 提出了重点养护品种：对储存条件有特殊要求的或者有效期较短的品种。

4. 对问题药品的处理：在计算机系统中锁定和记录，通知质量管理部门处理。有效避免了问题药品出库的情况。取消了旧版 GSP 对问题药品抽样送检的规定。第八十九条提出可疑药品的处理措施：强调了存放地点的安全性；增加了疑似假药和特殊管理药品的处理办法；不合格药品的处理办法。

5. 对库存药品有效期进行跟踪和控制。通过近效期预警及过效期锁定的措施，防止过期药品出库销售。

6. 强调药品破损时应采取一定的安全处理措施。

7. 定期盘点，及时掌握库存情况，并确保账、货相符。如图 8-1 所示。

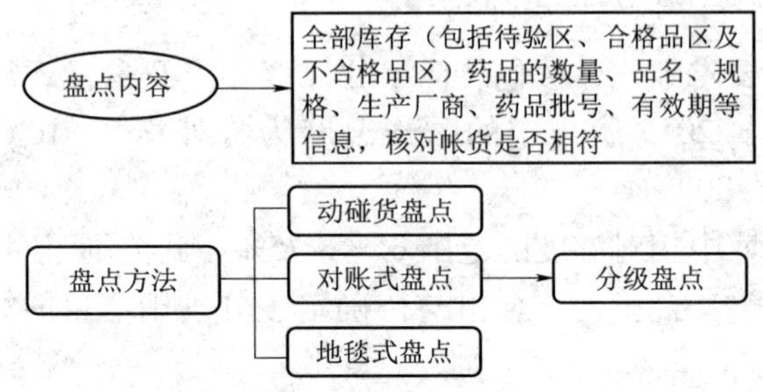

图 8-1　药品盘点内容与方法

知识链接

如何判定假药?

《药品管理法》第四十八条　有下列情形之一的，为假药：

（一）药品所含成份与国家药品标准规定的成份不符的；

（二）以非药品冒充药品或者以他种药品冒充此种药品的。

有下列情形之一的药品，按假药论处：

（一）国务院药品监督管理部门规定禁止使用的；

（二）依照本法必须批准而未经批准生产、进口，或者依照本法必须检验而未经检验即销售的；

（三）变质的；

（四）被污染的；

（五）使用依照本法必须取得批准文号而未取得批准文号的原料药生产的；

（六）所标明的适应症或者功能主治超出规定范围的。

活动二　对药品零售企业陈列与储存的要求

 ***法规链接*** >>>

第一百六十二条　企业应当对营业场所温度进行监测和调控，以使营业场所的温度符合常温要求。

第一百六十三条　企业应当定期进行卫生检查，保持环境整洁。存放、陈列药品的设备应当保持清洁卫生，不得放置与销售活动无关的物品，并采取防虫、防鼠等措施，防止污染药品。

第一百六十四条　药品的陈列应当符合以下要求：

（一）按剂型、用途以及储存要求分类陈列，并设置醒目标志，类别标签字迹清晰、放置准确；

（二）药品放置于货架（柜），摆放整齐有序，避免阳光直射；

（三）处方药、非处方药分区陈列，并有处方药、非处方药专用标识；

（四）处方药不得采用开架自选的方式陈列和销售；

（五）外用药与其他药品分开摆放；

（六）拆零销售的药品集中存放于拆零专柜或者专区；

（七）第二类精神药品、毒性中药品种和罂粟壳不得陈列；

（八）冷藏药品放置在冷藏设备中，按规定对温度进行监测和记录，并保证存放温度符合要求；

（九）中药饮片柜斗谱的书写应当正名正字；装斗前应当复核，防止错斗、串斗；应当定期清斗，防止饮片生虫、发霉、变质；不同批号的饮片装斗前应当清斗并记录；

（十）经营非药品应当设置专区，与药品区域明显隔离，并有醒目标志。

第一百六十五条　企业应当定期对陈列、存放的药品进行检查，重点检查拆零药品和易变质、近效期、摆放时间较长的药品以及中药饮片。发现有质量疑问的药品应当及时撤柜，停止销售，由质量管理人员确认和处理，并保留相关记录。

第一百六十六条　企业应当对药品的有效期进行跟踪管理，防止近效期药品售出后可能发生的过期使用。

第一百六十七条　企业设置库房的，库房的药品储存与养护管理应当符合本规范第二章第十节的相关规定。

一、对营业场所的要求

1. 明确规定要对温度进行监测和调控，目的在于通过对整个供应链的温度控制，进而保障药品的质量不发生大的变化。值得注意的是温度监测与调控是指 24 小时的持续运行，而不仅指正常营业时间。

2. 要求环境整洁有序，清洁卫生，没有无关杂物且有防虫防鼠设施。

二、对药品陈列的要求

现行版 GSP 对陈列的要求进一步进行了细化和规范，从风险管理的角度对易发生差错和质量变化的因素进行控制。

1. 处方药与非处方药分区陈列，外用药与其他药品分开摆放。取消旧版 GSP 内服药与外用药分开，易串味药品与一般药品分开存放的规定。

2. 设置非药品专区、拆零专区（专柜）。

3. 明确规定了第二类精神药品、毒性中药品种和罂粟壳不得进行陈列。

4. 冷藏药品必须冷藏保管。

5. 不同批号的饮片装斗时必须清斗并记录。

三、对药品陈列检查的要求

1. 在零售环节定期对陈列、存放的药品进行检查，尤其是对高风险的拆零药品和易变质、近效期、摆放时间较长的药品以及中药饮片进行检查，从而防止出现质量问题、杜绝发生质量事故。

2. 对药品有效期进行跟踪管理，防止近效期药品售出后可能发生的过期使用。

任务二　药品的储存实务

活动一　色标管理与温湿度条件管理

一、色标管理

为了有效控制药品储存质量，应对药品按其质量状态分区管理。为杜绝库存药品的存放差错，必须对在库药品实行色标管理。

药品质量状态的色标区分（图 8-2）：

黄色：为待验药品区（库）、退货药品区（库）。

绿色：为合格药品区（库）、拆零区（库）、待发药品区（库）。

红色：为不合格药品区（库），包括破损、过期、质量异常等情况。

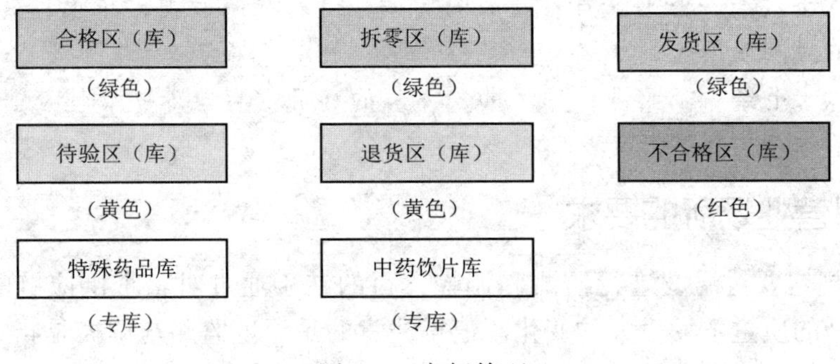

图 8-2　色标管理

标牌制作原则：应该以大面积的色彩为底色，其中字体采用黑或白的均匀清晰字体。

专库内部往往包含了三种质量状态，其标牌宜采用普通的黑、白、灰三色制作，以避免和质量状态混淆。

二、温湿度条件管理

按温度条件分类，仓库可分为：常温库、阴凉库、冷库（图 8-3）。

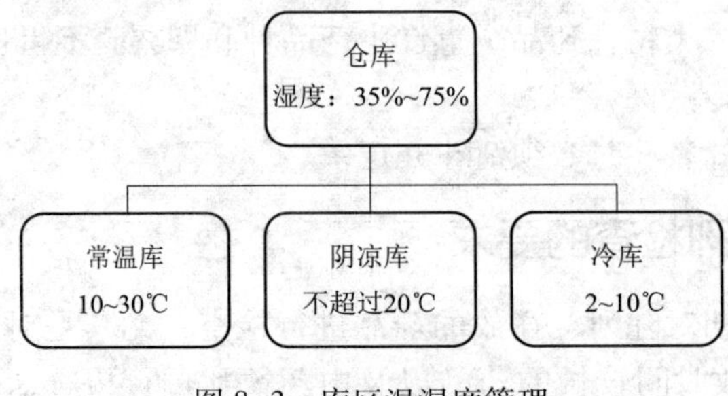

图 8-3　库区温湿度管理

根据《中国药典》2015 版，常温库 10~30℃；阴凉库不超过 20℃；冷库 2~10℃；

本规范规定各库的相对湿度均为 35%～75%。

法规链接 >>>

第四十七条　库房应当配备以下设施设备：

……

（三）有效调控温湿度及室内外空气交换的设备；

（四）自动监测、记录库房温湿度的设备；

……

第一百四十八条　营业场所应当有以下营业设备：

（一）货架和柜台；

（二）监测、调控温度的设备；

……

《附录3》第一条　企业应当按照《药品经营质量管理规范》（以下简称《规范》）的要求，在储存药品的仓库中和运输冷藏、冷冻药品的设备中配备温湿度自动监测系统（以下简称系统）。系统应当对药品储存过程的温湿度状况和冷藏、冷冻药品运输过程的温度状况进行实时自动监测和记录，有效防范储存运输过程中可能发生的影响药品质量安全的风险，确保药品质量安全。

对药品储存仓库的温湿度进行控制和监控是储存环节最核心要求，其原因是在储存过程中保持在药品研发阶段确定的温湿度环境，进而使得药品质量的真实有效性和标示的有效期相符，最终达到保障人体用药安全有效的目的。

1. 仓库的温湿度自动监测　我国药品流通过程中对药品储存的温湿度监测与控制，受到监测手段、设备以及观念的局限，过去主要采用人工定时观察记录，存在流于形式、管理失控的问题。为达到药品质量控制实效性的管理目标，现行版 GSP 借鉴了国际先进的管理技术与理念，要求药品储运环节全面实现温湿度自动监测、记录、跟踪、报警，以达到药品储运环节质量控制的真实、完整、准确、有效。

现行版 GSP 单独设立了附录对此进行阐述。

2. 药品仓库常见的温湿度调控手段（表 8-1）

表 8-1　仓库常见温湿度调控

超限情况	常用措施	涉及设备设施
温度偏高	通风换气	换气风机、开窗
	机械制冷	空调
	遮光	窗帘、遮光纸
	加冰制冷	
温度偏低	机械制热	空调、暖气片
	密闭防寒	门窗、保温外墙
湿度偏高	通风换气	换气风机、开窗
	机械除湿	除湿机
	化学吸湿	吸湿剂（如石灰、无水氯化钙等）

续表

超限情况	常用措施	涉及设备设施
湿度偏低	洒水、拖地	
	机械加湿	雾化加湿机

通风换气是最常用也是最经济的降温除湿措施。采用此方式时，应结合仓库内外的温湿度差进行综合考虑，如表 8-2。

表 8-2 通风换气措施应用

仓库内外温湿度对比	通风换气是否适用	不适用的原因
室外温湿度均低于库内	适用	
室外温度略高于库内，但相差不大（3℃以内），且湿度低于库内	适用	
室外温度略高于库内，但相差较大（超出3℃），湿度低于库内	不适用	外界的热空气一旦进入室内，开始降温就会使相对湿度迅速增加
温湿度均高于库内	不适用	起不到降温除湿的效果

值得注意的是：药品仓库的空间较大，而温湿度的变化是一个相对缓慢的过程。从采取相应措施直至达到控制目的往往有一段反应时间。如果温湿度超限后才启动措施，往往会造成一段时间的温湿度不符要求，增大了质量变化的风险。这就需要我们对相应的调控设施进行验证，找到相应的反应时间，进而在操作规范中进行明确，设定预警限和行动限从而提前采取措施。

活动二 药品分类储存与堆垛储存管理

一、库房分区

根据库房的建筑形式、面积大小、库房楼层或固定通道的分布和设备状况，结合储存药品需要的条件，将储存场所划分为若干货区，每一货区再划分为若干货位，每一货位固定存放一类或几类数量较少、保管条件相同的药品。货区的具体划分常以库房为单位，即以每一座独立的仓库为一个货区。在多层建筑中也有按楼层划分货区的。自动化的高位立体仓库在电脑中进行分区。

按温度条件分类，仓库可分为：常温库、阴凉库、冷库（见任务二活动一）。

按功能分区，仓库可分为：储存作业区、辅助作业区、办公区、生活区。其中储存作业区内又可按要求细分为：药品区、非药品区；非药品区进一步按保健食品及功能食品、医疗器械、消毒器械分区。如表 8-3。

表 8-3 某医药批发企业的库房分区

储存作业区	药品区
	非药品区

续表

辅助作业区	收货区
	发货区
	待验区
	退货区
办公区	
生活区	

二、药品区分类

药品区按药品特性和储存保管习惯分为：

①针剂类：主要针对无菌或灭菌制剂等质量要求高的药品，如注射剂、注射用无菌粉末、输液等；

②水剂类：针对大量含水或其他液体溶剂的一般制剂，如液体制剂、半固体制剂（软膏剂、眼霜剂、霜剂等）、栓剂、气雾剂、药膜等；

③片剂类：针对成形的普通固体制剂，如片剂、胶囊剂、丸剂、滴丸剂等；

④粉剂类：针对呈现粉末状、颗粒状等一般固体制剂，包括原料药、颗粒剂、散剂、干糖浆等。

外用药单独设区。特殊管理药品、中药材、中药饮片、贵重药品、冷藏药品、危险品等应设立专库。

另外，零货与整件药品分开，单独设零货库。以某仓库的药品整件库为例，库区粗分如表 8-4。

表 8-4　某仓库的药品整件库的分区

药品区	针剂类
	水剂类
	片剂类
	粉剂类
	外用药区
	拆零药品区
	特殊管理药品库
	中药材、中药饮片库
	贵重药品库
	冷库

按剂型分类后，同一类的药品要规定统一的排列顺序。一般先按药理作用排序，同一品种按批号先后排列。批号在前的，放在最外侧，方便拣货。

具体分配货位时，还要考虑药品的数量、性质及垛位条件、周转情况、库房面积等因素。

注意的是，储存药品分区分类要适度。若分类过细，就是给每个品种都留出货位，却往往由于存放不满而浪费仓容；若分类过粗，易使品种混杂，造成管理上的混乱。为应付特殊情况，库房还要预留一定的机动货区，随时接收计划外入库，还可作为药品盘点、整理等场地之用。

三、药品堆垛

1. 药品堆垛距离 现行版 GSP 将堆垛操作中的“老五距（顶距、灯距、墙距、柱距、堆距、地距）”整合成“六距”（垛间距、地距、墙、顶、温度调控设备、管道等固定设施距），两者并无本质区别。对这些间距进行强制要求，其根本目的是在于给储存的药品创造一个安全、稳定的环境，减小各种使药品受损或质量变化的风险。

垛间距是指货垛与货垛之间的距离，不小于 5cm。留垛距是为便于通风和检查商品以便于分批管理和监控。

地距是要求药品必须用托盘及货架进行离地存放，不小于 10cm。其目的也是为了便于通风，避免药品受潮及虫害。

固定设施距，指货垛与墙、顶、温度调控设备及管道等设施间距，不小于 30cm。目的是便于仓库温湿度均匀及货垛的安全。

2. 堆垛要求 在搬运和堆垛等作业中均应严格按药品外包装图示标志的要求搬运存放，规范操作，怕压药品应控制堆放高度，不得倒置，要轻拿轻放，严禁摔撞。药品按品种、规格、批号、生产日期及效期远近依次或分开堆垛。

常见的外箱储运标识分为方向类、防雨防晒类、易碎轻放类及限制类，具体标识参见图 8-4。

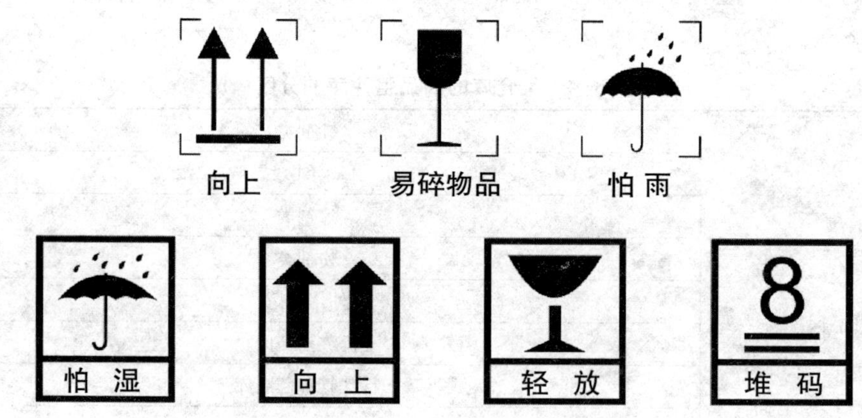

图 8-4 外箱储运标识

3. 药品堆垛应遵循的原则

（1）安全 堆垛时，要保证人身、药品和设备三方面的安全。要根据包装的坚固程度和形状，以及药品性质的要求、仓库设备等条件进行操作，要轻拿轻放，防止药品及包装受损，要做到“三不倒置”，即轻重不倒置、软硬不倒置、标志不倒置；要留足“六距”；要保持“三条线”，即上下垂直、左右、前后成线，使货垛稳固、整齐、美观。要严禁超重，保证库房建筑安全。

（2）方便　堆垛要保持药品出库和检查盘点等作业方便。要保持走道、支道畅通，不能有阻塞现象。垛位编号要利于及时找到货物。要垛垛分清，尽量避免货垛之间相互占用货位，要垛垛成活，无“死垛”，使每垛药品有利于出库，有利于盘点、养护等作业。

（3）节约　药品堆垛，必须在安全的前提下，尽量做到“三个用足”，即面积用足、高度用足、荷重定额用足，充分发挥仓库使用效能，尽量节约仓容量。

活动三　货架储存管理

一、货架储存要求

1. 货架应背靠背地成双行排列，并与主通道垂直。单行货架可以靠防火墙放置。同时还要考虑药品的发放情况，周转快的放在发运区附近，周转慢的放在库内较远处。

2. 货架标志应放在各行货架面向通道的两端，并标明各行货架编号以及存放物资的种类。

3. 为便于在货架高层取货，可设计制作一个带有固定小梯子的取货车或推高机，能接近所有的货架格取货或进行堆垛作业。

二、货架布置方式

货架布置方式常见的有竖式、横式、V 式、斜主干道式等。见表 8-5。

表 8-5　货架布局类型及特点

货架布局类型	布局图	特　点
竖式	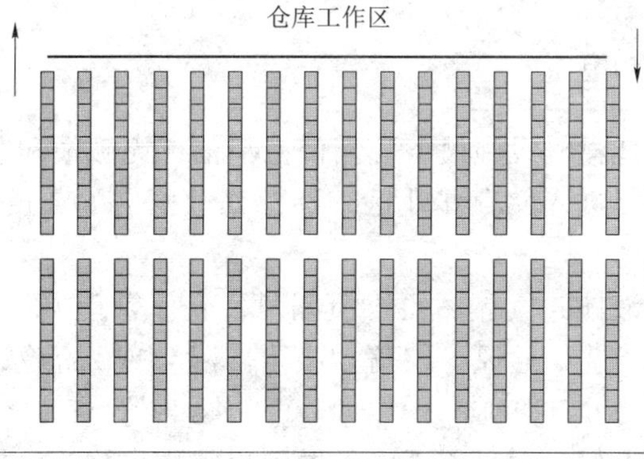 仓库工作区	货架长边平行或垂直于墙面，可最大程度利用仓库空间
横式	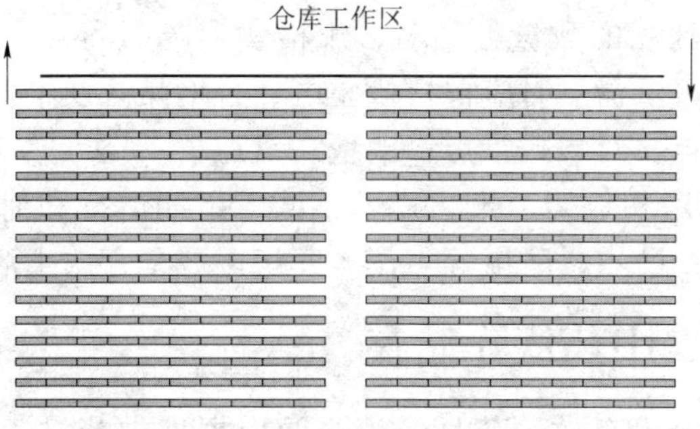 仓库工作区	

续表

货架布局类型	布局图	特点
V式	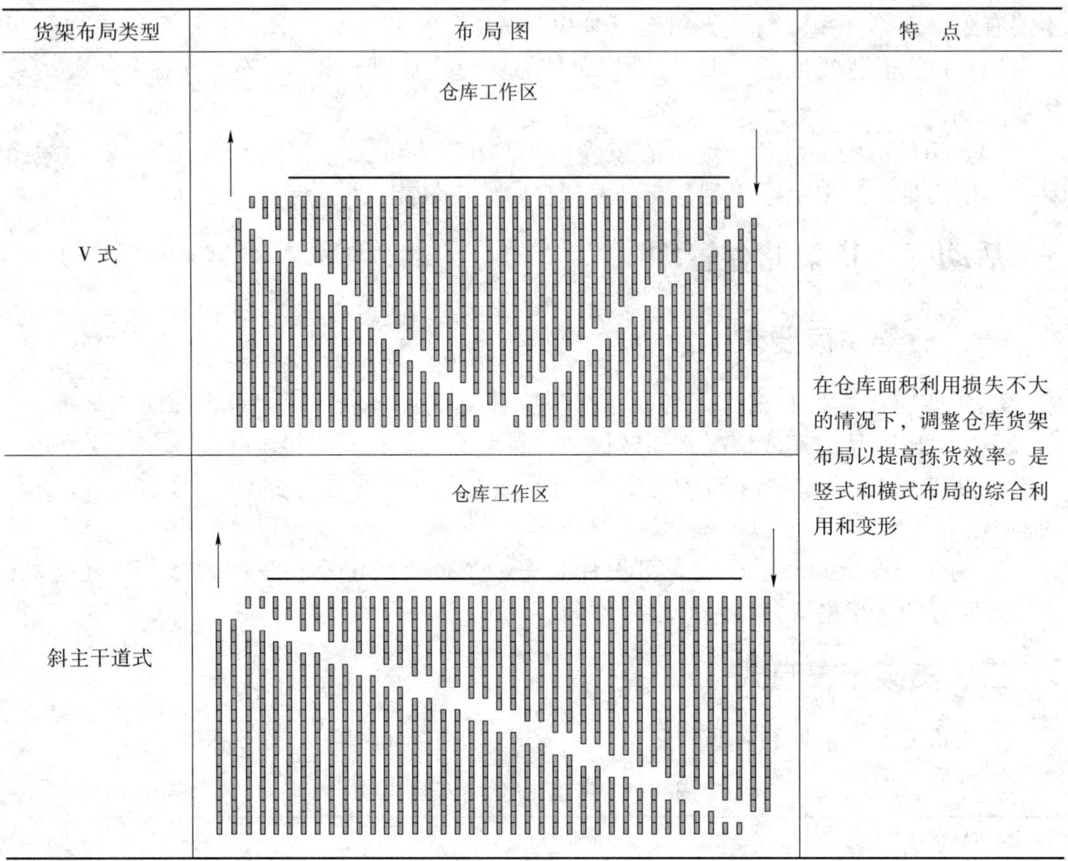 仓库工作区	在仓库面积利用损失不大的情况下，调整仓库货架布局以提高拣货效率。是竖式和横式布局的综合利用和变形
斜主干道式	仓库工作区	

三、储存作业区管理

1. 储存药品的货架、托盘等设施设备应当保持清洁，无破损和杂物堆放。

2. 未经批准的人员不得进入储存作业区，储存作业区内的人员不得有影响药品质量和安全的行为。

3. 药品因破损而导致液体、气体、粉末泄漏时，仓库管理人员应迅速采取安全有效的处置措施：如稀释、清洗、通风、覆盖、吸附、除尘或灭活等措施，防止因破损对储存环境和其他药品造成污染。

4. 药品仓管员应定期做好库存盘点工作，做到货、账相符。

盘点内容：全部库存药品的数量、品名、规格、生产厂商、药品批号、有效期等信息，核对账、货是否相符。盘点时应包括待验区、合格品区及不合格品区的药品。

盘点方式：动碰式盘点、对账式盘点、地毯式盘点。

5. 保持库区环境、库房和货架卫生、货堆整洁、定期清扫和消毒。做好防尘、防潮、防污染、防火、防盗、防虫、防鼠等工作。库房内严禁存放生活用品和其他杂物。

活动四　中药材、中药饮片储存

中药材和中药饮片应分库存放。药品经营企业应根据中药材、中药饮片的性质设置相应的储存仓库，合理控制温湿度条件。对于易虫蛀、霉变、泛油、变色的品种，应设置密封、干燥、凉爽、洁净的库房；对于经营量较小且易变色、挥发及融化的品种应配备避光、避热的储存设备，如冰箱、冷柜。对于毒麻中药应做到专人专账、专库（柜）双锁保管。

一、中药材和中药饮片质量变异及养护措施

（一）引起药材和饮片质量变异的因素

1. 药材和饮片的水分、成分（表 8-6）　饮片应将其水分控制在 7%～13% 之间。药材与饮片含淀粉、黏液质、油脂、挥发油、色素等成分时，易受环境因素影响发生质量变异。详见表 8-6。

表 8-6　水分和成分对药材、饮片质量的影响

水分	水分过高	易发生虫蛀、霉烂、潮解、软化、粘连等
	水分过低	易发生风化、走味、泛油、干裂、脆化等
成分	含淀粉	易吸收水分，且淀粉为营养食料，易引起虫蛀、霉变，如枸杞子等
	含黏液质	遇水膨胀发热，易发酵引起虫蛀、霉变
	含油脂	与空气、日光、湿气接触易被氧化，形成甘油和脂肪酸而具有异味，如桃仁、杏仁等，也易产生“酸败”，如刺猬皮、狗肾等
	含挥发油	长期与空气接触，随挥发油的挥发而气味减弱，如白芷、当归、荆芥、薄荷、肉桂、樟脑、姜黄等；含挥发油的饮片，在 20℃ 以上的温度条件下，会逐渐挥发
	色素	该成分不稳定，易受日光、空气、湿气影响而分解变色，特别是花类药物，如月季花、玫瑰花等

2. 环境因素

（1）温湿度　室温控制在 25℃ 以下，相对湿度控制在 75% 以下。

（2）日光　日光是导致中药变色、气味散失、挥发、风化、泛油的因素之一。主要是对色素的破坏，导致变色，如花、叶、全草类药材（如玫瑰花、桑叶、益母草）。日光能产生热，对含挥发油的药材（如当归、川芎、丁香）亦有影响。

（3）空气　主要是对饮片的氧化作用，特别是含油质、鞣质及糖分的饮片如大黄、牡丹皮、黄精、薄荷等药物气味散失。

（4）霉菌　如黄曲霉素、杂色曲霉素、黄绿青霉素、灰黄霉素等，会产生毒素，危害人体健康。一般温度在 20～35℃，相对湿度在 75% 以上，淡豆豉、瓜蒌、肉苁蓉等饮片易发生霉变、腐烂等。

（5）害虫　温度在 18～35℃，相对湿度在 75% 以上，中药饮片含水量在 13% 以上时，最利于常见害虫的繁殖生长。尤其蕲蛇、泽泻、党参、芡实、莲子等含蛋白质、淀粉、油脂、糖类较多的饮片易被虫蛀。

（6）包装容器　贮存中药时，必须根据药品理化性质、贮存要求，选择适当的玻璃容器，以免影响药品质量。

（7）贮存时间　中药材和饮片都有一定的有效期，如果时间过长，虽不会发生某种明显的质变，但会出现品质降低，甚至失效。

（二）药材和饮片的质量变异及养护措施

中药及中药饮片的质量变异及养护措施，见表 8-7。

表 8-7　中药及中药饮片常见质量问题及养护措施

质量变异情况	预　防	处　理
虫蛀	密封、冷藏、对抗	药物熏蒸、高温杀虫
泛油、霉变	通风吸潮、密封、晾晒烘烤、硫黄熏蒸	撞刷、淘洗、沸水喷洗、醋洗、油擦
变色	遮光避光、通风防潮、密封、吸潮、烘烤	
气味散失	密封、晾晒、药剂熏蒸	
融化	降温、除湿	
潮解、风化	密封	

1. 易生虫药材　对易生虫的药材，在保管过程中除了要勤检查以外，还必须从杜绝害虫来源、控制其传播途径、消除繁殖条件等方面着手，才能有效地保证其不受虫害。因此，贮存这类药材，如党参、款冬花、薏苡仁、乌蛇等，首先要选择干燥通风的库房。库内地面潮湿的，应加强通风，并可在地面上铺放生石灰、炉灰、木炭等；架底垫木高到 40cm 以上，在垫木上最好销上木板芦席或油毡纸等以便隔潮。另外，对不同药材可以采取密封、冷藏、药物熏蒸、对抗、曝晒、加热等适当的养护措施，以保证药材不虫蛀。

2. 易走油发霉药材　药材少油发霉，能够影响药效，特别是发霉严重的，霉烂变质后能完全失去疗效。药材发霉，是指在药材上寄生和繁殖了霉菌，称为“霉变”。对这类药材的保管，最忌闷热。如牛膝、天冬、白术等保管不善，都可产生走油或霉变，故应置于通风干燥处，严防潮湿。防止霉变腐烂，可采取晾干、通风、干燥、吸湿、盐渍及冷藏等方法。防走油可用避光、降温方法。

3. 易变色及散失气味药材　部分花、叶、全草及果实种子类药材，由于所含的色素、叶绿素及挥发油等，受温度、湿度、空气、阳光等的影响，易失去原有的色泽和气味，如莲须、红花、丁香等。在贮存保管中应根据药材的不同性质以及具体条件，进行妥善养护。贮存场所要干燥阴凉，严格控制库的温、湿度。贮存时间不宜过长，并要做到先进先出。最好单独堆放，以免与其他有特殊气味的药材串味。防变色，可采取避光，降温等方法。

4. 易融化、怕热药材　易融化、怕热药材主要指熔点比较低，受热后容易粘连变形，或使结晶散发的那些药材，如阿胶、儿茶、樟脑等。对这类药材必须选择能长期保持干燥阴凉的库房，并将药材包装好或装容器里。

5. 易潮解、风化药材　含有盐类物质的结晶体药材，在潮湿的地方或空气中湿度大，都会受影响而逐渐融化。当开始融化时，一般称为“返潮”或潮解，如芒硝、大青盐等。对这类药材应选择阴凉、避风和避光的库房，或在室内适宜的地方保管；包装物以能防潮不通风为宜。

6. 需要特殊保管的药材　对毒剧麻药、易燃性药材、贵细药及新鲜的药材和饮片，应根据各自的特殊性质进行分别保管。见表 8-8。

表 8-8 需要特殊保管的中药材及中药饮片储存养护注意事项

分类	举例	养护要点及注意事项
剧毒药材	砒石、水银、斑蝥、轻粉	专人、专库储存，每件包装必须有明显的标示
易燃药材	火硝、硫黄、海金沙、松香	数量较大则应储存在危险品专库，数量小则应注意与其他药材保持距离单独存放，并注意通风降温
贵细药材	人参、鹿茸、麝香、犀角、猴枣、熊胆、燕窝、西红花、珍珠等	应放在安全可靠的库房内储存，操作时注意防止残损，宜密闭保存
鲜药材	鲜石斛、鲜地黄、鲜何首乌等	拣选、假植、埋藏

（1）毒剧麻药　应专人、专库（专柜）、专账保管，并且注意湿度、温度等影响。贮存供应办法，应按毒麻药管理条例进行。

（2）易燃性药材　遇火或高温易燃烧，如数量较多的应放在危险品仓库贮存，数量少的也应单独存放，并应远离电源、火源，也应有专人保管。

（3）贵细药材　在贮存中，由于成分性质不同，可发生各种不同变异现象。如人参易生虫、麝香易受潮走味等。所以对贵重药类应专柜、专库、专账、专人负责保管。一般用固定的箱、柜、缸、坛等密闭后，贮存在干燥、阴凉、不易受潮受热的地方贮藏。

（4）鲜药材　新鲜药材受温度和空气中微生物的影响，容易腐烂。

二、中药材和中药饮片传统养护技术

传统养护技术具有经济、简便易行、有效等优点，其方法有清洁养护法、除湿养护法、密封养护法、对抗同贮法、低温养护法、高温养护法。具体作用及适用药材见表 8-9。

表 8-9 中药材和中药饮片传统养护技术介绍

名称	作用	适用药材举例
清洁养护法	清洁卫生是防止仓虫入侵的最基本和最有效的方法	所有品种
除湿养护法包括通风法、吸湿防潮法（生石灰块、无水氯化钙）	防霉、防虫	含淀粉多的：泽泻、山药、葛根；含糖分及黏液质较多的：肉苁蓉、熟地黄、天门冬、党参
密封养护法	防挥发、防霉变、防虫	种子类：紫苏子、莱菔子、薏苡仁、扁豆；酒制：当归、常山、大黄；醋制：芫花、大戟、香附、甘遂；盐炙：知母、车前子、巴戟天；蜜炙：款冬花、枇杷叶、甘草
对抗同贮法	利用一种特殊气味能驱虫去霉的中药与易生虫霉变的中药一起同放共存，从而达到防虫防霉的目的	蛤蚧—花椒、吴茱萸、荜澄茄；蕲蛇、白花蛇—花椒、大蒜；土鳖虫—大蒜；牡丹皮—山药、泽泻；人参—细辛；冰片—灯心草；硼砂—绿豆；藏红花—冬虫夏草
低温养护法	2～10℃，具有防霉、防虫、防变色、防走油的作用	适用于贵重药材、容易霉蛀的药材以及无其他较好方法保管的药材，如蛤蟆油、银耳、人参、菊花、陈皮、山药、枸杞子等

续表

名称	作用	适用药材举例
高温养护法	可有效防止虫害侵袭；高于 40℃害虫停止发育，高于 50℃，害虫将在短时间死亡；含挥发油的饮片烘烤温度不宜超过 60℃	所有耐高温的药材和饮片

三、现代养护技术

现代养护技术主要有干燥养护技术、气调养护技术、^{60}Co-γ 射线辐射杀虫灭菌养护技术、气幕防潮养护技术、包装防霉养护法、蒸气加热养护技术、气体灭菌养护技术、中药挥发油熏蒸防霉技术等。

1. 干燥养护

（1）远红外加热干燥养护　波长为 56～10 000μm 称为远红外线。干燥的原理是电能转变为远红外辐射出去，被干燥物体的分子吸收后产生共振，引起分子的原子的振动和转动，导致物体变热，经过热扩散、蒸发现象或化学变化，最终达到干燥的目的。

优点：干燥快，提高药材质量，成本低，有利自动化，减轻劳力。

（2）微波干燥养护　微波是指频率为 300～300 000MHz 的高频电磁波。微波干燥实际上是一种感应加热和介质加热，药材中的水和脂肪等能不同程度地吸收微波能量，并把它转变为热量。

微波干燥的优点：干燥速度快，加热均匀，产品质量高，热效率高，反应灵敏。

2. 气调养护法　气调，即空气组成的调整管理。气调养护是指在密闭条件下，人为调整空气的组成，造成低氧的环境，抑制害虫和微生物的生长繁殖及药材自身的氧化反应，以保持中药品质的一种方法。

方法：充氮（或二氧化碳）降氧，使库房内充满 98% 的氮气（或二氧化碳），而氧气留存不到 2%，使害虫缺氧窒息而死，达到杀虫、防霉、保色、保味、减少损耗、经济的目的。

此方法能达到杀虫、防霉、防止走油的作用，防止变色、变味等现象的发生，且费用少，无残毒，无公害。

3. 辐射防霉除虫养护　应用放射性^{60}Co 产生的 γ 射线辐照药材与物质时，附着在物质上的霉菌、害虫吸收放射能和电荷，很快引起分子电离，从而产生自由基。这种自由基经由分子内或分子间的反应过程诱发射线化学的各种过程，使机体内的水、蛋白质、核酸、脂肪和糖类等发生不可逆变化，导致生物酶失活，生理生化反应延缓或停止，新陈代谢中断，霉菌和害虫死亡，故能有效地保护药材和物质的品质，相对地延长贮藏期。

优点：效率高，效果显著；不破坏药材外形，不影响药效；不会有残留放射性和感生放射性。

4. 气幕防潮养护　气幕（气帘或气闸）：是用于装在药材仓库房门上，配合自动门以防止库内冷空气排出库外、库外热空气又侵入库内的装置，进而达到防潮的目的。

5. 包装防霉养护法　是指将中药材灭菌后，在无菌条件下放入无菌包装的方法。避免了再次污染的机会，在常温条件下，不需任何防腐剂或冷冻设施，在一段时间内不会发生霉变。目前绝大部分是采用聚乙烯材料。聚乙烯不宜用蒸气灭菌，最适宜用环氧乙烷混合气体灭菌。

6. 蒸气加热养护技术　利用蒸气杀灭中药材及饮片中所含的霉菌、杂菌及害虫。分为低温长时灭菌、亚高温短时灭菌及超高温瞬时灭菌三种。超高温瞬间灭菌是将灭菌物迅速加热到 150℃，经 2~4 秒钟的瞬间完成灭菌，药效损失甚微。

具有成本低、投资少、成分损失少及无残留毒物等优点。

7. 气体灭菌养护技术　主要是指环氧乙烷防毒技术及混合气体防霉技术。是由环氧乙烷与氟利昂按国际通用配方组成，具有灭菌效果可靠、安全、操作简便等优点。

8. 中药挥发油熏蒸防霉技术　是利用某些中药的挥发油，使其挥发，熏蒸其他中药材或饮片，起到抑制霉菌和杀灭霉菌作用的一种方法。其中以荜澄茄、丁香挥发油的效果最佳。

活动五　药品的效期管理与特殊管理药品的储存

一、药品的效期管理

药品在规定的时间内和一定储存条件下能够保持其质量和有效性。但在超出一定时限后，即使在规定的储存条件下，其效价（或含量）也会逐渐下降，甚至增加毒性。因此，为保证药品质量，保证用药安全，药品必须严格遵守其特定的储存条件，并在规定的期限内使用，以确保药品的有效性和安全性。因此，加强药品有效期的管理，是保证用药安全、有效的重要条件，更是降低药品损耗、提升业绩的重要举措。药品有效期是指该药品被批准的使用期限。药品标签中的有效期应当按照年、月、日的顺序标注，具体格式为“有效期至××××年××月”或者“有效期至××××年××月××日”；也可以用数字和其他符号表示为“有效期至××××. ××.”或“有效期至××××/××/××”等。有效期若标注到日，应当为起算日期对应年月日的前一天，若标注到月，应当为起算月份对应年月的前一月。

药品出库销售应严格遵循“先进先出，近期先出，按批号发货”的原则。企业应结合自身的经营规模、经营模式、品种特性，明确药品近效期的具体时限，在计算机管理系统中进行设置。大中型批发企业的药品近效期时限一般不少于 1 年，小型批发企业的药品近效期时限应不少于 6 个月。运用近效期自动报警功能，按月填写近效期药品催销表进行催销。此表可由系统自动生成。如表 8-10。

表 8-10　近效期药品催销表

年　月　日

序号	通用名称	商品名称	规格	生产企业	批号	单位	数量	进价	金额小计	供货企业	有效期至	货位

二、特殊管理药品以及国家有专门管理要求的药品的储存

法规链接 >>>

第一百八十四条 本规范下列术语的含义是:

……

(十)国家有专门管理要求的药品:国家对蛋白同化制剂、肽类激素、含特殊药品复方制剂等品种实施特殊监管措施的药品。

……

《麻醉药品和精神药品管理条例》第四十六条 麻醉药品药用原植物种植企业、定点生产企业、全国性批发企业和区域性批发企业以及国家设立的麻醉药品储存单位,应当设置储存麻醉药品和第一类精神药品的专库。该专库应当符合下列要求:

(一)安装专用防盗门,实行双人双锁管理;

(二)具有相应的防火设施;

(三)具有监控设施和报警装置,报警装置应当与公安机关报警系统联网。

全国性批发企业经国务院药品监督管理部门批准设立的药品储存点应当符合前款的规定。

麻醉药品定点生产企业应当将麻醉药品原料药和制剂分别存放。

……

第四十八条 麻醉药品药用原植物种植企业、定点生产企业、全国性批发企业和区域性批发企业、国家设立的麻醉药品储存单位以及麻醉药品和第一类精神药品的使用单位,应当配备专人负责管理工作,并建立储存麻醉药品和第一类精神药品的专用账册。药品入库双人验收,出库双人复核,做到账物相符。专用账册的保存期限应当自药品有效期期满之日起不少于5年。

第四十九条 第二类精神药品经营企业应当在药品库房中设立独立的专库或者专柜储存第二类精神药品,并建立专用账册,实行专人管理。专用账册的保存期限应当自药品有效期期满之日起不少于5年。

……

《放射性药品管理办法》第十五条 放射性药品生产、经营企业,必须配备与生产、经营放射性药品相适应的专业技术人员,具有安全、防护和废气、废物、废水处理等设施,并建立严格的质量管理制度。

第二十条 放射性药品的包装必须安全实用,符合放射性药品质量要求,具有与放射性剂量相适应的防护装置,包装必须分内包装和外包装两部分,外包装必须贴有商标、标签、说明书和放射性药品标志,内包装必须贴有标签。

……

《医疗用毒性药品管理办法》第六条 收购、经营、加工、使用毒性药品的单位必须建立健全保管、验收、领发、核对等制度;严防收假、发错,严禁与其他药品混杂,做到划定仓间或仓位,专柜加锁并由专人保管。

毒性药品的包装容器上必须印有毒药标志,在运输毒性药品的过程中,应当采取有效措施,防止发生事故……

1. 特殊管理药品的范围 随着社会的发展和法律法规的完善，特殊管理类药品范围在不断扩大，除了《药品管理法》中提到的麻醉药品、精神药品、医疗用毒性药品、放射性药品之外，目前明确要求进行专门管理的药品还包括：药品类易制毒化学品、蛋白同化制剂、肽类激素、终止妊娠药品、部分含特殊药品复方制剂。

常用的特殊管理药品有：

（1）麻醉药品（25 个） 记忆口诀“可因罂粟，非芬太尼？脑腚不同啊！”

可（可卡因、可待因、双氢可待因、福尔可定）因（蒂巴因）罂粟（罂粟秆浓缩物、罂粟壳）非（二氢埃托啡、吗啡、乙基吗啡、吗啡阿托品）芬（地芬诺酯、右丙氧芬）太尼（芬太尼、瑞芬太尼、舒芬太尼）脑（复方樟脑酊）腚（哌替啶）不（布桂嗪）同（美沙酮、羟考酮、氢可酮）啊（阿片、阿橘片、阿法罗定）。

（2）精神药品 第一类精神药品（7 个）：丁丙诺啡、γ-羟丁酸、氯胺酮、马吲哚、哌醋甲酯、司可巴比妥、三唑仑。

第二类精神药品（33 个）：巴比妥、苯巴比妥、戊巴比妥、异戊巴比妥；地西泮、溴西泮、氟西泮、硝西泮、氯硝西泮、奥沙西泮、劳拉西泮、替马西泮；艾司唑仑、阿普唑仑、咪达唑仑；咖啡因、麦角胺咖啡因、安钠咖、布托啡诺、纳布啡、去甲伪麻黄碱、地佐辛、芬氟拉明、格鲁米特、喷他佐辛、氯氮䓬、甲丙氨酯、氯氟卓乙酯、氨酚氢可酮、匹莫林、曲马多、唑吡坦、扎来普隆。

（3）医疗用毒性药品 毒性中药品种：口诀：披金①戴银②一天仙③，半升半降④黄白钱⑤。川南狼⑥，闹粉娘⑦，遂草⑧炒豆⑨熬酥⑩糖。

注：①披金：砒石（红砒、白砒），砒霜，洋金花、生千金子。②银：水银。③一天仙：雪山一枝蒿，生天仙子。④半升半降：生半夏、红升丹、斑蝥、白降丹。⑤黄白钱：生藤黄、雄黄、生白附子、生附子、生马钱子。⑥川南狼：生川乌、生南星、生狼毒。⑦闹粉娘：闹阳花、红粉、轻粉、青娘虫、红娘虫。⑧遂草：生甘遂，生草乌。⑨豆：生巴豆。⑩酥：蟾酥。

毒性西药品种：去乙酰毛花苷 C、洋地黄毒苷、阿托品、氢溴酸后马托品、二氧化二砷、毛果芸香碱、升汞、水杨酸毒扁豆碱、亚砷酸钾、氢溴酸东莨菪碱、士的宁。

（4）放射性药品 此类药品含放射核素：^{32}P、^{51}Cr、^{123}I、^{125}I、^{131}I、^{132}I 等。

知识拓展

含麻黄碱类复方制剂主要经营品种

含麻黄碱类复方制剂主要经营品种有：复方酚咖伪麻胶囊（力克舒）、鼻炎康片、复方甘草口服溶液、复方磷酸可待因溶液、盐酸苯海拉明片、复方福尔可定口服溶液、氨酚待因片、氨酚伪麻片/氨酚苯美片（白加黑）、鼻炎通喷雾剂（原鼻炎滴剂）、布洛伪麻分散片（可泰舒）、酚麻美敏片（泰诺）、呋麻滴鼻液、复方胆氨片（喘安片）、复方福尔可定口服溶液、复方甘草口服溶液、复方甘草片、复方桔梗麻黄碱糖浆、复方桔梗远志麻黄碱片、复方妥英麻黄茶碱片（肺宝三效）、复方盐酸伪麻黄碱胶囊（康泰克）、麻黄碱苯海拉明片（百喘朋）、美扑伪麻片（新康泰克）、消咳颗粒、消咳宁片、盐酸苯海拉明片。

2. 对储存的特殊要求

（1）麻醉药品、第一类精神药品设专库。专用仓库必须位于库区建筑群内，不靠外墙。仓库采用无窗建筑形式，整体为钢筋混凝土结构，具有抗撞击能力，入口采用钢制保险库门，实行双人双锁管理。库内应安装相应的防火设施，需要安装监控设施和报警装置。报警装置应当与公安机关报警系统联网。

（2）第二类精神药品宜存放于相对独立的储存区域，且应加强账、货管理。

（3）医疗用毒性药品、药品类易制毒化学品：设专区。

（4）放射性药品专库存放，应采取有效的防辐射措施。需要特别注意其包装、标志、贮存、监控以及废弃物的安全管理。

（5）第二类精神药品、毒性中药品种和罂粟壳不得进行柜台陈列。

目标检测

一、单项选择题

1. 现行版 GSP 明确了储存环境中相对湿度的范围是（　　）

A. 35%～75%　　B. 45%～75%　　C. 35%～65%　　D. 45%～65%

2. 根据《中国药典》2015 版，常温库的温度范围是（　　）

A. 0～30℃　　B. 0～25℃　　C. 10～30℃　　D. 10～25℃

3. 下列情形按假药论处的是（　　）

A. 某药厂购进一批天然牛黄，掺有较多的人工牛黄和其他动物的胆结石。该品按国家药典规定的方法进行含量测定，其胆酸及胆红素的含量均明显低于药典规定的下限

B. 某药商以产自东北的百合科植物一轮贝母的干燥鳞茎，伪充川贝正品中之松贝进行销售

C. 某药品未注明批号

D. 某药厂回收该厂即将过期的口服液，重新回锅、消毒、灌装、包装，以新的生产批号出厂销售

4. 药品的存放实行色标管理，待验区、退货区用（　　）

A. 红色　　B. 黄色　　C. 蓝色　　D. 绿色

5. 温度要求在 20℃以下的药库称为（　　）

A. 冷库　　B. 常温库　　C. 阴凉库　　D. 去湿药库

6. 下列降温措施中，（　　）会使湿度增加，故此法少用

A. 通风　　B. 空调　　C. 遮光　　D. 加冰

7. 在降湿措施中，错误的方法是（　　）

A. 通风　　B. 密封　　C. 吸湿　　D. 洒水

8. 按药品特性和保管习惯可分为针剂类、水剂类、片剂类、粉剂类。干糖浆应属于（　　）类

A. 针剂　　B. 水剂　　C. 片剂　　D. 粉剂

9. 药垛的堆垛中，地距的要求是（　　）

A. 不小于 50cm　　B. 不小于 30cm　　C. 不小于 10cm　　D. 不小于 1m

10. 花类药物含（　　）成分不稳定，易受日光、空气、湿气影响而分解变色

A. 挥发油　　B. 色素　　C. 油脂　　D. 水分

11. 以下环境因素中，（　　）对饮片有氧化作用

A. 日光　　B. 湿度　　C. 空气　　D. 霉菌

12. 湿度过低可使药品发生以下变化（　　）

A. 分解　　B. 风化　　C. 潮解　　D. 发霉

13. 温度过高可使药品发生以下变化（　　）

A. 致使药品变质　　B. 促使药品挥发

C. 致使剂型破坏　　D. 以上都是

14. 梅雨季节应加强对（　　）药品的检查

A. 易挥发　　B. 易熔化　　C. 易吸潮　　D. 易冻结

15. 可影响药品剂量准确的质量变异是（　　）

A. 变色　　B. 风化　　C. 发霉　　D. 变形

16. 维生素 C 受空气、光线、湿气及金属离子的影响易（　　）

A. 挥发变黄色　　B. 还原变黄色　　C. 氧化变黄色　　D. 水解变黄色

17. 以下（　　）不是易燃性药材

A. 火硝　　B. 硫黄　　C. 海金沙　　D. 轻粉

18. 充氮（或二氧化碳）降氧，使库房内充满 98% 的氮气（N_2），而 O_2 留存不到 2%，使害虫缺 O_2 窒息而死。此养护方法称为（　　）

A. 气幕防潮养护　　B. 气调养护法

C. 包装防霉养护法　　D. 气体灭菌养护技术

19. （　　）技术具有以下特点：①效率高，效果显著；②不破坏药材外形，不影响药效；③不会有残留放射性

A. 远红外加热干燥养护　　B. 微波干燥养护

C. 包装防霉养护法　　D. 辐射防霉除虫养护

20. （　　）不是第二类精神药品

A. 巴比妥　　B. 苯巴比妥　　C. 戊巴比妥　　D. 司可巴比妥

21. 以下（　　）零售时可以进行柜台陈列

A. 白加黑　　B. 罂粟壳　　C. 地西泮　　D. 士的宁

二、多项选择题

1. 零售企业应当定期对陈列、存放的药品进行检查，应重点检查哪些品种（　　）

A. 拆零药品　　B. 易变质药品

C. 近效期药品　　D. 摆放时间较长药品

E. 中药饮片

三、判断题

下列是某企业药品在库养护制度，试分析是否符合 GSP 的要求？

1. 建立和健全药品保管养护组织，全面负责在库药品保管养护工作，防止药品变质失效，确保财产免受损失。(　　)

2. 配备专职养护员，坚持按“三三四”进行药品循检（即每季度第一个月检查30%，第二个月检查30%，第三个月检查40%）。(　　)

3. 做好温湿度管理工作，每日记录一次库内温湿度。根据温湿度的变化，采取相应的通风、降温、除湿等措施。(　　)

4. 重点做好夏防、冬防养护工作。每年制订一次夏防、冬防工作计划，并落实专人负责，适时检查、养护，确保药品安全度过夏、冬。(　　)

5. 针对不同药品的特性采取相应的养护方法。应对中药和中药饮片按其特性，采取干燥、降氧、熏蒸等方法养护。(　　)

6. 建立健全重点药品养护档案工作，并定期分析不断总结经验，为药品储存养护提供科学依据。(　　)

7. 药品养护人员应对库存药品根据流转情况定期进行养护和检查，按要求做好养护记录。(　　)

8. 药品养护人员应每周汇总、分析和上报养护检查，近效期或长时间储存的药品等质量信息。(　　)

9. 药品养护人员应负责养护用仪器设备、温湿度检测和监控仪器、仓库在用计量仪器及器具等管理工作。(　　)

10. 库存养护中如发现质量问题，应悬挂明显标志和暂停发货，并尽快通知质量管理机构予以处理。(　　)

四、简答题

1. 药品仓库需要划分为几个库区？每个库区对应的色标是什么？

2. 药品分类陈列和储存的规范要求是什么？

【技能训练一】

发货员小赵正拖着发货箱在发货，看到地上一瓶正红花油的瓶子未拧紧，渗到外包装上赶紧找来干净的抹布擦拭干净，放到货箱里拖走了。

问：上述中哪些方面不符合 GSP 要求？

【技能训练二】

模拟填写近效期药品催销表（表 8-11）。

表 8-11　近效期药品催销表

年　月　日

序号	通用名称	商品名称	规格	生产企业	批号	单位	数量	进价	金额小计	供货企业	有效期至	货位

（郑金华）

项目九　GSP对药品养护的管理

养护不当导致糖浆剂霉变

某年夏季，某药品仓库保管员对药品进行检查，发现一批川贝枇杷膏（糖浆剂）发霉，经查该药是在库养护期间包装不严，且夏季炎热，受到污染，而出现霉变现象。保管员负有主要责任。

【想一想】

糖浆剂保管养护的关键是什么？其他剂型又该如何开展养护工作？

学习目标

1. 掌握不同剂型药品的养护要点，熟练运用药品养护措施。
2. 熟悉药品养护档案的填写和养护信息的反馈。
3. 熟悉药品养护的工作职责。
4. 了解重点养护的药品类型。

药品养护即根据药品的储存特性要求，采取科学、合理、经济、有效的手段和方法，通过控制调节药品的储存条件，对储存过程中的药品质量进行定期检查，达到有效防止药品质量变异、确保储存药品质量的目的。

法规链接 >>>

第三十九条　企业应当建立药品采购、验收、养护、销售、出库复核、销后退回和购进退出、运输、储运温湿度监测、不合格药品处理等相关记录，做到真实、完整、准确、有效和可追溯。

任务一　药品养护档案与信息

为给药品养护工作提供系统、全面的管理依据，不断提高药品养护的技术水平，企业应针对重点养护品种建立药品养护档案，收集、分析、传递养护过程中的信息资料，从而保证药品养护质量信息系统有效运行。

活动一　药品养护档案

养护档案，是指企业记录药品养护信息的档案资料，其内容包括温湿度监测和调控记录，检查中有问题药品的记录以及对养护工作情况的定期汇总和分析等。企业应结合仓储管理的实际，本着“以保证药品质量为前提，以服务业务经营需要为目标”的原则，对所有品种建立药品养护档案，针对重点养护品种建立药品重点养护品种建立药品养护档案。

一、批发企业的药品养护档案

批发企业药品养护档案如表 9-1、表 9-2、表 9-3、表 9-4 所示。

表 9-1　药品养护档案

编号：　　　　　　　　　　　　　　　　　　　　　　　　　　　　　建档日期：

<table>
<tr><td colspan="2">通用名称</td><td></td><td colspan="2">商品名称</td><td></td><td>外文名称</td><td></td><td colspan="2">有效期</td><td></td></tr>
<tr><td colspan="2">规格</td><td></td><td colspan="2">批准文号</td><td></td><td>剂型</td><td></td><td colspan="2">注册商标</td><td></td></tr>
<tr><td colspan="2">生产企业</td><td colspan="3"></td><td>地址</td><td colspan="2"></td><td colspan="2">邮编</td><td></td></tr>
<tr><td colspan="2">用途</td><td colspan="9"></td></tr>
<tr><td colspan="2">质量标准</td><td colspan="4"></td><td>检查项目</td><td colspan="4"></td></tr>
<tr><td colspan="2">性状</td><td colspan="4"></td><td rowspan="3">包装情况</td><td colspan="4">内：</td></tr>
<tr><td colspan="2" rowspan="2">储存条件</td><td colspan="4" rowspan="2"></td><td colspan="4">中：</td></tr>
<tr><td colspan="4">外：　体积：</td></tr>
<tr><td rowspan="6">养护质量问题摘要</td><td>时间</td><td colspan="2">生产批号</td><td colspan="2">质量问题</td><td>时间</td><td colspan="2">生产批号</td><td colspan="2">质量问题</td></tr>
<tr><td></td><td colspan="2"></td><td colspan="2"></td><td></td><td colspan="2"></td><td colspan="2"></td></tr>
<tr><td></td><td colspan="2"></td><td colspan="2"></td><td></td><td colspan="2"></td><td colspan="2"></td></tr>
<tr><td></td><td colspan="2"></td><td colspan="2"></td><td></td><td colspan="2"></td><td colspan="2"></td></tr>
<tr><td></td><td colspan="2"></td><td colspan="2"></td><td></td><td colspan="2"></td><td colspan="2"></td></tr>
<tr><td></td><td colspan="2"></td><td colspan="2"></td><td></td><td colspan="2"></td><td colspan="2"></td></tr>
</table>

填表人：

表 9-2　重点养护品种确认

编号：　　　　　　　　　　　　　　　　　　　　　　　　　　　　　时间范围：

序号	通用名称	商品名	规格	剂型	有效期	生产企业	确定时间	确定理由	养护重点	备注

养护员：　　　　　　　　　　　　　　　　　　　　　　　　　　质量管理部审核人：

备注：重点养护品种包括：对储存条件有特殊要求的品种如冷藏药品、特殊管理药品；近效期药品；效期短的药品；近期发生过质量问题的品种；易变质的药品如中药材和中药饮片等

表 9-3　药品养护检查记录

序号	药品名称	规格	生产日期	批号	有效期	数量	生产厂家	质量状况	养护措施	处理结果

表 9-4　药品储存环境温湿度记录

适宜温度范围________~________℃　适宜相对湿度范围________~________%　　　　年　月　日

日期	上午					下午					记录员
	库内温度℃	相对湿度%	调控措施	采取措施后		库内温度℃	相对湿度%	调控措施	采取措施后		
				温度℃	湿度%				温度℃	湿度%	
1											
2											
…											
30											
31											

现行版 GSP 引入计算机系统进行管理，要求批发企业实行仓库温湿度自动监测，药品养护档案的填写基本在计算机系统内完成。

二、零售企业药品养护档案

包括药品陈列环境及存放条件检查记录、门店温湿度记录、冷藏设备运行温湿度记录、陈列药品检查记录、近效期药品检查记录、拆零药品检查记录、易变质药品检查记录、不合格药品报告单等。

零售企业药品养护档案，见表 9-5、表 9-6、表 9-7、表 9-8。

表 9-5　药品陈列环境及存放条件检查记录

门店名称：　　　　　　　　　　　　　　　　　　　　　检查时间：年　月　日

		处理措施	备注
环境、门、窗、锁	□整洁卫生　□防蚊　□防鼠 □密闭　□防漏　□防盗		
货架、柜台、标志	□齐备　□完好　□醒目		
消防器材、电源线	□完好　□定置　□按规定检修养护 □有安全隐患（裸露、破损等）		
空调、冰箱、温湿度计	□齐备　□完好　□按规定开启使用		
药品陈列条件	□避光　□通风　□温湿度适宜 □已分类陈列		
冷藏药品的存放	□符合要求　□不符合要求		

续表

外观及包装情况	□潮湿 □发霉 □虫蛀 □鼠咬 □无异常 □完好		
综合结论	□符合 GSP 规定 □基本符合 □不符合	检查人：	

注：检查后在相应的“□”内打“√”或打“×”，结论不符合规定时，应注明处理措施及结果

表 9-6 药品陈列环境温湿度记录

适宜温度范围________~________℃ 适宜相对湿度范围________~________% 年 月 日

日期	上午					下午					记录员
	库内温度℃	相对湿度%	调控措施	采取措施后		库内温度℃	相对湿度%	调控措施	采取措施后		
				温度℃	湿度%				温度℃	湿度%	
1											
2											
…											
30											
31											

表 9-7 陈列药品检查记录

店陈列药品检查记录 日期： 填表人

药品类别	品种数量	外观包装	质量状况	处理结果	备注
处方药区					
非处方药区					
拆零柜					
冷藏柜					
中药饮片					

	药品名称	规格	生产企业	批号	有效期至	数量	外观包装	质量状况	处理结果
重点养护品种（近效期，拆零，冷藏药品）检查记录									

表 9-8 中药饮片清斗装斗复核记录

编号： 日期：

通用品名	产地	规格	清斗时间	清斗前斗内剩余数量	装斗时间	装斗数量	装斗批号	质量状况	备注

装斗人： 复核人：

活动二　药品养护信息

按照 GSP 规定，药品养护人员应定期汇总、分析和上报养护检查、近效期或长时间储存的药品的质量信息，以便质量管理部门和业务部门及时、全面地掌握储存药品质量信息，合理调节库存药品的数量，保证经营药品符合质量要求，其报告内容应汇总该经营周期内经营品种的结构、数量、批次等项目，统计并分析储存养护工程中发现的质量问题的相关指标，如质量问题产生的原因、比率，进而提出养护工作改进的措施及目标。见表 9-9。

表 9-9　某医药批发企业确定的重点养护品种清单

易氧化的药物	如溴化钠、碘化钙、维生素 E、维生素 A、维生素 C、叶酸等
易水解的药物	如硝酸甘油、阿司匹林、氯霉素、四环素类、青霉素类、头孢菌素类等
易吸湿性药物	如蛋白银、枸橼酸铁铵、胃蛋白酶、淀粉酶等
易风化药物	如硫酸钠、咖啡因、磷酸可待因等
易挥发的药物	如麻醉乙醚、乙醇、挥发油、樟脑、薄荷脑等
具有熔化性的药物	如水合氯醛、樟脑、薄荷脑等
易发生冻结的药物	如水剂、稀乙醇作溶剂的制剂、注射剂等
具有吸附性的药物	如淀粉、药用炭、白陶土、滑石粉等
近效期药品	
首营品种	
已发现不合格药品的相邻批号的药品	

任务二　药品养护实务

活动一　药品养护的基本要求与药品的养护措施

 ***法规链接*** >>>

第八十六条　养护人员应当根据库房条件、外部环境、药品质量特性等对药品进行养护，主要内容是：

（一）指导和督促储存人员对药品进行合理储存与作业；

（二）检查并改善储存条件、防护措施、卫生环境；

（三）对库房温湿度进行有效监测、调控；

（四）按照养护计划对库存药品的外观、包装等质量状况进行检查，并建立养护记录；对储存条件有特殊要求的或者有效期较短的品种应当进行重点养护；

（五）发现有问题的药品应当及时在计算机系统中锁定和记录，并通知质量管理部门处理；

（六）对中药材和中药饮片应当按其特性采取有效方法进行养护并记录，所采取的养护方法不得对药品造成污染；

（七）定期汇总、分析养护信息。

一、药品养护的基本要求

1. 养护工作内容 药品养护的各项工作都应围绕保证药品储存质量，控制和降低质量安全风险为目标。主要的工作内容有：检查和控制各仓库的储存与作业是否合理；设施设备是否正常运行；对温湿度监测是否规范；对在库药品进行定期巡检、对发现的问题及时采取纠正和预防措施、对年度养护工作进行回顾和分析等。如图 9-1 所示。

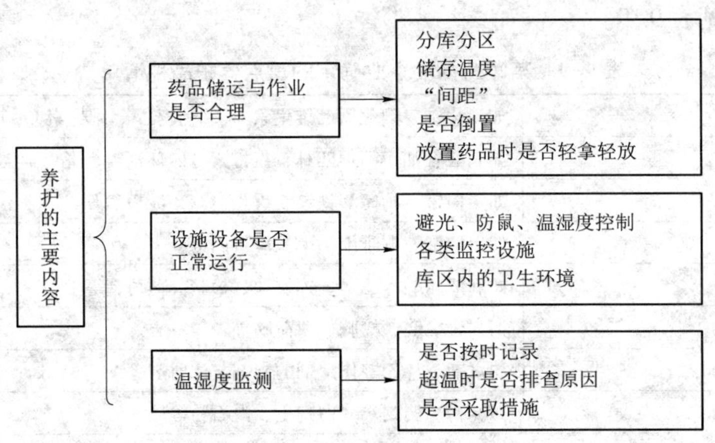

图 9-1 养护的主要内容

2. 养护职责与分工 养护工作涉及质量管理、仓储保管、业务经营等方面的综合性工作，按照工作性质及质量职责的不同，要求各相关岗位必须相互协调与配合，保证药品养护工作的质量。

其中，养护员职责有：执行《药品养护管理制度》，按《药品养护操作规程》对在库药品实施养护；按照药品理化性质和储存条件的规定，结合库房实际情况，指导和督促仓管员做好药品的分类，合理存放；负责对库存药品定期进行循环质量检查，一般药品每季度一次，储存条件有特殊要求的（如冷藏、冷冻药品）、易变质的药材和饮片、近效期的品种及中药注射剂应当每月开箱检查一次，并做好养护检查记录；发现有问题的药品应当及时在计算机系统中锁定，挂黄牌暂停发货，并通知质量管理部门处理；负责库房温湿度管理工作，根据气候环境变化，采取相应的养护措施；正确使用养护设备，并定期检查、维护和保养，并做好记录；检查并改善储存条件、防护措施、卫生环境；每天检查药品的储存条件、卫生环境，做好仓库的防鼠工作，并进行登记；按季度做好养护质量报表并上报质管部。

二、药品养护措施

要依据季节气候的变化，按药品性能对温湿度的特殊要求，利用仓库现有条件和设备，采取密封、避光、通风、降温、除湿等养护措施，调控温湿度，预防药品发生质量变异。

1. 温湿度的监控 药品养护最基本的控制要素就是对各药品仓库的温湿度的监测和调控，应严格按照相应库房的温湿度标准对温湿度进行监控。具体见项目三相关内容。

2. 避光和遮光　有些药品对光敏感，如肾上腺素遇光变玫瑰红色，维生素 C 遇光变黄棕色。对此类药品必须采取避光措施。除药品包装必须采用避光容器或其他遮光材料包装外，药品在库储存期间应尽量置于阴暗处，对门、窗、灯具等采取相应的措施进行遮光，特别是一些大包装药品，在分发之后剩余部分药品应及时遮光密闭，防止漏光，造成药品氧化分解、变质失效。

3. 虫鼠的控制　常用的防虫设施有：风幕机、灭虫灯、粘虫胶等。防鼠设施有：灭鼠板、电子猫、捕鼠笼、外门密封条、挡鼠板等。在药品仓库内不应采用药物防鼠。

应建立防虫防鼠的管理程序，对虫鼠控制进行规划、实施、检查及记录。保证各设施的完好与正常运行。

在虫鼠滋生严重的季节，除对仓库内部要加强检查，对仓库周边环境同样要进行控制，以降低风险。在日常的巡查中如发现仓库地面、墙面或门窗出现裂缝，应及时修补，避免形成虫害藏匿之处和出入通道。

4. 防火措施　药品的包装尤其是外包装，大多数是可燃材料，所以防火是一项常规性工作。在库内四周墙上适当的地方要挂有消防用具和灭火器，并建立严格的防火岗位责任制。对有关人员进行防火安全教育，进行防火器材使用的培训，使这些人员能非常熟练地使用防火器材。库内外应有防火标记或警示牌，消防栓应定期检查，危险药品库应严格按危险药品有关管理方法进行管理。

三、养护常见问题及解决

养护中的常见问题如设备设施问题、药品质量问题、中药材与中药饮片问题、养护记录问题，解决方法如图 9-2。

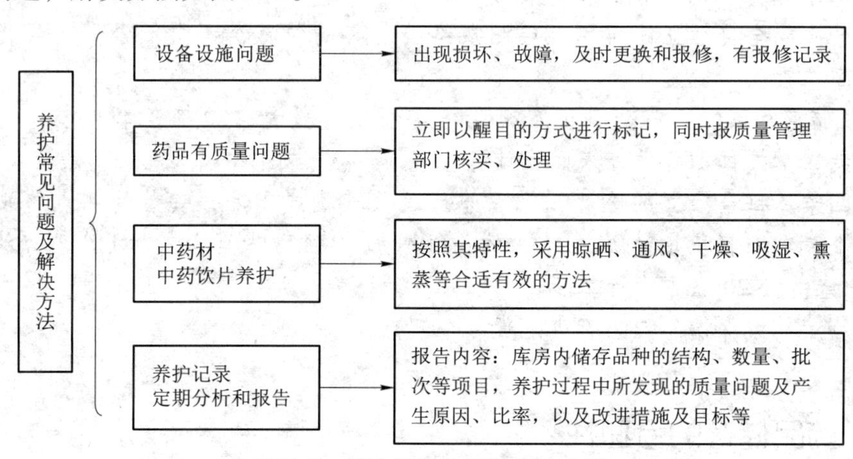

图 9-2　养护常见问题及解决方法

活动二　养护工作的具体实施

 ***法规链接*** >>>

《附录 3》

第五条　系统应当自动对药品储存运输过程中的温湿度环境进行不间断监测和记

录。系统应当至少每隔 1 分钟更新一次测点温湿度数据，在药品储存过程中至少每隔 30 分钟自动记录一次实时温湿度数据，在运输过程中至少每隔 5 分钟自动记录一次实时温度数据。当监测的温湿度值超出规定范围时，系统应当至少每隔 2 分钟记录一次实时温湿度数据。

第六条 当监测的温湿度值达到设定的临界值或者超出规定范围，系统应当能够实现就地和在指定地点进行声光报警，同时采用短信通讯的方式，向至少 3 名指定人员发出报警信息。当发生供电中断的情况时，系统应当采用短信通讯的方式，向至少 3 名指定人员发出报警信息。

……

第十三条 药品库房或仓间安装的测点终端数量及位置应当符合以下要求：

（一）每一独立的药品库房或仓间至少安装 2 个测点终端，并均匀分布。

（二）平面仓库面积在 300 平方米以下的，至少安装 2 个测点终端；300 平方米以上的，每增加 300 平方米至少增加 1 个测点终端，不足 300 平方米的按 300 平方米计算。

平面仓库测点终端安装的位置，不得低于药品货架或药品堆码垛高度的 2/3 位置。

（三）高架仓库或全自动立体仓库的货架层高在 4.5 米至 8 米之间的，每 300 平方米面积至少安装 4 个测点终端，每增加 300 平方米至少增加 2 个测点终端，并均匀分布在货架上、下位置；货架层高在 8 米以上的，每 300 平方米面积至少安装 6 个测点终端，每增加 300 平方米至少增加 3 个测点终端，并均匀分布在货架的上、中、下位置；不足 300 平方米的按 300 平方米计算。

高架仓库或全自动立体仓库上层测点终端安装的位置，不得低于最上层货架存放药品的最高位置。

（四）储存冷藏、冷冻药品仓库测点终端的安装数量，须符合本条上述的各项要求，其安装数量按每 100 平方米面积计算。

第十四条 每台独立的冷藏、冷冻药品运输车辆或车厢，安装的测点终端数量不得少于 2 个。车厢容积超过 20 立方米的，每增加 20 立方米至少增加 1 个测点终端，不足 20 立方米的按 20 立方米计算。

每台冷藏箱或保温箱应当至少配置一个测点终端。

……

一、药品储存的合理性

药品养护员在日常养护工作中，应对在库药品的分类储存、货垛码放、垛位间距、色标管理等工作内容进行巡查，及时纠正发现的问题，确保药品按规定的要求合理储存。

二、仓储条件监测与控制

药品仓储条件的监测与控制内容主要包括库内温湿度条件、药品储存设备的适宜性、药品避光和防鼠等措施的有效性、安全消防设施的运行状态。

为保证各类库房的温湿度符合规定要求，仓库保管人员要在养护员的指导下，有效地对库房温湿度条件进行动态监测和管理，发现库房温湿度超出规定范围或接近临界值时，应及时采取通风、降温、除湿、保温等措施进行有效调控。

三、库存药品质量的循环检查

药品在库期间，由于受到外界环境因素的影响，随时都有可能出现各种质量变化现象。因此，除需采取适当的保管、养护措施外，还必须经常和定期进行在库检查。通过检查，及时了解药品的质量变化，以便采取相应的防护措施。

1. 检查的时间和方法　药品在库检查的时间和方法，应根据药品的性质及其变化规律，结合季节气候、储存环境和储存时间长短等因素掌握，大致可分为以下三种。

（1）“三三四制”　循环养护检查或月检三分之一。每个季度 3 个月，第一个月检查 30%，第二个月检查 30%，第三个月检查 40%；或者每个月检查三分之一，使库存药品每个季度能全面检查一次。

（2）定期检查　根据药品性质及管理需要，对不同类别药品应设定不同的检查年限。一般上、下半年对库存药品逐堆逐垛各进行一次全面检查。对易变质药品、近效期药品、特殊管理药品等，要重点检查，一般每月至少一次。

（3）随机检查　当气候条件出现异常变化，遇高温、严寒、雨季或发现药品有质量变化迹象时，应由质量管理部组织有关人员进行局部或全面检查；为避免遗漏，应严格规定检查顺序，如按每个货架、货垛顺时针检查等；主要检查内容包括包装情况、外观性状，应按规定的程序和要求进行有效管理。

2. 检查的内容与要求　在库药品都是经过验收合格的药品，养护检查主要是针对药品在库保管过程中药品质量是否发生变化来进行质量检查工作的，一般应根据药品的剂型打开药品包装进行检查。举例见表 9-10。

表 9-10　常见剂型的检查内容

剂型	检查内容（质量变化情形）
注射剂	色泽、澄明度
片剂	色泽、斑点、粘连、裂片、异味
硬胶囊剂	粘连、霉变、脆化
颗粒剂	结块、潮解、破漏
软膏剂	破漏、分层、霉变
糖浆剂	霉变、破漏

对于不能打开包装的药品，一般只能根据药品的最小销售包装来判断药品的质量情况。针对不同的药品，可以采取观察药品外包装是否变色、比较同品种的重量、轻摇药品看是否有破碎等方法。

养护检查需要做好记录，做到边检查边整改，发现问题及时处理。见表 9-11、表 9-12。

表 9-11　库存药品养护检查记录

编号：

序号	检查日期	存放地点	货位	商品名称	通用名称	规格	生产企业	批号	有效期至	单位	数量	质量情况	养护措施	处理结果	备注

养护员：

表 9-12　中药材/中药饮片在库养护记录

编号：

序号	品名	生产企业	生产日期	批号	数量	供货单位	进货日期	养护日期	养护方法	养护结论	处理措施	备注

养护员：

四、常见剂型的药品保管与养护要点

主要是检查储存条件与药品说明书规定的贮存要求是否相符，如大部分注射剂怕日光照射，药品是否采取了避光措施或门窗是否有遮光措施；片剂含有淀粉易吸湿变质，应注意防潮；粉针剂湿度大易吸潮结块；胶囊剂养护重点主要是控制温度，温度过高则会引起粘连；糖浆剂受热易产生霉败和沉淀；软膏剂在冬季应注意防冻，温度过低会造成水分与基质分离而变质；栓剂温度过高会熔化变形，温度过低或太干燥亦会开裂。

1. 注射剂的储存保管与养护要点

（1）温湿度　注射剂的最佳储存条件是冷库（以包装上标明的储存温度为准），相对湿度 35%~75%。其中水针剂应注意防冻（温度低于 0℃以下时容易冻裂受损），粉针剂应注意防潮。

（2）避光　大部分注射剂都怕日光照射，日光中的紫外线能加速药品的氧化分解，因此贮存注射剂的仓库，门窗应采取遮光措施。

（3）加强澄明度检查　注射剂在储存中，澄明度会起变化，如中草药注射剂久贮会发生氧化、聚合等反应，逐渐变混浊或产生沉淀；西药制剂中的某些含盐类注射剂久贮会侵蚀玻璃，造成脱片，影响澄明度，因此储存养护中应加强澄明度检查。

2. 片剂的储存保管与养护要点

（1）温湿度：片剂一般均储存于常温库，但糖衣片最好贮存于阴凉库。

（2）片剂的保管与养护要点主要是防潮。因片剂的淀粉等辅料易吸湿，而使片剂发生质量变化，产生碎片、潮解、粘连等现象。

（3）糖衣片吸潮后易产生花斑变色，无光泽，严重的产生粘连、膨胀、霉变等现象。

（4）避光：某些片剂的活性成分对光线敏感，受光照射而变质，因此应采取避光保存。

3. 胶囊剂的储存保管与养护要点

（1）温湿度　胶囊剂的储存保管与养护要点主要是控制温度，最佳贮存条件是阴凉库（以包装上标明的储存温度为准），相对湿度 35%～75%。胶囊在受热、吸潮以后容易粘连、变形或破裂。

（2）避光　有色胶囊应避光保存，以免出现变色、色泽不均匀等变质现象。

4. 水溶液剂的储存保管与养护要点

（1）应控制库房温度，一般贮存常温库。湿度 35%～75%。

（2）库温过高时，某些成分易挥发；库温过低时，某些制剂如乳剂，会冻结分层，所以冬季严寒季节应注意防冻。

5. 糖浆剂的储存保管与养护要点　糖浆剂受热、光照等因素，均易产生霉败和沉淀，最好贮存于阴凉库（以包装上标明的储存温度为准），并注意避免日光直射，库内相对湿度亦按 35%～75% 进行控制。

6. 软膏制剂储存保管与养护要点

（1）温湿度：乳剂基质和水溶性基质制成的软膏制剂，一般保存于常温库，相对湿度 35%～75%，冬季应注意防冻，以免水分和基质分离而造成变质。

（2）防重压。

7. 栓剂储存保管与养护要点

（1）温湿度：栓剂一般存放于常温库，相对湿度 35%～75%。

（2）温度过高栓剂会熔化变形，影响质量。

（3）温度过低会干裂。

（4）太干燥时亦会开裂。

五、养护中发现质量问题的处理

储存养护过程发现药品质量可疑时，应立即采取停售措施，悬挂“暂停发货”黄牌，通知质量管理部进行复查处理。怀疑为假药的，则应及时报告药品监督管理部门；属于特殊管理的药品，按照国家有关规定处理。

储存养护过程中发现药品破损的，应及时移出现场并清理；因破损而导致液体、气体、粉末泄漏时，应当迅速采取包括稀释、清洗、通风、覆盖、吸附、除尘、灭活等措施，防止对储存环境和其他药品造成污染。并在 ERP 系统中调整破损药品在库状态。

目标检测

一、单项选择题

1. 下列哪项是药品储存作业区内不得存放的（　　）

A. 自动温控仪　B. 冰箱　C. 空调　D. 电饭煲

2. 药品库区色标管理中标识为绿色的是（　　）

A. 不合格区　B. 合格区　C. 待验区　D. 退货区

3. 在汛期、霉季、雨季或发现质量变化苗头时，临时组织力量进行全面或局部的检查为（　　）

A. "三三四"检查　B. 定期检查　C. 随机检查　D. 上级检查

4. 片剂的养护要点主要是（　　）

A. 防潮　B. 避光　C. 低温　D. 防重压

5. （　　）应加强澄明度检查

A. 水溶液剂　B. 酊剂　C. 注射剂　D. 糖浆剂

二、B 型选择题

药品储存对温度有很高的要求：

1. 常温库的温度为（　　）

2. 阴凉库的温度为（　　）

3. 冷库的温度为（　　）

A. 0~20℃　B. 10~30℃　C. ≤20℃　D. 2~10℃

库房储存药品，按质量状态实行色标管理：

4. 合格品区为（　　）

5. 不合格品为（　　）

6. 退货药品为（　　）

7. 待验药品为（　　）

A. 绿色　B. 黄色　C. 红色　D. 橙色

药品按批号堆码，不同批号的药品不得混垛：

8. 垛间距不小于（　　）

9. 药品与墙的距离不小于（　　）

10. 药品与地面间距不小于（　　）

11. 药品与温度调控设备的距离不小于（　　）

12. 药品与管道设施间距不小于（　　）

A. 5cm　B. 20cm　C. 10cm　D. 30cm

三、多项选择题

1. 下列药品需要进行重点养护的包括（　　）

A. 主营品种、首营品种、易变质的品种

B. 对储存条件有特殊要求的品种和各级药检部门重点抽查的品种

C. 近期内发生过质量问题的品种

D. 近效期不足 6 个月的品种和超过生产日期两年以上的品种

E. 贵重中药材

2. 药品储存的条件包括（　　）

A. 避光或遮光　B. 通风　C. 防潮

D. 防虫　E. 防鼠

四、名词解释

药品的“三三四”循环养护

五、简答题

养护保管过程中发现质量可疑的药品，应怎样处理？

【技能训练一】

找一个实际药品，模拟药品养护档案填写。

某医药企业药品养护档案表

编号：　　　　　　　　　　　　　　　　　　　　　　　　建档日期：

<table>
<tr><td>通用名称</td><td></td><td>商品名称</td><td></td><td>外文名称</td><td></td><td>有效期</td><td></td></tr>
<tr><td>规格</td><td></td><td>批准文号</td><td></td><td>剂型</td><td></td><td>注册商标</td><td></td></tr>
<tr><td>生产企业</td><td colspan="2"></td><td>地址</td><td colspan="2"></td><td>邮编</td><td></td></tr>
<tr><td>用途</td><td colspan="7"></td></tr>
<tr><td>质量标准</td><td colspan="3"></td><td>检查项目</td><td colspan="3"></td></tr>
<tr><td rowspan="2">性状</td><td rowspan="2" colspan="3"></td><td rowspan="3">包装情况</td><td colspan="3">内：</td></tr>
<tr><td colspan="3">中：</td></tr>
<tr><td>储存条件</td><td colspan="3"></td><td colspan="3">外：　　　体积：</td></tr>
<tr><td rowspan="6">养护质量问题摘要</td><td>时间</td><td>生产批号</td><td>质量问题</td><td>时间</td><td>生产批号</td><td colspan="2">质量问题</td></tr>
<tr><td></td><td></td><td></td><td></td><td></td><td colspan="2"></td></tr>
<tr><td></td><td></td><td></td><td></td><td></td><td colspan="2"></td></tr>
<tr><td></td><td></td><td></td><td></td><td></td><td colspan="2"></td></tr>
<tr><td></td><td></td><td></td><td></td><td></td><td colspan="2"></td></tr>
<tr><td></td><td></td><td></td><td></td><td></td><td colspan="2"></td></tr>
</table>

填表人：

【技能训练二】

找出几个符合重点养护条件的品种，模拟填写重点养护品种确认表。

某医药企业重点养护品种确认表

序号	通用名称	商品名	规格	剂型	有效期	生产企业	确定时间	确定理由	养护重点	备注

养护员：　　　　　　　　　　　　　　　　　　　　　　质量管理部审核人：

【技能训练三】

模拟填写药品陈列环境及存放条件检查记录。

药品陈列环境及存放条件检查记录

门店名称：　　　　　　　　　　　　　　　　　　　　　　　　　　　检查时间：　　年　月　日

<table>
<tr><td rowspan="2">环境、门、窗、锁</td><td rowspan="2">□整洁卫生　□防蚊　□防鼠
□密闭　□防漏　□防盗</td><td>处理措施</td><td>备注</td></tr>
<tr><td></td><td></td></tr>
<tr><td>货架、柜台、标志</td><td>□齐备　□完好　□醒目</td><td></td><td></td></tr>
<tr><td>消防器材、电源线</td><td>□完好　□定置　□按规定检修养护
□有安全隐患（裸露、破损等）</td><td></td><td></td></tr>
<tr><td>空调、冰箱、温湿度计</td><td>□齐备　□完好　□按规定开启使用</td><td></td><td></td></tr>
<tr><td>药品陈列条件</td><td>□避光　□通风　□温湿度适宜
□已分类陈列</td><td></td><td></td></tr>
<tr><td>冷藏药品的存放</td><td>□符合要求　□不符合要求</td><td></td><td></td></tr>
<tr><td>外观及包装情况</td><td>□潮湿　□发霉　□虫蛀　□鼠咬
□无异常　□完好</td><td></td><td></td></tr>
<tr><td>综合结论</td><td>□符合 GSP 规定　□基本符合
□不符合</td><td colspan="2">检查人：</td></tr>
</table>

注：检查后在相应的“□”内打“√”或打“×”，结论不符合规定时，应注明处理措施及结果

【技能训练四】

模拟填写零售药店陈列药品检查记录。

店陈列药品检查记录

日期：　　　　填表人

<table>
<tr><td>药品类别</td><td colspan="2">品种数量</td><td colspan="2">外观包装</td><td colspan="2">质量状况</td><td colspan="2">处理结果</td><td>备注</td></tr>
<tr><td>处方药区</td><td colspan="2"></td><td colspan="2"></td><td colspan="2"></td><td colspan="2"></td><td></td></tr>
<tr><td>非处方药区</td><td colspan="2"></td><td colspan="2"></td><td colspan="2"></td><td colspan="2"></td><td></td></tr>
<tr><td>拆零柜</td><td colspan="2"></td><td colspan="2"></td><td colspan="2"></td><td colspan="2"></td><td></td></tr>
<tr><td>冷藏柜</td><td colspan="2"></td><td colspan="2"></td><td colspan="2"></td><td colspan="2"></td><td></td></tr>
<tr><td>中药饮片</td><td colspan="2"></td><td colspan="2"></td><td colspan="2"></td><td colspan="2"></td><td></td></tr>
<tr><td rowspan="4">重点养护品种（近效期，拆零，冷藏药品）检查记录</td><td>药品名称</td><td>规格</td><td>生产企业</td><td>批号</td><td>有效期至</td><td>数量</td><td>外观包装</td><td>质量状况</td><td>处理结果</td></tr>
<tr><td></td><td></td><td></td><td></td><td></td><td></td><td></td><td></td><td></td></tr>
<tr><td></td><td></td><td></td><td></td><td></td><td></td><td></td><td></td><td></td></tr>
<tr><td></td><td></td><td></td><td></td><td></td><td></td><td></td><td></td><td></td></tr>
</table>

【技能训练五】

模拟填写零售药店中药饮片清斗装斗复核记录。

某药店中药饮片清斗装斗复核记录

编号：　　　　　　　　　　　　　　　　　　　　　　　　　　　　　　日期：

通用品名	产地	规格	清斗时间	清斗前斗内剩余数量	装斗时间	装斗数量	装斗批号	质量状况	备注

装斗人：　　　　　　　　　　　　　　　　　　　　　　　　　　　　　复核人：

（郑金华）

模块四　销售与售后管理>>>

项目十　药品销售与广告宣传管理

任务一　药品销售管理

学习目标

1. 掌握药品销售的管理规定，尤其是处方药的销售管理。
2. 掌握药品销售凭证的知识，会填写相关销售凭证。
3. 了解药品销售计划的制定，熟悉药品销售计划书。

法规链接 >>>

第九十一条　企业应当将药品销售给合法的购货单位，并对购货单位的证明文件、采购人员及提货人员的身份证明进行核实，保证药品销售流向真实、合法。

第九十二条　企业应当严格审核购货单位的生产范围、经营范围或者诊疗范围，并按照相应的范围销售药品。

第一百一十六条　企业应当加强对退货的管理，保证退货环节药品的质量和安全，防止混入假冒药品。

第一百六十八条　企业应当在营业场所的显著位置悬挂《药品经营许可证》、营业执照、执业药师注册证等。

第一百六十九条　营业人员应当佩戴有照片、姓名、岗位等内容的工作牌，是执业药师和药学技术人员的，工作牌还应当标明执业资格或者药学专业技术职称。在岗执业的执业药师应当挂牌明示。

第一百七十条　销售药品应当符合以下要求：

（一）处方经执业药师审核后方可调配；对处方所列药品不得擅自更改或者代用，对有配伍禁忌或者超剂量的处方，应当拒绝调配，但经处方医师更正或者重新签字确认的，可以调配；调配处方后经过核对方可销售；

（二）处方审核、调配、核对人员应当在处方上签字或者盖章，并按照有关规定保存处方或者其复印件；

（三）销售近效期药品应当向顾客告知有效期；

（四）销售中药饮片做到计量准确，并告知煎服方法及注意事项；提供中药饮片代煎服务，应当符合国家有关规定。

第一百七十五条　非本企业在职人员不得在营业场所内从事药品销售相关活动。

第一百七十六条　对实施电子监管的药品，在售出时，应当进行扫码和数据上传。

第一百七十七条 除药品质量原因外，药品一经售出，不得退换。

活动一 药品销售计划编制

药品经营企业要根据企业自身经营计划与市场变化信息，包括疫情、灾情、气象、突发事件等，综合考虑，及时做出药品需求预测，制定相应销售计划。根据销售计划，合理调整库存，优化品种结构，以适应市场变化需要，从而达到增加销售，扩大市场占有率。

一、编制销售计划前的准备工作

1. 对目前销售市场状况进行调研，掌握所需资料，明确市场发展趋势。
2. 了解本企业状况。

二、编制销售计划工作流程

编制销售计划的操作流程，如图 10-1 所示。

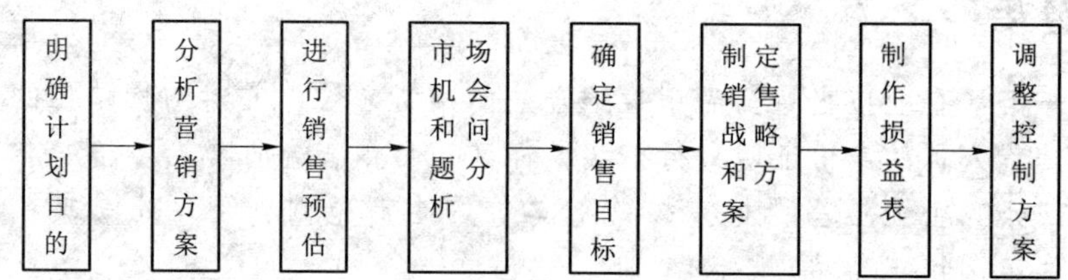

图 10-1 编制销售计划的操作流程

1. 明确计划的目的 首先要明确销售计划所要达到的目的，计划的目的无非是要解决企业营销中存在的问题。企业营销中存在的问题大体可以分为六种：

（1）企业开张伊始，需要根据市场特点策划出一整套销售策略。

（2）企业发展壮大，原有的销售方案已经陈旧过时，需要重新设计新的销售方案。

（3）企业改革经营方向，需要相应地调整销售策略。

（4）企业原有的销售方案有严重的内在缺陷，不能再作为企业的销售方案。

（5）市场等环境发生变化，原有的销售方案已经不适应变化后的市场。

（6）企业需要在不同的阶段，设计新的阶段性销售计划。

2. 分析营销环境 对同类产品的市场状况、竞争状况以及宏观环境要有一个清醒的认识，分析总结出与市场、产品、竞争、分销以及其他和现实环境有关的关键资料，把所有可能影响销售的信息列出来，这是编制计划的依据。

（1）市场 具体分析市场的规模和成长状况，可以以实物单位和金额体现，分析过去几年的总销售量以及在细分市场的销售量。分析顾客需求、购买行为等方面的趋势，如表 10-1。

表 10-1　市场情况一览

市场规模	总销售量			顾客需求、购买行为趋势
	市场细分 1	市场细分 2	—	
合计				

（2）竞争　分析主要的竞争者，并逐项描述他们的规模、目标、市场份额、产品质量、营销战略和任何其他特征，如表 10-2。

表 10-2　竞争企业情况一览

	企业 1	企业 2	企业 3	—
规模				
目标				
市场份额				
产品质量				
营销战略				
其他				

（3）分销情况　列出在各个分销渠道上的销售数量资料和相对重要程度，如表 10-3。

表 10-3　各个分销渠道上的销售数量和份额

分销渠道	销量	份额
分销渠道 1		
分销渠道 2		
—		

（4）宏观环境　描述影响药品市场营销的宏观环境现状及主要趋势，对影响药品的不可控因素进行分析，如自然环境、政治法律环境、消费者的经济条件、科技因素、社会文化因素等。

3. 进行销售预估　进行销售预估常用的方法有：

（1）销售人员评估　销售人员根据自己经验和对市场的观察了解，提出未来的销售预估。

（2）高层主管意见　各个部门的销售经理提出的销售评估。

（3）趋势分析法　以现有的销售数字为基础，参考过去销售增减的金额或比率来推估未来的销售数字。

（4）相对比较法　以现有的销售量，参考当地市场规模、潜力、竞争对手销售量及成长率等来推估未来的销售量。

4. 市场机会和问题分析　使用 SWOT（优势、劣势、机会、威胁）框架，如表 10-4，识别主要的机会和威胁、优势和劣势，以及产品所面临的问题。销售计划其实是对市场机会的把握和策略运用，因此分析市场机会就成了销售计划的关键。

表 10-4　SWOT 分析框架

外因	内因	
	列出优势（Strengths）	列出劣势（Weaknesses）
列出机会（Opportunities）	SO 战略 发挥优势，利用机会	WO 战略 利用机会，克服劣势
列出威胁（Threats）	ST 战略 利用机会，避免风险	WT 战略 使劣势最小，避免风险

5. 确定销售目标　销售目标是公司所要实现的具体目标，即销售计划方案执行期间，要达到的经济效益目标。销售目标的建立应当把前一计划期的执行情况、对现状的分析、预测结果三者结合起来。销售目标不能概念化，应尽量量化。如总销售量为××× 万件，预计毛利×××万元，市场占有率实现××。

总销售额确定后，应进一步细分销售任务，制定不同产品在不同时间阶段分区域、分部门的销售任务，直至分配到每一个销售员的销售任务，如表 10-5。

表 10-5　××企业××年销售任务分解一览

时间	销售任务	区域			
		华东	华南	东北	西北
第一季度					
第二季度					
第三季度					
第四季度					
全年合计					

6. 制定销售战略和方案

（1）明确销售宗旨

①确定产品　以强有力的广告宣传攻势，拓展市场，为产品准确定位。突出产品特色，采取差异营销策略。确定产品的方法有：

a. 产品定位：产品市场定位的关键是在客户心目中寻找一个空位，使产品迅速启动市场。

b. 产品质量：产品的性能、寿命、安全性、可靠性、可维修性、经济性这几个方面的突破有利于提高产品质量，拉开与竞争对手的距离。

c. 产品品牌：要形成一定的知名度、美誉度，树立消费者心目中的知名品牌，必须有强烈的创牌意识。

d. 产品包装：包装作为产品给消费者的第一印象，需要采取能迎合消费者、使其满意的包装策略。

e. 产品服务：主要体现在送货、安装、用户培训、咨询服务、修理、人员素质和其他方面，这几个方面对于不同的产品具有不同的重要性。计划中要注意产品服务方式、服务质量的改善和提高。

②确定客户　找到产品的主要消费群体，并以此作为产品的销售重点。具体包括：客户有哪些？他们的基本状况如何？如何与他们沟通自己的产品和服务？关键客户有哪些？他们的需求是什么？需求变化的动向如何？潜在的客户有哪些？

③确定渠道　建立起点广面宽的药品销售渠道，不断拓宽销售区域等。具体内容包括：目前的销售渠道是否满足计划的需要？应使用怎样的销售覆盖渠道最大限度地拓展产品的销售范围？在中间商（医药公司、药品批发公司等）和终端销售（医院、诊所、零售药店）的投入比例是否恰当？如何控制销售渠道（如窜货、水货、价格竞争、断货、回款等）？产品目前的商业布局是否合理？产品目前的医院分布是否合理？未来的销售渠道将会怎样变化？

（2）制订具体的销售策略

市场营销组合（4P）策略
- 产品策略
- 价格策略
- 渠道策略
- 促销策略

（3）制订销售方案　具体方案要细致、周密、操作性强，必须就应该做什么、谁来做、什么时候做、需要什么资源等问题做出细致的计划。

7. 制作损益表　可就将来情况作一个损益预测。在预测表的收入栏中列出估计销售数量、平均价格；在支出栏中列出明细的生产成本、储运成本和各项营销费用。企业可以凭借经验进行费用预算，如差旅费用、市场宣传费用、通讯交通日常费用、业务费用、奖金费用等。收支差额就是预计的盈利。预计的损益表制定后，将成为安排生产、人员管理及市场营销的依据（表10-6）。

表10-6　企业预期的损益情况一览

支出		收入		收支差额
项目	金额	项目	金额	

8. 调整控制方案　计划的最后一部分，说明如何对计划的执行过程、进度进行管理。通常的做法是把目标、预算按月、季度分开，便于审查，及时发现偏差、纠正偏差，销售部分的控制部分，还包括对意外事件的应急预案等。

药品销售市场的发展是一个不断进化的过程，制订计划的过程也应如此。这个过程包括：预估、制定计划、执行计划、控制计划，在必要的时候调整计划，以实现公司、地区、区域的目标。

三、销售计划编制的结束工作

1. 销售计划制订后，可进行结果预测，如对利润率、销售增长率、市场份额、市场风险等进行预测。

2. 采取有力措施，按照预定计划执行，完成计划。

活动二　药品销售规范

一、药品批发企业销售规范

药品批发企业在销售药品时，要按照 GSP 的要求，规范自己的经营行为，合法销售药品。在具体工作中，主要是注意销售行为和销售对象的合法性。

1. 销售行为的合法性　销售行为的合法性指的是药品批发企业在销售药品时，应严格遵守国家有关法律、法规，依法规范经营，严禁销售假药、劣药，确保药品经营行为的合法性和所经营药品的质量。对所销售药品应如实开具发票，并做到票、账、货、款一致，销售票据应按规定保存。

2. 销售对象的合法性　销售对象的合法性指的是药品批发企业应依法将药品销售给合法的购货单位，严格审核购货单位的生产范围、经营范围或诊疗范围，并按相应范围销售药品，不得向证照不全的单位或个人销售药品，保证药品销售流向真实、合法。对销售对象的审核程序规定如下。

（1）由业务销售部门负责收集并审核客户合法资质证明，质量管理部门负责对审核情况进行指导和监督。

（2）审核内容包括：①审核《药品经营（生产）许可证》与“营业执照”的合法性与有效性，证照复印件应加盖持证单位公章原印章。②审核购货方证照核准项目与其实际经营行为是否相符，药品批发企业不得将处方药销售给非药品经营企业（如超市、商店）和无处方药经营范围的药品经营企业。③对各级医疗机构，应审核其是否取得《医疗机构执业许可证》；军队所属医疗机构，应审核是否具有军队主管部门批准的对外服务证明，证明的复印件应加盖持证单位的公章原印章。④药品生产企业、科研机构因科研需要购药的，应提供相关审核证明。⑤核实药品采购人员及上门自行提货人员的身份证明。

（3）药品销售部门应填写“首营企业审核表”，建立合法销售客户档案。

药品批发企业要严格按照《药品经营许可证》、“营业执照”核准的经营方式和经营范围开展药学经营活动。严格遵守国家法律、法规。不得将药品销售给未取得《药品经营（生产）许可证》《医疗机构执业许可证》及营业执照的单位或个人，也不得将药品销售给直接的使用者和患者。不得冒用其他企业名义销售药品。药品经营企业在销售药品时，要正确介绍药品，不得虚假夸大、误导客户，更不能有意隐瞒存在的毒副作用或不良反应等相关警示用语。

二、药品零售企业和零售连锁企业门店的销售规范

1. 药品零售管理规定　药品零售企业和零售连锁门店应按照 GSP 的有关规定销售

药品。要按依法批准的经营方式和经营范围从事药品经营活动。药品经营企业必须将《药品经营许可证》、营业执照、执业药师注册证及举报投诉电话上墙，悬挂在醒目、易见的地方，方便群众监督。药品销售不得采用有奖销售、附赠药品或礼品销售等方式。销售药品要正确介绍药品的性能、用途、禁忌及注意事项。营业人员应佩戴有照片、姓名、岗位等内容的工作牌。在岗执业的执业药师应挂牌明示等。具体工作时，还要着重做好以下工作：

（1）企业应在零售场所内提供咨询服务，指导顾客安全、合理用药。应在营业店堂明示服务公约，设置顾客意见簿和公布药品监督管理部门的监督电话，对顾客的批评或投诉要及时加以解决，对顾客反映的药品质量问题，应认真对待、详细记录、及时处理。非本企业在职人员不得在营业场所内从事药品销售相关活动。

（2）在营业店堂内进行的广告宣传，要符合国家有关规定。

（3）建立卫生制度，保证药品不受污染。

（4）药品应按剂型或用途以及储存要求分类陈列，具体要求如下：店堂内陈列药品的质量和包装应符合有关规定；门店要检查药品陈列环境和存放条件是否符合规定要求；处方药与非处方药应分柜摆放；特殊管理的药品应按照特殊药品管理的有关规定存放；危险品不应陈列，如因需要必须陈列时，只能陈列代用品或空包装，危险品的储存应按国家有关规定管理和存放。药品零售企业经营非药品时，必须设非药品专售区域，将药品与非药品明显隔离销售，并设有明显的非药品区域标志。

（5）销售中药饮片应符合炮制规范，并做到计量准确。属于零售门市部门加工炮制的品种，要严格按照现行版药典标准及中药炮制规范依法炮制，不得粗制滥造。自行加工筛选和炮制的品种，都要做好记录，详记名称、数量、辅料名称、用量、增量、损耗等。调配处方人员必须认真遵守调剂规程和有关规定进行调配，保证剂量准确，防止生、制代替，错配，错付等事故发生。要搞好柜台、药斗、用具、仓库和个人卫生。

（6）销售时对发现有质量疑问的药品，首先要下架停售。还应及时通知质量管理机构或质量管理人员进行处理，要查明原因，分清责任，采取有效的处理措施，并做好记录。

（7）企业销售药品应当开具销售凭证。

（8）对实施电子监管的药品，在售出时，应当进行扫码和数据上传。

（9）除药品质量原因外，药品一经售出，不得退换。

2. 处方药销售

案例阅读

2009 年 1 月 7 日，A 县食品药品监管局在 GSP 专项检查中，发现辖区内 B 药店在执业药师陈某不在岗的情况下，未悬挂警示牌告知消费者，也未停止销售处方药和甲类非处方药。检查结束后，执法人员依据《药品流通监督管理办法》规定，给 B 药店下达了《责令改正通知书》，责令该药店执业药师陈某要在 7 日内到岗履职；同时，要求 B 药店在药师不在岗时，要悬挂警示牌告知消费者和停止销售处方药、甲类非处方药。同年 1 月 16 日，该局对 B 药店改正措施落实情况进行复查，发现 B 药店执业药师陈某已到岗履职。7 月 13 日，该局在日常监督检查中又发现 B 药店在执业药师陈某不在岗的情况下，未悬挂警示牌告知消费者，也未停止销售处方药和甲类非处方药。执法人员随即根据《药品流通监督管理办法》的规定，就 B 药店的违法行为下达了当场行政处罚决定书，给予了警告的行政处罚。

处方药：是指必须凭执业医师或执业助理医师处方才可调配、购买和使用的药品。

非处方药（简称 OTC）：是指为方便公众用药，在保证用药安全的前提下，经国家卫生行政部门规定或审定后，不需要医师或其他医疗专业人员开写处方，一般公众即可自行判断、购买和使用的药品。相对于非处方药，处方药的使用，对人体具有更大的风险性。为安全起见，对于处方药销售，要严格遵照相关规定：

（1）处方药不应采用开架自选的销售方式。

（2）质量负责人和药师应按照工作时间安排在岗履行职责，并佩戴有照片、姓名、执业药师或药学专业技术职称等内容的胸卡上岗，不得无故离岗，药师不在岗时，暂停销售处方药并应挂牌“药师不在岗，暂停处方药销售”告知购药者。

（3）处方要经执业药师审核并签字后方可依据处方调配和销售。无医师开具的处方不得销售处方药。对处方所列药品不得擅自更改或代用。对有配伍禁忌或超剂量的处方，应当拒绝调配，必要时，需经原处方医师更正或重新签字方可调配。

（4）调配处方后经过核对方可销售。处方的审核、调配、核对人员均应在处方上签字或盖章。

（5）处方必须保留 2 年以上备查。

（6）要认真填写处方药登记销售记录（表 10-7），处方药登记销售记录表应至少保留 5 年。

表 10-7　××药房处方药登记销售记录

编号：

购药日期	药品名称规格	批号	数量	患者姓名	性别	年龄	联系方式	诊断结论	使用风险告知	审方人	配方人	复核人	备注

药品零售企业必须凭处方销售的药品包括：注射剂、医疗用毒性药品、其他按兴奋剂管理的药品、精神障碍治疗药（抗精神病、抗焦虑、抗躁狂、抗抑郁症药）、抗病毒药（逆转录酶抑制剂和蛋白酶抑制剂）、肿瘤治疗药、含麻醉药品的复方口服溶液和曲马多制剂、未列入非处方药目录的抗菌药和激素、含关木通中药制剂，以及国家食品药品监督管理总局公布的其他必须凭处方销售的药品。

按照相关规定，药品零售企业禁止销售下列药品：麻醉药品、放射性药品、一类精神药品、二类精神药品（有经营范围的连锁门店除外，并应凭执业医师出具的处方，按规定剂量销售，将处方保存两年备查。禁止超剂量或者无处方销售。不得向未成年人销售）、戒毒药品、终止妊娠药品、蛋白同化制剂、肽类激素（胰岛素除外）、含特殊药品的复方制剂、药品类易制毒化学品、疫苗、胃肠动力药西沙必利，以及法律法规规定的其他不得在零售企业经营的药品。

【议一议】

为什么对处方药的销售管理比非处方药管理严格，具体体现在哪些方面？

活动三　销售凭证的管理

法规链接 >>>

第九十三条　企业销售药品，应当如实开具发票，做到票、账、货、款一致。

第九十四条　企业应当做好药品销售记录。销售记录应当包括药品的通用名称、规格、剂型、批号、有效期、生产厂商、购货单位、销售数量、单价、金额、销售日期等内容。按照本规范第六十九条规定进行药品直调的，应当建立专门的销售记录。

中药材销售记录应当包括品名、规格、产地、购货单位、销售数量、单价、金额、销售日期等内容；中药饮片销售记录应当包括品名、规格、批号、产地、生产厂商、购货单位、销售数量、单价、金额、销售日期等内容。

第一百七十一条　企业销售药品应当开具销售凭证，内容包括药品名称、生产厂商、数量、价格、批号、规格等，并做好销售记录。

为了规范企业药品经营行为，加强对药品销售活动的监督管理，对售出药品进行有效的质量追踪，GSP 要求药品批发企业销售部门负责建立药品的销售记录。企业销售药品应打印销售凭证，内容包括药品名称、生产厂商、数量、价格、规格等，并作好销售记录。销售记录内容见表 10-8。

表 10-8　药品销售记录

编号：　　　　　　　　　　　　类别：处方药　　　　　　　　　　业务员：

销售日期	通用名称	商品名称	剂型	规格	批号	有效期	销售数量	生产企业	购货单位	单价	金额合计	备注

销售凭证的填制必须清楚，字体规范内容完整、真实；必须定期对药品销售记录进行备份保存；药品销售记录应当至少保存 5 年；药品销售记录应当与出库信息一致。

在药品销售过程中伴随着大量凭证和记录的流转，作为 GSP 软件管理的一部分，药品经营企业应加强销售凭证管理，建立明确规定销售凭证的流转程序与交接手续制度并严格执行，使凭证的印刷、领用、保管规范化、制度化，确保凭证迅速、准确、畅通的传递，防止凭证的流散和丢失。

中药材销售记录应当包括品名、规格、产地、购货单位、销售数量、单价、金额、销售日期等内容；中药饮片销售记录应当包括品名、规格、批号、产地、生产厂商、购货单位、销售数量、单价、金额、销售日期等内容。需要注意的是由于中药材、中药饮片的特殊性，销售记录必须注明产地。进行药品直调的，应当建立专门的销售记录。

任务二　药品拆零销售及特殊管理药品的销售

1. 掌握药品拆零的相关管理。
2. 掌握特殊药品的管理规定。

活动一　药品拆零销售管理

法规链接 >>>

第一百七十二条　药品拆零销售应当符合以下要求：

（一）负责拆零销售的人员经过专门培训；

（二）拆零的工作台及工具保持清洁、卫生，防止交叉污染；

（三）做好拆零销售记录，内容包括拆零起始日期、药品的通用名称、规格、批号、生产厂商、有效期、销售数量、销售日期、分拆及复核人员等；

（四）拆零销售应当使用洁净、卫生的包装，包装上注明药品名称、规格、数量、用法、用量、批号、有效期以及药店名称等内容；

（五）提供药品说明书原件或者复印件；

（六）拆零销售期间，保留原包装和说明书。

一、药品拆零的概念

药品拆零是指零售药店在销售中，将最小销售单元拆开以便于销售，而且拆开的包装已不能完整反映药品的名称、规格、用法、用量、有效期等全部内容。药品拆零应根据药品最小包装单元的情况来决定。

药品的最小包装单元一般是瓶、盒、复合膜袋、安瓿、铝塑泡罩板等直接接触药品的最小包装单元。药品的最小销售单元，有两种不同的情况：第一种情况：如果销售的药品是以瓶、盒、袋为单位销售的，且包装上按规定印有或贴有标签并附有说明书的，应不属拆零。

包装盒（袋）内按每次或每日剂量分包（袋）包装者，且每小包（袋）印有或贴有使用说明，可以以小包（袋）为销售单元销售的，亦可不算拆零。

例：罗红霉素胶囊，其规格为 150mg×6 粒×1 板，内包装为铝塑泡罩板，外包装为纸盒，内附药品说明书。如以盒为最小包装单元销售，已能完整反映药品的名称、规格、用法、用量、有效期等全部内容，应不属拆零。

第二情况：即破坏以瓶、盒、袋包装，以片、粒、支为单位进行销售，此类情况，以片剂、胶囊最为多见，已不能完整反映药品的名称、规格、用法、用量、有效期等全部内容，则必须按药品拆零进行管理。

同样以罗红霉素胶囊为例：其规格为150mg×6粒×1板，如在销售时，取其1粒至5粒，以粒为单位进行销售，破坏了其最小包装单元，已不能完整反映药品的名称、规格、用法、用量、有效期等全部内容，则必须按药品拆零进行管理。

二、药品拆零的情况

药品拆零应在保证药品质量的前提下，以方便人民群众用药，方可拆零销售。

一般来讲，无论是瓶装、铝塑泡罩板装、袋装的片剂、胶囊，在遵循以上原则的基础上是可以进行拆零销售的。

颗粒剂、液体制剂类，其最小包装是不允许破坏而拆零销售的。

丸剂、安瓿或塑料管装的口服液，在用量和最小包装的装量上，一般以一日至三日用量为多见，通常情况是以盒为单位销售，不会破坏其最小包装单元。

软膏之类的，现通常以支为单位，外面有纸盒包装，内附说明书。销售时也不存在破坏最小包装单元的情况，均以支为单位进行销售，也应不属拆零药品的范畴。

注射剂，多数是以5~10支为计量单位用瓦楞纸盒包装的，内附说明书，如果以盒为单位销售，没有破坏其最小包装单元，当不属拆零。如果取其几支销售，则应属拆零销售的范畴。

个别药品则以支为单位，外面用纸盒包装，内附说明书，此类情况一般是以支为单位进行销售的，不会破坏其最小包装单元，应不属拆零销售范畴。

50ml以上的瓶装注射液，通常情况下，没有中包装，而是以15~20瓶用纸箱进行大包装的。一般是以瓶为单位进行销售，此类情况，其标签上的内容，符合《药品包装、标签和说明书管理规定》，而且在包装箱内附有等量的药品使用说明书，能完整反映药品的名称、规格、用法、用量、有效期等全部内容，亦可不按拆零药品销售管理。

需避光、易潮解、易氧化等药品不应采取拆零销售的方式。

三、药品拆零的注意事项

药品拆零应注意如下事项：

1. 拆零药品的储存环境：必须设立拆零药品销售专柜，拆零药品集中存放，并由专人管理。备好销售必备的工具，如药匙、包装袋等，并保持清洁卫生。

2. 拆零药品应保留最小包装单元的包装，至销售完为止，并做好拆零记录。

3. 出售拆零药品时，应在药袋上写明姓名、药品名称剂型、用法、用量等内容，并向顾客交待清楚注意事项。

4. 拆零药品应做好拆零记录，拆零记录一般应包括以下项目：拆零起止日期、品名、剂型、规格、批号、有效期、剩余数量、生产企业、质量状况、经手人等。从开始拆零至销售完毕或有质量问题拆柜。

5. 建立必须的养护检查制度，防止拆零药品因光线、空气、湿度、温度等引起药品变质。由于药店店堂陈列环境可能不完全适宜药品储存条件的要求，因此必须按月检查陈列药品的质量以随时发现可能出现的问题。对拆零药品至少每半月要检查一次。并按规定作好检查记录。如有变质现象发生，立即撤柜，并按相关管理程序予以处理。

6. 企业要建立相关的规程和制度。拆零销售记录见表 10-9。

表 10-9　拆零销售记录

编号：

类别：OTC

<table>
<tr><td colspan="2">药品通用名</td><td></td><td colspan="3">商品名</td><td></td><td>规格</td><td></td><td>批号</td><td></td><td rowspan="4">备注</td></tr>
<tr><td colspan="2">生产企业</td><td colspan="5"></td><td>单位</td><td></td><td>有效期</td><td></td></tr>
<tr><td colspan="2">日期</td><td colspan="2">数量</td><td rowspan="2">质量状况</td><td rowspan="2">病人信息</td><td rowspan="2">病情主述</td><td rowspan="2">剩余数量</td><td rowspan="2">分拆人</td><td rowspan="2">复核人</td><td rowspan="2"></td></tr>
<tr><td>拆零日期</td><td>销售日期</td><td>拆零数量</td><td>销售数量</td></tr>
<tr><td></td><td></td><td></td><td></td><td></td><td></td><td></td><td></td><td></td><td></td><td></td><td></td></tr>
<tr><td></td><td></td><td></td><td></td><td></td><td></td><td></td><td></td><td></td><td></td><td></td><td></td></tr>
<tr><td></td><td></td><td></td><td></td><td></td><td></td><td></td><td></td><td></td><td></td><td></td><td></td></tr>
<tr><td></td><td></td><td></td><td></td><td></td><td></td><td></td><td></td><td></td><td></td><td></td><td></td></tr>
</table>

注：OTC 类药品病人信息和病情主述项可不填。

活动二　特殊管理药品的销售

法规链接 >>>

第九十五条　销售特殊管理的药品以及国家有专门管理要求的药品，应当严格按照国家有关规定执行。

第一百七十三条　销售特殊管理的药品和国家有专门管理要求的药品，应当严格执行国家有关规定。

一、特殊药品的概念

特殊药品是指在使用时如果处理不当，会给人体造成巨大伤害的药品，必须对其经营、使用进行严格的监督管理。特殊管理的药品一般分为四类：麻醉药品、精神药品、医疗用毒性药品和放射性药品。

麻醉药品是指连续使用后易产生生理依赖性，能成瘾癖的药品。包括阿片类、可卡因类、大麻类、合成药类及药监部门指定其他易成瘾癖的药品、药用植物及其制剂。

精神类药品是指直接作用于中枢神经系统，使之兴奋或抑制，连续使用能产生依赖性的药品。依据精神药品使人体产生的依赖性和危害人体健康的程度分为第一类和第二类。

医疗用毒性药品是指毒性剧烈、治疗剂量和中毒剂量相近，使用不当会致人中毒或死亡的药品。《医疗用毒性药品管理办法》规定了 39 个品种，分毒性中药品种（28 种）和西药毒药品种（11 种）进行管理。

毒性中药品种包括：①砒石（红砒、白砒）；②砒霜；③水银；④生马钱子；⑤生川乌；⑥生草乌；⑦生白附子；⑧生附子；⑨生半夏；⑩生南星；⑪生巴豆；⑫斑蝥；⑬青娘虫；⑭红娘虫；⑮生甘遂；⑯生狼毒；⑰生藤黄；⑱生千金子；⑲生天仙子；⑳闹羊花；㉑雪上一枝蒿；㉒红升丹；㉓白降丹；㉔蟾酥；㉕洋金花；㉖红粉；㉗轻粉；㉘雄黄。

毒性西药品种包括：①去乙酰毛花苷 C；②洋地黄毒苷；③阿托品；④氢溴酸后马托品；⑤三氧化二砷；⑥毛果芸香碱；⑦升汞；⑧水杨酸毒扁豆碱；⑨亚砷酸钾；⑩氢溴酸东莨菪碱；⑪士的宁。

放射性药品是指用于临床诊断或治疗的放射线核素制剂或者其标记药物。包括裂变制品、推照制品、加速器制品、放射性同位素发生器及其配套药盒、放射性免疫分析药盒等。

二、特殊药品的管理

药品经营企业要建立特殊药品的管理制度，对于特殊管理药品的验收要实行双人验收制度，特殊管理药品的包装、标签或说明书上必须印有规定的标识和警示说明，特殊管理药品的储存要专库或专柜存放，双人双锁保管，专账记录，账物相符。此外，特殊管理药品的购进、销售和运输按国家对特殊管理药品的有关规定办理。

药品零售企业或零售连锁企业的门店，必须建立特殊管理药品的购进、储存、保管和销售的制度；配备特殊管理药品的保管设备，配置存放药品的专柜以及保管用设备、工具等；对特殊管理药品应实行双人验收制度；销售特殊管理药品，应严格按照国家有关规定，凭盖有正规医疗单位公章和医生签章的处方限量供应，销售及复核人员均应在处方上签字或盖章，处方要保存 2 年；对于特殊管理药品的陈列盒储存要按照国家有关规定办理。

对国家有专门管理要求的应在计算机系统内有相应的销售控制措施。国家有规定的，还应检查购买者的身份证，并对其姓名和身份证号码予以登记。

【议一议】

药品拆零销售应该如何管理？

任务三　广告宣传管理

1. 掌握禁止发布广告的药品品种。
2. 掌握药品广告中禁止出现的用语和内容。
3. 了解药品广告审查的相关规定。

活动一 药品广告审查机关和审查依据

法规链接 >>>

第一百七十四条 药品广告宣传应当严格执行国家有关广告管理的规定。

案例阅读

案例一

大连金泉宝山药业集团股份有限公司生产的药品"参蛾温肾口服液"，其功能主治为"温肾助阳。适用于肾阳虚所致神疲乏力，畏寒肢冷，腰膝酸软，尿后余沥的辅助治疗"。广告宣称"服用3天肥大的前列腺开始消肿；服用15天尿路通畅，尿频尿急减轻或消失；服用三付药前列腺症状全部消失，使男性器官二次发育；一次治愈不复发"等。

案例二

黑龙江全鸡药业有限公司生产的药品"天麻追风膏（广告中标示名称：王麻子膏药）"，其功能主治为"追风祛湿，活血通络，散寒止痛。用于风寒湿痹所致的腰腿酸痛、麻木"。广告宣称"一付包治，消炎止痛、酸麻胀痛全部消失；两付包好，迅速消融髓核突出物和关节增生骨刺；一经治愈绝不复发，不开刀不吃药，骨病包治包好"等。

案例三

广州白云山陈李济药厂有限公司生产的药品"活络止痛丸"，其功能主治为"活血舒筋，驱风除湿。用于风湿痹痛，手足麻木酸软"。广告宣称"服用3天颈椎就不疼了；3周后10年的老风湿完全好了；服药90天变硬变形的关节恢复正常，骨病康复行动自如"等。

药品广告是通过各种媒体宣传药品和药品生产、经营企业形象的一种商业广告。药品是特殊的商品，每一种药品都有自己特定的主治功能和特定的使用对象，药品广告的内容对指定合理用药、安全用药起着至关重要的作用。所以，对药品广告内容的审核和监管也更为严格。

药品广告的审查和检察机关是企业所在地省、自治区、直辖市人民政府药品监督管理部门。药品广告需经上述审查机关批准，并取得药品广告批准文号，才能发布。

药品广告审查的科学依据是药品的作用和用途。药品对人体的作用是经过长期的临床实践和严谨的科学实验总结出来的，药品的作用效果最终由国家药品监督管理部门以书面形式载入药品的质量标准中，化学药品一般称适应证，中药一般称功能主治。药品质量标准中的作用是药品广告内容的唯一依据，未经药品监督管理部门批准的药品作用，不能列入广告宣传范围。

在零售药店堂内外进行药品广告宣传时，也应符合国家有关药品广告的法律规定。所有店堂内外的药品灯箱广告均要严格依法进行审批。

活动二　禁止发布广告的药品品种

（一）麻醉药品、精神药品、医疗用毒性药品、放射性药品；

（二）医疗机构配制的制剂；

（三）军队特需药品；

（四）国家食品药品监督管理总局依法明令停止或者禁止生产、销售和使用的药品；

（五）批准试生产的药品。

活动三　药品广告中禁止出现的用语和内容

发布药品广告，应当遵守《中华人民共和国广告法》《中华人民共和国药品管理法》和《中华人民共和国药品管理法实施条例》《中华人民共和国反不正当竞争法》及国家有关法规。处方药可以在国家卫生和计划生育委员会与国家食品药品监督管理总局共同指定的医学、药学专业刊物上发布广告，但不得在大众传播媒介发布广告或者以其他方式进行以公众为对象的广告宣传。不得以赠送医学、药学专业刊物等形式向公众发布处方药广告。

药品广告内容必须真实、准确，不允许有欺骗、夸大情况。药品广告用语应当科学、准确、规范，使消费者易于理解。药品广告内容应当以国家药品监督管理部门批准的说明书为准，不能有以下用语和内容：

1. 药品广告内容涉及药品适应证或者功能主治、药理作用等内容的宣传，应当以国务院食品药品监督管理部门批准的说明书为准，不得进行扩大或者恶意隐瞒的宣传，不得含有说明书以外的理论、观点等内容。

2. 药品广告中必须标明药品的通用名称、忠告语、药品广告批准文号、药品生产批准文号；以非处方药商品名称为各种活动冠名的，可以只发布药品商品名称。

药品广告必须标明药品生产企业或者药品经营企业名称，不得单独出现“咨询热线”“咨询电话”等内容。

非处方药广告必须同时标明非处方药专用标识（OTC）。

药品广告中不得以产品注册商标代替药品名称进行宣传，但经批准作为药品商品名称使用的文字型注册商标除外。

已经审查批准的药品广告在广播电台发布时，可不播出药品广告批准文号。

3. 药品广告中有关药品功能疗效的宣传应当科学准确，不得出现下列情形：

（1）含有不科学地表示功效的断言或者保证的；

（2）说明治愈率或者有效率的；

（3）与其他药品的功效和安全性进行比较的；

（4）违反科学规律，明示或者暗示包治百病、适应所有症状的；

（5）含有“安全无毒副作用”“毒副作用小”等内容的；含有明示或者暗示中成药为“天然”药品，因而安全性有保证等内容的；

（6）含有明示或者暗示该药品为正常生活和治疗病症所必需等内容的；

（7）含有明示或暗示服用该药能应付现代紧张生活和升学、考试等需要，能够帮助提高成绩、使精力旺盛、增强竞争力、增高、益智等内容的；

（8）其他不科学的用语或者表示，如“最新技术”“最高科学”“最先进制法”等。

4. 非处方药广告不得利用公众对于医药学知识的缺乏，使用公众难以理解和容易引起混淆的医学、药学术语，造成公众对药品功效与安全性的误解。

5. 药品广告应当宣传和引导合理用药，不得直接或者间接怂恿任意、过量地购买和使用药品，不得含有以下内容：

（1）含有不科学的表述或者使用不恰当的表现形式，引起公众对所处健康状况和所患疾病产生不必要的担忧和恐惧，或者使公众误解不使用该药品会患某种疾病或加重病情的；

（2）含有免费治疗、免费赠送、有奖销售、以药品作为礼品或者奖品等促销药品内容的；

（3）含有“家庭必备”或者类似内容的；

（4）含有“无效退款”“保险公司保险”等保证内容的；

（5）含有评比、排序、推荐、指定、选用、获奖等综合性评价内容的。

6. 药品广告不得含有利用医药科研单位、学术机构、医疗机构或者专家、医生、患者的名义和形象作证明的内容。

药品广告不得使用国家机关和国家机关工作人员的名义。

药品广告不得含有军队单位或者军队人员的名义、形象。不得利用军队装备、设施从事药品广告宣传。

7. 药品广告不得含有涉及公共信息、公共事件或其他与公共利益相关联的内容，如各类疾病信息、经济社会发展成果或医药科学以外的科技成果。

8. 药品广告不得含有医疗机构的名称、地址、联系办法、诊疗项目、诊疗方法以及有关义诊、医疗（热线）咨询、开设特约门诊等医疗服务的内容。

【议一议】

讨论在生活中遇到的违法药品广告情况。

目标检测

一、单项选择题

1. 药品经营企业销售记录的内容可以不包括（　　）

A. 药品的通用名称、规格、剂型、批号、有效期

B. 生产厂商、购货单位

C. 供货单位

D. 销售数量、销售日期、单价、金额

2. 药品拆零销售记录的内容可以不包括（　　）

A. 购药者姓名、联系方式

B. 药品的通用名称、规格、批号、有效期

C. 分拆及复核人员签名

D. 拆零起始日期、销售数量、销售日期

3. 企业在营业场所内的行为不正确的是（　　）

A. 免费测量血压

B. 设置顾客意见簿

C. 公布企业投诉电话，未公布药品监督管理部门的监督电话

D. 设置饮水机

4. 药品经营企业发现已售出药品有严重质量问题，应当采取的措施可以不包括（　　）

A. 立即通知购货单位停售

B. 追回售出的药品并做好记录

C. 将追回药品抽样送所在地药品检验机构检验

D. 向药品监督管理部门报告

5. 药品零售企业经营过程中，以下哪项是错误的（　　）

A. 销售中药饮片应符合炮制规范，并做到计量准确

B. 正确介绍药品，不得虚假夸大、误导顾客

C. 不能在营业店堂内进行药品的广告宣传，有促销之嫌

D. 应该按国家有关药品不良反应报告制度，做好药品不良反应工作

二、多项选择题

1. 药品零售企业应当在营业场所的显著位置悬挂的是（　　）

A. 营业执照　　B. 执业药师注册证

C. 组织机构代码证　　D. 税务登记证

E. 药品经营许可证

2. 药品经营企业，销售处方药时要做到（　　）

A. 处方经执业药师审核后方可调配

B. 对处方所列药品不得擅自更改或者代用

C. 对有配伍禁忌或者超剂量的处方，应当拒绝调配

D. 调配处方后经过核对方可销售

E. 处方保存需用原件，不可用复印件代替

3. 关于特殊管理药品，以下哪些内容是正确的（　　）

A. 特殊管理药品一般包括麻醉药品、精神药品、医疗用毒性药品和放射性药品

B. 销售特殊管理药品，应凭医疗单位处方

C. 特殊管理药品的储存要专库或专柜存放，双人双锁保管，专账记录，账物相符

D. 国家对特殊管理药品的购进、销售和运输管理有特殊的规定

E. 必须建立特殊管理药品的购进、储存、养护和销售的制度

三、简答题

1. 简述特殊管理药品的种类及管理要求。

2. 禁止发布广告的药品品种有哪些？

【技能训练一】

模拟填写处方药登记销售记录（表 10-10）。

表 10-10　处方药登记销售记录

编号：　　　　　　　　　　　　　　　　类别：　　　　　处方药销售员：

购药日期	药品名称规格	批号	数量	患者姓名	性别	年龄	联系方式	诊断结论	使用风险告知	审方人	配方人	复核人	备注

【技能训练二】

模拟填写拆零销售记录（表 10-11）。

表 10-11　拆零销售记录

类别：OTC　　　　　　　　　　　　　　　　　　　　编号：

<table>
<tr><td colspan="2">药品通用名</td><td colspan="2"></td><td colspan="2">商品名</td><td></td><td>规格</td><td></td><td>批号</td><td></td><td rowspan="4">备注</td></tr>
<tr><td colspan="2">生产企业</td><td colspan="5"></td><td>单位</td><td></td><td>有效期</td><td></td></tr>
<tr><td colspan="2">日期</td><td colspan="2">数量</td><td rowspan="2">质量状况</td><td rowspan="2">病人信息</td><td rowspan="2">病情主述</td><td rowspan="2">剩余数量</td><td rowspan="2">分拆人</td><td rowspan="2">复核人</td><td rowspan="2"></td></tr>
<tr><td>拆零日期</td><td>销售日期</td><td>拆零数量</td><td>销售数量</td></tr>
<tr><td></td><td></td><td></td><td></td><td></td><td></td><td></td><td></td><td></td><td></td><td></td><td></td></tr>
<tr><td></td><td></td><td></td><td></td><td></td><td></td><td></td><td></td><td></td><td></td><td></td><td></td></tr>
<tr><td></td><td></td><td></td><td></td><td></td><td></td><td></td><td></td><td></td><td></td><td></td><td></td></tr>
<tr><td></td><td></td><td></td><td></td><td></td><td></td><td></td><td></td><td></td><td></td><td></td><td></td></tr>
</table>

注：OTC 类药品病人信息和病情主述项可不填。

（宋凯凯）

项目十一　出库与配送管理

任务一　药品的出库管理

1. 掌握药品的出库管理。
2. 掌握直调药品的相关管理，能够填写直调药品申请表。

法规链接 >>>

第九十六条　出库时应当对照销售记录进行复核。发现以下情况不得出库，并报告质量管理部门处理：

（一）药品包装出现破损、污染、封口不牢、衬垫不实、封条损坏等问题；

（二）包装内有异常响动或者液体渗漏；

（三）标签脱落、字迹模糊不清或者标识内容与实物不符；

（四）药品已超过有效期；

（五）其他异常情况的药品。

第九十七条　药品出库复核应当建立记录，包括购货单位、药品的通用名称、剂型、规格、数量、批号、有效期、生产厂商、出库日期、质量状况和复核人员等内容。

第九十八条　特殊管理的药品出库应当按照有关规定进行复核。

第九十九条　药品拼箱发货的代用包装箱应当有醒目的拼箱标志。

第一百条　药品出库时，应当附加盖企业药品出库专用章原印章的随货同行单（票）。企业按照本规范第六十九条规定直调药品的，直调药品出库时，由供货单位开具两份随货同行单（票），分别发往直调企业和购货单位。随货同行单（票）的内容应当符合本规范第七十三条第二款的要求，还应当标明直调企业名称。

第一百零一条　冷藏、冷冻药品的装箱、装车等项作业，应当由专人负责并符合以下要求：

（一）车载冷藏箱或者保温箱在使用前应当达到相应的温度要求；

（二）应当在冷藏环境下完成冷藏、冷冻药品的装箱、封箱工作；

（三）装车前应当检查冷藏车辆的启动、运行状态，达到规定温度后方可装车；

（四）启运时应当做好运输记录，内容包括运输工具和启运时间等。

第一百零二条　对实施电子监管的药品，应当在出库时进行扫码和数据上传。

活动一　出库检查与复核

药品的出库检查与复核管理制度是为了规范药品出库复核管理工作，确保医疗机构使用的药品符合质量标准，杜绝不合格药品流出。对药品出库的原则、药品出库的质量检查与校对的内容、出库复核记录及其管理、相关人员的责任等都要明确下来。药品出库时，要着重规范以下几个方面：

1. 在库药品应按先产先出、近期先出、按批号发货的原则出库。如“先产先出”与“近期先出”出现矛盾时，应优先遵循“近期先出”的原则。

2. 库管人员发货完毕后，在发货单上签字，将货交给复核员复核。复核员应按发货清单逐一核对品种、批号，对实物及包装进行质量检查和数量、项目的核对。做到出库药品质量合格且货单相符。复核项目应包括：品名、剂型、规格、数量、生产厂商、批号、生产日期、有效期、发货日期等项目，核对完毕后应填写出库复核记录（见表 11-1）。麻醉药品、一类精神药品、医疗用毒性药品等特殊药品出库时应双人复核。出库检查与复核记录应保存不少于 5 年。

3. 药品拼箱发货使用的代用包装箱，应当有醒目的拼箱标志。

4. 药品出库时，应当附随货同行单（票）（见表 11-2），并加盖企业药品出库专用章原印章。

表 11-1　药品出库复核记录　　编号：

序号	出库日期	购货单位	通用名称	商品名称	剂型	规格	数量	批号	有效期至	生产企业	保管员	质量情况	复核人	备注

表 11-2　药品销售随货同行

[redacted]公司销售随货同行单　　仓库：西药库

单位：[redacted]　　日期：2014-09-15　07:52:45　挂账　　编号：[redacted]

商品全称	生产厂商	单位	数量	规格	剂型	批号	有效期至	单价	金额	批准文号	质量
利巴韦林颗粒	中国药科大学制药有限公司	盒	11	50mg×20d	颗粒剂	140319	2016-03	2. 20	24. 20	国药准字 H2004	合格
盐酸二氧丙嗪片	丹东医创药业有限责任公司	瓶	11	5mg×100 片	片剂	140102	2016-12	1. 90	20. 90	国药准字 H2102	合格
氯芬黄敏片	华懋双汇实业（集团）	盒	20	30s	片剂	140707	2016-06	1. 70	34. 00	国药准字 H4102	合格
本页小计	¥79. 10										
合　计	金额大写：壹佰玖拾贰元整						总计：192. 00				

业务员：[redacted]　　发货人：　　复核人：　　操作员：[redacted]　　提货人：　　第 1 页共 2 页

无质量问题概不退货　　第 1 次打印　　业务电话：[redacted]

5. 对实施电子监管的药品，在出库时应当进行扫码和数据上传。

6. 冷藏、冷冻药品装箱、装车作业时，应由专人负责。应当在冷藏环境下完成冷藏、冷冻药品的装箱、封箱工作；装车前检查车载冷藏箱或者保温箱是否达到相应的温度要求；采用冷藏车的，装车前应当检查冷藏车辆的启动、运行状态，达到规定温度后方可装车；启运时应当作好运输记录，内容应当包括运输工具和启运时间等。

要求：随货同行单（票）应当包括供货单位、生产厂商、药品的通用名称、剂型、规格、批号、数量、收货单位、收货地址、发货日期等内容，并加盖供货单位药品出库专用章原印章。

7. 出库复核与检查中，复核员如发现以下问题应停止发货，并按规定及时报告质量管理部门处理，相关记录格式见表 11-3。

（1）药品包装内有异常响动和液体渗漏。

（2）外包装出现破损、封口不牢、衬垫不实、封条严重损坏等现象。

（3）包装标识模糊不清或脱落。

（4）药品已超出有效期。

表 11-3　药品质量信息反馈单

编号：

<table>
<tr><td>商品名称</td><td>通用名称</td><td>规格</td><td>单位</td><td>数量</td><td>批号</td><td>供货单位</td><td>生产企业</td></tr>
<tr><td></td><td></td><td></td><td></td><td></td><td></td><td></td><td></td></tr>
<tr><td colspan="8">质量情况：
反馈人：　　　　日期：</td></tr>
<tr><td colspan="8">反馈部门意见：
负责人：　　　　日期：</td></tr>
<tr><td colspan="8">质量管理部门意见：
经办人：　　　　日期：</td></tr>
<tr><td colspan="4">主管领导意见：
签字：　　　　日期：</td><td colspan="4">处理结果追踪：
质管部：　　　　日期：</td></tr>
</table>

8. 下列药品不得出库：

（1）过期失效、霉烂变质、虫蛀、鼠咬及淘汰药品；

（2）内包装破损的药品；

（3）瓶签（标签）脱落、污染、模糊不清的品种；

（4）怀疑有质量变化，未经质量管理部门明确质量状况的品种；

（5）有退货通知或药监部门通知暂停使用的品种。

出库复核应把握的要点为：

（1）整件药品的复核，应注意检查包装的完好性。

（2）拼箱药品应逐品种、逐批号对照销售记录进行复核，复核无误后，在拼箱内附随货同行票据并封箱。

(3) 药品拼箱应有醒目的拼箱标记，防止发运差错。

(4) 出库复核记录中必须标明质量状况，并由复核人签章。

【议一议】

药品的出库检查应注意哪些问题?

活动二 直调药品的管理

直调药品是指将已购进的药品不入本企业仓库，从供货单位直接发送到本企业购买同一药品的购货单位。

直调药品的方式分为“厂商直调”和“商商直调”两种。厂商直调即本企业将经营药品从药品生产厂家直接发运至药品购进单位的经营形式；商商直调即本企业将经营药品从药品经营企业直接发运至药品购进单位的经营形式。

一、药品直调原则

1. 一般情况下不允许直调。

2. 在以下特殊情况下，由业务部申请，公司负责人批准后，方可进行直调。

①急救、救灾等特殊情况；

②客户紧急调货；

③客户购用药品批量大，避免上下车中转，为降低人力、物力、财力消耗时；

④储运条件要求高，避免路途重复运输，减少中转次数。

二、药品直调程序

1. 直调申请 销售人员根据销售业务的需要，与药品采购人员协商并拟定供货单位后，提出药品直调申请，填制“直调药品申请表”(表 11-4)，交业务部经理签署意见转质量管理部审核。质量管理部对供货单位质量信誉及直调品种进行审查并签署具体意见后报总经理或质量负责人审批。需要注意的是供货单位必须是经本公司确认的合格供货方，且近一年内无违规生产或经营记录和经销假劣药品的行为。首营企业或为首营品种，不得进行药品直调的操作。购货单位必须是证照齐全的合法企业或单位。

表 11-4 直调药品申请表

<table>
<tr><td>申请直调原因</td><td></td><td>申请人</td><td></td></tr>
<tr><td>供货方</td><td></td><td>是否进行资质审核</td><td>是□ 否□</td></tr>
<tr><td>收货方</td><td></td><td>是否进行资质审核</td><td>是□ 否□</td></tr>
<tr><td>申请部门经理</td><td></td><td>质管部意见</td><td></td></tr>
<tr><td>质量负责人</td><td>同意□ 不同意□
签字：</td><td>总经理</td><td>同意□ 不同意□
签字：</td></tr>
<tr><td colspan="4">拟直调品种信息</td></tr>
<tr><td>序号</td><td>品名</td><td>规格</td><td>厂牌</td></tr>
<tr><td></td><td></td><td></td><td></td></tr>
</table>

申请人： 申请日期：

2. 直调采购　采购人员根据总经理或质量负责人批准的“直调药品申请表”所列供货单位和药品进行采购，并与供货单位签订明确双方质量责任的质量保证协议书。

3. 直调验收　采购人员应将具体到货时间及时通知质量部，由质量部安排到场验收。如质量部不能派员到场验收，应事先与接收单位签订药品直调委托验收协议，由委托单位进行验收，并作好验收记录。经验收合格的药品方可发货。

4. 直调记录　业务部必须根据验收记录作好直调药品的购进记录和销售记录。如果是委托验收的，还应保留加盖被委托单位质量管理部印章的验收记录。记录应保存至超过药品有效期 1 年，但不得少于 3 年。

5. 直调档案　建立药品直调档案，内容包括直调申请表、直调药品购销记录、直调药品验收记录、药品直调委托验收协议等。

任务二　药品的运输管理

学习目标

1. 掌握冷链药品运输管理。
2. 掌握委托运输的相关管理，能够拟定药品委托运输协议。
3. 熟悉常用的药品运输方式、方法和运输工具，能够根据实际情况合理安排药品的运输。
4. 熟悉危险药品及特殊管理药品的运输管理。

法规链接 >>>

第一百零三条　企业应当按照质量管理制度的要求，严格执行运输操作规程，并采取有效措施保证运输过程中的药品质量与安全。

第一百零四条　运输药品，应当根据药品的包装、质量特性并针对车况、道路、天气等因素，选用适宜的运输工具，采取相应措施防止出现破损、污染等问题。

第一百零五条　发运药品时，应当检查运输工具，发现运输条件不符合规定的，不得发运。运输药品过程中，运载工具应当保持密闭。

第一百零六条　企业应当严格按照外包装标示的要求搬运、装卸药品。

第一百零七条　企业应当根据药品的温度控制要求，在运输过程中采取必要的保温或者冷藏、冷冻措施。运输过程中，药品不得直接接触冰袋、冰排等蓄冷剂，防止对药品质量造成影响。

第一百零八条　在冷藏、冷冻药品运输途中，应当实时监测并记录冷藏车、冷藏箱或者保温箱内的温度数据。

第一百零九条　企业应当制定冷藏、冷冻药品运输应急预案，对运输途中可能发生的设备故障、异常天气影响、交通拥堵等突发事件，能够采取相应的应对措施。

第一百一十条　企业委托其他单位运输药品的，应当对承运方运输药品的质量保障能力进行审计，索取运输车辆的相关资料，符合本规范运输设施设备条件和要求的方可委托。

第一百一十一条 企业委托运输药品应当与承运方签订运输协议，明确药品质量责任、遵守运输操作规程和在途时限等内容。

第一百一十二条 企业委托运输药品应当有记录，实现运输过程的质量追溯。记录至少包括发货时间、发货地址、收货单位、收货地址、货单号、药品件数、运输方式、委托经办人、承运单位，采用车辆运输的还应当载明车牌号，并留存驾驶人员的驾驶证复印件。记录应当至少保存5年。

第一百一十三条 已装车的药品应当及时发运并尽快送达。委托运输的，企业应当要求并监督承运方严格履行委托运输协议，防止因在途时间过长影响药品质量。

第一百一十四条 企业应当采取运输安全管理措施，防止在运输过程中发生药品盗抢、遗失、调换等事故。

第一百一十五条 特殊管理的药品的运输应当符合国家有关规定。

活动一 药品的运输方式、方法和工具

药品的运输应遵循“及时、准确、安全、经济”的原则，遵照国家有关商品运输的各项规定，规范药品运输行为，合理地组织运输工具和力量，实现物流的畅通，确保药品运输质量，把药品安全、及时地运达目的地。为此，企业应制定药品运输的质量管理制度，执行运输操作规程，注意以下几个方面：

1. 企业要配备与经营规模相适应的，并符合药品质量要求的运输设备，如冷藏箱、干冰等。

2. 发运药品要按照“及时、准确、安全、经济”的原则，根据商品流向、运输线路条件和运输工具状况、时间长短及运输费用高低进行综合研究，在药品能安全到达的前提下，选择最快、最好、最省的运输方法，努力压缩待运期。

3. 药品发货前必须检查药品的名称、剂型、规格、单位、数量是否与随货通行发票相符，有无液体药品与固体药品合并装箱的情况，包装是否牢固和有无破漏，衬垫是否妥实，包装大小重量等是否符合运输部门的规定。

4. 填制运输单据，应做到字迹清楚，项目齐全，严禁在单据上乱签乱划。发运药品应按每个到站和每个收货单位分别填写运输交接单，也可用发货票的随货同行联代替。发送多个单位拼装成一车的必须分别给收货单位填写运输交接单，在药品包装上应加明显区别标志。

5. 在装车前尚须按发运单核对发送标志和药品标志有无错漏，件数有无差错，运输标志选用是否正确，然后办好运输交接手续，做出详细记录，并向运输部门有关人员讲清该批号药品搬运装卸的注意事项。

6. 装卸药品应轻拿轻放，严格按照外包装图示标志要求堆放和采取保护措施，防止重摔，液体药品不得倒置。如发现药品包装破损，污染或影响运输安全时，不得发运。

7. 对温度有要求的药品，必须装入冷藏箱，或采取保温措施。

8. 药品应标识清晰，包装牢固，数量准确，堆码整齐，不得将药品倒置，侧放，

怕压药品要控制堆放高度。

9. 拼箱药品的标签应粘贴牢固，操作过程中不得脱落。

10. 药品在途中运输和堆放站台时，还必须采取防止日晒雨淋措施，以免药品受潮湿、光、热的影响而变质。

11. 药品运输过程中，要针对运送药品的包装条件及道路状况，采取相应措施，防止药品的破损和混淆。

一、药品的运输方式和方法

运输方式主要有铁路、水路、公路和航空。铁路运输能力强，运行速度快，运费低廉，运输安全可靠、风险小，适合大批量、远程的运输。水路运输运费低廉，运载量大，但运输速度慢，药品在途时间长。公路运输方便迅速，便于门对门的运输，减少药品流转，但是公路运输运量小，运输成本相对较高，不宜用于大批量的跨省市调拨药品运输。航空运输速度快，但成本高，只适合在特殊情况下对贵重药品、抢救、救灾或政府指令的药品运输。

运输方法一般有自运和托运两种。市内送货、区域性运输、车站码头集散以自运为主。长途大批量的调拨运输以托运为主。

二、药品的运输工具

1. 运输药品应当使用封闭式货物运输工具。对储存、运输设施设备要定期检查、清洁和维护，应当由专人负责，并建立记录和档案。

2. 运输冷藏、冷冻药品的冷藏车及车载冷藏箱、保温箱应当符合药品运输过程中对温度控制的要求。冷藏车具有自动控制温度、现实温度、存储和读取温度检测数据的功能。冷藏箱及保温箱具有外部显示和采集箱体内温度数据的功能。

3. 企业应当对冷库、储存温湿度检测系统以及冷藏运输等设施设备进行使用前验证、定期验证及停用时间超过规定时限的验证。

运输药品时，应当根据药品的包装、质量特性并针对车况、道路、天气的因素，选用适宜的运输工具，采取相应措施防止出现破损、污染等问题。并根据运输路途的距离，规定相应的运输时间，运输方式及防护措施。发运药品时，应当检查运输工具，发现运输条件不符合规定的，不得发货。

活动二　冷链药品运输管理

一、相关概念

1. 冷藏药品　是指对药品贮藏、运输有冷处、冷冻等温度要求的药品。

2. 冷处　是指温度符合 2～10℃的贮藏运输条件。除另有规定外，生物制品应在 2～8℃避光贮藏、运输。

3. 冷冻　是指温度符合－2℃及以下的贮藏、运输条件。

4. 冷链　是指冷藏药品等温度敏感性药品，从生产企业成品库到使用前的整个储存、流通过程都必须处于规定的温度环境下，以保证药品质量的特殊供应链管理系统。

冷库内温湿度自动监控系统至少每 10 分钟自动记录一次温湿度的实际数值，数据应真实、完整、准确、有效、可读取，各测点数据通过网络自动传送，记录至少保存 5 年。

5. 控温系统 包括主动控温系统和被动控温系统。主动控温系统：是指带有机电仪表元器件控制温度的设施设备，通过程序运行来调节、控制药品的贮藏、运输温度在设定的范围内。被动控温系统：是指通过非机电式方法控制温度的设备，如保温箱等。

二、冷藏药品温度控制和监测管理

1. 冷藏药品应进行 24 小时连续、自动的温度记录和监控，温度记录间隔时间设置不得超过 10 分钟/次。

2. 冷库内温度自动监测布点应经过验证，符合药品冷藏要求。

3. 自动温度记录设备的温度监测数据可读取存档，记录至少保存 5 年。

4. 温度报警装置应能在临界状态下报警，应有专人及时处置，并作好温度超标报警情况的记录。

5. 制冷设备的启、停温度设置：冷处应在 3~7℃，冷冻应在-3℃以下。

6. 冷藏车在运输途中应使用自动监测、自动调控、自动记录及报警装置，对运输过程中进行温度的实时监测并记录，温度记录时间间隔设置不超过 10 分钟，数据可读取。温度记录应当随药品移交收货方。

7. 采用保温箱运输时，根据保温箱的性能验证结果，在保温箱支持的、符合药品贮藏条件的保温时间内送达。

8. 应按规定对自动温度记录设备、温度自动监控及报警装置等设备进行校验，保持准确完好。

三、冷藏药品运输管理

1. 装载冷链药品前，冷藏车、箱应预冷至符合规定的温度范围内。

2. 发货时应检查冷链运输、储存设备温度，并进行记录。采用冷藏箱、保温箱运输时，箱体上应注明储存条件、特殊注意事项或运输警示。

3. 采用冷藏车运输冷藏药品时，应根据冷藏车标准装载药品。

4. 应制定冷藏药品发运程序。发运程序内容包括出运前通知、出运方式、线路、联系人、异常处理方案等。

5. 运输人员出行前应对冷藏车及冷藏车的制冷设备、温度记录显示仪进行检查，要确保所有的设施设备正常并符合温度要求。在运输药品过程中，运载工具应当保持密闭。

6. 采用冷藏车运输时，应至少有 2 个温度记录仪随货发运；采用冷藏（保温）箱运输时，每种规格的冷藏箱中应至少放置 1 个温度记录仪随货发运。温度记录仪应摆放在所记录的温度数据具有代表性的位置。运输过程中，药品不得直接接触冰袋、冰排等蓄冷剂，防止对药品质量造成影响。

法规链接 >>>

《附录 1》

第五条 储存、运输过程中，冷藏、冷冻药品的码放应当符合以下要求：

如回单未取得客户真实有效签章，或无法在30日内将回单交回甲方，则乙方应向甲方支付等同于该批药品发票含税金额的违约金，且由此产生的甲方与客户之间的争议对甲方所造成的全部损失由乙方向甲方承担。

6. 甲方托运的货物仅限于附件所列地区，超出上述区域的，乙方可拒绝承运，未经甲方同意，不得以任何理由将货物发往其他地域。运输价格（包括提货市内运输费、保险费及其他各种费用）详见附件。

7. 乙方应根据甲方要求将收货单位需要退回甲方的药品及时运送至甲方指定的地点，本项产生的费用由甲方承担。

8. 甲方委托运输货物中，有部分为医院紧缺、供应紧张的紧俏药品。为确保人民群众的基本用药需求，对于这部分紧俏药品，乙方在此承诺严格做到零破损送货。

甲方将在紧俏药品外包装上张贴黄色警示标志，提醒乙方谨慎运输。凡乙方未能履行前述承诺，出现破损的，应按照破损药品货值10倍向甲方支付赔偿金。一经出现紧俏药品运输破损的，甲方有权取消乙方全部或部分省份的承运资格。

9. 乙方完成每次运输业务后应将运输费发票与送货回单30日内交给甲方，甲方应在该业务发生当月底或次月初付款。

为确保运输质量，自本协议签订起甲方对乙方运输员可以视情况进行药品运输知识的培训。

甲方承诺，向乙方支付的款项中现金比例不低于50%（包括电汇等形式支付的现金）。甲方逾期付款，应按所逾期金额万分之三的标准乘以逾期天数向乙方支付违约金，逾期付款30日以上，乙方有权单方面解除本合同并要求甲方支付上述违约金。

10. 本协议自　　年　月　日至　　年　月　日有效，到期后双方可以以书面方式续签本协议，本协议相关附件应加盖双方骑缝章。

11. 本协议一式两份，如发生争议，双方应友好协商解决，协商不成则交由甲方所在地人民法院管辖。

甲方（盖章）：　　　　　　　　乙方（盖章）：

经办人：　　　　　　　　　　　经办人：

签订日期：　　年　月　日　　　签订日期：　　年　月　日

【议一议】

讨论签订药品委托运输协议需要注意哪些方面的问题。

活动四　危险药品和特殊管理药品运输管理

危险药品除按一般药品运输的要求办理外，还必须严格遵照交通部《危险货物运输规则》的各项规定，做好安全运输工作。危险药品发运前，应检查包装是否符合危险货物包装表的规定及品名表中的特殊要求，箱外有无危险货物包装标志，然后按规定办好托运、交付等工作。装车、装船时，应严格按照“危险货物配装表”规定的要求办理。在装卸过程中，不能摔碰、拖拉、摩擦、翻滚，搬运时要轻拿轻放，严防包装破损。汽车运输必须按当地公安部门指定的路线、时间行驶，保持一定车距，严禁超速、超车和抢行会车。

发运特殊管理的药品必须按照《麻醉药品管理办法》《麻醉药品国内运输管理办法》《精神药品管理办法》《医疗用毒性药品管理办法》等规定办理，应尽量采用集装箱或快件方式，尽可能直达运输，减少中转环节。办理托运（包括邮寄）麻醉药品、精神药品应在货物运单上写明具体名称，发货人在记事栏内加盖“麻醉药品或精神药品专用章”，缩短在车站、码头、现场存放时间，采用密闭式运输工具。铁路运输不得使用敞车，水路运输不得配装舱面，公路运输应当覆盖严密，捆扎牢固。运输途中如有丢失，必须认真查找，并立即报当地公安机关和药品监督管理部门。

任务三　药品的配送管理

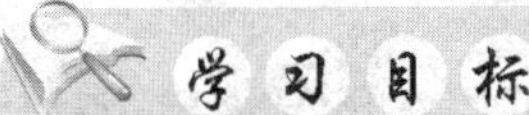

1. 掌握连锁药店的门店配送流程，熟悉配送中心的工作任务。
2. 熟悉国家基本药物的配送流程。

药品配送就是指专业的医药物流公司通过招投标且在中标以后负责其区域内的卫生单位中标药品的配送工作。这里主要介绍两种药品配送的情况：一是国家基本药物的配送；二是连锁药店的门店要货配送。

活动一　国家基本药物的配送管理

新医改和国家基本药物制度，要求集中配送中标药品。这对医药流通企业来说既是一次挑战也是一次机遇，它能够倒逼医药流通企业积极提高自身实力，在优胜劣汰的基础上，能够把企业做大、做强，以适应现代医药体系的要求。深化基本药物集中配送对医药商业发展起到的积极和实效的促进作用主要体现在：

一是指导企业做大做强。按照新医改和基本药物制度要求，逐步实现集中采购和集中配送。为扩大配送能力、提高服务效率、加强市场布局，医药商业在加强自身配送实力时，为实现网络下沉和延伸，必将通过资产投入、网络建设等渠道开办子、分公司，实现扩大网络、强大销售、做大规模、壮大实力的目的。

二是促进企业网络发展。基本药物集中配送要求各医疗机构对本县区卫生主管部门选定的配送企业无条件开户，医药商业市场网络必将因此得到发展空间，特别是获得配送权的医药商业，对先前难以进入的医疗机构，其进入成本将大大降低，效率会大大提高。

三是优化企业品种结构。目前取得配送权的医药商业大多是以批发流通和零售市场的普药品种经营为主，强调的是大量、快速销售。在医疗机构网络规模扩大后，基本药物和增补药物的品类和数量也因此大幅增加，医药商业必然寻求更多品种生产厂家和供应商的业务联系，重点加强临床用药的采购，从而对品种经营范围和结构提出了新的要求，促进了对医药商业的品种结构优化。

四是提高企业经营和管理水平。新医改和基本药物制度强调集中配送，对配送企业的效率、能力、经营和管理提出了更高要求。在基本药物的集中配送中，医药商业必然要针对医疗机构药物配送进行流程优化、组织调整、市场整合、财务梳理、员工教育，通过规范管理体制、优化业务流程，严格 GSP 操作，提升员工素质，医药流通企业的管理能力将得到显著提高。

五是引领现代物流建设。物流是国家十大产业振兴规划之一，现代物流是今后医药商业一个重要的发展方向，各个省市在配送企业选择中都对现代物流条件赋予了重要的打分权重。医改政策和基本药物配送需要医药经营企业具备更为现代的物流条件，同时现行版 GSP 标准也加强了对现代医药物流硬件要求的规定，过去那种租一个仓库，摆两台电脑，买几台车辆、招几十个员工搞医药批发的局面将一去不返。

国家药品政策改革目标是建立以国家基本药物制度为基础的药品供应保障体系，保障人民群众基本用药和安全用药，国家基本药物制度作为一项惠民利国的医改新政，在促进社会公共医疗事业进步的同时，也无疑对包括医疗、医药行业产生重要而深远的影响。未来医药配送的主流方向主要体现如下：

1. 规模大 做大做强是总体目标，也是产业发展规划的方向。要求配送企业的经营规模、管理能力、资金实力、采购能力都应当十分强大，集中配送必然造就配送企业的规模化发展，同时也促进规范化发展。

2. 网络广 基层医疗机构分散广、基点多，“高度集中、广泛分布”的医疗服务终端促使配送企业的销售网络扩大和深化，必然加大配送企业的市场网络布局。

3. 品种齐 取得配送权的配送商可以拥有更多的生产厂家合作资源，同时为了满足医疗机构的需要，会侧重加大对医疗机构用药品规的采购，提高了配送企业的采购能力和价格谈判能力。

4. 条件高 及时、安全、快捷、频繁对配送企业的管理能力提出了考验，在加强医疗机构配送的同时，配送企业自身条件需要提高。从管理软件到物流硬件都需要一个大的提升大的飞跃。

5. 技术强 手搬肩扛的时代即将过去，电子标签、高架立体库、自动分拣、供应链信息管理、现代物流储运等是未来的必然选择。

6. 结算快 随着医药双方合作，医疗机构在追求价格低廉的同时，药品配送企业在追求加快结算周转。通过大型医药流通企业进入医疗机构配送，必将促使医疗机构加快货款的支付，形成良性互动。

7. 合作紧 虽然集中配送必然导致医药商业的重组，扁平化营销将替代传统的三级分销模式，通过行业整合，留在药品配送领域的企业之间，相互合作必然紧密，在竞争中合作，在合作中竞争，双方需要在网络互补、产品互补、信息互补、管理互补中实现更高层次的竞合状态。

8. 服务优 随着医药配送企业整体素质的提高，造就更多大型医药商业，服务质量必然提高，按照医疗用药要求，一般商品 24 小时，急救药品 4 小时配送会有实质性行动，同时，由于减少药品流通环节，对药品的质量把控力度会大大加强。

药物品种整合成必然。我国一直存在药品重复生产、产能浪费、研发低下的现象，实现药物集中配送后，由于招标控制、集中使用、疗效竞争，通过集中配送环节，质量低、疗效差的品种将在医疗临床中逐步淘汰，必将提高配送企业对于经营品种的整合，从而带动药品生产的整合，甚至是药品生产企业的重组，为此，今后将涌现出更多质优价廉的药物，产生更强医药生产、研发、配送企业。

【议一议】

国家基本药物实行统一配送有哪些好处？

活动二　连锁药店的门店要货配送管理

连锁药店之所以成为一种比较流行的商业业态，是因为它实现了“统一进货、统一配送和分散销售”，能发挥规模经济效益，经营是提高零售企业经营能力的一种有效方法。连锁经营实现了商品销售的“最少环节、最短路径、最低费用、最高效率”，从而降低了商品的零售价格，提高了零售企业的市场竞争力。而配送能力的强弱直接决定着连锁企业经营成本的高低，影响企业盈利的能力。配送中心是连锁药店的关键部门，如何搞好药品配送非常重要。

从现场业务工作上来看：配送中心有接收、检验药品，储存药品，流通加工、分包药品，配送、调剂和配载药品等项具体的工作任务；从管理工作来看：配送中心有管理药品价格，统计分析各个连锁店药品的进、销、存，管理配送中心的总库存等项工作任务。从实现配送中心的功能角度来看，配送中心的配送工作要解决的基本问题应该是：

1. 科学地向基层零售商店配送药品，做到药品配送的适销、适时、适量。
2. 及时、合理地调剂各个连锁商店药品的余缺，做到既不缺货又不积压。
3. 科学地统计和分析市场药品需求，制订合理的配送计划。
4. 合理地组织药品货源。

为了提高配送工作的效能、效率和降低配送成本，配送中心在具体实施药品配送的时候，要着重解决好以下三个方面的技术问题：

1. 药品配送数量的科学化　配送中心要科学地编制药品配送计划，确定配送药品的品种、数量、地点和时间，即要决定好向每个连锁店配送哪些品种、配送药品的数量和向连锁店配送药品的时间。

2. 药品配送路线的优化　配送路线的优化不仅可以极大节约运能和运费，而且可以提高配送的及时性。

3. 配载的合理化　药品的合理化也可以有效地节约运能和运费，达到降低配送业务成本的目的。

上述三个问题中，第一个问题是最重要的，因为它是保证连锁经营的主要环节。在连锁药店的药品配送中，常常采用以下两类药品配送的方法：

1. 由连锁店按照销售申请配货的配送方式　这种配送方式通常称之为拉动式，它比较适用于松散型连锁经营集团，或者用于紧密型连锁经营集团的外围加盟店，也可以作为连锁药店临时药品需求的补充手段。对于一些特殊的药品，例如需要特殊储存条件或管理要求的药品、贵重的而销售量又少的药品、搬运麻烦的笨重医疗器械等，可以集中储存，根据销售需求的申请再配送调运。

申请配货的配送方式的优点是容易实现，配送中心的管理工作简单。缺点是连锁药店基层领导的工作任务较重，不能全心致力于销售和服务，不利于连锁经营系统的集中核算、考核和管理；当强调经营效益的考核的时候，基层店有可能忽视库存核算，导致增大基层连锁店库存，产生药品积压的倾向。

2. 由配送中心按照计划配货的配送方式　这种配送方式通常称之为推动式，也是许多连锁药店使用的配送方式之一。它适用于紧密型连锁经营集团，或者连锁经营集团的核心层连锁药店。它可以克服申请配货的配送方式的缺点，便于连锁经营系统的集中核算、考核和管理，但是配送中心必须周密地编制配送计划，这使得配送中心的管理工作复杂、难度增大。如果不采用计算机化的管理，难以奏效。连锁药店制订配送计划的方法有下面几种：

（1）定期、定量计划配送的方法　在一段时间内，一个连锁店某种药品的销售量有一定的稳定性，其与连锁店的营业面积、营业地点、客流情况等因素存在一定联系。所以，配送中心可以根据各个连锁店一个周期的各种药品销售量的经验（例如一周、十天），制订定期、定量的药品配送计划，按照这个配送计划对各个连锁店实施药品的配送。

（2）根据库存变化的配送方法　定期定量计划配送的方法不考虑药品库存的实际情况进行硬性的药品配送，不够灵活，缺乏弹性，其缺点是明显的。为了合理控制药品库存，在既避免积压的同时又保证一定数量的库存，需要考虑配送药品的时机和配送的数量。因此，可以设定各种库存药品数量的下限，作为需要进行配送起点时刻，即当低于下限的时候进行配送（库存下限也是防止缺货脱销的安全库存数量）；再设定各个药品数量的上限，其与低于下限的数量的差额作为配送的数量。根据库存限额的配送方法需要及时掌握各个零售店药品库存的情况，以便进行适时、适量的药品配送。使用这种方法时，如何制订合理的上下限额是一个需要认真研究的问题，库存限额制订得好，能够收到良好的效果。

（3）参照前一时段的药品销售量进行配送的方法　按照库存限额的配送方法考虑了库存数量合理的因素，但是没有考虑销售的情况，而最大地满足销售需求是连锁经营最为关心的问题。在编制库存限额的时候也有一定的难度。为此，有的连锁药店使用根据前一时段的药品销售量进行配送的方法。这种方法的思路是，依据各个连锁店的前一个销售周期的各种药品的销售量，再配合一定的比例（例如，前一个销售周期的药品销售量乘以110%），作为下一个周期的药品配送数量。如果各个时段的药品销售量是平稳的，则药品库存量也是平稳的，也能较好地满足药品销售的需求。

【议一议】

讨论一下连锁药店药品配送的优势体现在哪些方面。

【技能训练一】

模拟填写药品出库复核记录表（表11-5）。

表 11-5 药品出库复核记录

编号：

序号	出库日期	购货单位	通用名称	商品名称	剂型	规格	数量	批号	有效期至	生产企业	保管员	质量情况	复核人	备注

【技能训练二】

起草一份委托运输协议。

目标检测

一、单项选择题

1. 药品出库复核时应当对照的记录是（　　）

A. 收货记录　　B. 养护记录　　C. 销售记录　　D. 验收记录

2. 药品出库复核记录的内容不包括（　　）

A. 生产厂商　　B. 购货单位　　C. 验收人员　　D. 复核人员

3. 药品出库时，所附随货同行单（票）应加盖下列哪个原印章（　　）

A. 质量管理专用章　B. 药品出库专用章　C. 企业公章　　D. 发票专用章

4. 直调药品出库时，由供货单位开具几份随货同行单（票）（　　）

A. 一份　　B. 二份　　C. 三份　　D. 四份

5. 对特殊管理的药品出库复核，应实行（　　）

A. 一人复核　　B. 双人复核

C. 双人验收　　D. 一人验收、一人复核

二、多项选择题

1. 药品出库应遵循的原则包括（　　）

A. 先产先出　　B. 近期先出　　C. 按批号发货

D. 零散货先出　　E. 量大先出

2. 药品运输选用运输工具时应考虑的因素包括（　　）

A. 药品的质量特性　B. 药品的包装　　C. 道路

D. 车况　　E. 天气

3. 关于冷藏、冷冻药品的运输说法正确的是（　　）

A. 运输过程中，药品可以直接接触冰袋、冰排等蓄冷剂

B. 运输途中应实时监测并记录冷藏车、冷藏箱或者保温箱内的温度数据

C. 根据药品的温度控制要求，在运输过程中采取必要的保温或者冷藏、冷冻措施

D. 运输途中应实时监测并记录冷藏车、冷藏箱外的温度数据

E. 制定冷藏、冷冻药品运输应急预案

三、简答题

1. 药品出库复核项目有哪些？
2. 简述如何进行冷链药品的运输管理。

（宋凯凯）

项目十二　药品售后与质量风险管理

任务一　药品售后管理

学习目标

1. 掌握药品召回的相关知识。
2. 熟悉药品质量查询的概念，能够正确填写药品质量查询记录表。
3. 熟悉药品质量投诉的相关处理规程和制度。

活动一　质量查询与质量投诉

一位顾客拿来一瓶已开启并溶化好的氨苄青霉素干糖浆来到购买药品的药店，要求退药。顾客说，这种药过去是淡黄色的，这次变成粉红色了，而且是一个厂生产的，怕是假药，要求退货并加倍赔偿。药店营业员向顾客解释到，这只是着色剂变化的原因，不影响药品质量，可放心使用。但顾客态度坚决，非退不可，周围其他顾客也在观望。这个问题处理不好，不仅顾客不满意，对药店声誉也有影响。在营业员的提议下，他们现场拨打了厂家售后电话，查询结果是厂家用了不同的着色剂。最终顾客的疑虑得到解除，药店也维护了自己的声誉。

法规链接 >>>

第一百一十七条　企业应当按照质量管理制度的要求，制定投诉管理操作规程，内容包括投诉渠道及方式、档案记录、调查与评估、处理措施、反馈和事后跟踪等。

第一百一十八条　企业应当配备专职或者兼职人员负责售后投诉管理，对投诉的质量问题查明原因，采取有效措施及时处理和反馈，并作好记录，必要时应当通知供货单位及药品生产企业。

第一百一十九条　企业应当及时将投诉及处理结果等信息记入档案，以便查询和跟踪。

第一百七十八条　企业应当在营业场所公布药品监督管理部门的监督电话，设置顾客意见簿，及时处理顾客对药品质量的投诉。

一、质量查询

质量查询是指供货方或顾客查询有关销售药品的质量情况或本药房向供货方或顾客查询有关属于本药房经营药品质量及与质量有关的其他内容。质量查询一般采用书面信函、电话查询、电子信息传递等方式。

质量管理员负责质量查询、管理工作。质量管理员做好日常的质量查询工作。采购员接到供货方或顾客的质量查询，及时反馈给质量管理员，有质量管理员根据查询的内容进行调查研究及处理，做到桩桩有答复，件件有登记，并作好记录。

二、质量投诉

案例阅读

一次，一名顾客怒气冲冲地走进店长办公室："我昨天在你们这儿买了一盒维C银翘片，今天早晨吃药的时候发现有一片开裂了，说明这药肯定有质量问题，所以我特意来退。可是你们的售货员说要我提供这片开裂的药片是这盒药中拆出来的证据，你们这不是刁难我吗？难道我在吃药的时候还要找个证人在身边？真是岂有此理。你们整天说什么顾客是上帝，我看就是挂在口头、贴上墙上的空话！"店长知道顾客是带着怒气来的，店员的要求也确实太离谱，便连连说道："您别急，先消消气，有什么事儿，坐下来说。"并给他倒上了一杯水。等他的情绪稍微平和下来后，店长又请他把事情原原本本地讲述了一遍。在了解完事情的原委后，店长打电话叫另一位店员拿来一盒新的维C银翘片和一件礼品，并忠诚地向这位顾客表达了歉意。这名顾客很满意地离开了，后来成了这家药店的常客。

质量投诉是指顾客对本药房经营药品质量、管理质量、工作质量、服务质量等相关内容的投诉。

企业应制定投诉管理操作规程，内容包括投诉渠道及方式、档案记录、调查与评估、处理措施、反馈和事后跟踪等，并配备专职或者兼职人员负责售后投诉管理。一般企业中，质量管理员负责药品质量投诉的接待、调查、处理工作。各岗位配合质量管理员做好质量投诉的调查处理工作。

企业应认真对待各类质量投诉，对顾客上门投诉的要热情接待、作好记录、查清事实，实事求是，按规定合情合理解决。对顾客用电话、电函、书信、邮件等形式投诉的，也要作好记录，抓紧调查核实，及时回复。对质量投诉的内容和问题进行分析，查明原因，提出明确的反馈意见及有效处理措施。属于药品本身的质量问题，一定要根据实际情况，按照有关规定，承担应该承担的质量责任，造成经济损失的还应负责赔偿实际经济损失。必要时应当通知供货单位、药品生产企业和药监部门。属用户储运或保管不当而造成的质量问题，要热情给予技术上的指导和帮助，及时给予解决。药品质量查询、投诉调查表，如表12-1。

表 12-1　药品质量查询、投诉调查

<table>
<tr><td rowspan="3">药品质量
信息来源</td><td>单位</td><td rowspan="3">类型 □ 查询
□ 投诉
□ 上门</td><td rowspan="3">方式 □ 电话
□ 来函
□ 上门</td></tr>
<tr><td>姓名</td></tr>
<tr><td>日期</td></tr>
<tr><td colspan="4">查询或投诉内容：

记录人：　　年　月　日</td></tr>
<tr><td colspan="4">部门情况核实：

负责人：　　年　月　日</td></tr>
<tr><td colspan="4">质量管理部审核意见：

负责人：　　年　月　日</td></tr>
<tr><td colspan="4">问题处理或反馈意见：

经办人：　　年　月　日</td></tr>
</table>

活动二　用户访问与药品召回

法规链接 >>>

第一百二十条　企业发现已售出药品有严重质量问题，应当立即通知购货单位停售、追回并作好记录，同时向药品监督管理部门报告。

第一百二十一条　企业应当协助药品生产企业履行召回义务，按照召回计划的要求及时传达、反馈药品召回信息，控制和收回存在安全隐患的药品，并建立药品召回记录。

第一百八十条　企业发现已售出药品有严重质量问题，应当及时采取措施追回药品并作好记录，同时向药品监督管理部门报告。

第一百八十一条　企业应当协助药品生产企业履行召回义务，控制和收回存在安全隐患的药品，并建立药品召回记录。

一、用户访问

为了完善和提高企业的经营服务质量水平，企业应定期或不定期地广泛征求用户对药品质量和服务质量的意见和建议，可采取书面征询、会议座谈、上门调查等方式。见表 12-2。

表 12-2　药品质量、服务质量征询意见书

<table>
<tr><td>药品质量方面的意见：
（包括外观和包装质量，请具体列出品名、规格、数量、批号、厂名、产地、进货日期、具体情况）</td></tr>
<tr><td>工作质量方面的意见（包括供应情况、运输问题处理、服务态度等）：</td></tr>
<tr><td>建议与要求：

反映日期　　年　月　日　　　　　　　　　　反映单位（盖章）：</td></tr>
</table>

每次访问应事先做好充分准备，明确访问目的，拟定调查提纲，组织好访问人员，注重工作效果，并作好访问记录，建立用户访问工作档案。企业对用户反映的意见和提出的问题必须跟踪了解，研究整改措施，做到件件有登记、桩桩有答复。据此也可以了解企业质量管理的薄弱环节，为强化管理提供有效的参考依据。

二、药品召回

案例阅读

"曲美"是太极集团2000年8月推出的减肥药，因为有巩俐、范冰冰等明星代言，是减肥药市场不折不扣的明星产品。2010年10月25日曲美在全国范围内下架，被太极集团召回。该公司在全国各大零售药店设置退货点，如产品包装完整，消费者可凭购物小票直接到药店退货；如已拆封或购物小票遗失，消费者也可拨打热线电话联系退货。2010年10月8日，美国食品药品监督管理局（FDA）发文称，因西布曲明会给服用者带来患心脏病和中风的风险，责令以此为主要成分的雅培公司减肥产品"诺美婷"退出美国市场。获悉FDA这一决定后，太极集团决定在全国范围停售"曲美"。西布曲明是一种中枢神经抑制剂，具有兴奋、抑食等作用。原国家食品药品监督管理局2010年10月30日发布的统计数据显示，2004年1月1日至2010年1月15日，国家药品不良反应监测中心共收到西布曲明相关不良反应报告298例，主要不良反应表现为心悸、便秘、口干、头晕、失眠等，多为说明书已载明的不良反应，目前无死亡病例。在国内市场，含有西布曲明成分的减肥产品多达数十种，曲美之外尚有澳曲轻、新芬美琳、可秀等众多品牌。2010年10月30日，原国家食品药品监督管理局发布通知：由于使用减肥辅助治疗药物西布曲明可能增加严重心血管风险，减肥治疗的风险大于效益，原国家食品药品监督管理局决定停止西布曲明制剂和原料药在我国的生产、销售和使用，已上市销售的药品由生产企业负责召回销毁。

药品召回：是指药品生产企业（包括进口药品的境外制药厂商），按照规定程序收回已上市销售的存在安全隐患的药品。安全隐患是指由于研发、生产等原因可能使药品具有的危及人体健康和生命安全的不合理危险。对发现有可能对健康带来危害的药品及时采取召回措施，有利于保护公众用药安全。已经确认为假药、劣药的，不适用召回程序。

药品经营企业、使用单位应当建立药品召回管理制度或规程，协助药品生产企业，按照召回级别及时停止销售和使用安全隐患的药品，并回收药品。还应按照召回计划的要求及时传达、反馈药品召回信息给药品生产企业或者供货商，并向药品监督管理部门报告。要建立好药品召回记录和档案。药品生产企业、经营企业和使用单位应当建立和保存完整的购销记录，保证销售药品的可溯源性。

进口药品的境外制药厂商在境外实施药品召回的，应当及时报告国家食品药品监督管理总局；在境内进行召回的，由进口单位按照《药品召回管理办法》的规定负责具体实施。药品召回分两类、三级，有利于风险控制。

两类即主动召回和责令召回。责令召回是指药品监管部门经过调查评估，认为存在安全隐患，药品生产企业应当召回药品而未主动召回的，应当责令药品生产企业召回药品。

三级是根据药品安全隐患的严重程度来区分的：

（一）一级召回：使用该药品可能引起严重健康危害的；

（二）二级召回：使用该药品可能引起暂时的或者可逆的健康危害的；

（三）三级召回：使用该药品一般不会引起健康危害，但由于其他原因需要收回的。

药品生产企业应当根据召回分级与药品销售和使用情况，科学设计药品召回计划并组织实施。一级召回在 24 小时内，二级召回在 48 小时内，三级召回在 72 小时内，通知到有关药品经营企业、使用单位停止销售和使用，同时向所在地省、自治区、直辖市药品监督管理部门报告。药品生产企业在启动药品召回后，一级召回在 1 日内，二级召回在 3 日内，三级召回在 7 日内，应当将调查评估报告和召回计划提交给所在地省、自治区、直辖市药品监督管理部门备案。省、自治区、直辖市药品监督管理部门应当将收到一级药品召回的调查评估报告和召回计划报告国家食品药品监督管理总局。药品生产企业在实施召回的过程中，一级召回每日，二级召回每 3 日，三级召回每 7 日，向所在地省、自治区、直辖市药品监督管理部门报告药品召回进展情况。

任务二　药品不良反应和监测

1. 掌握药品不良反应监测报告制度的相关管理。
2. 能够填写药品不良反应报告表和药品群体不良事件基本信息表，熟悉药品不良反应报告程序。

第一百二十二条　企业质量管理部门应当配备专职或者兼职人员，按照国家有关规定承担药品不良反应监测和报告工作。

第一百七十九条　企业应当按照国家有关药品不良反应报告制度的规定，收集、报告药品不良反应信息。

案例阅读

案例一

鱼腥草注射剂事件

早在20世纪60年代，我国科技人员即开始鱼腥草注射剂的研制，70年代开发成功并上市使用。该药是临床常用中药，在抗病毒、退热等方面疗效可靠、速度快，具有不产生抗药性、价格低廉等优点，被称作“中药抗生素”。这被视为传统中药发展为现代中药制剂的成功典范之一。2003年SARS期间，鱼腥草注射液是原卫生部从上万种中药中推荐的8种抗SARS中药之一。之后又被推荐用于抗击禽流感。由于是为数不多疗效确切的药物之一，功勋卓著，曾被誉称为“非典功臣”。

SARS之后，生产鱼腥草类注射剂（包括部分复方制剂）的企业如雨后春笋。2000年之前，全国只有10多家单位生产，至2006年已扩增为195家。但同时以鱼腥草注射液为代表的此类产品的不良反应事件日渐突出。2003年8月，国家药品不良反应监测中心在第四期《药品不良反应信息通报》中通报了鱼腥草注射液的严重不良反应；此后，各地大量的关于鱼腥草注射液的不良反应被发现和报告，其中，有为数不少过敏性休克引起的死亡案例。如，2005年12月，安徽省第三季度289例药品不良反应报告中，由鱼腥草注射液引起的位于前列；国家药品不良反应监测中心从1988年到2006年4月共收到鱼腥草注射液不良反应报告222例；2006年北京市药监局发布的数据显示，2005年2例患者因鱼腥草注射液不良反应死亡。其他多个省市也有死亡案例报道。从诸多披露的信息可以判断，鱼腥草注射液不良反应的数字远不止这些。2006年1至5月，全国鱼腥草注射液不良反应报告大幅增多，引起社会广泛关注。2006年6月1日，原国家食品药品监督管理局印发《关于暂停使用和审批鱼腥草注射液等7个注射剂的通告》，决定暂停使用和审批鱼腥草类的7个注射剂。这好比是一发重磅炸弹，在业内引起巨大震动。一时间鱼腥草类注射剂从全国各大医院药房清空出柜，甚至波及鱼腥草片剂、鱼腥草胶囊等口服剂型及其他的中药注射剂。城门失火殃及池鱼，又一轮废除中药注射剂的声讨呈现“白热化”。鱼腥草产业链受到严重破坏。当时有关资料显示，全国195家鱼腥草注射液生产厂家产业工人约4万人，年制剂产量6亿支，年制剂产值约85亿元；鱼腥草种植农户约10万人，年收入约1.2亿元；全国每年使用鱼腥草注射液产品的患者达到了2.8亿人次，从鱼腥草的种植、加工、提取、成药等整个产业链，价值近百亿元。估计紧急叫停令将让全国鱼腥草注射剂生产企业2006年损失20亿元。

原国家食品药品监督管理局叫停文件下发后，2006年6月5日随即启动了对7个鱼腥草类注射剂安全性的鉴定评价工作，并于9月1日形成综合鉴定意见。9月5日，原国家食品药品监督管理局印发《关于鱼腥草注射液等 7 个注射剂有关处理决定的通知》，有条件地恢复肌内注射用鱼腥草类注射剂的使用。此后几年，通过审查的生产企业陆续恢复该类产品的使用。

案例二

甲氨蝶呤事件

2007 年 7 月 6 日，国家药品不良反应监测中心陆续收到广西、上海等地部分医院的药品不良反应报告：一些白血病患儿使用上海医药（集团）有限公司华联制药厂（以下简称“上海华联”）生产的部分批号的注射用甲氨蝶呤后出现下肢疼痛、乏力、进而行走困难等症状。为保证公众用药安全，原国家食品药品监督管理局决定暂停上述批号产品的销售和使用，并要求广西区局和上海市局组织专家进行关联性评价。7 月 30 日，原国家食品药品监督管理局和原卫生部联合通知决定，暂停“上海华联” 070405B、070502B 两个批号的注射用甲氨蝶呤（5mg）用于鞘内注射。8 月，北京、安徽、河北、河南等地医院有关使用“上海华联”药品发生不良事件的报告，陆续上报到国家药品不良反应监测中心。此时，发生不良事件的药品已涉及该厂甲氨蝶呤、盐酸阿糖胞苷两种注射剂。8 月 30 日和 9 月 5 日，原国家食品药品监督管理局和原卫生部再次联合发出通知，决定暂停生产、销售和使用“上海华联”所有批号的甲氨蝶呤和阿糖胞苷。

国务院指示原卫生部和原国家食品药品监督管理局联合成立工作组，会同上海市卫生和药监部门，共同对“上海华联”有关药品的生产、运输、储藏、使用等各个环节存在的问题开展深入调查。9 月 14 日，药监、卫生部门的联合专家组基本查明，华联制药厂在生产过程中，现场操作人员将硫酸长春新碱尾液混于注射用甲氨蝶呤及盐酸阿糖胞苷药品中，导致了多个批次的药品被硫酸长春新碱污染，造成重大的药品生产质量责任事故。混入的长春新碱注入体内后，对身体的中枢神经系统造成严重损害，导致绝大多数使用问题药品的患者，下肢疼痛、麻木、继而萎缩，无法直立和正常行走。12 月 12 日，原国家食品药品监督管理局新闻发布会上新闻发言人颜江瑛宣称，“上海华联”在前期调查和公安侦察过程中有组织地隐瞒违规生产的事实。

甲氨蝶呤事件造成全国多地区总计 130 多位患者，受到严重的神经系统和行走功能损害。处理结果：吊销“上海华联”持有的《药品生产许可证》，没收违法所得，并给予《药品管理法》规定的最高处罚。相关责任人被依法追究刑事责任。上海市政府责成上海医药（集团）成立安抚与理赔工作小组，启动相关赔付工作。2008 年 3 月，国家局注销“上海华联”所持有的药品批准文号。

活动一　药品不良反应监测报告制度

一、基本概念

1. 药品不良反应（ADR） 是指合格药品在正常用法、用量下出现的与用药目的无关的有害反应。

2. 药品不良反应报告和监测　是指药品不良反应的发现、报告、评价和控制的过程。

3. 严重药品不良反应　是指因使用药品引起以下损害情形之一的反应：

（1）导致死亡；

（2）危及生命；

（3）致癌、致畸、致出生缺陷；

（4）导致显著的或者永久的人体伤残或者器官功能的损伤；

（5）导致住院或者住院时间延长；

（6）导致其他重要医学事件，如不进行治疗可能出现上述所列情况的。

4. 新的药品不良反应　是指药品说明书中未载明的不良反应。说明书中已有描述，但不良反应发生的性质、程度、后果或者频率与说明书描述不一致或者更严重的，按照新的药品不良反应处理。

5. 药品群体不良事件　是指同一药品在使用过程中，在相对集中的时间、区域内，对一定数量人群的身体健康或者生命安全造成损害或者威胁，需要予以紧急处置的事件。

6. 同一药品　指同一生产企业生产的同一药品名称、同一剂型、同一规格的药品。

7. 药品重点监测　是指为进一步了解药品的临床使用和不良反应发生情况，研究不良反应的发生特征、严重程度、发生率等，开展的药品安全性监测活动。

二、药品不良反应监测报告制度

药品生产、经营企业和医疗机构应当建立药品不良反应报告和监测管理制度。药品生产企业应当设立专门机构并配备专职人员，药品经营企业和医疗机构应当设立或者指定机构并配备专（兼）职人员，承担本单位的药品不良反应报告和监测工作。能在规定时间内有效完成药品不良反应或者药品不良事件的记录、收集、分析、调查、评价、处理、上报。药品生产、经营企业和医疗机构获知或者发现可能与用药有关的不良反应，应当通过国家药品不良反应监测信息网络报告；不具备在线报告条件的，应当通过纸质报表报所在地药品不良反应监测机构，由所在地药品不良反应监测机构代为在线报告。

报告内容应当真实、完整、准确。

药品生产、经营企业和医疗机构应当建立并保存药品不良反应报告和监测档案。

药品生产、经营企业和医疗机构应当主动收集药品不良反应，获知或者发现药品不良反应后应当详细记录、分析和处理，填写《药品不良反应/事件报告表》（表 12-3）并报告。

药品生产、经营企业和医疗机构发现或者获知新的、严重的药品不良反应应当在15 日内报告，其中死亡病例须立即报告；其他药品不良反应应当在 30 日内报告。有随访信息的，应当及时报告。

药品生产、经营企业和医疗机构获知或者发现药品群体不良事件后，应当立即通过电话或者传真等方式报所在地的县级药品监督管理部门、卫生行政部门和药品不良反应监测机构，必要时可以越级报告；同时填写《药品群体不良事件基本信息表》（表 12-4），对每一病例还应当及时填写《药品不良反应/事件报告表》（表 12-3），通过国家药品不良反应监测信息网络报告。

药品经营企业发现药品群体不良事件应当立即告知药品生产企业，同时迅速开展自查，必要时应当暂停药品的销售，并协助药品生产企业采取相关控制措施。

三、药品不良反应报告范围

我国药品不良反应报告范围包括：新药监测期内的国产药品应当报告该药品的所有不良反应；其他国产药品，报告新的和严重的不良反应。进口药品自首次获准进口之日起 5 年内，报告该进口药品的所有不良反应；满 5 年的，报告新的和严重的不良反应。

新药监测期内的国产药品应当报告该药品的所有不良反应；其他国产药品，报告新的和严重的不良反应。

进口药品自首次获准进口之日起 5 年内，报告该进口药品的所有不良反应；满 5 年的，报告新的和严重的不良反应。

活动二　药品不良反应报告

"药品不良反应报告"，将会录入数据库，专业人员会分析药品和不良反应/事件之间的关系。根据药品风险的普遍性或者严重程度，决定是否需要采取相关措施，如在药品说明书中加入警示信息，更新药品如何安全使用的信息等。在某种情况下，当认为药品的风险大于效益时，药品就会撤市。

表 12-3　药品不良反应/事件报告表

<table>
<tr><td colspan="2">患者
姓名：</td><td>性别：
男□女□</td><td colspan="2">出生日期：
年　月　日或年龄：</td><td>民族：</td><td>体重（kg）：</td><td colspan="2">联系方式：</td></tr>
<tr><td>原患
疾病：</td><td colspan="4">医院名称：
病历号/门诊号：</td><td colspan="4">既往药品不良反应/事件：有□无□不详□
家族药品不良反应/事件：有□无□不详□</td></tr>
<tr><td colspan="9">相关重要信息：吸烟史□　饮酒史□　妊娠期□　肝病史□　肾病史□　过敏史□　其他□</td></tr>
<tr><td>药品</td><td>批准文号</td><td>商品名称</td><td>通用名称
（含剂型）</td><td>生产
厂家</td><td>生产
批号</td><td>用法用量（次剂量、途径、日次数）</td><td>用药起止
时间</td><td>用药
原因</td></tr>
<tr><td rowspan="3">怀疑
药品</td><td></td><td></td><td></td><td></td><td></td><td></td><td></td><td></td></tr>
<tr><td></td><td></td><td></td><td></td><td></td><td></td><td></td><td></td></tr>
<tr><td></td><td></td><td></td><td></td><td></td><td></td><td></td><td></td></tr>
<tr><td rowspan="3">并用
药品</td><td></td><td></td><td></td><td></td><td></td><td></td><td></td><td></td></tr>
<tr><td></td><td></td><td></td><td></td><td></td><td></td><td></td><td></td></tr>
<tr><td></td><td></td><td></td><td></td><td></td><td></td><td></td><td></td></tr>
<tr><td colspan="4">不良反应/事件名称：</td><td colspan="5">不良反应/事件发生时间：　　年　月　日</td></tr>
<tr><td colspan="9">不良反应/事件过程描述（包括症状、体征、临床检验等）及处理情况（可附页）：</td></tr>
</table>

续表

<table>
<tr><td colspan="5">不良反应/事件的结果：痊愈□　好转□　未好转□　不详□　有后遗症□　表现：________
死亡□　直接死因：________　死亡时间：　年　月　日</td></tr>
<tr><td colspan="5">停药或减量后，反应/事件是否消失或减轻？　是□　否□　不明□　未停药或未减量□
再次使用可疑药品后是否再次出现同样反应/事件？　是□　否□　不明□　未再使用□</td></tr>
<tr><td colspan="5">对原患疾病的影响：不明显□　病程延长□　病情加重□　导致后遗症□　导致死亡□</td></tr>
<tr><td>关联性评价</td><td colspan="4">报告人评价：肯定□　很可能□　可能□　可能无关□　待评价□　无法评价□　签名：
报告单位评价：肯定□　很可能□　可能□　可能无关□　待评价□　无法评价□　签名：</td></tr>
<tr><td rowspan="2">报告人信息</td><td>联系电话：</td><td colspan="3">职业：医生□　药师□　护士□　其他□____</td></tr>
<tr><td colspan="2">电子邮箱：</td><td colspan="2">签名：</td></tr>
<tr><td>报告单位信息</td><td>单位名称：</td><td>联系人：</td><td>电话：</td><td>报告日期：
年　月　日</td></tr>
<tr><td>生产企业请填写信息来源</td><td colspan="4">医疗机构□　经营企业□　个人□　文献报道□　上市后研究□
其他□________</td></tr>
<tr><td>备注</td><td colspan="4"></td></tr>
</table>

表 12-4　药品群体不良事件基本信息表

<table>
<tr><td colspan="3">发生地区：</td><td colspan="2">使用单位：</td><td colspan="2">用药人数：</td></tr>
<tr><td colspan="3">发生不良事件人数：</td><td colspan="2">严重不良事件人数：</td><td colspan="2">死亡人数：</td></tr>
<tr><td colspan="4">首例用药日期：　年　月　日</td><td colspan="3">首例发生日期：　年　月　日</td></tr>
<tr><td rowspan="4">怀疑药品</td><td>商品名</td><td>通用名</td><td>生产企业</td><td>药品规格</td><td>生产批号</td><td>批准文号</td></tr>
<tr><td></td><td></td><td></td><td></td><td></td><td></td></tr>
<tr><td></td><td></td><td></td><td></td><td></td><td></td></tr>
<tr><td></td><td></td><td></td><td></td><td></td><td></td></tr>
<tr><td rowspan="4">器械</td><td colspan="2">产品名称</td><td>生产企业</td><td colspan="2">生产批号</td><td>注册号</td></tr>
<tr><td colspan="2"></td><td></td><td colspan="2"></td><td></td></tr>
<tr><td colspan="2"></td><td></td><td colspan="2"></td><td></td></tr>
<tr><td colspan="6">本栏所指器械是与怀疑药品同时使用且可能与群体不良事件相关的注射器、输液器等医疗器械</td></tr>
<tr><td colspan="7">不良事件表现：</td></tr>
<tr><td colspan="7">群体不良事件过程描述及处理情况（可附页）：</td></tr>
<tr><td colspan="2">报告单位意见</td><td colspan="5"></td></tr>
<tr><td colspan="2">报告人信息</td><td colspan="2">电话：</td><td colspan="2">电子邮箱：</td><td>签名：</td></tr>
<tr><td colspan="2">报告单位信息</td><td colspan="2">报告单位：</td><td colspan="2">联系人：</td><td>电话：</td></tr>
</table>

报告日期：　年　月　日

【议一议】

结合平时服用药品实际，谈谈常见的药品不良反应情况。

任务三　质量风险管理

马应龙麝香痔疮膏贮存过程中的质量风险管理

冰片是马应龙麝香痔疮膏主要成分，易挥发，随贮存时间的延长，可能引起成品中的冰片减少而导致质量的变化。下图是 11 个批次的成品冰片的含量随月数（0~36 个月）变化趋势图。根据相关计算方法得出马应龙麝香痔疮膏贮存过程中的质量风险的大小。

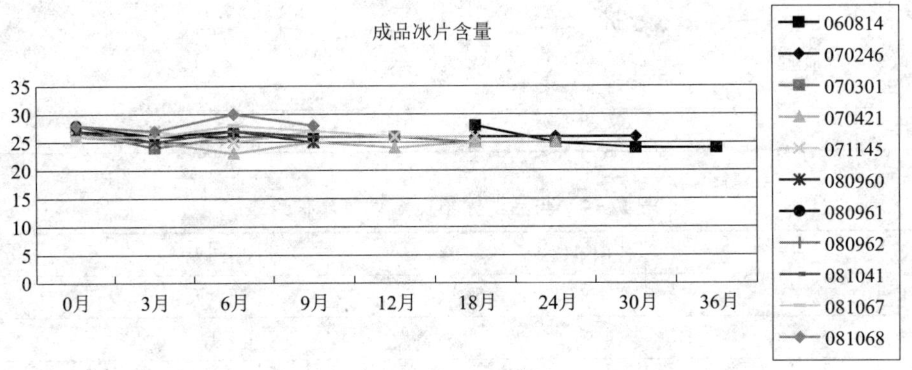

风险得分 = 风险发生频次等级×风险严重程度等级

= 1 等级（不太可能发生：发生频次超过五年一次）×4 等级（严重：危害严重，产品可能报废）

= 4（低风险）

学习目标

1. 掌握质量风险管理的程序。
2. 掌握药品经营各环节质量风险管理评价与控制表要点。

第五条　企业应当依据有关法律法规及本规范的要求建立质量管理体系，确定质量方针，制定质量管理体系文件，开展质量策划、质量控制、质量保证、质量改进和质量风险管理等活动。

第十条　企业应当采用前瞻或者回顾的方式，对药品流通过程中的质量风险进行评估、控制、沟通和审核。

活动一　药品质量风险管理

风险是危害发生的可能性以及严重程度的综合体，质量风险是指发生导致偏离预期质量情况的可能性，并可能随之引发的产品不合格等严重性的后果。自美国 FDA 在 2002 年发布的 CGMP（*Current Good Manufacture Practices*，动态药品生产管理规范）中，首次提出了质量风险管理（QRM，Quality risk management）概念以来，我国已将质量风险管理引入 2010 版 GMP 中。由于 QRM 贯穿着产品的整个生命周期，作为药品生产质量管理的延伸，药品经营活动中的组织机构、人员、设备设施、管理制度、过程管理等诸多要素中的任何一个发生问题都会影响所经营药品的质量，从而引发药品质量风险，故在现行版 GSP 中，引入质量风险管理的管理理念，强调在药品流通环节建立一套有效的质量风险管理办法，通过预先主动的制定方法以识别和控制在药品的各要素、环节、过程中存在的潜在质量问题，达到防范风险、预防质量事故的目的。为此，在现行版 GSP 的原则框架内，将药品质量风险管理定义为：药品经营企业在药品流通全过程中采用前瞻或回顾的方式，对贯穿产品生命周期的药品质量风险评估、控制、沟通和审核的系统过程。

活动二　GSP 对药品经营企业风险管理的要求

1. 应用管理方针、程序实现对药品整个生命周期对目标任务进行质量风险的识别、评估、控制、沟通、审核、回顾的系统过程，是质量管理体系的一个重要组成部分。

2. 质量风险管理采用前瞻或回顾的方式，促进决策的科学化、合理化、减少决策的风险，并使生产活动中面临的风险损失降至最低。

3. 根据科学知识及经验对质量风险进行评估，以保证产品质量，消除、降低和控制风险，从而保障患者用药的可靠性和安全性。

4. 通过质量风险管理方法主动地识别并控制药品经营过程中潜在的质量问题，进一步保证和加强药品和服务的质量。

5. 质量风险管理的投入水平、正式程度及方法、措施、形式及形成的文件应与存在风险的程度、水平和级别相适应，最终的目的在于保护患者的利益。

6. 质量风险管理应用于与药物质量相关的所有方面，包括了采购、收货、验收、入出、出库复核、运输等过程，要求每一位员工均应具有药品质量风险意识。

7. 风险管理每个步骤的重要性会因不同的事件而有所区别，因此应在早期对风险进行确认并考虑如何进行风险管理，并根据从确定的风险管理程序中得到的事实证据做出最终的决策。

8. 在实现确定目标的过程中系统、科学地将各类不确定因素产生的结果控制在预期可接受范围，以确保产品质量符合要求的方法和过程。

活动三　药品质量风险管理程序

药品经营企业应结合自身质量管理实际，成立质量风险管理组织，设计企业质量风险管理方案，经审核批准后，依据质量风险管理计划，启动企业质量风险管理程序，包括质量风险的评估、风险的控制、风险的沟通和风险的审核四个步骤。

一、质量风险评估

风险评估是在一个风险管理过程中，对支持风险决策的资料进行组织的系统过程，用以对危害的确定以及对受害风险的分析和评估。作为风险管理过程的第一步，它包括风险识别，风险分析、风险评价三部分，着力解决药品质量控制的三个基本问题：

（1）将会出现的问题是什么？

（2）可能性有多大？

（3）问题发生的后果（严重性）是什么？

（一）风险识别

风险识别关注将会出现的问题是什么，是系统地使用信息来寻找和识别所述风险疑问或问题的潜在根源。药品在经营过程中，引起药品质量风险的关键影响因素较多，包括企业负责人的质量风险意识、组织机构、人员培训、质量体系评审、验证与校准、计算机系统、温湿度监控系统、仓储运输设施和管理条件、过程环节管理（药品购进、收货、检查验收、储存与养护、药品销售、出库与运输、售后服务）等多个环节和关键控制点，任何一个环节出错都会影响所经营药品的质量，引发药品质量风险。药品风险来源复杂，有人为因素，也有药品本身的"两重性"因素。人为因素可导致假药、劣药经营、药品质量问题、标识缺陷和包装质量问题、用药差错问题等，多属于可控制风险；药品因素主要是药品天然风险，其中包括药品已知药品因素风险和未知药品因素风险。已知药品因素风险包括药品已知不良反应和已知药物相互作用等，属于可控制风险；未知药品因素风险包括药品未知不良反应，非临床适应证患者使用，未试验人群的应用（如孕产妇、婴幼儿、老年人、肝肾功能障碍者等，他们一般被排除在临床试验入选标准之外），多属不可控制风险。

药品经营企业可以通过采用前瞻或回顾的方式识别质量风险。前瞻的方式是通过对预先设定的质量风险因素进行分析评估，从而确定该因素在影响流通过程中药品质量的风险评价。前瞻性研究注重对风险因素的牵连性、影响性、可发展性的把握，是对风险因素的本质（潜在性）的挖掘。例如，药品经营企业可以通过对当地天气状况进行预先分析，结合季节温湿度的变化，对所经营药品质量状况可能产生的影响进行判断，从而确定在不同的季节合理调节仓库温湿度，保证经营药品的质量稳定可靠。

回顾的方式就是以已经或可能出现的质量风险为结果，通过回溯过去的研究方式。回顾的方式是一种由"果"至"因"的研究方式。例如，当药品经营企业发现某一阶段药品持续发生质量问题，通过研究发现，是由于仓库温湿度的控制系统出现问题，不稳定的温湿度影响到药品质量，企业应该加强对仓库温湿度设备的验证，确保温湿度控制处于可控状态，保障药品质量。

（二）风险分析

风险分析是用定性、定量的方法对已经被识别的风险及其问题进行分析，进而确认将会出现问题的可能性有多大，出现的问题是否能够被及时发现以及造成的后果。通过分析每个风险的严重性以及发生的可能性，对风险进行深入的描述，然后在风险评价中综合上述因素确认一个风险的等级。在整个风险评估过程中，风险分析是最重要的环节，需要有经验的技术人员及质量相关人员采用适宜的风险分析方法共同完成。

目前，药品经营企业常选择风险排序和过滤法（Risk ranking and filtering，RRF）、失败模式效果分析（Failure mode effects analysis，FEMA）作为风险分析工具，下面重点讲解风险排序和过滤法。

风险排序和过滤法是将风险因素进行排列和比较，对每种风险因素作多重的定量和定性评价，权衡因素并确定风险得分，见表 12-5、表 12-6。

表 12-5　风险发生的可能性（频次）：可分为 5 级，分别对应相应的风险得分

等级	等级名称	风险得分	频次
第 1 级	不太可能发生	1	不太可能发生（发生频次超过 5 年 1 次）
第 2 级	稀少	2	可能发生（发生频次为每 3 年 1 次）
第 3 级	可能发生	3	很可能发生（发生频次为每 2 年 1 次）
第 4 级	很可能发生	4	较常发生（发生频次约为每 2~3 个月 1 次）
第 5 级	经常发生	5	经常发生（几乎每次都可能发生）

表 12-6　风险的严重性量化标准（药品质量类）：可分为 5 级，分别对应相应的风险得分

等级	等级名称	风险得分	频次
第Ⅰ级	可忽略	1	不产生危害
第Ⅱ级	微小	2	危害轻微，不需要采取纠正措施
第Ⅲ级	中等	3	产生危害，需要采取纠正措施
第Ⅳ级	严重	4	危害严重，产品可能报废
第Ⅴ级	非常严重	5	危害极为严重，产品报废

（三）风险评价

风险评价：是指根据预先确定的风险标准（见表 12-7），对已经识别并分析的风险进行评价，即通过评价风险的严重性和可能性从而确认风险的等级，划分风险等级应考虑证据的充分性。

表 12-7　风险等级标准

风险等级	风险描述	采取措施
高风险	是指严重影响药品内在质量，违反国家质量标准或者可能顾客构成受伤、严重伤害、生命垂危甚至死亡的风险	应立即建立有效措施控制解决，在得不到有效解决前，不得继续操作
中风险	是指对药品质量有一定影响，构成顾客的不满意的风险	应立即采取加强日常管理，制定相应记录，通过员工进行培训、教育等措施来控制解决
低风险	是指对药品本身质量影响不大，为公司所接受的风险	公司可以接受的质量风险

按照风险排序和过滤法，根据风险发生的可能性和严重性用风险指数矩阵图来确定风险得分（表 12-8）。

$$风险得分=风险严重性得分\times风险可能性得分$$

表 12-8　风险综合得分

严重性	可能性				
	第 1 级	第 2 级	第 3 级	第 4 级	第 5 级
第Ⅰ级	1	2	3	4	5
第Ⅱ级	2	4	6	8	10
第Ⅲ级	3	6	9	12	15
第Ⅳ级	4	8	12	16	20
第Ⅴ级	5	10	15	20	25

风险级别：低级风险：1~5；中级风险：6~12；高级风险：15~25。

注：下划线加框表示提醒注意各级风险系数的区别。

根据风险严重程度，确定风险可接受性，低风险是可接受风险，可不必主动采取风险干预措施；中等风险是合理风险，通过实施风险控制措施，风险得以降低，效益超过风险，达到接近可接受水平；不可接受风险，指风险可能导致的伤害严重，必须采取有效干预措施，以规避风险。

二、质量风险控制

质量风险控制是对于已经评估过的风险执行风险管理决定措施。包括对降低和/或接受风险做出决策，其目的是将风险降低到一个可以接受的水平。确认风险是否在可以接受的水平上，可以采取什么样的措施来降低、控制或消除风险，在控制已经识别的风险时是否会产生新的风险。

（一）风险降低：是指针对风险评估中确定的风险，当其风险超过了可接受水平时，所应采取的降低风险的措施，包括：

1. 降低危害严重性和可能性采取的措施，或提高发现质量风险的能力。

2. 无法解决的固有风险，要制订应急措施及预防措施。

3. 风险可以避免或降低，由质管部门制定详尽的整改、预防措施，并由相关责任部门负责实施、改进，质量保证室跟踪监督其落实情况。

4. 在实施风险降低措施过程中，有可能将新的风险引入到系统中，或者增加风险发生的可能性或严重性。

5. 应在措施实施后重新进行风险评估，以确认和评价可能的风险变化。

（二）风险接受：是指做出是否接受风险的决定。

1. 风险处于可接受的范围（低级风险），不必作任何处理。

2. 在实施了降低风险的措施后，对残余风险做出是否接受的决定，如果风险结果不能被接受，应该重新进行风险评估以识别新的风险或者未曾评估过的因素。

（三）质量风险控制策略包括事前控制、事中控制、事后反馈等步骤。

事前控制，即在质量风险发生前对其采取的预防性控制措施，以避免各种失误、浪费和损失的发生。具体措施包括：风险避免、风险减弱、风险转移、风险自留等方法。

事中控制，即指药品质量风险发生后，企业应主动运用质量风险管理方案，积极、科学、快速地做出应对措施，将损失降低至最小。

事后反馈，是指药品质量事故发生后，对整个事件本身进行总结分析，并据此提出今后的改进方案，为今后质量安全防范措施的制定和实施提供科学依据。

三、质量风险沟通

在风险管理程序实施的各个阶段，决策者和相关部门应该对进行的程度和管理方面的信息进行交流和共享，即风险沟通。通过风险沟通，能够促进风险管理的实施，使各方掌握更全面的信息从而调整或改进措施及其效果。

在药品经营过程中，质量风险的确认、风险评估、严重程度、风险控制、处理等信息都需要充分交流，通过质量风险沟通的形式，完整记录书面结果。药品经营全过程包括药品购进、收货、检查验收、储存与养护、药品销售、出库与运输、售后服务等多个环节和关键控制点，开展质量风险管理，并将质量风险管理实施过程通过文件的形式固定下来。

四、质量风险审核

质量风险审核是根据风险相关的新的（适用性）知识和经验，对风险管理过程的结果进行审核或监控。在风险管理流程的最后阶段，应该对风险管理程序的结果进行审核，尤其是对那些可能会影响到原先质量管理决策的事件进行审核。

在药品经营过程中，结合企业质量管埋工作中的质量管理体系审核和 GSP 内部评审，并引入新的知识和经验，适时开展质量风险管理的定期审核，从而检验和监控 GSP 实施的有效性、持续性。质量风险审核周期同于质量体系内审，一般每年一次（特殊情况另定）。

通过药品经营过程的质量风险审核表记录药品经营过程中的质量风险审核过程，监控实施质量风险管理的结果见表 12-9。

表 12-9　药品经营过程的质量风险审核表

公司总体经营风险的评价				风险控制措施评价及改进意见			
过程	风险因素	缺陷原因	缺陷后果	风险分析	风险评估	管理措施	风险接收
药品经营管理全过程	1. 企业负责人的质量风险意识 2. 组织机构 3. 人员配置 4. 管理制度与职责的制定 5. 仓储设施和管理条件 6. 过程管理（药品采购、收货、检查验收、储存与养护、药品销售、出库与运输、退货、售后服务）等多个环节和关键控制点	1. 各项管理措施制定不到位 2. 各项管理措施执行不到位 3. 人员配置不到位 4. 实施设备配置不到位 5. 过程环节监管不到位	1. 经营质量缺陷药品 2. 发生假药、劣药 3. 变相协助贩毒或提供毒源 4. 经营药品引起严重不良反应，造成严重质量事故 5. 经营药品引起致残致死个案 6. 企业通不过相关检查认证引起关门倒闭	1. 认为因素影响较大 2. 系统可控	风险高	1. 强化企业负责人的质量风险意识，引入质量风险管理模式 2. 建立健全质量管理管理体系及风险管理活动 3. 认真严格执行质量管理体系内容 4. 建立适合公司规模并符合 GSP 要求的计算机系统，全过程实现计算机管理 5. 各部门、岗位人员配置到位、培训到位，加强全体员工的风险意识 6. 实施设备的配置到位，并能正常运行 7. GSP 认证，强化过程管理与控制	风险减少 风险避免 风险转移

实际工作中，应对药品经营各环节进行质量风险管理评价与控制，常采用图表分析法，见表 12-10。

表 12-10　药品经营各环节质量风险管理评价与控制表

经营环节	风险因素	产生原因	风险后果	风险控制	风险分析	风险评估
质量管理体系	1. 企业领导人的质量风险意识 2. 组织机构 3. 人员配置 4. 仓储设施，管理条件 5. 过程管理	各项管理措施不到位	1. 经营质量缺陷药品（质量问题、包装破损、短少等） 2. 发生假药、劣药经营行为 3. 变相协助贩毒或提供毒源 4. 所经营药品引发新的严重不良反应 5. 所经营药品引发致残致死个案	1. 加强企业领导人的质量风险意识，引进质量风险管理模式 2. 建立质量风险管理组织机构，确立质量风险管理制度、程序，定期开展质量风险管理活动 3. 加强全员质量风险管理制度、程序的培训，培养全员质量风险管理意识 4. 确立企业全面的计算机信息管理系统，支持质量风险管理要求 5. 加强过程管理 6. GSP 认证，强化和规范企业质量管理系统	1. 人为因素影响较大 2. 系统可控	风险较高
采购环节	1. 供应商审核 2. 供应产品审核 3. 销售人员资质审核	1. 未审核 2. 资质过期 3. 审核不到位	购入假药或劣药	1. 确立企业全面的计算机信息管理系统，未经审核，系统不能确认企业为合格供应商；资质过期，系统自动报警；非授权人不能在系统内审批 2. 对审核人员加强药品购进管理制度、首营企业和首营品种审核制度及相关程序的培训 3. 通过年度药品质量进货评审，对质量信誉不好的企业退出供应商或不购进其产品	1. 人为因素影响较大 2. 系统可控	风险高，企业提供虚假证明材料；销售人员挂靠企业或未经授权代理其他企业产品或冒充药品的产品
收货环节	收货检查	1. 未核对采购信息 2. 检查不到位	1. 接收非本企业购进商品 2. 接收假药（受污染）或劣药 3. 接收药品质量明显缺陷（外观质量问题、包装破损、短少等）产品	1. 确立企业全面的计算机信息管理系统，未经采购人员制定购进计划，系统无收货指令；收货需凭系统指令“采购订单”执行 2. 对收货人员加强药品采购管理制度、收货程序的培训 3. 严格执行药品收货管理制度	1. 系统可控 2. 人为因素影响较大	1. 风险较高，易混入假劣药 2. 风险适中，由于是中间环节，后期有质量检查验收环节控制

续表

经营环节	风险因素	产生原因	风险后果	风险控制	风险分析	风险评估
质量检查验收环节	检查验收	1. 未验收 2. 检查验收不到位 3. 验收延误 4. 抽样不到位	1. 验收合格假药（受污染、假进口）或劣药 2. 验收合格药品质量缺陷（外观质量问题、包装破损、短少等）产品 3. 验收延误（冷链运输药品），造成药品质量缺陷（内在质量）、药品失效	1. 确立企业全面的计算机信息管理系统，验收员凭收货员签发的验收指令——“验收通知单”执行验收 2. 对验收员加强药品质量检查验收管理制度、抽样程序、验收程序和进口药品、冷链药品管理制度的培训 3. 严格执行冷链管理药品要求 4. 验收不合格药品，质量管理员要履行质量复核手续。	1. 人为因素影响较大 2. 系统可控	风险较高，验收环节是药品入库管理关键环节，是质量管理的重点
储存养护环节	储存管理、养护检查	1. 药品未按存储条件（常温库、阴凉、冷库）分开存放 2. 仓库合理储存不到位（未做到“五分开”）；药品堆码不到位（未做到符合“五距”） 3. 仓库“五防”设施不到位，未及时保养，更新，药品仓储环境卫生执行不到位	1. 储存不当，造成药品污染、变质、失效（温湿度影响），成为假药 2. 储存药品过期成为劣药 3. 储存药品发生质量缺陷（储存造成外观质量问题、包装破损、短少等）产品 4. 药品储存批号、数量差错	1. 完善人员培训，养护员、保管员积极落实岗位管理职责，严格执行药品养护管理制度、药品存储管理制度、药品保管管理制度、仓库温湿度管理制度等相关制度和程序 2. 药品应按存储条件（常温库、阴凉、冷库）分开存放，仓库合理储存做到“五分开”；药品堆码做到符合“五距” 3. 仓库“五防”设施要及时保养，更新，定期清洁药品储存区域 4. 仓库温湿度检测、调控设施、设备需满足时时检测和自动调控（包括冷库），必要时，进行仓库温湿度变化的验证 5. 药品存储应按“五区”分开存放，不合格药品专人专区管理实施色标管理 6. 养护员检测温湿度、指导保管员调控温湿度设施需严格按制度执行 7. “药品催销月报表”定期收集汇总，转发相关部门 8. 养护检查过程中，发现问题及时向质量管理部门上报，质量管理部门复核确认后，及时处理 9. 季度养护分析汇总及时，有分析，有结果	1. 人为因素影响较大 2. 系统可控 3. 仓库设施、设备更新提高	风险高，储存环节保持药品质量稳定是药品经营企业最重要的质量管理环节，其中温湿度控制是关键，直接影响药品质量（特别是冷藏药品温湿度控制）

续表

经营环节	风险因素	产生原因	风险后果	风险控制	风险分析	风险评估
储存养护环节	储存管理、养护检查	4. 仓库温湿度检测、调控设施、设备不到位，不能满足时时检测和自动调控（包括冷库） 5. 药品存储未按“五区”分开存放，不合格药品未做到专人专区管理，实施色标管理不到位 6. 养护员检测温湿度、指导保管员调控温湿度设施执行不到位 7. “药品催销月报表”执行不到位 8. 养护检查过程中，发现问题及时按程序处理不到位 9. 季度养护分析执行不到位 10. 保管员库房账务管理不到位		10. 保管员库房账务做到“日动碰，月盘点”，保证账、货、卡相符率 100% 11. 确立企业全面的计算机信息管理系统，包括仓储管理系统，满足药品存储条件系统控制，指定适宜仓库；满足药品质量状态由质量管理部门指定人员系统确定，仓储部门依据指令控制发出与否；满足按药品批号管理库房进出账目 12. 落实质量否决权管理制度，保管员发现药品污染、变质、失效、药品过期或药品质量缺陷，报质量管理部门，复核确认后，入不合格库，严禁销售		

续表

经营环节	风险因素	产生原因	风险后果	风险控制	风险分析	风险评估
销售环节	销售客户选择、销售管理	1. 销售部门对客户选择管理不到位 2. 质量管理人员未对客户资质审核，未梳理客户渠道，盲目新开户 3. 由于仓储运输环节疏忽原因，造成销售假药、劣药 4. 销售人员操纵的挂靠销售、走票销售 5. 未按规定销售特殊管理的药品	1. 销售假药、劣药 2. 协助贩毒或提供毒源 3. 销售药品质量缺陷（质量问题、包装破损、短少等）产品	1. 确立企业全面的计算机信息管理系统，未经资质审核的客户，系统不支持发出，问题药品，系统不支持发出；对不具有销售特殊药品资质的客户系统自动拦截 2. 规范销售人员销售行为 3. 对销售人员加强药品销售管理制度、程序的培训 4. 严格执行特殊管理的药品管理制度的要求	1. 人为因素影响较大 2. 系统可控	风险较高
出库运输环节	1. 出库复核 2. 冷链药品运输	1. 保管员贯彻药品拆零拼装、药品出库复核管理制度不到位 2. 药品出库执行“先产先出，近期先出，按批号发货”原则不到位，质量不合格药品发出，过期药品发出	1. 发出假药、劣药（发错药、发过期药） 2. 运输原因造成药品变质、药品失效等问题，形成假药 3. 问题药品（药品质量缺陷等）发出 4. 发出药品批号错误，数量差错	1. 保管员积极贯彻药品拆零拼装、药品出库复核管理制度，药品出库严格执行“先产先出，近期先出，按批号发货”原则 2. 出库复核坚持“四不发”原则，强化药品外观质量的复核 3. 药品搬运人员、运输人员贯彻药品运输管理制度，搬运、堆码药品严格遵守药品外包装标识的要求规范操作 4. 低温运输药品严格遵守《低温运输药品管理制度》，与承运方签署“质量保证协议”，确保药品运输的质量安全	1. 人为因素影响较大 2. 系统可控	风险较高，出库运输环节是药品到使用用户前的最后关键环节，是质量管理的重点

续表

经营环节	风险因素	产生原因	风险后果	风险控制	风险分析	风险评估
出库运输环节		3. 出库复核员坚持"四不发"原则，强化药品外观质量的复核的执行工作不到位 4. 药品搬运人员、运输人员贯彻药品运输管理制度不到位，搬运、堆码药品严格遵守药品外包装标识的要求规范操作不到位 5. 低温运输药品遵守《低温运输药品管理制度》不到位 6. 特殊管理的药品发出未执行双人发货，双人复核 7. 特殊管理的药品执行电子监管码系统指令执行不到位		5. 确立企业全面的计算机信息管理系统，药品质量状态非"合格的"，不能发出；满足过期药品不能发出；系统支持执行"先产先出，近期先出，按批号发货"原则；系统满足特殊管理的药品执行电子监管码系统指令		

续表

经营环节	风险因素	产生原因	风险后果	风险控制	风险分析	风险评估
药品退货环节	1. 药品销后退回的验收 2. 药品购进退出管理	1. 收货人员未凭销售负责人同意签发的“退货申请表”收退货 2. 退货保管员未核实是否原发出 3. 抽样不到位 4. 销后退回检查验收不到位（冷链保存药品退货未判定验收不合格） 5. 药监部门确认的假劣药品不能再执行购进退出程序，确认的假药、劣药再次销售 6. 召回药品未经质量审核重新发出	1. 销后退回验收合格假药（受污染、变质、失效）或劣药 2. 销后退回验收合格药品质量缺陷（外观质量问题、包装破损、短少，严重不良反应等）产品 3. 假药、劣药再次销售	1. 确立企业全面的计算机信息管理系统，系统支持收货员凭销售负责人同意签发的“药品退货申请表”收货；支持退货保管员核实是否原发出；支持验收员凭收货员签发的销后退回验收指令—“销后退回验收通知单”执行验收；支持销后退回验收判定质量不合格药品不能出库 2. 对验收员加强药品质量检查验收管理制度、抽样程序、药品销后退回验收程序的培训 3. 保管员加强对药品销后退回、购进退出管理制度的培训 4. 严格执行冷链管理药品要求，退货应判定质量不合格 5. 验收不合格药品，质量管理员要履行质量复核手续	1. 人为因素影响较大 2. 系统可控	风险高，药品销后退回验收环节是售出药品重新入库管理关键环节，对药品质量验收合格与否是质量管理的重点

续表

经营环节	风险因素	产生原因	风险后果	风险控制	风险分析	风险评估
售后服务环节	质量信息、质量查询、质量投诉、用户访问、药品不良反应信息反馈、药品召回、质量事故调查	1. 药监系统发布假药或劣药信息遗漏或反馈不及时或未及时启动应急预案 2. 质量信息反馈延误 3. 药品不良反应信息收集不主动 4. 各类质量信息收集不全面，未作分析和汇总 5. 未及时启动应急预案（药品召回、质量事故调查）	1. 信息遗漏或反馈延误，造成致死致残个案 2. 信息遗漏，造成使用假药、劣药 3. 信息遗漏或反馈延误，引发新的严重不良反应 4. 信息遗漏或反馈延误，使用药品质量缺陷产品	1. 确立企业“进、储、销”的计算机信息管理系统，支持质量管理人员确认的暂停发货指令 2. 对质量管员加强药品质量信息、质量查询、质量投诉及用户访问管理制度、程序的培训 3. 质量员掌握对药品不良反应监测和报告管理制度、药品召回管理制度、药品质量事故处理管理制度的熟练运用；对各类应急预案的启动清楚程序 4. 质量人员严格执行质量否决权赋予的责任	1. 人为因素影响较大 2. 系统可控 3. 新的严重不良反应（未知风险）	风险高，售后环节是药品质量服务最后环节，是质量信息收集、反馈的集散点，是管理重点

分析药品经营过程中某一经营环节面临的质量风险，并将这些风险与企业经营流程结合起来考察，以便发现或识别各种潜在的风险因素，按可接受程度做出评价准则。

（周　勇）

目标检测

一、单项选择题

1. 上市（　　）年以内的药品和列为国家重点监测的药品，报告该药品引起的所有可疑不良反应

A. 1 年　　B. 3 年　　C. 5 年　　D. 7 年

2. 药品一级召回，应在（　　）时间内，通知到有关药品经营企业、使用单位停

止销售和使用

A. 12 小时　　B. 24 小时　　C. 48 小时　　D. 72 小时

3. 药品经营企业针对药品不良反应监测和报告，不正确的做法是（　　）

A. 明确销售部门承担药品不良反应监测和报告工作

B. 配备专职或者兼职人员具体负责

C. 对相关人员进行药品不良反应知识的培训和考核

D. 各类与质量管理相关人员的岗位职责中要明确其不良反应报告的责任

二、多项选择题

1. 以下关于药品召回，正确的说法是（　　）

A. 一级召回是针对使用该药品可能引起严重健康危害的

B. 二级召回是针对使用该药品可能引起永久不可逆的健康危害的

C. 三级召回是针对使用该药品可能不会引起健康危害，但由于其他原因需要收回的

D. 不同等级召回是根据药品安全隐患的严重程度区分的

E. 药品经营企业应当协助药品生产企业履行召回义务

2. 以下属于我国药品不良反应监测报告要求报告范围内的是（　　）

A. 各种类型的过敏反应

B. 毒性反应

C. 新药投产使用后发生的各种不良反应

D. 疑为药品所致的突变、癌变、畸形

E. 对人体有害的副作用

3. 以下关于不良反应报告说法正确的是（　　）

A. 药品经营企业对消费者使用中出现的药品不良反应，应及时向质量管理部门汇报

B. 企业质量管理部门调查汇总不良反应情况后，向当地药品监督管理部门报告

C. 企业在发现药品不良反应时，直接向国家药品监督管理部门报告

D. 严重或罕见的药品不良反应须随时报告

E. 国家对药品不良反应实行逐级、定期报告制度。

三、简答题

1. 药品经营企业如何做好售后管理？

2. 实行药品不良反应监测的意义。

3. 简述药品质量风险管理程序。

【技能训练】

模拟填写《药品不良反应/事件报告表》（表 12-3）和《药品群体不良事件基本信息表》（表 12-4）。

（宋凯凯）

模块五　质量管理体系文件与计算机管理信息系统 >>>

项目十三　质量管理体系文件

案例阅读

2014 年 12 月，××省××县×××大药房向省食品药品监督管理局申请 GSP 验收，验收小组依法对该药品经营企业严格按照现行 GSP 进行认证验收，现场检查发现该企业质量管理体系文件存在不规范情况（购进药品验收记录填写不完整）。认证小组依据 GSP“验收人员对购进的药品，应根据原始凭证，严格按照有关规定逐批验收。药品验收应做好记录，验收记录记载供货单位、数量、到货日期、品名、规格、批准文号、生产批号、生产厂商、有效期、质量状况、验收结论和验收人员等项内容”之规定，责令企业整改，暂不通过。

任务一　质量管理体系文件概述

学习目标

1. 掌握 GSP 对药品零售企业、药品批发和零售连锁企业的要求。
2. 掌握建立质量管理体系文件的原则、质量管理体系文件的类型与主要内容。

质量管理体系文件是指用于保证药品经营质量管理的文件系统，是由一切涉及药品经营质量的书面标准和实施过程中的记录结果组成的，贯穿药品质量管理全过程的连贯有序的系列文件。企业的质量管理是通过对工作过程进行管理来实现的，需要明确对过程管理的要求、管理的人员、管理人员的职责、实施管理的方法以及实施管理所需要的资源，把这些用文件形式表述出来，就形成企业的质量体系文件。

现行版 GSP 将质量管理体系文件作为单独一节提出，显示出质量管理体系文件的重要性。质量管理体系文件是药品经营质量管理的决定性要素，是实施、保证和保持质量管理体系有效运行的基础，是企业质量活动的法规，是各级管理人员和全体员工都应遵守的工作规范，是药品经营企业贯彻执行 GSP 的内部依据和外部见证，是质量体系审核和质量体系认证的主要依据。

质量管理体系文件不等同于“质量管理文件”，质量管理文件仅是质量管理体系文件中的一个专项部分。药品经营企业质量管理体系文件的内容应当涵盖所有与药品质量相关的管理与业务活动，包括采购、收货、验收、储存、销售、运输、财务、信息、人力资源以及质量管理等方面。

质量管理文件一般应由质量管理部门统一归口管理，其管理职责包括组织编制、审核、修订、换版、解释、培训、指导、检查及分发、销毁等，企业可以按照自己实际情况确定具体责任部门。

活动一　GSP 对药品批发和零售连锁企业的要求

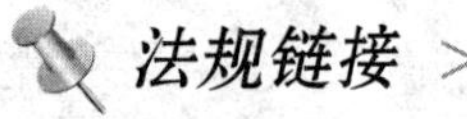

第五条　企业应当依据有关法律法规及本规范的要求建立质量管理体系，确定质量方针，制定质量管理体系文件，开展质量策划、质量控制、质量保证、质量改进和质量风险管理等活动。

现行版 GSP 对药品批发和零售连锁企业的具体要求如下：

一、企业制定质量管理体系文件应当符合企业实际。文件包括质量管理制度、部门及岗位职责、操作规程、档案、报告、记录和凭证等。

（一）质量管理文件内容应符合现行药品法律法规、政策文件的规定，围绕企业质量方针和质量目标来建立，覆盖质量管理的所有要求。

（二）质量管理文件应齐全、层次清晰，包括质量管理制度、部门职责、岗位职责、操作规程、工作程序、档案、报告、记录和凭证等。

（三）质量管理文件应符合经营规模、经营方式、经营范围、操作过程、控制标准等企业实际，满足实际经营需要。

（四）文件之间应保持内存逻辑性、关联性、一致性，不互相矛盾。

（五）计算机管理信息系统的功能设计、操作权限、数据记录等应符合质量管理文件的规定，覆盖企业能够控制和施加影响的所有质量过程。

二、文件的起草、修订、审核、批准、分发、保管，以及修改、撤销、替换、销毁等应当按照文件管理操作规程进行，并保存相关记录。

（一）有文件管理操作规程。

（二）文件的起草、修订、审核、批准、分发、保管、修改、撤销、替换、销毁等与文件管理操作规程的规定相符。

（三）应根据现行法律法规的变化，或企业质量方针、目标的改变及时修订、替换文件。

（四）文件管理的相关记录应按规定保存。

三、文件应当标明题目、种类、目的以及文件编号和版本号。文字应当准确、清晰、易懂。文件应当分类存放，便于查阅。

（一）文件管理操作规程应明确文件格式，要求文件应标明题目、种类、目的以及文件编号和版本号。

（二）文件中文字表述应准确、清晰、易懂，文件内容不得模棱两可、含糊不清、前后矛盾。

（三）文件应按文件编号、业务部门、操作程序等条件进行分类存放，便于查阅。

四、企业应当定期审核、修订文件，使用的文件应当为现行有效的文本，已废止或者失效的文件除留档备查外，不得在工作现场出现。

（一）文件管理操作规程应规定审核、修订文件的周期和条件。

（二）文件应随质量管理体系的运作环境的变化而变化，要始终保持有效。

（三）有定期审核、修订、收回、撤销、销毁等文件管理记录，且记录内容应符合文件管理操作规程的规定。

（四）工作现场使用的文件应为现行有效的文本，不得出现已废止或者失效的文件。

五、企业应当保证各岗位获得与其工作内容相对应的必要文件，并严格按照规定开展工作。

（一）文件管理操作规程应有文件发放、培训、检查、考评的规定。

（二）各部门或岗位在使用处应有相应的现行文件。

（三）应对文件内容进行培训、考核，并有相关记录，确保各岗位能正确理解文件要求。

（四）应对文件执行情况进行检查、考核，并有相关记录，确保各岗位严格按照规定开展工作。

活动二　GSP 对药品零售企业的要求

法规链接 >>>

第一百二十三条　企业应当按照有关法律法规及本规范的要求制定质量管理文件，开展质量管理活动，确保药品质量。

现行版 GSP 对药品零售企业的具体要求如下：

一、企业应当按照有关法律法规及本规范规定，制定符合企业实际的质量管理文件。文件包括质量管理制度、岗位职责、操作规程、档案、记录和凭证等。

（一）质量管理文件内容应符合现行药品法律法规、政策文件的规定，覆盖质量管理的所有要求。

（二）质量管理文件应齐全、层次清晰，包括质量管理制度、岗位职责、操作规程、档案、记录和凭证等。

（三）质量管理文件应符合经营方式、经营范围、经营规模、操作过程、控制标准等企业实际，满足实际经营需要。

（四）文件之间应保持内存逻辑性、关联性、一致性，不互相矛盾。

（五）计算机管理信息系统的功能设计、操作权限、数据记录等应符合质量管理文件的规定，覆盖企业能够控制和施加影响的所有质量过程。

二、企业应定期对质量管理文件进行审核，及时修订。

（一）应有文件管理制度或规程，并规定审核、修订文件的周期和条件。

（二）有定期审核、修订、收回、撤销、销毁等文件管理记录，且记录内容应符合文件管理制度或规程的规定。

（三）文件应随质量管理运作环境的变化而变化，要始终保持有效。

（四）工作现场使用的文件应为现行有效的文本，不得出现已废止或者失效的文件。

三、企业应当采取措施确保各岗位人员正确理解质量管理文件的内容，保证质量管理文件有效执行。

（一）文件管理制度或规程应有质量管理文件发放、培训、检查、考评的规定。

（二）各部门或岗位在使用处应有相应的现行文件。

（三）应对文件内容进行培训、考核，并有相关记录，确保各岗位能正确理解文件的内容和要求。

（四）应对文件执行情况进行检查、考核，并有相关记录，保证质量管理文件得到有效执行，

各岗位人员能严格按照规定开展工作。

活动三　建立质量管理体系文件的原则

法规链接 >>>

《中华人民共和国药品管理法》：

第十五条　开办药品经营企业必须具备以下条件：

……（四）具有保证所经营药品质量的规章制度。

《药品经营质量管理规范》：

第三十一条　企业制定质量管理体系文件应当符合企业实际。文件包括质量管理制度、部门及岗位职责、操作规程、档案、报告、记录和凭证等。

第三十四条　企业应当定期审核、修订文件，使用的文件应当为现行有效的文本，已废止或者失效的文件除留档备查外，不得在工作现场出现。

按照《中华人民共和国药品管理法》《中华人民共和国药品管理法实施条例》、GSP 等法律法规的要求，建立质量管理体系文件的原则为：

（一）合法性原则：质量管理文件内容应符合国家相关法律、法规，并与之保持同步变动，及时调整。

（二）指令性原则：质量管理文件为企业内立法，必须明确指出企业、部门、岗位应该做什么，不应该做什么，要在文件中给予明确详细的规定。

（三）实用性原则：质量管理文件既要与有关法规、标准的要求相衔接，又要充分考虑其有效性，应与自身的实际情况紧密结合，符合企业实际，满足实际经营需要。

（四）先进性原则：质量管理文件的编制既来源于实际，又要适当高于实际，要具有一定前瞻性。还应注意学习和借鉴外部的先进管理经验，通过文件的编制和使用不断提高企业管理水平。

（五）系统性原则：编制的文件既要层次清晰，又要前后协调，各部门质量的管理程序、职责应紧密衔接。

（六）可操作性原则：质量管理文件的规定都是实际工作中能够达到和实现的。

（七）可检查性原则：质量管理文件应能够便于监督部门量化检查。

活动四　质量管理体系文件的类型与主要内容

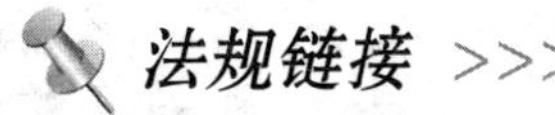

第三十一条　企业制定质量管理体系文件应当符合企业实际。文件包括质量管理制度、部门及岗位职责、操作规程、档案、报告、记录和凭证等。

一、质量管理体系文件的类型

质量管理体系文件分为四类：质量管理制度类；部门及岗位职责类；操作规程类；档案、报告、记录和凭证类。质量管理制度、部门及岗位职责、操作规程属于执行性文件，是开展各项工作和活动的基本准则和标准。档案、报告、记录和凭证属于结果性文件，也是对各项工作和活动进行追溯、核实的依据，要与企业计算机系统的功能紧密结合。

1. 质量管理制度　质量管理制度是企业根据质量管理工作的实际需要而制定的质量规则，是对企业各部门和各业务环节如何实施质量管理做出的明确规定。对企业质量管理过程具有权威性和约束力，是首要的支持性文件。

2. 质量职责　质量职责是企业根据质量管理工作的需要，对组织机构中设置各部门和岗位的工作内容、工作目标、工作结果等提出的明确要求，即明确相关的质量管理工作由谁负责完成的问题。

3. 操作规程　操作规程是为进行某项质量活动或过程所规定的途径（方法），是对各项质量活动采取方法的具体描述，也是企业规范经营活动的支持性文件。

在操作规程中应明确规定何时、何地以及如何做，应采取什么材料、设备，应用哪些质量管理文件，如何对活动进行控制和记录等。

4. 质量记录　质量记录是阐明所取得的结果或提供所完成活动的证据性文件。记录是工作过程的真实记载，反应工作的质和量，为工作的有效性、在需要追溯相关质量信息时提供证据。在药品流通过程中，伴随着大量记录的流转，相关人员可以依据记录了解、追溯、控制药品流转的情况，使经营过程清晰、透明、可追溯。

二、质量管理体系文件的主要内容

质量管理体系文件的内容应符合以下要求：

（一）质量管理文件内容应符合现行药品法律法规、政策文件的规定，围绕企业质量方针和质量目标来建立，覆盖质量管理的所有要求。

（二）质量管理文件应齐全、层次清晰，包括质量管理制度、部门职责、岗位职责、操作规程、工作程序、档案、报告、记录和凭证等。

（三）质量管理文件应符合经营规模、经营方式、经营范围、操作过程、控制标准等企业实际，满足实际经营需要。

（四）文件之间应保持内存逻辑性、关联性、一致性，不互相矛盾。

（五）计算机管理信息系统的功能设计、操作权限、数据记录等应符合质量管理文件的规定，覆盖企业能够控制和施加影响的所有质量过程。

Ⅰ 药品零售企业质量管理体系文件内容

一、药品零售质量管理制度应当包括以下内容：

（一）药品采购、验收、陈列、销售等环节的管理，设置库房的还应当包括储存、养护的管理；

（二）供货单位和采购品种的审核；

（三）处方药销售的管理；

（四）药品拆零的管理；

（五）特殊管理的药品和国家有专门管理要求的药品的管理；

（六）记录和凭证的管理；

（七）收集和查询质量信息的管理；

（八）质量事故、质量投诉的管理；

（九）中药饮片处方审核、调配、核对的管理；

（十）药品有效期的管理；

（十一）不合格药品、药品销毁的管理；

（十二）环境卫生、人员健康的规定；

（十三）提供用药咨询、指导合理用药等药学服务的管理；

（十四）人员培训及考核的规定；

（十五）药品不良反应报告的规定；

（十六）计算机系统的管理；

（十七）执行药品电子监管的规定；

（十八）其他应当规定的内容。

GSP 验收标准要求：

（一）有质量管理制度总目录。

（二）质量管理制度应齐全，至少应包括（一）至（十八）项。

（三）质量管理制度内容应符合现行法律法规的规定和企业实际，具有可操作性。

（四）有关质量记录应与相对应质量管理制度中的内容和要求保持一致。

二、企业应当明确企业负责人、质量管理、采购、验收、营业员以及处方审核、调配等岗位的职责，设置库房的还应当包括储存、养护等岗位职责。主要包括如下内容。

（一）有企业负责人、质量管理、采购、验收、营业员以及处方审核、调配等岗位职责。

（二）设置库房的企业，应有储存、养护等岗位职责。

（三）岗位职责应齐全，与岗位权责一致，符合企业实际。

（四）各岗位现场应有岗位职责的现行文件。

（五）有关质量记录应能体现各岗位人员切实履行职责。

GSP 验收标准要求：

（一）质量管理文件应明确规定其他岗位人员不得代为行使质量管理岗位、处方审核岗位的职责。

（二）质量管理文件、记录等应能体现质量管理岗位履行职责。

（三）药品调配处方中应能体现审核处方的执业药师有效履行职责。

（四）审核处方的执业药师不在岗时，应停止处方药的销售。

（五）质量管理员、审核处方的执业药师应专职专岗，不得兼职其他岗位工作。

三、药品零售操作规程内容应当包括：

（一）药品采购、验收、销售；

（二）处方审核、调配、核对；

（三）中药饮片处方审核、调配、核对；

（四）药品拆零销售；

（五）特殊管理的药品和国家有专门管理要求的药品的销售；

（六）营业场所药品陈列及检查；

（七）营业场所冷藏药品的存放；

（八）计算机系统的操作和管理；

（九）设置库房的还应当包括储存和养护的操作规程。

GSP 验收标准要求：

（一）有药品零售操作规程，至少应包括（一）至（九）项。

（二）操作规程应齐全、简明、易懂、可操作，涵盖零售经营质量管理的各个环节，与相应的质量管理制度保持一致，符合工作实际和岗位要求。

（三）各岗位现场应有相应的现行操作规程文件。

（四）有关质量记录应与操作规程的规定保持一致。

四、企业应当建立药品采购、验收、销售、陈列检查、温湿度监测、不合格药品处理等相关记录，做到真实、完整、准确、有效和可追溯。

GSP 验收标准要求：

（一）有药品采购、验收、销售、陈列检查、温湿度监测、不合格药品处理等相关记录。

（二）设置库房的企业，应有储存、养护等相关记录。

（三）记录应与质量管理制度、操作规程等上位文件保持一致，与企业实际相符。

（四）文件管理制度或规程应对记录的规范填写提出要求。

（五）记录应及时填写，字迹清晰，不得随意涂改，不得撕毁。

（六）更改记录的，应注明理由、日期并签名，保持原有信息清晰可辨。

（七）记录应体现时间、逻辑顺序性，做到真实、完整、准确、有效和可追溯。

五、记录及相关凭证应当至少保存 5 年。特殊管理的药品的记录及凭证按相关规定保存。

GSP 验收标准要求：

（一）文件管理制度或规程应明确规定记录及凭证至少保存 5 年。

（二）特殊管理的药品应建立专门登记台账，处方留存不少于 5 年。

（三）特殊管理药品专用账册的保存期限应当自药品有效期期满之日起不少于

5 年。

Ⅱ 药品批发企业质量管理体系文件内容

一、质量管理制度应当包括以下内容：

（一）质量管理体系内审的规定；

（二）质量否决权的规定；

（三）质量管理文件的管理；

（四）质量信息的管理；

（五）供货单位、购货单位、供货单位销售人员及购货单位采购人员等资格审核的规定；

（六）药品采购、收货、验收、储存、养护、销售、出库、运输的管理；

（七）特殊管理的药品的规定；

（八）药品有效期的管理；

（九）不合格药品、药品销毁的管理；

（十）药品退货的管理；

（十一）药品召回的管理；

（十二）质量查询的管理；

（十三）质量事故、质量投诉的管理；

（十四）药品不良反应报告的规定；

（十五）环境卫生、人员健康的规定；

（十六）质量方面的教育、培训及考核的规定；

（十七）设施设备保管和维护的管理；

（十八）设施设备验证和校准的管理；

（十九）记录和凭证的管理；

（二十）计算机系统的管理；

（二十一）执行药品电子监管的规定；

（二十二）其他应当规定的内容。

GSP 验收标准要求：

（一）有质量管理制度总目录。

（二）质量管理制度应齐全，至少应涵盖（一）至（二十二）项制度。

（三）质量管理制度内容应符合法律法规的规定和企业实际。

（四）操作规程、工作程序、文件记录等应与相对应质量管理制度中的内容和要求保持一致。

GSP 现场检查要点：

（一）查阅制度，企业质量管理制度应当至少包括上述内容。

（二）抽查制度内容，检查是否符合相关法规和企业实情。

（三）通查（或抽查）制度内容，判定是否与岗位职责、操作规程等发生原则性混淆。

（四）提问质量管理部门人员应当知道企业质量管理制度包括哪些内容？关键岗位操作人员应当清楚岗位管理制度具体内容。

二、部门及岗位职责包括：

（一）质量管理、采购、储存、销售、运输、财务和信息管理等部门职责；

（二）企业负责人、质量负责人及质量管理、采购、储存、销售、运输、财务和信息管理等部门负责人的岗位职责；

（三）质量管理、采购、收货、验收、储存、养护、销售、出库复核、运输、财务、信息管理等岗位职责；

（四）与药品经营相关的其他岗位职责。

GSP 验收标准要求（一）：

（一）有质量管理、采购、储存、销售、运输、财务和信息管理等部门职责。

（二）部门职责应齐全，与部门权责一致，符合企业实际。

（三）各部门现场应有部门职责的现行文件。

（四）有关质量记录应能体现各部门切实履行部门职责。

GSP 验收标准要求（二）：

（一）有企业负责人、质量负责人及质量管理、采购、储存、销售、运输、财务和信息管理等部门负责人的岗位职责。

（二）部门负责人岗位职责应齐全，与部门负责人权责一致，符合工作实际和岗位要求。

（三）各部门负责人办公现场应有部门负责人岗位职责的现行文件。

（四）有关质量记录应能体现各部门负责人切实履行岗位职责。

GSP 验收标准要求（三）：

（一）有质量管理、采购、收货、验收、储存、养护、销售、出库复核、运输、财务、信息管理等岗位职责，以及与药品经营相关的其他岗位职责。

（二）岗位职责应齐全，与岗位权责一致，符合工作实际和岗位要求。

（三）各部门现场应有部门内各岗位职责的现行文件。

（四）有关质量记录应能体现各岗位人员切实履行岗位职责。

三、企业应当制定药品采购、收货、验收、储存、养护、销售、出库复核、运输等环节及计算机系统的操作规程。

GSP 验收标准要求：

（一）有药品采购、收货、验收、储存、养护、销售、出库复核、运输等环节及计算机系统的操作规程。

（二）操作规程应齐全、简明、易懂、可操作，涵盖企业经营质量管理的各个环节，与相应的质量管理制度保持一致，符合工作实际和岗位要求。

（三）各部门现场应有相应的现行操作规程文件。

（四）有关质量记录应与操作规程的规定保持一致。

四、企业应当建立药品采购、验收、养护、销售、出库复核、销后退回和购进退出、运输、储运温湿度监测、不合格药品处理等相关记录，做到真实、完整、准确、有效和可追溯。

GSP 验收标准要求：

（一）有药品采购、验收、养护、销售、出库复核、销后退回和购进退出、运输、储运温湿度监测、不合格药品处理等相关记录（文件编制申请表、制度执行情况检查记录、供货方汇总表、供货方质量体系调查表、合格供货方档案表、采购计划表、购进质量验收药品目录、药品质量档案表、药品购进、质量验收纪录、药品储存、陈列环境检查记录、环境温湿度监测记录、近效期药品催销表、药品拆零销售记录、处方药销售调配销售记录、中药饮片装斗复核记录、中药方剂调配销售记录、顾客意见征询表、药品质量问题查询表、药品质量问题投诉、质量事故调查处理报告）。

（二）记录应与质量管理制度、操作规程、工作程序等上位文件保持一致，与企业实际相符。

（三）文件管理操作规程应对记录的规范填写提出要求。

（四）记录应及时填写，字迹清晰，不得随意涂改，不得撕毁。

（五）更改记录的，应注明理由、日期并签名，保持原有信息清晰可辨。

（六）记录应体现时间、逻辑顺序性，做到真实、完整、准确、有效和可追溯。

对于质量管理记录，GSP 相关规定还有：

第四十条 通过计算机系统记录数据时，有关人员应当按照操作规程，通过授权及密码登录后方可进行数据的录入或者复核；数据的更改应当经质量管理部门审核并在其监督下进行，更改过程应当留有记录。

GSP 验收标准要求：

（一）各部门或岗位操作人员应严格按照规定权限开展相关质量活动，进行数据的录入、复核或更改。

（二）数据信息出现错误或需要改动时，必须由质量管理部门审核，并留有更改记录。

（三）计算机数据应真实、完整、准确、有效、安全和可追溯。

（四）计算机数据应按日备份，按现行版 GSP 规范第四十二条、第六十条的要求安全保存，不得丢失。

第四十一条 书面记录及凭证应当及时填写，并做到字迹清晰，不得随意涂改，不得撕毁。更改记录的，应当注明理由、日期并签名，保持原有信息清晰可辨。

GSP 验收标准要求：

（一）文件管理操作规程应对记录的规范填写提出要求。

（二）书面记录及凭证应及时填写，字迹清晰，不得随意涂改，不得撕毁。

（三）更改记录的，应注明理由、日期并签名，保持原有信息清晰可辨。

（四）记录应体现时间、逻辑顺序性，做到真实、完整、准确、有效和可追溯。

第四十二条 记录及凭证应当至少保存 5 年。疫苗、特殊管理的药品的记录及凭证按相关规定保存。

GSP 验收标准要求：

（一）文件管理操作规程应明确规定记录及凭证至少保存 5 年。

（二）疫苗的记录及凭证应当保存至超过药品有效期 2 年。

（三）特殊管理的药品应建立专门登记台账，处方留存不少于 5 年（《麻醉药品、精神药品处方管理规定》规定麻醉药品处方至少保存 3 年，精神药品处方至少保存 2 年）。

（四）特殊管理药品专用账册的保存期限应当自药品有效期期满之日起不少于 5 年。

任务二　质量管理文件示例

掌握质量管理体系文件的类型与主要内容的实例。

法规链接 >>>

第三十二条　文件的起草、修订、审核、批准、分发、保管，以及修改、撤销、替换、销毁等应当按照文件管理操作规程进行，并保存相关记录。

活动一　质量管理制度类文件

________药店管理文件

文件名称：药品销售管理制度		编号：
起草人：	审核人：	批准人：
起草日期：	批准日期：	执行日期：
变更记录：		版本号：

1. 目的：加强药品销售环节的质量管理，严禁销售质量不合格药品。

2. 依据：《药品经营质量管理规范》、药品管理法律、法规及有关规定。

3. 适用范围：适用于本企业药品销售的管理。

4. 责任：执业药师或药师、营业员对本制度的实施负责。

5. 内容：

（1）凡从事药品零售工作的营业员，上岗前必须经过业务培训，考核合格后取得上岗证，同时取得健康证明后方能上岗工作。

（2）在营业场所的显著位置悬挂《药品经营许可证》、营业执照、执业药师注册证等。

（3）药品陈列应清洁美观，摆放做到药品与非药品分开、处方药与非处方药分开、内服药与外用药分开、品名与包装易混淆的药品分开，药品要按用途陈列。

（4）营业员依据顾客所购药品的名称、规格、数量、价格核对无误后，将药品交与顾客。

（5）销售药品必须以药品的使用说明书为依据，正确介绍药品的适应证或功能主治、用法用量、不良反应、禁忌及注意事项等，指导顾客合理用药，不得虚假夸大药品的疗效和治疗范围，误导顾客。

（6）在营业时间内，应有执业药师或药师在岗，所有从业人员应佩戴标明姓名、岗位、从业资格等内容的胸卡。

（7）顾客凭处方购药，按照《药品处方调配管理制度》执行，处方必须经药师审核签章后，方可调配和出售。

（8）销售非处方药，可由顾客按说明书内容自行判断购买和使用，如果顾客提出咨询要求，药师应负责对药品的购买和使用进行指导。

（9）销售近效期药品应当向顾客告知。

（10）药品拆零销售按照《药品拆零销售操作程序》执行。

（11）不得采用有奖销售、附赠药品或礼品销售等方式销售药品。

（12）不得销售国家规定不得零售的药品。

（13）销售药品所使用的计量器具应经计量检定合格并在有效期限内。

（14）药品营业人员应熟悉药品知识，了解药品性能，不得患有精神病、传染病或其他可能污染药品的疾病，每年定期进行健康检查。

（15）店堂内的药品广告宣传必须符合国家《广告法》和《药品广告管理办法》的规定。

（16）对缺货药品要认真登记，及时向采购员传递药品信息，组织货源补充上柜，并通知客户购买，非本企业人员不得在营业场所内从事药品销售相关活动。

（17）对实施电子监管的药品，在售出时应当进行扫码和数据上传。

（18）销售药品开具有药品名称、生产厂家、批号、规格、价格等内容的销售凭证。

相关文件：

1. 《处方药品销售管理制度》
2. 《药品拆零销售操作规程》
3. 《中药饮片处方审核、调配、核对管理制度》
4. 《处方调配销售记录》
5. 《药品拆零销售记录》
6. 《中药方剂调配销售记录》

活动二　操作规程类文件

________**药店管理文件**

文件名称：营业场所药品陈列及检查操作规程		编号：
起草人：	审核人：	批准人：
起草日期：	批准日期：	执行日期：
变更记录：		版本号：

1. 目的：通过制定营业场所的药品陈列及检查操作规程，有效控制营业场所的药品陈列及检查符合质量规定的要求。

2. 依据：《药品管理法》《药品经营质量管理规范》。

3. 适用范围：适用营业场所的药品陈列及检查全过程。

4. 责任者：门店养护人员及门店营业员。

5. 内容：

（1）药品陈列

①质量管理员按照药品剂型、用途以及储存要求分类陈列；设置醒目标志，类别标签要求字迹清晰、放置准确；药品陈列于销售区域柜台或货架上，摆放整齐有序，避免阳光直射。

②药品分类要求：处方药、非处方药分区陈列，并有处方药、非处方药专用标识；处方药不得采用开架自选的方式陈列和销售；外用药设置外用药品专柜；拆零销售的药品集中存放于拆零专柜；特殊管理的药品和国家有专门管理要求的药品不得陈列，按有关要求专人负责；冷藏药品放置在冷藏设备中，按规定对温度进行监测和记录，并保证存放温度符合要求；中药饮片柜斗谱书写正名正字；装斗前认真复核，防止错斗、串斗；定期清斗，防止饮片生虫、发霉、变质；不同批号的饮片装斗前必须清斗并填写清斗记录；非药品在专区陈列，与药品区域明显隔离，并有醒目标志。

（2）陈列药品检查方法

①药品养护员依据陈列药品的流动情况，制定养护检查计划，对陈列药品每一个月检查一次，并认真填写“陈列药品检查记录”。

②药品养护：药品养护员在质量养护检查中，依据陈列药品的外观质量变化情况，抽样进行外观质量的检查；抽样的药品依照“药品外观质量检查要点”，按照药品剂型逐一检查，检查合格的药品填写好“陈列药品检查记录”可继续上架销售；质量有问题或有疑问的品种要立即下柜停止销售，并详细记录，同时上报质量管理员进行复查。

③中药饮片养护：中药饮片要按其特性分类存放，药斗要做到一货一斗，不得错斗、串斗；新进饮片装斗前要填写“清斗记录”，按要求真实、准确记录相关项目；养护员每月检查药斗内饮片质量，防止发生生虫、霉变、走油、结串、串药等现象；夏防季节，对易变质饮片要每天检查；如有变化要及时采取相应的养护措施，并如实填写“中药饮片检查记录”。

④药品效期管理：药品养护员根据每月对陈列药品的检查，填报“近效期药品催售表”；一式三份，质量负责人、养护员各一份，柜组一份，质量负责人督促营业员按照“先进先出、近期先出”的原则进行销售；养护员每月对近效期商品进行核查，在“近效期药品催销表”上如实记录已售、退货结论。

＿＿＿＿＿药店管理文件

文件名称：营业场所冷藏药品的存放操作规程		编号：
起草人：	审核人：	批准人：
起草日期：	批准日期：	执行日期：
变更记录：		版本号：

1. 目的：通过制定营业场所冷藏药品的存放操作规程，有效控制营业场所冷藏药品的存放符合质量规定的要求。

2. 依据：《药品管理法》《药品经营质量管理规范》。

3. 适用范围：适用营业场所冷藏药品的存放全过程。

4. 责任者：门店在册上岗人员。

5. 内容

（1）冷藏药品的收货、验收操作程序

①冷藏药品收货区应在阴凉或冷藏环境中，不得置于露天、阳光直射和其他可能改变周围环境温度的位置。营业员收货前，应查看并确认运输全程温度符合规定的要求后，方可接收货物，移入待验区并立即通知验收人员进行验收。

②冷藏药品的验收要在30分钟内完成，验收人员需按照冷藏药品的温度要求及外观质量情况进行验收，验收合格后立即将药品转入低温柜存放；如对质量不合格或有疑问的药品要及时上报质量管理员待查。

（2）冷藏药品的贮藏、养护操作程序

①冷藏药品需存放在可调节温度的低温柜中，养护人员每天两次对低温柜内温湿度进行监测并记录，确保冷藏药品质量合格。

②低温柜要定期进行维护保养并做好记录。养护人员如发现设备故障，应先将药品隔离，暂停销售，做好记录并及时上报质量管理员。

活动三　职责类文件

________药店管理文件

文件名称：药品验收员岗位职责		编号：
起草人：	审核人：	批准人：
起草日期：	批准日期：	执行日期：
变更记录：		版本号：

1. 目的：规范药品的验收工作，保证入库药品的质量。

2. 依据：《药品经营质量管理规范》。

3. 适用范围：适用于企业的药品验收员。

4. 责任：药品验收员对本职责的实施负责。

5. 工作内容

（1）审核供应商是否具有符合规定的供货资格。

（2）审核来货是否在供货企业被批准的经营范围之内。

（3）按法定标准和验收规程，及时完成入库药品的验收工作并做好验收记录。

（4）严格按规定的标准、验收方法和抽样原则进行验收和抽取样品。

（5）对验收合格的药品，与保管员办理入库交接手续。

（6）对验收不合格的药品拒收，做好不合格药品的隔离存放工作，并及时报质量管理人员处理。

（7）规范填写验收记录，并签章。收集药品质量检验报告书和进口药品检验报告书，按规定保存备查。

（8）收集质量信息，配合质量管理人员做好药品质量档案工作。验收中发现的质量变化情况及时报质量管理人员。

________药店管理文件

文件名称：营业员岗位职责		编号：
起草人：	审核人：	批准人：
起草日期：	批准日期：	执行日期：
变更记录：		版本号：

1. 目的：规范企业的销售，保证销售的服务质量和销售药品的质量。

2. 依据：《药品经营质量管理规范》。

3. 适用范围：适用于企业的营业员。

4. 责任：企业营业员对本职责的实施负责。

5. 工作内容：

（1）严格遵守企业纪律、规章制度，执行相关质量管理制度及程序。

（2）每日做好当班责任区内的清洁卫生、陈列、整理、定价、调价、养护、退库、效期跟踪等作业。

（3）保证仪容、仪表符合企业规定，对顾客礼貌招呼，热情微笑服务，文明用语。

（4）掌握并不断提高服务技巧、销售技能，不断熟悉药品知识，及时掌握新品种的药学内容，销售药品做到准确无误，并且正确说明用法、用量和注意事项，务必提醒顾客要认证阅读说明书，不得夸大宣传和欺骗顾客。

（5）做好药品的防盗和防止药品变质的工作。

（6）负责协助进行经营场所的气氛营造，装饰物的悬挂等。

（7）做好每班的贵重药品的交接班工作。

（8）协助搞好企业经营场所的设备维护、设施维护保养。

________药店管理文件

文件名称：处方审核人员岗位职责		编号：
起草人：	审核人：	批准人：
起草日期：	批准日期：	执行日期：
变更记录：		版本号：

1. 目的：为规范处方审核人员的行为，保证处方药销售的合法性。

2. 依据：《药品经营质量管理规范》。

3. 适用范围：适用于处方审核人员。

4. 责任：处方审核人员对本职责的实施负责。

5. 工作内容：

（1）负责药品处方内容的审查及所调配药品的审核并签字。

（2）负责执行药品分类管理制度，严格凭处方销售处方药。

（3）对有配伍禁忌或超剂量的处方，应当拒绝调配、销售。

（4）指导营业员正确、合理摆放及陈列药品，防止出现错药、混药及其他质量问题。

（5）营业时间必须在岗，并佩戴标明姓名、执业药师职称等内容的胸卡，不得擅离职守。

（6）为顾客提供用药咨询服务，指导顾客安全、合理用药。

（7）对销售过程中发现的质量问题，应及时上报质量管理部门。

（8）对顾客反映的药品质量问题，应认真对待、详细记录、及时处理。

目标检测

一、单项选择题

1. 记录及相关凭证应当至少保存（　　）
   A. 2 年　　B. 3 年　　C. 1 年　　D. 5 年
2. 药品批发企业组织制订质量管理体系文件的部门是（　　）
   A. 药品监督管理部门　　B. 董事会
   C. 企业质量管理部门　　D. 企业质量负责人
3. 企业组织质量管理体系的内审和风险评估的部门是（　　）
   A. 采购部门　　B. 销售部门　　C. 质量管理部门　　D. 销售员

二、多项选择题

1. 企业制定质量管理体系文件包括（　　）
   A. 质量管理制度　　B. 部门及岗位职责　　C. 操作规程
   D. 档案、报告　　E. 记录和凭证
2. 不得由其他岗位人员代为履行岗位是（　　）
   A. 质量管理岗位　　B. 处方审核岗位　　C. 采购岗位
   D. 销售岗位　　E. 验收岗位
3. 企业应当建立的相关记录有（　　）
   A. 药品采购　　B. 验收　　C. 销售
   D. 陈列检查　　E. 温湿度监测

【技能训练】

模拟填写：药品养护管理制度文件

×××市××大药房管理文件

文件名称：药品养护管理制度			编号：
起草人：	审核人：	批准人：	颁发人：
起草日期：	审核日期：	批准日期：	生效日期：
分发人员：			

1. 目的：

2. 依据：
3. 适用范围：
4. 责任：
5. 内容：

（周　勇）

项目十四　计算机管理信息系统

案例阅读

2014 年××市药品食品监督管理局组织对×××市×××药品经营企业 GSP 进行认证验收，发现该企业未将供货单位相关信息录入计算机管理信息系统。根据 GSP 要求“质量管理基础数据包括供货单位、购货单位、经营品种、供货单位销售人员资质等相关内容”，工作人员责令该企业限期整改。

法规链接 >>>

第五十七条　企业应当建立能够符合经营全过程管理及质量控制要求的计算机系统，实现药品质量可追溯，并满足药品电子监管的实施条件。

第五十八条　企业计算机系统应当符合以下要求：

（一）有支持系统正常运行的服务器和终端机；

（二）有安全、稳定的网络环境，有固定接入互联网的方式和安全可靠的信息平台；

（三）有实现部门之间、岗位之间信息传输和数据共享的局域网；

（四）有药品经营业务票据生成、打印和管理功能；

（五）有符合本规范要求及企业管理实际需要的应用软件和相关数据库。

第五十九条　各类数据的录入、修改、保存等操作应当符合授权范围、操作规程和管理制度的要求，保证数据原始、真实、准确、安全和可追溯。

第六十条　计算机系统运行中涉及企业经营和管理的数据应当采用安全、可靠的方式储存并按日备份，备份数据应当存放在安全场所，记录类数据的保存时限应当符合本规范第四十二条的要求。

任务一　药品经营企业对计算机系统的要求

掌握药品经营企业对计算机信息管理系统的组成。

活动一　计算机系统的组成

企业计算机系统是由硬件设备和相关软件组成并完成企业经营、管理及质量控制的系统，用于企业经营和管理各项活动中的信息化处理，包括数据输入、处理和输出，可提高企业管理的效率、准确性和质量控制的有效性。企业应建立计算机系统，并能满足从经营全过程的管理及质量控制的要求，企业应具有满足电子监管的实施条件。

对于药品经营企业，计算机系统应涵盖硬件、网络、应用软件（含基础数据库）三部分。现阶段，一般以 SQL Server 平台创建的关系数据库为底层，数据服务器作为中间层，客户端作为应用层，通过构建局域网体系，实现各部门的信息共享、数据实时传输，实现后台全面数据管理及账务管理；支持远程数据传输，以解决远程的管理和远程系统的连接（图 14-1）。

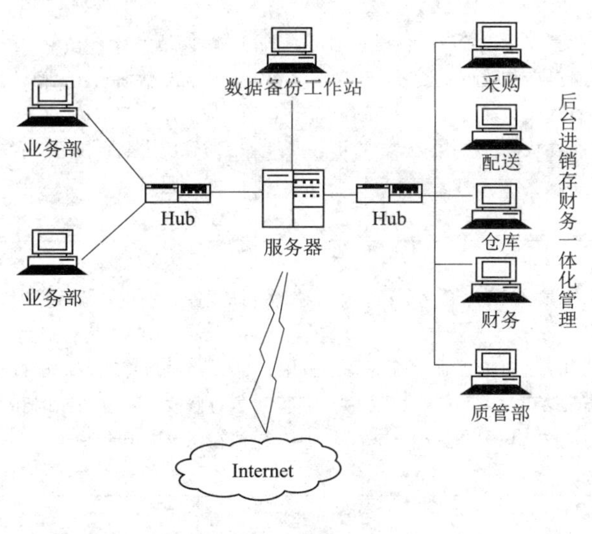

图 14-1　网络配置示意

注：Hub 集线器

活动二　GSP 对计算机系统的要求

计算机系统是企业从事药品经营活动和质量管理活动的物质载体，是企业质量管理体系的重要组成部分。企业的计算机系统必须满足药品经营管理活动的全过程控制，实施药品在流通领域运动轨迹的完全掌握，实现药品追溯达到零死角，提供药品监管部门电子监管的全覆盖，保证药品质量管理活动有序高效运行。GSP 对企业提出计算机管理信息系统要求的目的就是要企业建立符合规范要求的计算机系统，能对药品的购、储、销等质量控制环节进行全面规范管理，能对购进产品合法性、购货单位资质审核、首营企业审核、首营品种审核、销售人员资格审核、收货验收、储存、养护、效期、出库、销售、运输、退回、召回、追溯等过程或行为进行有效管理。

企业计算机系统主要包括采购管理、销售管理、质量管理、仓储管理、运输管理、财务管理等，这些系统功能基本覆盖了经营管理全过程：

（一）采购管理主要对采购合同、采购订单、供应商及厂家信息进行管理。

（二）销售管理主要对销售订单、客户信息等进行管理。

（三）质量管理主要对采购入库、销售退货入库、质检取样等过程进行管理，同时对药品、厂家、供应商、客户等相关质量信息进行管理。

（四）仓储管理主要对采购入库、销售退货入库、销售出库、退厂出库等出库过程进行管理，同时对拣选、复核、集结、补货等库内操作过程进行管理，支持电子监管收集、上传。

（五）运输管理主要对运输任务、票据回单、车辆信息等进行管理。

（六）财务管理主要对客户应收、供应商及厂家应付、客户资信额度等进行管理。

表 14-1　现行版 GSP 对计算机系统的需求

序号	管控点	需求描述	GSP 要求	备注
1	系统权限设置、管控	1. 严格按岗位设置权限；质管部可查询业务经营相关权限设置 2. 各操作岗位通过输入用户名及密码登录，在权限范围内录入、查询数据	1. 购、销、存各流程入口、出口，与数据录入、修改的权限应有质管部审核 2. 质管应定期对权限设置进行检查、跟踪	1. 系统权限审批表 2. 系统权限检查表
2	系统数据修改、管控	1. 关闭所有岗位业务经营数据修改权限 2. 经申请、批准，临时开通修改权限；修改结束，关闭修改权限 3. 记录修改原因和过程	修改各类业务经营数据时，操作人员应当在职责范围内提出申请，经质量管理人员审核批准后方可修改，修改的原因和过程应当在系统中记录	业务经营数据修改审批表
3	记录	1. 各操作人用自己的用户名及密码进入业务系统和 ERP 系统操作、录入信息，系统自动记录操作人、日期等，不得采用菜单选择等手动方式记录（目前，验收记录、出库复核记录的操作人采用的是菜单选择方式录入，不符合要求） 2. 所有记录按日备份，保存 5 年 3. 增加运输记录、储运温湿度监测记录	1. 系统对各岗位操作人员姓名的记录，应当根据专有的用户名及密码自动生成，不得采用手工编辑或菜单选择等方式录入 2. 系统操作、数据记录的日期和时间应当由系统自动生成，不得采用手工编辑、菜单选择等方式录入 3. 应建立采购、验收、养护、销售、出库复核、销退和购退、运输、储运温湿度监测、不合格药品处理等相关记录；记录保存 5 年	

续表

序号	管控点	需求描述	GSP 要求	备注
4	数据备份	1. 业务系统和 ERP 系统数据按日备份 2. 数据保存 5 年	1. 采用安全、可靠的方式存储和备份各类记录和数据 2. 按日备份数据；保证系统日志的完整性 3. 备份数据的介质应当存放在安全场所，防止与服务器同时遭遇灾害造成损坏或丢失 4. 数据保存 5 年	
5	客商信息管理	1. 在每个客商信息下，每个证（《药品经营许可证》《营业执照》等）的信息为一个信息块，逐项录入证照、资料的基本信息及有效期 2. 对客商资料进行效期管理：①资料的有效期与购、销业务关联，某客商的任一资料到期，系统自动停止与该客商的业务往来；②客商资料到期前 3 个月起系统自动提示、预警：采购预报或销售开票界面自动提示 3. 客商信息录入经营方式、经营范围（或诊疗科目），“经营范围”名称设定可修改、增或减，应与商品信息的“经营范围”名称一致 4. 供应商的销售人员，客户的采购人员信息按客商信息录入 5. 客商信息增“档案号”，便于查找纸质档案	1. 质量管理基础数据：供货单位及购货单位、经营品种、供货单位销售人员资质等相关内容 2. 基础数据应与对应的单位或产品的合法性、有效性相关联，与供货单位或购货单位的经营范围相对应，由系统进行自动跟踪、识别与控制 3. 应对接近失效的基础数据进行提示、预警，提醒相关部门索取、更新相关资料；任一基础数据失效，均应对与该数据相关的业务功能自动锁定，直至该数据更新、生效后相关功能方可恢复 4. 基础数据由专职质量管理人员对相关资料审核合格后据实录入、更新，录入、更新的时间由系统自动生成 5. 其他各岗位应当按照规定权限查询、应用基础数据，不能修改数据的任何内容	1. 供应厂商档案 2. 客户档案
6	商品信息管理	1. 商品信息增加“经营范围”一栏，与客商信息的“经营范围”的名称一致 2. 增加“药品批件（注册证）”有效期、“档案号”		药品质量档案

续表

序号	管控点	需求描述	GSP 要求	备注
7	拒绝超经营方式和范围购进	1. 拒绝“经营方式”为药品零售、医疗机构的采购订单生成 2. 供应商的“经营范围”应包含购进品种的“经营范围”，相符的可购进该药品；否则，拒绝购进该药品，拒绝采购订单的生成		应当严格审核购货单位的生产范围、经营范围，并按照相应的范围购进药品
8	首营品种（从批发公司购进）审核及药品批件管理	1. 验收员审核药品批件（注册证），根据实物新增首营品种信息，系统自动转换成“首营品种审批表”，打印；审批与验收入库同时进行 2. 药品批件复印、盖章、扫描、上传至系统，供质管员查询、打印 3. 药品批件扫描件可供客户查询、下载	采购首营品种应索取加盖供货单位公章原印章的药品生产或者进口批准证明文件复印件并予以审核，方可采购	1. 首营品种审批表 2. 药品质量档案
9	采购预报	1. 录入采购订单，除价格、金额以外的采购订单信息自动转换为采购预报，作为收货查询的凭证之一 2. 系统拒绝无企业或商品基础信息的采购预报生成；经首营首批，质管部新增企业或商品信息后方可录入采购订单 3. 基础信息中供应商的“经营范围”应包含商品信息的“经营范围”，否则，拒绝该“采购预报”的生成 4. 采购员可停用自己的废预报	1. 药品的采购订单中基础数据应当依据数据库生成。系统对各供货单位的法定资质能够自动识别、审核，拒绝超出经营方式或经营范围的采购订单生成 2. 采购订单确认后，系统自动生成采购记录 3. 采购记录：通用名称、剂型、规格、生产厂商、供货单位、数量、价格、购货日期等（中药材、中药饮片应标明“产地”）	
10	收货验收	1. 收货、验收流程：检查到货情况，查验随货同行单，签收，并回填到货运输情况→调取采购预报核对，打印收货、验收通知单→质量验收、填写验收记录→回填验收信息→保管员用手持终端扫描核对、确认，形成库存记录→采购审核，打印入库单→采购结算 2. 系统支持按供应商或预报单号查询采购预报（正常）；无预报或到货大于预报数量的，采购员补预报；来货少于预报，按实到货（随货单数量）收货 3. 采购预报转换为收货、验收通知单，打印 4. 在系统中回填到货运输检查情况，保存记录。如：①冷藏药品，记录到货时间、运输方式、温控方式、到货时温度等内容；②冷藏药品，导出在途温度记录，保存	1. 药品到货，系统应当支持收货人员查询采购记录，随货同行单、来货、采购记录三者一致，方可收货；不相符，且供应商不予以确认的，则拒收 2. 破损、污染、标识不清等情况的，拒收 3. 验收药品应当按照批号逐批查验药品合格证明文件：同批号的检验报告书、《生物制品批签发合格证》、进口药品资料等 4. 冷藏药品到货，应当查验冷藏车、冷藏箱或保温箱的温度状况，核查并留存运输过程和到货时的温度记录	1. 收货凭证：①随货同行单；②药品检验报告书；③收货验收通知单（采购预报） 2. 验收记录 3. 拒收单 4. 入库单

续表

序号	管控点	需求描述	GSP 要求	备注
10	收货验收	5. 质量验收、查验资料，回填验收信息，生成验收记录 ①一个品种多个批号的，支持预报信息拆分（总数量一致） ②系统自动记录验收员姓名、验收日期，不得采用手工编辑或菜单选择方式回填 ③拒收：录入拒收数量及原因，打印“拒收单”；商品物流状态为“拒收”（可通过补货或减供应商货款方式处理） 6. 支持药品电子监管码扫码提示、扫码及数据自动上传至国家药品电子监管网 7. 验收后，在商品外包装上加贴“验收标签”（与验收记录关联） 8. 系统自动分配储存库区，保管员用手持终端扫描核对、确认，生成库存记录；商品为可销售状态 9. 采购员确认采购订单的到货、入库情况，打印“入库单” 10. 采购结算（财务），结束 11. 暂不入库的商品，物流状态为“待验”，超过验收时限的应填写待验原因，待验商品可供采购、质管查询，以便及时处理	5. 冷藏药品收货检查记录：药品名称、数量、生产企业、发货单位、发运地点、启运时间、运输方式、温控方式、到货时间、温控状况、运输单位、收货人员等 6. 在系统采购记录的基础上录入药品的批号、生产日期、有效期、到货数量、验收合格数量、验收结果等，生成验收记录：通用名称、剂型、规格、批准文号、批号、生产日期、有效期、生产厂商、供货单位、到货数量、到货日期、验收合格数量、验收结果等；验收员签署姓名和验收日期（中药饮片多“产地”） 7. 系统应当按照药品的管理类别及储存特性，自动分配储存库区	
11	检验报告书管理	1. 药品厂检报告书管理 ①药品入库时，验收员将药品厂检报告书复印、盖章、扫描、上传至系统，供物流部查询、打印 ②药品出库时，系统支持按客户类型（药品批发企业和零售连锁企业）选择性打印药品厂检报告书 ③药品厂检报告书扫描件可供客户查询、下载 2. 进口药品、生物制品等资料管理 ①药品入库时，验收员将进口药品、生物制品复印、扫描、上传至系统，供物流部查询、打印 ②药品出库时，进口药品、生物制品资料打印与出库单联动，自动打印 ③进口药品、生物制品资料扫描件可供客户查询、下载	1. 药品到货，应查验、保存药品检验报告书 2. 药品出库，应随货附药品检验报告书	1. 国产药品：厂检报告书 2. 进口药品：进口药品注册证、进口药品检验报告书、进口药品通关单等 3. 生物制品：生物制品批签发合格证

续表

序号	管控点	需求描述	GSP 要求	备注
12	商品盘点	1. 盘点方式：盲盘 2. 录入手工盘点数据（实货库存），系统自动记录盘点过程中的所有操作和处理记录 3. 做到账、货相符	应当对库存药品定期盘点，做到账、货相符	商品盘点表
13	养护计划及养护记录	1. 系统建立养护模块，自动生成养护计划（每天应养护的品种明细），筛选条件：①在库 90 天以上；②按库区、货位筛选；③在库 90 天以上的药品每季度循环养护一次 2. 对储存温度特殊、有效期较短的药品形成重点养护计划，重点养护品种每月养护检查一次 3. 养护计划转换成养护记录，打印、回填、保存 4. 系统通过养护员的养护情况回填自动记录养护员的姓名、日期等；不得采用手工编辑或菜单选择等方式录入	1. 系统应当依据质量管理基础数据和养护制度，对库存药品按期自动生成养护工作计划，提示养护人员对库存药品进行有序、合理的养护 2. 对储存温度特殊、有效期较短的药品按要求进行重点养护检查，并记录	1. 循环养护记录 2. 重点品种养护记录
14	商品有效期管控	系统应当对库存药品的有效期进行自动跟踪和控制： 1. 近效期 6 个月或 3 个月的，开票界面分别用不同颜色提示、预警 2. 商品超有效期自动锁定及停售	系统应当对库存药品的有效期进行自动跟踪和控制，具备近效期预警提示、超有效期自动锁定及停售等功能	近效期药品催销表
15	销售管理	1. 药品销售与客户的资质信息联动，拒绝无基础数据或停用状态基础数据的销售订单生成 2. 客户信息的“经营范围”与商品信息的“经营范围”联动，前者包含后者时，可生成销售订单；否则，拒绝该订单的生成 3. 拒绝经营方式为“生产”的销售订单生成 4. 拒绝无有效库存数据的任何销售订单生成 5. 销售记录至少包括：通用名称、规格、剂型、批号、有效期、生产厂商、购货单位、销售数量、单价、金额、销售日期等	1. 销售药品，系统依据基础数据及库存记录生成销售订单，系统拒绝无基础数据或无有效库存数据支持的任何销售订单的生成 2. 系统对各购货单位的法定资质能够自动识别并审核 3. 拒绝超出经营方式或经营范围销售订单的生成 4. 销售记录至少包括：通用名称、规格、剂型、批号、有效期、生产厂商、购货单位、销售数量、单价、金额、销售日期	销售清单

续表

序号	管控点	需求描述	GSP 要求	备注
16	销退管理	1. 流程：销退申请（附原销售清单）→审批→销退预报→质量验收，填写验收信息→销退清单→结算 2. 销退申请单（附原销售清单）交销售主管审批，对是否同意退货、价格等进行审核，同意的做销退预报，标注退货原因 3. 销退预报自动转换生成销退收货验收记录；退回药品实物与原记录信息不符时，系统应拒绝药品退回操作 4. 系统不能支持对原始销售数据的更改，销退数量不可大于销售数量	1. 销退收货时应当调出原对应的销售、出库复核记录 2. 对应的销售、出库复核记录与销退药品实物信息一致的方可验收，并依据原记录数据生成销退验收记录 3. 退回药品实物与原记录信息不符时，系统应拒绝药品退回操作 4. 系统不支持对原始销售数据的任何更改	1. 销退申请单 2. 销退预报（验收记录） 3. 销退清单
17	质量锁、物流锁	1. 按流程和要求设置质量、物流锁，对不能正常购、销的商品进行锁定 2. 按流程设定锁定岗位，质量锁定信息自动传达到质管人员，质管人员确认回填或解除锁定 3. 系统记录锁定时间、原因、状态、处理措施、操作人、采购员意见等；采购员、质管员等相关人员可随时查询、跟踪锁定商品当前状态和处理情况	系统应对经营过程中发现的质量有疑问的药品进行控制： 1. 发现质量有疑问药品，应照本岗位操作权限实施锁定，系统自动通知质管人员 2. 被锁定药品应当由质管人员确认，不属于质量问题的解除锁定，属于不合格药品的由系统生成不合格记录 3. 系统对质量不合格药品的处理过程、处理结果进行记录，跟踪处理结果	药品停售通知单
18	出库复核	1. 销售数据传输至物流部，生成出库单，拣货、复核操作完成后，系统自动生成出库复核记录：购货单位、通用名称、剂型、规格、数量、批号、有效期、生产厂商、出库日期、质量状况和复核员等 2. 系统通过操作人的动作自动记录操作人的姓名、日期等；不得采用手工编辑或菜单选择等方式录入 3. 系统由销售记录生成、打印随货同行单（销售清单随货联）：供货单位、生产厂商、通用名称、剂型、规格、批号、数量、收货单位、收货地址、发货日期等 4. 系统支持药品厂检报告书选择性打印；进口药品、生物制品等资料打印与出库单联动，自动打印	1. 系统将确认后的销售数据传输至仓储部门提示出库及复核；复核员完成出库复核操作后，系统自动生成出库复核记录：购货单位、通用名称、剂型、规格、数量、批号、有效期、生产厂商、出库日期、质量状况和复核员等 2. 随货同行单：供货单位、生产厂商、通用名称、剂型、规格、批号、数量、收货单位、收货地址、发货日期等 3. 药品出库应随附药品检验报告书	1. 出库单 2. 随货同行单（销售清单随货联） 3. 药检报告书

续表

序号	管控点	需求描述	GSP 要求	备注
19	运输跟踪、记录	1. 系统自动跟踪运输车辆，终端信息自动传达到管理主机，具有提示、警告功能 2. 录入药品出库信息，打印出车运输单（自运）或发运签收单（托运） 3. 运输单、随货清单签收回执，运输单回填生成运输记录：发货时间、发货地址、收货单位、收货地址、货单号、药品件数、运输方式、委托经办人、承运单位，车牌号等	1. 系统应当对药品运输的在途时间进行自动跟踪，对有运输时限要求的应当提示、警告相关部门及岗位 2. 系统应当按照《规范》要求，生成药品运输记录：发货时间、发货地址、收货单位、收货地址、货单号、药品件数、运输方式、委托经办人、承运单位，车牌号等	1. 出车运输单（自运） 2. 发运签收单（托运）
20	库房温湿度监控	1. 自动、不间断监测和记录库房温湿度。温湿度显示每隔 1 分钟更新一次，每 30 分钟自动记录一次；温湿度超出规定范围时，每 1 分钟记录一次 2. 报警：库房温湿度达到临界值或者超出规定范围，以及系统发生供电中断等情况，能够进行声光报警，同时以短信等方式对不少于 3 名指定人员报警 3. 测点终端采集的数据通过网络自动传送到管理主机进行处理、记录、保存 4. 系统对记录数据不可更改、删除，不得设置反向导入数据的功能 5. 数据按日备份，保存 5 年 6. 系统与企业计算机系统进行连接，数据自动存储于计算机系统中，可进行实时数据查询和历史数据查询	1. 自动、不间断监测和记录药品储存运输过程中的温湿度。每隔 1 分钟更新一次数据，储存过程中每 30 分钟自动记录一次数据，运输过程中每 5 分钟自动记录一次数据；温湿度超出规定范围时，每 1 分钟记录一次数据 2. 监测的温湿度数据达到设定的临界值或者超出规定范围，以及系统发生供电中断等情况，能够就地和在指定地点进行声光报警，同时以短信等方式对不少于 3 名指定人员报警 3. 监测数据应当真实、完整、准确、有效 ①测点终端采集的数据应当通过网络自动传送到管理主机进行处理和记录，并采用可靠的方式进行数据保存，确保不会丢失和不被改动 ②系统应当具有对记录数据不可更改、删除的功能，不得设置反向导入数据的功能 ③系统不得对用户开放温湿度校正参数调整功能，防止用户随意调整校正参数造成监测数据失真 4. 对监测数据采用安全、可靠的方式按日备份，备份数据应当存放在安全场所，数据保存 5 年	1. 库房温湿度检查记录 2. 设备使用记录

续表

序号	管控点	需求描述	GSP 要求	备注
20	库房温湿度监控		5. 系统与企业计算机系统进行连接，自动在计算机系统中存储数据，可以通过计算机终端进行实时数据查询和历史数据查询	
21	冷链运输温度数据采集、记录、报警	1. 显示并自动采集和记录运输途中冷藏车和车载冷藏箱内的温湿度。显示温度每隔 1 分钟更新一次，每 5 分钟自动记录一次；温度超出规定范围时，每 1 分钟记录一次 2. 报警：具有远程及就地实时报警功能，可通过计算机读取和存储所记录的监测数据 3. 测点终端采集的数据通过网络自动传送到管理主机进行处理、记录、保存 4. 系统对记录数据不可更改、删除，不得设置反向导入数据的功能 5. 数据按日备份，保存 5 年	冷库配置温湿度自动监测系统，冷藏车、冷藏箱和保温箱配置温度自动监测系统，均可实时采集、显示、记录温（湿）度数据，并具有远程及就地实时报警功能，可通过计算机读取和存储所记录的监测数据	
22	电子监管码扫码及数据上传	药品入库（购进、销退）及药品出库（销售、购退）电子监管码扫码及数据上传： 1. 支持药品电子监管码扫码提示 2. 支持药品电子监管码扫码及数据自动上传至国家药品电子监管网	对实施电子监管的药品入库、出库，应按规定进行药品电子监管码扫码，并及时将数据上传至中国药品电子监管网系统平台	
23	库房安全防护	库房安装门禁系统	库房有可靠的安全防护措施，能够对无关人员进入实行可控管理	

任务二　计算机系统在药品经营企业中的应用

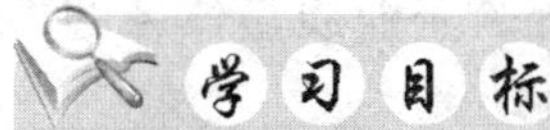

掌握 GSP 对计算机系统的作用。

活动一　计算机系统的作用

企业计算机系统是企业进行 GSP 质量管理活动的重要基础条件。和一般设备系统不同，计算机系统对企业经营管理活动和质量管理活动的影响是全方位的。建立一个有效的计算机管理系统，对于企业更有效地实施各环节的质量控制和质量保证有强大地支撑作用。现行版 GSP 明确“全面推进一项管理手段、强化两个重点环节、突破三个难点问题”的目标。其中一项管理手段就是实施企业计算机管理信息系统，作为药品许可经营的必备条件，企业应当建立符合要求的计算机系统。这里面有两个层次的含义：一是要求企业应当建立并使用一个计算机系统，以支持经营管理和质量管理活动。没有建立系统或者建立了系统但没有真正实际使用，都是不符合 GSP 规范的；二是规定企业建立的计算机系统的功能应当达到一定的要求。前者规范了必要性，后者规范了系统功能的程度。

活动二　计算机系统在 GSP 中的运用

在企业计算机系统构成上，计算机硬件、网络等是支持管理信息应用软件系统的技术基础。企业计算机系统的功能主要通过管理信息软件系统来体现的。因此，判断企业计算机系统功能能否满足要求，主要是要看相关数据库软件和管理信息应用软件能否满足相关的功能要求。下面从质量控制支持、业务经营过程支持、电子监管码支持三个方面分析对管理信息系统的功能要求。

一、质量控制支持

使用计算机系统更有效地支持质量管控是 GSP 中引入计算机系统的最核心目的。GSP 在购进、销售、入库、出库、发运、存储养护等环节都有对质量控制方面的要求和规定。企业执行这些质量控制的主体是各环节工作人员，主要通过人员的核查、判断、处置等来实现的。在这里，有效的人员质量控制活动是重点，设备和信息系统的支持处于辅助地位。如供应商或购货单位证照真实性合法性审查、收货验收养护等环节的药品质量状态检查等都需要通过人的综合判断力，计算机无法替代，但仍然有一些规则明确的控制活动适合通过计算机实现，能够充分发挥计算机信息处理的长处。例如，对于购货单位业务审核，企业应当要审查其经营范围，不允许向其销售规定范围外的药品。鉴于药品品规数量、客户数量都比较大，业务繁忙，如果采用人工来执行这一控制，需要花费大量的人工来比对，其结果是难以保证控制的有效性，失控的概率增大，同时还大大影响业务的处理速度和服务能力。因此，对一些规则明确的质量控制，要求企业通过计算机系统来实施，能够大大提升企业整体的质量控制能力，同时提高业务作业效率。因此，计算机系统是企业质量体系的重要组成部分。

企业应当通过计算机系统实现下面的质量控制：

1. 在使用计算机系统下达购进或销售时，不能够选择或录入没有通过首营审批的企业和品种。

2. 在使用计算机系统下达购进时，应当控制其品种在相关证照的规定范围内，同时供应商和品种相关证照处于有效期范围内。否则，不允许下达购进订单。

3. 在使用计算机系统确定并发出销售指令时，应当控制其品种在购货单位相关证照的规定范围内，同时相关证照处于有效期范围内。否则，不允许签发和打印销售发货凭证。

4. 计算机系统要能跟踪在库药品的批号和有效期。对近效期药品要提醒，对超有效期药品要控制不能签发和打印销售发货凭证。

5. 计算机系统要能够根据品种的养护规则自动生成养护计划，养护人员按照养护计划的指示进行养护活动。

6. 对于养护过程中发现有问题的药品，计算机系统要提供相应的功能用于锁定该药品的销售。

二、经营业务过程支持

这里需要解释一个基本问题：GSP 是医药企业质量保证体系领域的规范，为什么要规定计算机系统应当支持经营管理过程。其核心逻辑是：为了保证企业实施关键环节质量控制的有效性，因此规定一些关键环节应当使用计算机系统进行质量控制。如果这些主要业务环节本身就不是通过计算机系统来完成实际业务，那么没有了被控制的过程标的和对象，又如何实现计算机质量控制呢？其必然的结论是：主要业务环节应当通过计算机系统来实时完成。

如果有些企业安装使用了某种专门 GSP 管理软件系统，而实际做业务又使用另外一套业务系统（或者不使用计算系统），两者之间相互脱离，这种状况是不符合条款规定的。GSP 管理软件和企业主要业务环节的作业应当共用一个系统，才能真正实现计算机质量控制。

企业经营的关键环节应当使用计算机系统来实时完成：

1. 企业应当使用计算机系统下达购进订单，经计算机系统检查和确定的购进订单才能打印传送或电子传送至供应商执行。先行下达购进订单，而后再补录到计算机系统的做法是不符合要求的。

2. 企业应当使用计算机系统确定销售业务的内容，确定后打印签发销售发货凭证。先行手工签发销售凭证，而后再补录计算机系统的做法是不符合要求的。

3. 企业仓库应当配置并使用计算机系统来反映进出库活动导致的在库货物品种、批号、效期、数量和状态的变动，以满足批号、有效期、货物状态方面的质量控制要求。

4. 企业仓库应当配置并使用计算机系统来反映养护的结果，并反映在库货物品种、批号、效期、数量和状态的变动，以满足批号、有效期、货物状态方面的质量控制要求。

三、电子监管码支持

企业的计算机系统应当具备在入库、出库过程中扫描和采集记录药品电子监管码的功能，并能够和药品监管网对接，实现药品监管码数据的定时准确上传，实现药品监管部门进行实时监控的要求。

目标检测

一、单项选择题

1. 算机数据的更改应当经（　　）审核并在其监督下进行，更改过程应当留有记录

A. 企业负责人　　B. 质量负责人

C. 质量管理部门　　D. 计算机维护部门

2. 现行版 GSP 要求企业计算机系统应当符合的要求是（　　）

A. 支持系统正常运行的服务器和终端机

B. 安全、稳定的网络环境，固定接入互联网的方式和安全可靠的信息平台

C. 实现部门之间、岗位之间信息传输和数据共享的局域网

D. 以上都是

3. 录入计算机系统的数据，要保证（　　）

A. 原始、真实　　B. 准确、安全　　C. 可追溯　　D. 以上都是

二、简答题

简述库存药品有效期控制如何在计算机系统上体现。

【技能训练】

模拟填写：业务数据更改申请、审批单。

××医药有限公司

计算机信息管理系统业务数据更改申请、审批单

申请人		申请原因		部门		单据类型		单据号	
申请内容									
申请时间	年　月　日								
质管部 审批意见	□同意 □不同意 审批人签字： 年　月　日								
质管部 监督情况 执行情况	执行人：　　监督人：　　年　月　日								

（周　勇）

模块六　GSP 认证 >>>

项目十五　GSP 认证准备

任务一　GSP 认证的准备

学习目标

1. 掌握 GSP 认证人员的准备。
2. 掌握 GSP 认证资料的准备。
3. 熟悉 GSP 认证的意义。
4. 熟悉 GSP 认证备查材料目录。

案例阅读

据报道，由于假药的暴利，贩卖假药的利润甚至比贩卖毒品还要高 10 至 25 倍。据统计，2010 年世界市场上的假药份额已从 2005 年的 260 亿欧元上升到 550 亿欧元，目前市场上的假药数量还在不断上升，而假药主要集中在抗菌药、止痛药、避孕药和其他流行药物中间。2013 年，国际刑警在世界 99 个国家中查获多起售卖假药案件，共没收价值 3 000 万欧元的假药。而全球每年约有 70 万人因假药而死亡。（据人民日报社旗下《环球时报》《健康报》报道。）

活动一　GSP 认证的意义

一、GSP 认证的概念

GSP 认证是指药品监督管理部门依法对药品经营企业药品经营质量管理进行监督检查的一种手段，是对药品经营企业实施 GSP 情况的检查、评价并决定是否发给认证证书的监督管理过程。

GSP 认证的实质是国家对药品经营企业实施 GSP 情况的监督检查管理制度，也是国家对药品经营企业一种法定的监督管理形式。它是一个国际通用概念，GSP 认证在中国正式实行后，对药品经营行为起到了很好的规范作用，对药品经营市场不规范行为进行了有利的遏止和取缔。GSP 认证通过的企业名单可以在药品认证中心网站查询。

GSP 认证是药品市场准入的一种制度，为加快推行 GSP 的实施和体现推行 GSP 实施的强制性，将推行 GSP 实施和药品经营企业的经营资格确认结合起来，GSP 认证已成为衡量一个药品经营企业是否具有资格继续经营药品的一道硬杠杠。因此，GSP 认证就成为药品市场准入的一道技术壁垒。

二、GSP 认证的意义

GSP 认证是根据当前我国药品监督管理所面临的形势和任务提出的，实施 GSP 认证不但是市场准入的法定条件，也是解决当前我国药品经营市场健康发展的有力手段。在这样的历史时期，加快 GSP 的认证步伐，努力推动监督实施 GSP 认证工作，对我国药品经营市场健康发展具有深远和现实的意义，主要体现在以下几个方面：

1. GSP 认证转变了经营理念　GSP 认证使企业在销售数量和产品质量关系上转变了经营理念，企业从过去的单纯追求销售数量达到利润增长向既重视销售数量更重视产品质量转变，从而使企业全员参加、全过程的质量管理、全方位的质量监控，实现提高经营工作质量，改善经营管理的目标，达到社会效益和经济效益同步增长的目的，提高经济效益和社会效益并重的理念。

2. GSP 认证完善了企业经营组织机构　质量管理是整个企业各个部门的共同任务，不只是靠质量管理部门和少数质检员完成的，它必须在企业领导的工作日程上占有重要位置，在企业组织结构上必须建立强有力的质量保证体系，使质量管理部门和其他部门共同协调，各个部门都要坚持质量第一，明确自己的职责，做好自己的工作，要围绕企业的经济效益，搞好质量管理，保证药品供应。要准确地掌握药品市场需求动态，经营能够满足用户需求的药品，按照药品质量标准，保证各个经营环节的规范操作，维护药品安全，抓好药品质量追踪，搞好情报搜索，及时提供药品质量信息。

3. GSP 认证促进了技术进步和管理水平的提高　信息技术在药品经营企业的应用，极大地提高了药品经营企业的管理水平，药品经营企业通过计算机管理，可实时监控企业药品库存和销售状况，对法律规定的购进或销售无合法资质的企业从源头上予以控制，最大限度地保证药品购、销的合法性和安全性。

【想一想】

GSP 认证有什么意义?

活动二　GSP 认证人员的准备

一、对相关部门员工的要求

企业应组织质量相关部门的人员认真学习 GSP 知识，要求各岗位人员熟悉掌握与本岗位相关的质量管理文件。一方面能够落实到实际操作当中去，能够从实质上提高药品经营质量管理水平，真正贯彻执行 GSP；另一方面在 GSP 认证检查过程中，面对检查人员的各种提问与考核，能够做出正确的回答。

二、陪同人员的确定

企业应在 GSP 认证实施现场检查前，根据企业的规模确定 2~3 名企业人员陪同 GSP 现场检查，负责与认证检查组成员沟通、配合与联系。做到及时地处理检查中出现的一些问题，陪同人员的素质与专业能力将对企业 GSP 认证现场检查起着重要的影响作用，陪同人员主要应从企业质量管理人员中选拔，并应对陪同人员进行重点培训，培训后一般不宜轻易调换，陪同人员应具备以下基本要求：

1. 思路清晰、表达清楚、反应敏捷、善于沟通、有较强的文字记录能力。

2. 熟悉 GSP 认证的总体要求、经营管理流程与质量管理全过程、关键性技术细节。

3. 具有较高的整体协调与应变能力。

三、资料保管调度人员的配备

企业应当配备 1~2 名 GSP 认证资料保管调度人员，资料保管调度人员不仅要熟悉 GSP 认证资料的构成与分类，全面掌握企业备查资料的分布，而且还要能同陪同人员进行及时的沟通，具有很强的现场组织能力，能为现场检查员及时准确提供所需要的文件资料。检查员在现场检查中发现问题时，往往要在文件资料中核查证实，如果发现提供资料不及时、不适当等问题，将会影响企业认证检查的效果。

【议一议】

GSP 认证对相关部门员工有哪些要求？

活动三　GSP 认证资料的准备

GSP 认证资料的准备是企业实施 CSP 认证的 项具体而复杂工作。资料准备应依据 GSP 认证有关文件提出的基本要求，认真做好资料的整理和上报工作。

一、总体汇报材料

企业实施 GSP 认证的总体汇报材料，主要由企业高层领导和质量管理职能部门组织完成的，GSP 认证总体汇报材料主要包括：《药品经营质量管理规范认证申请书》《企业 GSP 认证自查报告》等。《药品经营质量管理规范认证申请书》和《企业 GSP 认证自查报告》将在后面的“任务二：GSP 认证上报材料的准备”中详细介绍。

二、备查材料

备查材料既是企业日常经营的依据和凭证，也是 GSP 认证部门材料审查的重要文件。主要分为综合性备查材料和部门自备检查资料两大类。

1. 综合性备查材料　这部分资料主要是由职能部门组织完成，作为总体汇报材料的补充与追溯，主要是按照 GSP 和 GSP 认证检查项目的要求收集整理。资料编目应科学，便于检索查找。具体要求如下：

（1）根据认证检查项目编制资料总目录，与相应档案盒序号对应。

（2）对照 GSP 认证检查评定标准逐条汇集材料和数据，如某条内容资料较多，可编子目录，反之，也可将几条标准合并应备资料。

（3）每个资料盒内应装有一份资料目录，并贴在档案盒内侧，盒内资料应该用文件夹按目录顺序夹好或装订成册。

（4）有的标准如非本企业检查项目应在总目录该条处标明“缺项”。

（5）基层数据资料和记录因数量较多，可存一两本于档案盒内备查，并注明其他部分的保存处。

2. 部门自备检查资料　这部分资料主要由相关部门分别自行完成，主要是为认证现场检查作准备，包括以下内容：

（1）各主要部门实施 GSP 工作情况；

（2）与 GSP 相关的各岗位、各环节质量工作制度、程序及职责资料；

（3）各部门与 GSP 和 GSP 认证检查评定标准相对应部分的见证性原始记录与材料。

GSP 认证申报的资料准备工作，涉及企业各个层次，除了主要的质量管理职能部门外，各相关部门及基层单位都应密切配合，认真收集整理，汇总编写，审核统计，做好充分准备。

活动四　GSP 认证备查材料目录

GSP 认证备查材料一般包括：《质量管理制度》《部门及岗位职责》《GSP 质量管理程序》《业务管理凭证》。

一、《质量管理制度》主要内容

1. 质量管理体系内审制度；
2. 质量否决权制度；
3. 质量管理文件制度；
4. 质量信息管理制度；
5. 供货单位资格审核制度；
6. 购货单位资格审核制度；
7. 供货单位销售人员资格审核制度；
8. 购货单位采购人员资格审核制度；
9. 药品采购管理制度；
10. 药品收货管理制度；
11. 药品质量验收管理制度；
12. 药品储存管理制度；
13. 药品养护管理制度；
14. 药品销售管理制度；
15. 药品出库管理制度；
16. 运输管理制度；
17. 特殊管理药品管理制度；
18. 药品有效期管理制度；
19. 不合格药品管理制度；
20. 药品销毁管理制度；
21. 药品退货管理制度；
22. 药品召回管理制度；
23. 质量查询管理制度；
24. 质量事故管理制度；
25. 质量投诉管理制度；
26. 药品不良反应报告管理制度；
27. 环境卫生管理制度；

28. 人员健康管理制度；
29. 质量方面的教育、培训及考核管理制度；
30. 设施设备保管和维护管理制度；
31. 设施设备验证管理制度；
32. 设施设备校准管理制度；
33. 记录和凭证管理制度；
34. 计算机系统管理制度；
35. 执行药品电子监管的管理制度；
36. 其他应当规定的管理制度。

《质量管理制度》范例（11. 药品质量验收管理制度）：

企业管理文件（范例）

题目：药品质量验收管理制度

编号：GSP-BC-ZD-11　　　　第1页　共2页

制订部门：质管部	颁发部门：行政部	执行日期：
制订人： 日　期：	审核人： 日　期：	批准人： 日　期：
制订依据	《药品经营质量管理规范》第三十五条	
分发部门	质管部、仓储部	

以下为正文：

1. 目的：建立一个规范的药品质量验收管理制度。

2. 范围：适用于药品质量验收的管理。

3. 职责：验收员对本制度的实施负责。

4. 规程：

4.1　验收员应严格按照法定的药品质量标准和合同规定的质量条款对购进药品、销后退回药品的质量进行逐批验收，对药品的包装、标签、说明书以及有关证明或文件进行逐一检查。

4.2　验收员按照验收程序对药品进行验收，确保入库药品质量符合规定要求，杜绝不合格药品和假劣药品进入公司。

4.3　待验收药品应存放在仓库的待验区，需作外观质量检查的药品应在待验区或验收养护室进行。

4.4　验收员凭业务部门开具的《来货通知单》对药品进行验收，核对药品的品名、剂型、规格、数量、生产厂商、供货单位等是否相符和符合规定。对无《来货通知单》的药品或到货与《来货通知单》所列项目不符的药品不予验收。

4.5　验收取样原则为：

4.5.1　一般药品：按批号从原包装中抽取样品，样品应具有代表性和均匀性。抽取的数量，每批在50件以下（含50件）抽取2件，50件以上每增加50件多抽1件，不足50件以50件计。在每件中从上、中、下不同部位抽取三个以上小包装进行检查，如原包装外观有异常、破损现象，则对异常、破损的均应开箱检查。

4.5.2　中药材：药材总件数在100件以下的，取样5件；100~1000件，按5%取样；超过1000件的，超过部分按1%取样；不足5件的，逐件取样；贵重药材，不论件数多少均逐件取样。

4.6　药品质量验收，包括对药品外观的性状检查和对药品内外包装及标识的检查：

4.6.1　药品外观的性状检查包括色泽、潮解、发霉异物、溶化、结晶析出、重量差异、麻面、龟裂、残缺、澄明度等，根据不同剂型确定不同的检查项目。

4.6.2　验收包装及标识主要检查以下内容。

4.6.2.1　整件包装中应有产品合格证。

4.6.2.2　药品包装的标签和所附说明书上应有生产企业的名称、地址，有药品的品名、规格、批准文号、产品批号、生产日期、有效期等；标签或说明书上还应有药品的成分、适应证或功能主治、用法、用量、禁忌、

续表

不良反应、注意事项以及贮藏条件等。 4.6.3 特殊管理药品、外用药品，其包装的标签或说明书上有规定的相应标志和警示说明。处方药和非处方药按分类管理要求，标签、说明书上有相应的警示语或忠告语；非处方药的包装上有国家规定的专有标识。 4.6.4 进口药品，其包装的标签应以中文注明药品的名称、主要成分以及注册证号，并有中文说明书。有符合规定的《进口药品注册证》和《进口药品检验报告书》复印件；进口预防性生物制品、血液制品应有《生物制品进口批件》复印件。以上批准文件应加盖供货单位质量管理机构原印章。 4.6.5 中药材的验收：中药材应有包装，并附有质量合格的标志。每一件包装上，中药材应标明药品名称、产地、发货日期、供货单位；实施批准文号管理的中药材，在其包装上还应标明批准文号。 4.7 验收员在验收药品时应作好验收记录，并签章保存备查。验收记录应记载供货单位、数量、到货日期、品名、剂型、规格、批准文号、生产厂商、有效期、质量状况、验收结论和验收人员签章等项内容。验收记录应保存至超过药品有效期一年，但不得少于三年。 4.8 验收首营品种，除检查以上项目外，还应检查有无生产厂家该批号药品的质量检验报告书。 4.9 对销后退回的药品，验收员应凭业务部开具的《退货通知单》按进货验收的规定验收，必要时应抽样送检验机构检验，检验合格后，方可入库。 4.10 一般情况下，药品需于到货后 1 个工作日内验收完毕。 4.11 验收中发现的不合格药品按《不合格药品管理制度》执行。 4.12 验收中发现质量有疑问的药品，应及时报质量管理部复查处理。 4.13 验收工作结束后，验收员与仓库保管员应按规定办理交接手续；由保管员根据验收结论和验收员的签章，将药品放置于相应的库区。

二、《部门及岗位职责》主要内容

1. 质量管理部门职责；
2. 药品采购部门职责；
3. 储存部门职责；
4. 销售部门职责；
5. 运输部门职责；
6. 财务部门职责；
7. 信息管理部门职责；
8. 企业负责人岗位职责；
9. 质量负责人岗位职责；
10. 质量管理部门负责人岗位职责；
11. 采购部门负责人岗位职责；
12. 储存部门负责人岗位职责；
13. 销售部门负责人岗位职责；
14. 运输部门负责人岗位职责；
15. 财务部门负责人岗位职责；
16. 信息管理部门负责人岗位职责；
17. 质量管理员岗位职责；
18. 采购员岗位职责；
19. 收货员岗位职责；

20. 验收员岗位职责；
21. 保管员岗位职责；
22. 养护员岗位职责；
23. 销售员岗位职责；
24. 出库复核员岗位职责；
25. 运输员岗位职责；
26. 财务人员岗位职责；
27. 信息管理员岗位职责；
28. 与药品经营相关的其他岗位职责。

《部门及岗位职责》范例（1. 质量管理部门职责）：

企业管理文件（范例）

题目：质量管理部工作职责

编号：GSP-BC-ZZ-01　　　　第 1 页　共 1 页

制订部门：质管部		颁发部门：行政部	执行日期：
制订人： 日　期：		审核人： 日　期：	批准人： 日　期：
制订依据	《药品经营质量管理规范》第五条		
分发部门	质管部		

质量管理部工作职责

一、公司质量管理部的职能是：根据公司质量方针与目标，组织建立与运行公司质量管理体系，并进行经营管理服务过程中各项流程的改进、实施与控制。保证药品和服务质量。

二、主要职责：

（一）坚持“质量第一”的原则，贯彻执行有关药品质量管理的法律、法规和行政规章。

（二）负责起草公司药品质量管理制度，并指导、督促制度的执行。

（三）负责首营企业和首营品种的质量审核。

（四）负责建立公司所经营药品并包含质量标准等内容的质量档案。

（五）负责药品质量的查询和药品质量事故或质量投诉的调查、处理及报告。

（六）负责药品的验收和检验，指导和监督药品保管、养护和运输中的质量工作。

（七）负责质量不合格药品的审核，对不合格药品的处理过程实施监督。

（八）收集和分析药品质量信息。

（九）协助开展对企业职工药品质量管理方面的教育与培训。

三、完成总经理、副总经理安排的其他事务。

三、《GSP 质量管理程序》主要内容

1. 质量体系内部评审程序；
2. 执行质量管理制度考核程序；
3. 企业 GSP 自检操作规程；
4. 企业 GSP 培训规划；
5. 首营企业审核程序；

6. 首营品种审核程序；
7. 药品购进程序；
8. 药品销售程序；
9. 药品销货退回程序；
10. 药品购进退出处理程序；
11. 药品直调购销程序；
12. 药品质量验收程序；
13. 药品质量验收细则；
14. 药品保管养护程序；
15. 药品出库复核程序；
16. 药品拆零和拼箱发货程序；
17. 中药材、中药饮片的验收；
18. 中药饮片零货称取操作程序；
19. 中药材、中药饮片养护程序；
20. 中药标本管理工作程序；
21. 不合格药品控制性管理程序；
22. 澄明度检测操作程序；
23. 精密分析天平操作程序；
24. 标准比色液操作程序；
25. 显微镜操作程序；
26. 水分测定仪操作程序；
27. 紫外荧光灯操作程序；
28. 药品冷藏柜操作程序；
29. 空调机操作程序。

《GSP 质量管理程序》范例（9. 药品销货退回程序）：

企业管理文件

题目：药品销货退回程序

编号：GSP-BC - CX-09　　第 1 页　共 1 页

<table>
<tr><td colspan="2">制订部门：质管部</td><td>颁发部门：行政部</td><td>执行日期：</td></tr>
<tr><td colspan="2">制订人：
日　期：</td><td>审核人：
日　期：</td><td>批准人：
日　期：</td></tr>
<tr><td>制订依据</td><td colspan="3">《药品经营质量管理规范》第八条</td></tr>
<tr><td>分发部门</td><td colspan="3">业务部、质管部、仓储部</td></tr>
<tr><td colspan="4">以下为正文：
1. 目的：建立药品销后退回程序的操作规范，使其规范化，标准化。
2. 范围：适用于药品的销后退回。
3. 职责：业务部、质管部、仓储部对本程序的实施负责。
4. 规程：</td></tr>
</table>

续表

4.1 客户提出退货，业务员凭销售记录对退货药品的品名、批号、生产厂家、规格等进行审核，确认药品是否为本公司销售的。 4.2 经确认为本公司销售的药品后，由业务负责人审批同意后方可办理退货手续，业务员填写《退货通知单》交验收员验收，并通知仓库分类存放于退货区办理登记。 4.3 仓库收到退货药品后由验收员在二个工作日内按照进货验收规定验收，填写退货药品验收记录，记录药品通用名称、剂型、规格、批号、有效期、批准文号、生产企业、生产日期、退货单位、退货数量、退货日期、质量状况、验收结论和验收员签章。将验收情况向质管部报告，由质管部派员复核。 4.4 退货药品验收后，经确定质量合格的应即转入合格品区保管；质量不合格的应报质管部确认后转入不合格品区。

四、《业务管理凭证》主要内容

1. 供货企业质量保证体系评审记录；
2. 企业 GSP 自检工作申请单；
3. 企业 GSP 自检记录表；
4. 整改通知书；
5. 标准比色液；
6. 澄明检测仪；
7. 分析天平；
8. 水分测定仪；
9. 显微镜；
10. 紫外荧光灯；
11. 澄明度检查记录；
12. 质量管理制度执行情况考核表（财务部）；
13. 质量管理制度执行情况考核表（仓储部）；
14. 质量管理制度执行情况考核表（仓储部保管员）；
15. 质量管理制度执行情况考核表（仓储部养护员）；
16. 质量管理制度执行情况考核表（行政部）；
17. 质量管理制度执行情况考核表（业务部）；
18. 质量管理制度执行情况考核表（质管部经理）；
19. 质量管理制度执行情况考核表（质管部验收员）；
20. 质量管理制度执行情况考核表（质管部质管员）；
21. 质量管理制度执行情况考核表（总经理）；
22. 药品质量档案；
23. 药品采购申请表；
24. 企业规章制度文件编制审批登记表；
25. 库房温湿度记录表；
26. 全体员工花名册表；

27. 健康检查汇总表；
28. 抽（送）验单；
29. 药品检验报告书；
30. 首次企业经营审批表；
31. 首次药品经营审批表；
32. 药品质量复检通知单；
33. 药品拒收报告单；
34. 不合格药品报损审批表；
35. 药品停售通知单解除停售通知单；
36. 报损药品销毁登记表；
37. 不合格商品存库登记表；
38. 销货退回验收记录表；
39. 退货通知单；
40. 在库药品养护检查记录；
41. 药品养护档案表；
42. 近效期药品催销表；
43. 养护设备使用记录；
44. 消防设施检查情况记录；
45. 用户服务意见征询函；
46. 文件传阅登记表；
47. 信息反馈单；
48. 质量查询登记表；
49. 来电记录表；
50. 设施设备一览表；
51. 设施设备检查情况记录；
52. 员工培训登记表；
53. 员工培训登记考勤表；
54. 企业员工培训档案封面；
55. 药品购进记录；
56. 药品验收记录；
57. 药品销售记录；
58. 药品出库复核记录；
59. 在用计量器具明细表；
60. 中药材收购一览表；
61. 执行公司质量方针和质量目标展开图；
62. 业务部门质量方针目标经营责任制检查考核；
63. 储运部门质量方针目标经营责任制检查考核；
64. 管理部门质量方针目标经营责任制检查考核；
65. 仪器使用登记表；
66. 中药标本台账；

67. 到货通知单；
68. 药品质量月报表；
69. 重点养护品种确认表；
70. 货位卡；
71. 入库验收单；
72. 出库复核单；
73. 药品购进退出单；
74. 销售退回入库单；
75. 评审方案；
76. 质量体系内部评审记录表；
77. 质量体系评审报告；
78. 质量管理制度执行情况考核表；
79. 质量管理制度执行情况考核表（各项制度）。

《业务管理凭证》范例（71. 入库验收单）：

入库验收单

购进日期	供货单位	药品名称	剂型	规格	生产厂商	注册商标	批准文号	批号	有效期	单位	数量	质量状况	验收结论

【技能训练】

模拟填写药品入库验收单。

任务二　GSP 认证上报材料的准备

学习目标

1. 掌握 GSP 认证申报的条件。
2. 掌握 GSP 认证申请书的填写。
3. 熟悉 GSP 认证申报材料初审表。
4. 熟悉 GSP 认证自查报告的撰写。

活动一 GSP 认证申报材料初审表

GSP 认证申报资料初审表

填报单位： （盖章） 填报日期： 年 月 日

审查项目	审查结果
一、《药品经营质量管理规范》认证申请书	
二、《药品经营许可证》《营业执照》《GSP 认证证书》复印件	
三、企业实施 GSP 情况综述（自查报告）	
四、上次认证现场检查不合格情况表	
五、企业上次认证后关键要素变更情况	
六、企业负责人员和质量管理人员情况表及资质材料	
七、企业验收、养护、采购、计算机人员情况表及资质材料	
八、企业组织机构图和各岗位质量管理职能框架图	
九、企业所属药品经营单位情况	
十、企业经营场所、仓储等设施、设备情况表	
十一、企业办公经营场所、仓库平面布局图	
十二、企业人员花名册	
十三、企业保证申请材料各项内容真实性的声明	
审查人： 审查日期： 年 月 日	

注：本表由初审部门根据审查结果填写；“审查结果”栏根据实际情况填写“合格”或“合理缺项”字样。

活动二 GSP 认证申报的条件

国家食品药品监督管理总局规定：申请 GSP 认证应是具备合法资质的药品经营企业，即依法取得了《药品经营许可证》和《营业执照》，并正常经营的企业。申请 GSP 认证必须符合以下条件：

（一）具有依法领取的《药品经营许可证》和《营业执照》；

（二）在申请认证前 12 个月内，企业没有因违规经营造成的经销假劣药品问题；

（三）企业经过内部评审，基本符合 GSP 及其实施细则规定的条件和要求。

活动三 GSP 认证自查报告的撰写

《企业 GSP 认证自查报告》的撰写，一般包括四个部分：一、企业概况；二、企业执行 GSP 质量体系的自查总结；三、存在问题与整改措施；四、总结。主要内容可参考如下：

一、企业概况的主要内容

主要介绍企业的基本情况：企业的性质、类型（如为合资或合作等类型企业，应注明投资人的出资比例)；公司成立时间，公司注册地址；营业场所、仓库、办公及辅助区面积；药品经营业务的正式运行时间；企业人员概况（总员工数，各类专业技术人员的人数及其比例，其中药学专业技术人员的人数及其比例，从事药品质量、检查验收、养护工作的人数、技术职称以及占员工总数的比例等）；企业经营状况（经营范围、品种、上年度销售额、利税情况）等。

二、企业执行 GSP 质量体系的自查总结

主要介绍企业实施 GSP 的主要工作，对照实施 GSP 各条款和 GSP 认证现场检查具体的项目内容，逐一检查企业 GSP 质量管理的执行情况，包括组织领导、机构人员、教育培训、制度建设、硬件改造及风险管理、体系内审、验证、冷链药品储存运输、严格控制药品购进、储存、销售的计算机软件程序等工作。

三、存在问题与整改措施

根据本企业所制定的《质量管理体系自查评审制度》和《质量管理体系自查评审程序》的要求，以及对企业的质量方针的落实情况认真排查。对不符合的项目，制定整改方案，采取措施及时改正，并跟踪并记录。

四、总结

对企业实施 GSP 的情况和 GSP 认证的条件作简要评价。

范例

企业 GSP 认证自查报告

一、企业概况

某 H 药品批发有限责任公司，是成立于 1990 年 11 月的药品批发企业，公司类型：有限责任公司，公司注册资本：6069 万元人民币，经营场所和仓库均与公司注册地址相同。本公司设有 A 药房连锁有限公司、B 医疗器械有限公司、C 中药材有限公司等独立法人子公司。现有员工 820 人，其中：各类大中专毕业人员 266 人，药学及其相关专业 99 人；专业技术人员 230 人，药学及其相关专业技术人员 70 人，中级以上技术人员 107 人。其中执业药师 9 人，药师 86 人。2014 年销售额达 60.98 亿。

本公司经营范围：中成药、中药材、中药饮片、化学药制剂、化学原料药、抗菌药、生化药品、生物制品、精神药品、麻醉药品、蛋白同化制剂及肽类激素。

经营方式：批发。公司业务范围覆盖部分市区的药品经营和医疗使用单位。

公司集团总部经营现有各类用房建筑面积 15 000m^2，其中营业、办公、后勤保障、辅助用房等约 8000m^2；药品标准仓库 6448m^2（含阴凉库 4849m^2、冷库 120m^2、特殊药品库 100m^2、中药饮片库、常温库 1200m^2）。所有营业、仓库、办公和辅助用房均为本企业自有资产。

二、企业执行 GSP 的自查总结

本公司分别在 1995 年、2000 年、2005 年、2010 年通过 GSP 认证检查，取得 GSP

认证证书。

本公司始终坚持将 GSP 要求作为公司经营的行为准则，以“顾客至上，让老百姓吃放心药，让老百姓吃得起药”为经营理念，以“质量第一，诚信经营；预防为主、风险控制；安全至上，使用方便”作为企业的质量方针，认真落实《药品管理法》、GSP 等法律法规，制定并严格执行企业质量管理制度和程序，不断提升企业人员质量意识、管理技能，坚持规范企业的经营行为，确保了公司质量管理体系的正常和有效运行。从整体上提升药品经营质量管理的水平，保证了本公司的药品经营质量和人民群众用药安全、有效，取得了良好的社会效益和经济效益，在本行业及社会树立良好的企业信誉和社会形象，并获得省食品药品监督管理局 2013~2014 年度省医药质量管理奖。

现行版 GSP 颁布实施以来，公司领导高度重视，组织人员多次参加省局举办的有关培训，公司内部开展了 GSP 知识培训，以提高全体员工对 GSP 的认识和了解，提高全员参与质量控制的意识。同时按照 GSP 的要求，组织人员重新修订了公司各部门职责、各岗位职责、管理制度和各项操作规程，完善了的质量管理体系，能够对药品采购、储存、销售、运输等各个环节采取有效的质量控制，可以保证药品质量。对药品经营各个环节进行了风险识别、风险评估、风险控制和审核。依据要求，对计算机系统进行了专项审核，升级并完善了计算机系统功能。组织了对公司组织机构与管理、职能与职责、人员与培训、设施与设备、采购、收货、验收、储存与养护、出库与运输、销售与售后服务、文件系统等系统全过程的公司内部审计和自查。经过自查、整改、完善，促进了公司质量管理工作进一步落实完善，提高了公司整体经营管理水平和质量保证控制能力，取得了较好的经济效益和社会效益。现将实施 GSP 工作自查情况汇报如下：

（一）质量管理体系

公司自 2010 年再次取得 GSP 认证以来，公司认真贯彻执行《药品管理法》《药品管理法实施条例》和 GSP 等法律法规的要求，建立健全组织机构和质量管理体系，明确了各部门的职责和质量责任；配备了符合规定的专业技术人员，各级人员能够认真履行职责，药品采购、验收、储存、养护、销售、售后服务等各个环节均严格按照规范要求执行。公司自成立以来，从未出现任何质量事故和重大质量投诉，取得良好的社会效益和经济效益，为某市经济社会发展做出了企业努力。

现行版 GSP 颁布以来，公司高度重视，先后派出近 20 人次，参加了 GSP 宣贯班培训学习。公司内部开展了 GSP 知识培训学习，以提高员工对现行版 GSP 的认识、了解和参与质量控制的意识。

公司建有完善的质量管理体系并能够有效运行，开展质量控制质量保证活动，可以保证经营全过程中的药品质量。

公司制定有明确的质量方针和质量目标要求，公司的质量方针是“××”。同时，依据各部门的职能，开展了质量策划、质量控制、质量保证、质量改进等活动，对质量目标进行分解，将质量方针和质量目标贯彻到药品经营活动的全过程。

公司制定有质量风险管理制度，采取前瞻式的方式对公司质量管理体系、药品采购、药品收货、药品储存、销售、运输、售后服务、质量保证等各个环节进行质量风险识别、风险评估、控制、沟通等活动，对经营过程中存在的风险进行评价，防止风险产生，采取恰当的预防措施，切实消除潜在的隐患或缺陷，有效控制药品经营过程中的质量风险。

公司的质量管理体系与经营范围和规模相适应，包括组织机构、人员、设施设备、质量管理体系文件及相应的计算机系统等。公司在质量负责人变更及计算机系统升级更新时，均组织开展内审工作。并对内审的情况进行分析，依据分析结论制定相应的质量管理体系改进措施，不断提高质量控制水平，保证质量管理体系持续有效运行。

公司对供应商、采购商质量管理体系进行了审核、评价，对主要供应商、采购商采取实地考察的方式进行质量体系评估。对所有供应商、采购商均实行动态管理，定期更新有关资料证明文件，保证供应商、采购商相关资质时刻处于合法有效的控制状态，保证药品来源、去向渠道合法。

（二）组织机构与管理职责

公司设有和公司经营规模相适应的组织机构和职能部门。目前，公司设有总经理室、质量管理部、采购部、储运部、信息中心、销售业务部、财务部、人事行政部等职能部门、40个岗位，每个职能部门和岗位都有明确的职责、权限、相互关系和质量管理职责，各部门能够在各自的职责范围内独立履行职责，开展相应的职责活动。

公司总经理是公司安全生产、药品质量第一责任人，对公司经营的一切结果负有最终责任。公司质量负责人由公司副总经理担任，并在省食品药品监督管理局进行备案，全面负责公司药品质量管理工作，独立履行赋予的质量管理职责及其他职责，在公司内部对药品质量管理具有最终裁决权。

公司设有独立的质量管理部，现有人员7人，都是公司全职在编人员，能够独立履行各自的相关职责。质量管理部在日常工作中能够履行以下相关职责：及时督促公司相关部门和岗位人员执行药品管理的法律法规及GSP；组织制订（修订）公司质量管理体系文件，并指导、监督文件的执行；负责对供货单位和购货单位的合法性、购进药品的合法性以及供货单位销售人员、购货单位采购人员的合法资格进行审核，并根据审核内容的变化进行动态管理，必要时组织对药品供货单位及购货单位质量管理体系和服务质量的考察和评价；负责质量信息的收集和管理，并建立药品质量档案；负责药品的质量验收工作，指导并监督药品采购、储存、养护、销售、退货、运输等环节的质量管理工作；负责不合格药品的确认，对不合格药品的处理过程实施监督；负责药品质量投诉和质量事故的调查、处理及报告；负责假劣药品的报告；负责药品质量查询；负责指导设定计算机系统质量控制功能；负责计算机系统操作权限的审核和质量管理基础数据的建立及更新；组织验证、校准相关设施设备；负责药品召回的管理；负责药品不良反应的报告；定期组织开展质量管理体系的内审和风险评估；督促有关部门开展质量管理教育、培训和员工健康体检工作，建立相关档案；履行药品监督管理部门及公司领导安排的其他职责。

（三）人员与培训

公司从事药品经营和质量管理工作的人员共有210人。其中：各类大中专毕业人员 154 人，药学及其相关专业 99 人；专业技术人员 54 人，药学及其相关专业技术人员 50 人，中级以上技术人员 7 人。

公司总经理：某 A，男，中共党员，硕士学历，主管中药师，从事药品经营管理 30 年，药品质量意识较强，从未受到任何与药品经营有关的处罚、处分，没有相关法律规定的禁止从事药品生产经营活动的情形。

公司质量负责人：某 B，女，某药科大学药学专业博士毕业，执业药师，从事药品经营 25 年，现任公司分管质量工作的副总经理，没有相关法律规定的禁止从事药品生产经营活动的情形。

公司质量管理部经理：某 C，女，某中医学院药学专业本科毕业，执业药师，从药年限 22 年，现任公司质量管理部经理，没有相关法律规定的禁止从事药品生产经营活动的情形。

质量管理员：1 人。某 D，男，中医学院药学专业专科毕业，执业药师，从药年限 8 年，能够胜任本职工作。

药品质量验收员：4 人，具有药学中专以上学历，能够胜任药品质量验收工作。其中，中药材中药饮片质量验收人员 1 人，某中医学院中药专业毕业，本科学历，能够胜任中药材、中药饮片质量验收工作。

公司储运部现有药品养护人员 2 人，化学药品养护 1 人，具有药学大专学历，能够胜任药品质量养护工作；中药养护 1 人，具有中药专业大专学历，能够胜任中药材和中药饮片的质量养护工作。

公司现有从事采购工作的人员 10 人，均具有药学相关专业中专以上学历，能够胜任药品采购工作；公司从事药品销售、药品储存等工作的人员均具有高中以上文化程度，能够胜任本职工作。

公司现有从事药品质量管理、药品质量验收的人员都是公司全职在编人员，只从事专一工作，没有兼职其他工作的情况。

公司制定有培训计划，能够依据培训计划开展《药品管理法》《药品管理法实施办法》《药品经营质量管理规范》《药品流通监督管理办法》《麻醉药品和精神药品管理条例》等法律法规以及药品专业知识、公司管理制度、岗位职责、操作规程等相关知识的培训。新员工上岗前对其进行公司制度培训，岗位知识、操作技能培训，合格后上岗。新制定的文件、文件修订后，均开展针对性培训。所有员工都进行针对性的继续教育培训。对麻醉药品采购人员、保管人员、质量验收人员、送货人员等相关人员进行了专业法规、知识培训、考核；冷藏药品保管人员、验收人员、运送人员经过专业知识培训考核。

公司制定有员工健康体检制度，明确了直接接触药品人员的身体要求，规定凡是患有传染病等可能污染药品的疾病的人员，不得从事质量管理、药品收货、质量验收、保管、养护、出库复核等岗位工作。新录用的员工凭健康证明报道上岗。公司对质量管理、药品收货、质量验收、保管、养护、出库复核等岗位的工作人员，每年体检一次，建立健康档案。公司制定有环境卫生、员工个人卫生管理制度，并有效执行。

（四）质量管理体系文件

公司按照现行版 GSP 的要求，结合公司实际经营情况，制订了符合公司实际的完整的质量管理体系文件，文件内容包括：质量管理制度、部门及岗位职责、操作规程、档案、报告、记录和凭证等。

公司制定有质量管理文件管理制度，对质量管理文件的起草、修订、审核、批准、分发、保管、文件的撤销、替换、销毁等管理程序以及文件的题目、编号、目的、文字内容等作了明确的规定。公司现行使用的文件为现行有效的文本。各文件均按要求，分发到有关部门、岗位。

公司制定有以下相关的质量管理制度：GSP 文件的管理、质量管理体系内审管理规定、药品质量否决权管理规定、质量信息管理规定、供货单位及其销售人员资格审核管理规定、购货单位及其采购人员资格审核管理规定、药品效期管理规定、麻醉药品精神药品管理规定、麻醉药品精神药品运输管理规定、肽类及蛋白同化制剂管理规定、含特殊药品复方制剂管理规定、药品召回管理规定、药品不良反应报告管理规定、特殊药品应急管理规定、首营品种审核管理规定、首营企业资质审核管理规定、药品采购管理规定、药品收货管理规定、药品质量验收入库管理规定、药品储存管理规定、药品养护管理规定、药品销售管理规定、药品出库复核管理规定、药品运输管理规定、不合格药品管理规定、药品退货管理规定、终止妊娠药品管理规定、药品质量查询管理规定、用户投诉管理规定、药品质量事故报告管理规定、药品经验过程中风险管理规定，以及设备设施维修管理规定；设备设施验证管理规定；设备校验管理规定；计算机系统管理规定；药品电子监管码管理规定；记录凭证管理规定；人员培训管理规定等制度。

公司制定有质量管理部、采购部、储运部、销售业务部、财务部和信息中心等部门职责及其负责人的岗位职责；制定有总经理、质量负责人岗位职责；公司对药品质量管理、药品采购、药品收货、质量验收、药品储存、药品养护、销售、出库复核、运输、财务、计算机网络管理等岗位职责作了明确的规定。

公司制定了药品采购、收货、验收、储存、养护、销售、出库复核、运输等操作规程以及相应的计算机系统的操作规程。

公司建立了涉及药品采购、验收、养护、销售、出库复核、销后退回和购进退出、运输、储运温湿度监测、不合格药品处理等全过程的记录、表格，在实际工作中及时填写、录入，做到字迹清晰，不得随意涂改，不得撕毁，保证记录真实、完整、准确、有效和可追溯。所有记录至少保存 5 年。

公司所有人员一律凭计算机系统授权及密码，方可登录计算机系统进行数据的录入或者复核；数据的更改应当经质量管理部门审核并在其监督下进行，更改过程应当留有记录。

（五）设施与设备

公司现有各类用房建筑面积 15 000m^2，其中营业、办公、后勤保障、辅助用房等约 8000m^2；药品标准仓库 6448m^2（含阴凉库 4849m^2、冷库 120m^2、特殊药品库 100m^2、中药饮片库、常温库 1200m^2）。所有营业、仓库、办公和辅助用房均为本企业自有资产，宽敞、明亮、整洁，所有业务活动电子计算机管理。

公司业务部开票厅面积 116m^2，大厅明亮、整洁，可以满足销售开票需要。

公司各功能区域布局合理，办公区域、生活区域和药品收货、储存、发货等功能区域严格分开。

公司院内为花园式。道路硬化，药品库房周围整洁。仓库内部墙壁、顶棚和地面光洁、平整，门窗结构严密。仓库人员实行统一着装，便于区分外来人员。对储运部工作人员以外的人员进入药品仓库实行登记制度，可以防止药品被盗、替换。

药品仓库外面外挑挡雨棚 5m，可以防止药品在装卸、搬运、接受、发运等作业时不会受到雨淋。所有仓库均安装了符合要求的照明设备，并根据需要配置了底架和货架、防鼠板、鼠夹、防鸟护网、遮光帘等必要的设备和用品。库内有消防栓，配置了灭火器，建立了消防设施设备台账和档案资料。

常温库、阴凉仓库安装了空调 35 台，可以保证药品储存温度、湿度符合要求。

公司设有冷库 1 个，面积 48m^2，为整体结构，整洁、严密，冷库安装了制冷机组，自动控制温度，常年温度保持在 2~8℃范围内。另有建有备用冷库 1 个，面积 21m^2。

冷库、阴凉药品内均安装了药品储运温湿度自动监测系统，并和公司计算机系统、食品药品监督管理局联网，能够对库房环境温湿度进行自动监测和数据采集，对库房温湿度实行 24 小时连续、自动的监测和实时记录。仓库配备能有效调控温湿度的设备，温湿度自动监测系统具备控制节点指令输出功能。当库房内温湿度平均值接近规定的上下限临界值或超出规定范围时，系统能实现就地及指定地点声光报警功能。养护员根据系统的提示，及时启动温湿度调控设备或采取相应措施进行温湿度的有效调控，直至库房环境温湿度达到规定的范围。

仓库按照“三色五区”的要求，划分了待验区、发货区、合格区、退货区、不合格区，各区均设有明显标志。仓库设有发货复核区域，可以满足零货拣选、拼箱等作业要求。收货、退货设置专用场所。

冷库、特殊药品库设立了相应的功能区域。配备了备用发电机组 2 组，作为停电应急处置使用。公司冷藏车安装了药品储运温湿度自动监测系统，在运输冷藏药品途中能够对车辆温度进行实时监测，并使用温度自动控制、自动记录及自动报警装置，记录时间间隔设置为 5 分钟，能够有效保证冷藏药品运输途中的温度符合要求。

麻醉药品、精神药品等特殊药品库设有自动监控报警系统，并和公安机关联网。

公司现有厢式送货汽车 23 辆，小型送货轿车 10 辆，冷藏运输车辆 1 辆，冷藏保温箱 2 个。

公司制定有设备设施管理制度。根据职责分工，储运部负责仓库设备设施、仪器仪表、运输车辆的使用、维护；人事行政部负责设备设施、仪器仪表的管理、维修和人员操作培训，仪表计量器具校验，建立设施设备台账、作好相关维修记录，并对储运部设备设施使用维护情况进行考核；质量管理部负责对设备设施性能进行验证。养护员负责设施设备的维护、保养，确定设施、设备的运行状态，保证设施、设备的正常运行。

储存、运输设施设备的定期检查、清洁和维护应当由专人负责，并建立记录和档案。

（六）校准与验证

公司制定有设备设施验证管理制度，规定对计量器具、电梯等特种设备进行年度校验或检验；冷库、冷藏运输车辆、保温箱等设备进行性能验证。凡是没有验证或验证不合格的，不得使用。

公司委托某科技有限公司对冷库、储运温湿度监测系统以及冷藏运输等设施设备进行使用前验证、定期验证及停用时间超过规定时限的验证，并形成验证控制文件。验证文件包括验证方案、报告、评价、偏差处理和预防措施等。公司根据验证确定的参数及条件，正确、合理使用相关设施设备。

（七）计算机系统

公司药品经营的所有环节均实行计算机系统控制和管理，能够实现药品质量可追溯性，并能和药品电子监管码联网。

公司质量管理部门负责计算机系统监管功能及其相关权限的设定指导，信息中心依据质量管理部门的要求，设置计算机系统功能。

公司计算机管理系统采用协力商霸 8.0 版 GSP 管理系统软件。该系统对公司所有的在库药品分类、存放和相关质量信息进行检索和管理，同时对药品的购进、质量验收、入库验收、在库养护、销售、出库复核进行记录和管理，对药品质量情况及所处的状态进行及时准确的记录，实现质量管理工作的科学信息化。

公司计算机系统对接近失效的质量管理基础数据能进行提示、预警，提醒相关部门及岗位及时索取、更新相关资料；任何质量管理基础数据失效时，系统都应当对与该数据相关的业务功能自动锁定，直至该数据更新、生效后相关功能方可恢复；质量管理基础数据能自动跟踪、识别、控制供货单位或购货单位的经营范围、产品的合法性、有效性等信息。

公司计算机系统能够实现信息共享和数据传输，相关业务能够自动实现票据生成、打印、保管功能。

公司计算机系统能够对所有数据做到实时自动备份保持，保存期限可达 10 年以上。

计算机系统的使用严格按照各岗位人员授权，在受权范围内凭使用名称、密码登录，进行数据录入、修改、保持等相关操作。

对实行电子监管码监管的药品，在验收、复核出库时，对药品电子监管码进行扫码，采集电子监管码条码信息，并及时将数据上传至中国药品电子监管网系统平台。做到见码必扫，确保做好核注核销工作。

（八）采购方面

公司严格按照《药品经营许可证》的经营范围进行经营活动。根据“按需购进、择优选购”的原则，以药品质量为标准，市场销售需求为依据，进行药品采购。

公司药品采购行为严格执行公司药品购进程序，所有采购一律从经质量管理部审核、质量负责人批准的合格供应商中进行，确保从合法的供应商处采购合法生产经营的药品，把好药品经营第一关，确保药品来源渠道合法。

所有涉及首营企业、首营品种的，采购部均按规定提交相关资料报经质量管理部审核、质量负责人批准后实施采购。

公司质量管理部门对首营企业资质和首营品种合法性进行审查，认真审查供应商单位的法定资格、销售人员的合法资格及经营范围和质量保证协议，考察其履行合同的能力，必要时要进行现场考察，以便对供货单位质量管理体系进行评价。经质量管理部审查合格的供应商，质量管理部建立供应商档案和品种档案，并颁发合格供应商目录，作为采购、收货、质量验收的依据。

公司收集了所有供应商的相关印章原印章式样，作为有关票据审核、药品验收的核对依据。公司所有采购均签有质量保证协议，明确了各自的质量责任，质量保证协议内容符合有关规定。所有采购记录均及时录入计算机系统，生成采购记录，经审核无误后上传，作为药品收货的依据。采购记录符合规定。

采购部、财务部共同审核供应商的销售票据及货款支付，保证做到发票上的购销单位名称、金额、品名和付款流向、品名相一致。

所购进药品均有合法票据，按规定建立完整购进记录并进行归档保存，所有的记录按规定保存。

公司制定有直接调拨销售管理制度。采购部有专人负责麻醉药品、精神药品的采购工作。

质量管理部每季度根据制定的进货情况质量评审计划，会同采购部、业务部、储运部等相关人员对每季度所购入药品的供货单位进货质量情况进行质量评审。确保了公司所购进药品的合法性和规范性。保证了购进药品的质量。

（九）药品的收货、验收

公司制定有采购药品、销售退货药品收货、质量验收管理制度和操作规程，对所有采购到货药品、销售退货药品进行逐批检查验收，确保入库药品质量。采购药品到货时，储运部药品收货员在计算机系统查询采购记录，确认是公司采购药品的，办理收货手续。

销售退回药品收货时，首先在计算机系统上核对销售记录，确认是公司销售药品后办理收货手续。

收货时，药品收货人员首先核对药品运输方式是否符合要求，查验随货同行单，并依据随货同行单核对采购记录、到货药品实物，确认票、账、物相一致后，方可进行收货。凡是随货通行单式样、书写，或内容与实物等不符合的，一律拒绝收货，由质量部门查明原因后处理。

符合收货要求的药品，按药品特性要求，将药品放于相应待验区域或指定区域，设置明显的待验状态标志等候质量验收。药品收货员在随货同行单（票）上签名后，将随货同行单移交给质量验收员，进行药品质量验收。

麻醉药品、精神药品等特殊药品实行双人收货，放置在特殊药品库等候验收；冷藏药品在冷库等候验收。在规定的待验区内，验收员应对照随货同行单与到货药品进行逐批验收，按照质量验收操作规程、取样操作规程进行逐批抽样检查，核对药品外观、包装、标签、说明书等是否符合要求，按照药物批号查验同批号的药品检验报告书，如果发现药品检验报告书等相关证明文件不全或内容与到货药品不符的，一律拒绝验收。

药品检查验收结束后，质量验收员将抽样检查后的完好样品放回原包装，并在抽样的整件包装上粘贴抽验标志。

质量验收员在验收单上填写验收结论并签字，同时作好验收记录。药品质量验收记录内容符合有关要求。凡是验收不合格的药品，移入不合格品库，登记不合格品记录，按照不合格品处置。公司未发现有不合格药品入库。

对实施电子监管的药品，验收员应进行药品电子监管码扫码，进行数据采集并交给信息员及时将数据上传至中国药品电子监管网系统平台。

（十）药品储存养护

药品保管员依据质量管理部验收合格通知单，核对、确认入库的药品品名、规格、数量、批号等，按照计算机系统中自动生成的药品储存区域，将验收合格的药品移至相应的合格品库（区）相应的区域存放，或将药品状态标识由黄色待验标识换成绿色合格标识，同时在计算机系统上确认药品入库，药品进入可以销售状态。

药品储存按批号堆码存放，垛间距离以及与墙壁、设备、地面距离符合要求。

药品与非药品严格分库存放，外用药与其他药品分开存放；公司设有独立的中药材库和中药饮片库。

药品储存环境清洁卫生；药品储存区域没有储存管理和药品无关的物品。所有药品均按温湿度要求储存。养护员按照计算机系统生成的养护计划对药品进行养护，并指导仓库保管员合理存放药品。

养护员每日检查仓库温湿度情况，当温湿度超过规定时及时采取措施进行调控，使温湿度恢复到规定的数值区域，作好每天的温湿度记录；检查温湿度调节设备运行情况，发现异常情况及时处理。

对重点品种、效期较短的品种、储存条件特殊的品种，进行重点养护。

养护中如发现质量可疑药品，可以在计算机系统及时锁定并记录，悬挂明显标志，暂停销售，通知质量部门处理。

采取符合中药要求的方法，对中药饮片进行养护。

公司计算机系统能够对药品有效期进行自动跟踪、预警，对超有效期的药品能自动锁定，禁止销售。

公司定期对库存药品进行盘存，并按规定对盘盈盘亏进行处理，做到账、货相符。

对库存药品养护情况定期进行汇总分析。公司建有药品养护档案。公司制定有药品突发事件应急处置方案，可以保证药品储存过程中突然出现停电、冷库运行故障等突发事件的应急处置，确保药品储存安全。

（十一）销售

公司制定有采购商及其采购人员资格审查制度。质量管理部门负责对购货单位的生产范围、经营范围或者诊疗范围等资格审核批准，建立合格采购商档案，实行动态管理，定期更新相关内容，同时下发合格采购商目录，作为公司药品销售依据。

所有销售药品，均建立销售记录，开具发票，做到票、账、货、款一致，票据、记录按规定保存。

特殊药品销售由专人负责。麻醉药品、精神药品、终止妊娠药品、肽类及蛋白同化制剂等特殊管理药品，禁止现金交易，销售时严格审核采购人员相关资料，确保药品取向合法安全。

（十二）出库

公司药品销售出库时，出库复核员首先在计算机系统上核对销售记录，无误后对照药品实物进行出库复核。凡是发现药品包装出现破损、标签脱落、标识内容与实物不符、药品已超过有效期等情况不出库，并报告质量管理部门处理。

公司建有药品出库复核记录，记录内容符合要求。所有拼箱发货的药品，包装箱上都有明显、醒目的拼箱标志。麻醉药品等特殊管理的药品，实行指定专人双人复核出库。冷藏、冷冻药品的装箱在冷库内进行，车载冷藏车或者保温箱的温度达到要求后，将药品装箱或装车，同时作好运输记录，内容包括运输工具和启运时间等。所有药品出库时，都附有加盖公司药品出库专用章的随货同行单（票）及相关资料。

实行电子监管码监管的药品，在复核出库时，对药品电子监管码进行扫码，采集电子监管码条码信息，并及时将数据上传至中国药品电子监管网系统平台。做到见码必扫，确保做好核注、核销工作。

（十三）运输与配送

公司制订了《药品运输操作规程》，能够有有效措施保证运输过程中的药品质量与安全。

严格按照药品储藏要求及药品外包装标示要求的配装、堆放和运输。对冷链药品运输，在冷藏车按照温湿度在线监控系统，能够全程跟踪冷藏药品运输过程中的温度，并保存在途温度数据记录，确保温度符合要求。公司制定了冷藏药品运输应急管理预案，可以处理运输中的突发事件。公司制定有麻醉药品等特殊管理药品的运输管理办法，对麻醉药品等特殊管理药品采用专人、专车直接运输到购货商法定仓库，办理交接手续并加盖收货单位印章。制定有麻醉药品突发事件处置预案。

（十四）售后服务

公司制定有销售退回药品管理制度，对销售退回药品和计算机系统核对，并实行逐批逐件严格检查，保证退货环节药品的质量和安全，防止混入假冒药品。公司配备专职人员负责售后投诉管理，对投诉的质量问题查明原因，采取有效措施及时处理和反馈，并做好记录。建立了质量跟踪与不良反应报告制度，并按规定执行。公司制定有药品售后质量跟踪制度，如发现有质量问题，能够立即通知所有采购单位停售停用，进行药品召回。

公司制定有药品召回管理制度，需要召回时可以随时召回，保证用药安全。公司质量管理部门有专人负责药品不良反应监测工作，能够及时上报药品不良反应报告。

三、存在问题与整改措施

通过自查，我们也发现还存在着一些问题：一是质量信息收集还不够及时；二是企业员工对专业知识的掌握还不够全面。我们会针对这些问题，制定整改措施，以此次认证为契机，加强质量管理体系建设，不断提高员工素质和企业管理水平，为企业的发展奠定坚实的基础。

四、总结

通过自查，我公司自 2010 年通过 GSP 认证以来，严格按照 GSP、《药品管理法》及其实施细则等相关法律、法规要求，守法经营，使得公司稳步发展。根据自查结果，认为公司已经符合 GSP 要求。现提出 GSP 认证申请，请各位领导前来检查指导。

特此上报，请审！

某 H 药品批发有限责任公司（盖章）

2015 年 7 月 26 日

【想一想】

GSP 认证自查报告主要由哪几部分组成？

活动四　GSP 认证申请书的填写

（一）《药品经营质量管理规范认证申请书》的构成

《药品经营质量管理规范认证申请书》主要由主表和附件构成，详见《药品经营质量管理规范认证申请书》（表 15-1）；附件一般有如下几项：

1. 《药品经营许可证》和《营业执照》复印件；
2. 企业实施 GSP 情况的自查报告；
3. 企业非违规经销假劣药品问题的说明；
4. 企业负责人员和质量管理人员情况表（表 15-2），企业药品采购、验收、养护、计算机人员情况表（表 15-3）；
5. 企业经营场所、仓库、验收养护等设施、设备情况表（表 15-4）；
6. 企业所属药品经营单位情况表（表 15-5）；
7. 企业药品经营质量管理文件系统目录；
8. 企业管理组织、机构的设置与智能框架；
9. 企业经营场所和仓库的平面布局图。

企业经营场所和仓库的平面布局图的基本要求是：企业经营场所和仓库的平面布局图的绘制要成比例，批发企业经营场所和仓库的平面布局图包括：企业法人及分支机构；连锁企业经营场所总部、各连锁门店。仓库或配送中心图中应标明仓库名称、符合 GSP 要求的库区面积，并说明各个仓库主要存放的药品类别。连锁企业、单体药店绘制门店的平面图时，应标明处方药与非处方药区、中药配方区、开架区与闭架区、店名全称、符合 GSP 要求的营业面积。

（二）《药品经营质量管理规范认证申请书》的填报要求

1. 申报资料要真实，实事求是；不可弄虚作假，否则按违反第四条“药品经营企业应当坚持诚实守信，依法经营。禁止任何虚假、欺骗行为”，判定认证不合格。经审查发现提供虚假证明、文件，瞒报资料的，从发现之日起 12 个月内不再受理其认证申请。

2. 内容填写应准确、完整，不得涂改和复印。

3. 报送认证申请书及其他申报情况表时，按有关栏目填写执业药师专业技术职称和学历的情况，应附有执业药师注册证书或专业技术职称证书和学历证书的复印件。

4. 认证申请书以及其他申报资料，应统一使用 A4 型纸张，标明目录及页码并装订成册。

表 15-1 药品经营质量管理规范认证申请书（样表）

受理编号：

药品经营质量管理规范认证申请书（样表）

申请单位：（公章）

填报日期：年 月 日

受理日期：年 月 日

国家食品药品监督管理总局

<table>
<tr><td>企业名称</td><td colspan="11"></td></tr>
<tr><td>地址</td><td colspan="4"></td><td colspan="4">邮编</td><td colspan="3"></td></tr>
<tr><td>经营方式</td><td colspan="2"></td><td colspan="2">经营范围</td><td colspan="7"></td></tr>
<tr><td>经济性质</td><td></td><td>开办
时间</td><td colspan="2"></td><td>职工
人数</td><td colspan="2"></td><td colspan="3">上年销售额
（万元）</td><td></td></tr>
<tr><td>法定代表人</td><td></td><td>职务</td><td colspan="2"></td><td colspan="5">学历
或技术职称</td><td colspan="2"></td></tr>
<tr><td>企业负责人</td><td></td><td>职务</td><td colspan="2"></td><td colspan="5">学历或
技术职称</td><td colspan="2"></td></tr>
<tr><td>企业质量
负责人</td><td></td><td>职务</td><td colspan="2"></td><td colspan="5">执业药师或
技术职称</td><td colspan="2"></td></tr>
<tr><td>质量管理
部门负责人</td><td></td><td>职务</td><td colspan="2"></td><td colspan="5">执业药师或
技术职称</td><td colspan="2"></td></tr>
<tr><td>联系人</td><td></td><td colspan="2">电话</td><td colspan="3"></td><td colspan="3">传真</td><td colspan="2"></td></tr>
<tr><td>企业基本情况</td><td colspan="11"></td></tr>
</table>

<table>
<tr><td rowspan="3">地市级药品监督管理部门初审栏</td><td colspan="2">12 个月内有无经销假劣药品的问题</td><td></td></tr>
<tr><td>经销假劣药品问题的说明及审查结果</td><td colspan="2"></td></tr>
<tr><td>审查意见</td><td colspan="2">经办人：
审　批：　　　　年　月　日（公章）</td></tr>
<tr><td>省级药品监督管理部门受理意见</td><td colspan="3">经办人：
审　批：　　　　年　月　日（公章）</td></tr>
</table>

<table>
<tr><td rowspan="2">现场检查情况</td><td colspan="2">检查时间</td><td>检查组成员</td><td>检查结论</td></tr>
<tr><td colspan="2">自：　年　月　日
至：　年　月　日</td><td>组长：
组员：</td><td></td></tr>
<tr><td>认证机构审核意见</td><td colspan="4">

认证机构负责人：　　年　月　日（公章）</td></tr>
<tr><td rowspan="2">公示情况</td><td colspan="2">公示时间</td><td>公示形式</td><td>公示结果</td></tr>
<tr><td colspan="2">自：　年　月　日
至：　年　月　日</td><td></td><td></td></tr>
<tr><td rowspan="3">省级药监部门审批意见</td><td>审查意见</td><td colspan="3">

经办人：　　年　月　日</td></tr>
<tr><td>审核意见</td><td colspan="3">

负责人：　　年　月　日</td></tr>
<tr><td>审批意见</td><td colspan="3">

审　批：　　年　月　日（公章）</td></tr>
</table>

表 15-2　企业负责人员和质量管理人员情况表

填报单位：　　　　（盖章）　　　　　　　　　　　　　　　　　　　　填报日期：　　年　月　日

序号	姓名	职务	学历	所学专业	是否为执业药师	技术职称	备注

注：1. 填报本表时，请将相关人员（包括法定代表人）学历或专业技术职称复印件附后，是执业药师的，同时附执业药师资格证和注册证复印件。

2. 表中的企业质量负责人应在备注栏中注明。

表 15-3　企业药品采购验收养护计算机人员情况表

填报单位：　　　　（盖章）　　　　　　　　　　　　　　　　　　　　填报日期：　　年　月　日

序号	姓名	职务	学历	所学专业	是否为执业药师	技术职称	备注

注：填报本表时，请将相关人员学历证书、专业技术职称证书等资格证明材料复印件附后。

表 15-4　企业经营设施、设备情况表

填报单位：　　　　　（盖章）　　　　　　　　　　　　　　　　　　　填报日期：　　年　月　日

<table>
<tr><td rowspan="2">营业场所及辅助办公用房</td><td colspan="3">营业用房面积</td><td colspan="3">辅助用房面积</td><td colspan="2">办公用房面积</td><td>备注</td></tr>
<tr><td colspan="3"></td><td colspan="3"></td><td colspan="2"></td><td></td></tr>
<tr><td rowspan="3">药品储存用仓库</td><td colspan="8">仓库面积</td><td>备注</td></tr>
<tr><td>仓库总面积</td><td colspan="3">冷库面积</td><td>阴凉库面积</td><td colspan="2">常温库面积</td><td>特殊管理药品专库面积</td><td rowspan="2"></td></tr>
<tr><td></td><td colspan="3"></td><td></td><td colspan="2"></td><td></td></tr>
<tr><td rowspan="2">验收养护室</td><td>面积</td><td colspan="7">仪器、设备</td><td>备注</td></tr>
<tr><td></td><td colspan="7"></td><td></td></tr>
<tr><td rowspan="5">其他</td><td colspan="2">配送中心配货场所面积</td><td colspan="7"></td></tr>
<tr><td rowspan="4">运输用车辆和设备</td><td colspan="6">运输用车辆</td><td colspan="2">符合药品特性要求的设备</td></tr>
<tr><td colspan="6">车型：　　数量：</td><td colspan="2" rowspan="3"></td></tr>
<tr><td colspan="6">车型：　　数量：</td></tr>
<tr><td colspan="6">车型：　　数量：</td></tr>
</table>

填写说明：

1. 根据企业设施、设备的实际填写。如无栏目所设项目，应注明“无此项”。
2. 表中所有面积均为建筑面积，单位为平方米。
3. “营业场所及辅助、办公用房”栏目中“辅助用房”指库区中服务性或劳保用房。

表 15-5　企业所属药品经营单位情况表

填报单位：(盖章)　　　　　　　　　　　　　　　　　　　　　　　填报日期：　　年　月　日

序号	单位名称	注册地址	经营方式	负责人	备注（是否认证）

目标检测

简答题

1. GSP 认证的概念。
2. GSP 认证的意义。
3. 申请 GSP 认证必须符合哪些条件？

【技能训练】

模拟填写《药品经营质量管理规范认证申请书》。

（张　瑜）

项目十六　GSP 认证实务

任务一　GSP 认证申报材料的报送

1. 掌握 GSP 认证申请材料的报送。
2. 掌握 GSP 申报资料的受理。
3. 熟悉 GSP 认证工作的程序。

《宇宙药业股份有限公司 GSP 认证的自查报告》

一、公司简介

宇宙药业股份有限公司成立于 2004 年 8 月，注册资金 6000 万元，是某省某药股份有限公司投资的大型医药连锁企业，总部设在某省某市，目前在全省 18 个地市共开设门店 230 余家。公司于 2009 年 3 月、2014 年 12 月两次通过国家 GSP 认证，目前主要经营地道中药饮片、中成药、化学药制剂、抗菌药、生化药品、生物制品、保健食品及诊断药品、医疗器械等，共近 8300 多个品种。为首家获"绿十字"放心药店殊荣的医药零售企业，在 2009 年度中国药品零售企业竞争力排行榜评定工作中获"综合竞争力百强药店"荣誉称号，迅速成长为了中原医药零售连锁的第一品牌。

公司自成立以来，遵循"承医圣精神，创百年名店"的战略目标，本着"让老百姓吃放心药，让老百姓吃得起药"的经营理念，实现了快速稳健的发展，在 2009 年度中国药品零售企业竞争力排行榜评定工作中获"综合竞争力百强药店"荣誉称号。

二、经营范围

公司于 2009 年 3 月、2014 年 12 月两次通过国家 GSP 认证，目前主要经营地道中药饮片、中成药、化学药制剂、抗菌药、生化药品、生物制品、保健食品及诊断药品、医疗器械等，共近 8300 多个品种。

三、发展战略

公司自成立以来，遵循"承医圣精神，创百年名店"的战略目标，本着"名医名店名厂名药，让老百姓吃放心药，让老百姓吃得起药"的经营理念，实现了快速稳健的发展，为河南省首家获"绿十字"放心药店殊荣的医药零售企业，在 2009 年度中国药品零售企业竞争力排行榜评定工作中获“综合竞争力百强药店”荣誉称号，迅速成长为了河南省医药零售连锁的第一品牌。

四、公司地址

某省某市工业园区文兴路 69 号。

【议一议】

《宇宙药业股份有限公司 GSP 认证的自查报告》哪些方面需要完善？

活动一　GSP 认证工作的程序

GSP 认证工作流程主要包括：企业申请、市局初审、省局受理、技术审查、现场检查、综合评定、省局审批、监督检查。如图 16-1 所示。

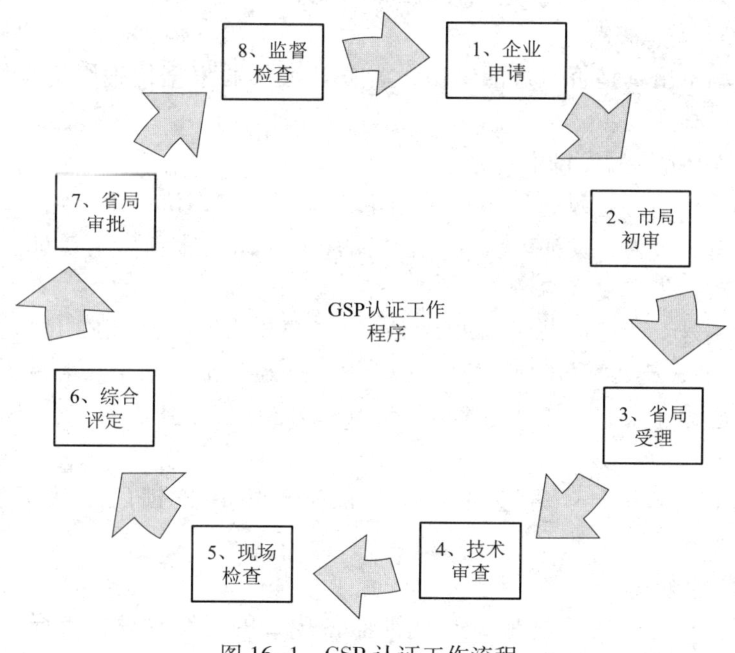

图 16-1　GSP 认证工作流程

（一）企业申请

认证是一项行政许可，由企业提出申请。逾期未申请，停止经营，6 个月后方可重新提出认证申请。

（二）市局初审

重点查看在申请认证前 12 个月内，企业有无因违规经营造成的经销假劣药品问题，有，中止其申请的审查，自发生假劣药品问题之日起 12 个月内不受理认证申请。有，未申报，一经查实，无论是否属于违规经营，一律中止对其认证申请的审查或认证现场检查，通过认证的应予以纠正（包括收回证书和公布撤销），并在发出处理通知的 12 个月内不受理该企业的认证申请。无，继续认证申请的审查，不影响正常认证。

假劣药品是指由药品监督管理部门在行政执法中认定的或法定药品检验机构在药品抽验中确认的假劣药品（评价抽验为主）。12 个月起始日期以药品监督管理部门给予行政处罚的日期为准。

（三）省局受理（形式审查）

企业开办时间、内审执行情况、人员资质（中药材）疫苗、蛋肽、仓库条件（是否擅自变更）、组织机构职能框图、仓库平面图（五区划分、中药材、中药饮片专库、温湿度监测探头）、缴费（分支单独缴费）。

（四）技术审查

省局审评认证中心合格的，制定现场检查方案，不合格的，补充资料。

（五）现场检查（重点）

检查员随机抽取，组长负责制，市局派 1 名观察员，省局承担认证检查费用，要如实反映发现的问题，首次会议参加人员（企业负责人、质量人员、业务部、储运部、信息部、财务部负责人）分别介绍各自准备情况。

（六）综合评定

检查组现场不出具是否通过的结论，省局认证中心根据检查组检查情况和企业整改情况，提出审核意见。

（七）省局审批、核发证书

根据省局认证中心意见，做出认证结论：认证合格；认证不合格；限期整改。认证合格的，公示，公告，发证。认证不合格的，6 个月后重新申请认证。限期整改，3 个月内报送整改报告和复查申请。

认证证书编号：认证证书编号共 14 位，2 位省份大写字母，+2 位地市省内排序数字，+2 位经营方式英文字母，+4 位发证年份，+4 位证书流水号。第一位大写字母：A 批发，B 零售连锁企业，C 零售连锁门店，D 单体零售企业。第二位小写字母：a 法人，b 非法人。

例如：济南市 2015 年通过药品 GSP 认证的零售连锁门店认证编号：SD01-Cb-20150001

（八）监督检查

省局负责全省药品批发企业 GSP 认证监督检查的组织管理，市局实施监督检查，监督认证合格企业是否符合认证标准。

活动二　GSP 认证申请材料的报送

范例一

批发企业（GSP）认证（报送指南）

一、项目名称

药品经营质量管理规范（GSP）认证（批发）。

二、设定和实施许可的法律依据

（一）《中华人民共和国药品管理法》；

（二）《中华人民共和国药品管理法实施条例》；

（三）国家食品药品监督管理总局《药品经营质量管理规范（简称GSP）认证管理办法》。

三、收费

按《关于药品生产经营质量管理规范认证收费标准》执行。

四、申请人提交申请材料目录

（一）《药品经营质量管理规范认证申请书》；

（二）《药品经营许可证》和《营业执照》复印件；

（三）企业实施GSP情况的自查报告；

（四）企业非违规经销假劣药品问题的说明及有效的证明文件；

（五）企业负责人员和质量管理人员情况表，企业采购、验收、养护、计算机人员情况表；

（六）企业经营场所、仓储、验收养护等设施、设备情况表；

（七）企业所属非法人分支机构情况表；

（八）企业药品经营质量管理制度目录；

（九）企业质量管理组织、机构的设置与职能框图；

（十）企业经营场所和仓库的方位平面布局图及照片。

五、对申请资料的要求

所报资料一律用A4纸打印并装订成册。内容完整、清楚，不得涂改。

六、许可程序

（一）受理。申报资料不齐全或者不符合形式审查要求的，应当当场或在5日内一次性告知申请人需要补正的全部内容；逾期不告知的，自收到申报资料之日起即为受理；申报材料齐全、符合审查要求，或者申请人按照要求提交全部补充资料的，应当在5日内予以受理。

（二）审批。形式审查合格后，交省药品审评中心进行技术审查，并组织对企业进行现场检查。根据检查组现场检查报告并结合有关情况提出审核意见报省食品药品监督管理局审批。省局对现场检查意见进行审查，并通过媒体向社会公示公告，对认证合格的企业核发认证证书。

（三）送达。由政务服务厅送达。

七、承诺时限

自受理之日起，3个月内作出行政许可决定。

八、行政许可实施机关

实施机关：××省食品药品监督管理局。

受理地点：××省食品药品监督管理局政务服务厅。

九、许可证件有效期及延续

GSP认证证书有效期为5年，有效期届满需继续进行药品经营的企业，应在GSP认证证书有效期届满前3个月内重新提出认证申请。

十、受理咨询与投诉机构

咨询：××省食品药品监督管理局药品流通监管处、政务服务厅。

投诉：××省食品药品监督管理局纪检监察室。

药品批发企业 GSP 认证基本情况表

<table>
<tr><td>企业名称</td><td colspan="8">×××医药有限股份公司</td></tr>
<tr><td>注册地址</td><td colspan="4">×××市经济开发区×××路×××号</td><td colspan="2">邮编</td><td colspan="2">×××</td></tr>
<tr><td>仓库地址</td><td colspan="8">×××市经济开发区×××路×××号</td></tr>
<tr><td>经营方式</td><td>批发</td><td>经营范围</td><td colspan="6">中成药、化学药制剂、抗生素、生化药品、生物制品（除疫苗）</td></tr>
<tr><td>企业经济性质</td><td>有限责任（公司）</td><td>开办时间</td><td>×××</td><td>职工人数</td><td>×××</td><td>上年销售额（万元）</td><td colspan="2">×××</td></tr>
<tr><td>法定代表人</td><td>×××</td><td>职务</td><td>董事长</td><td>执业药师或技术职称</td><td colspan="4">否</td></tr>
<tr><td>企业负责人</td><td>×××</td><td>职务</td><td>总经理</td><td>执业药师或技术职称</td><td colspan="4">是</td></tr>
<tr><td>质量负责人</td><td>×××</td><td>职务</td><td>质量副总</td><td>执业药师或技术职称</td><td colspan="4">是</td></tr>
<tr><td>联系人</td><td>×××</td><td>电话</td><td>×××</td><td>传真</td><td colspan="4">×××</td></tr>
<tr><td>企业基本情况</td><td colspan="8">×××有限公司×××年 11 月 1 日取得《药品经营许可证》，×××年 1 月 11 日取得《企业法人营业执照》，×××年 1 月 1 日开始试营业。公司自试营业至今，始终按《药品管理法》与 GSP 的相关要求规范自身经营，并按核准的经营方式及经营范围进行药品购销工作，没有超越经营方式及经营范围的行为。按照国家 GSP 的相关规定，我公司认为自身经营条件能达到药品经营质量管理规范及实施细则要求，特申请进行 GSP 认证。</td></tr>
</table>

企业负责人员和质量管理人员

姓名	职务	学历	所学专业	是否为执业药师	技术职称	备注
×××	董事长	本科	经济管理	否		
×××	总经理	本科	医学	否		
×××	质量副总	博士	药学	是		
×××	其他	专科	金融	否		
×××	质量管理员	硕士	药学	是		

企业验收养护人员

姓名	职务	学历	所学专业	是否为执业药师	技术职称	备注
×××	验收员	专科		否		
×××	验收员	其他		否		
×××	养护员	其他		否		

企业经营设施、设备情况表

<table>
<tr><td rowspan="2">营业场所及辅助办公用房</td><td>营业用房面积</td><td colspan="2">辅助用房面积</td><td>办公用房面积</td><td colspan="2">备注</td></tr>
<tr><td>66m²</td><td colspan="2">无此项</td><td>414m²</td><td colspan="2"></td></tr>
<tr><td rowspan="3">药品储存用仓库</td><td colspan="5">仓库面积</td><td>备注</td></tr>
<tr><td>仓库总面积</td><td>冷库面积</td><td>阴凉库面积</td><td>常温库面积</td><td>特殊管理药品专库面积</td><td rowspan="2">内部划分为发货区、待验区、退货区、合格品区、不合格品区</td></tr>
<tr><td>1400m²</td><td>36m²</td><td>884m²</td><td>480m²</td><td>无此项</td></tr>
<tr><td rowspan="2">验收养护室</td><td colspan="2">面积</td><td colspan="3">仪器、设备</td><td>备注</td></tr>
<tr><td colspan="2">40m²</td><td colspan="3">A1003 电子天平 1 台、YB－Ⅱ型澄明度检测仪 1 台、JA1003 电子天平 1 台、YB－Ⅱ型澄明度检测仪 1 台、BY－6 型标准比色液 1 套</td><td></td></tr>
<tr><td rowspan="5">其他</td><td>中药饮片分装室面积</td><td colspan="2">无此项</td><td>配送中心配货场所面积</td><td colspan="2">无此项</td></tr>
<tr><td rowspan="4">运输用车辆和设备</td><td colspan="2">运输用车辆</td><td colspan="3">符合药品特性要求的设备</td></tr>
<tr><td colspan="2">车型：金杯车 数量：2</td><td colspan="3" rowspan="3">立式空调 5p7 台、挂机 1 台，排风扇 11 台，冷藏包 5 个，冻冰用冰箱 1 台，泡沫箱、冰袋若干；红外测温仪 1 台，制冷机组 1 套、冷库超温报警系统 1 套。</td></tr>
<tr><td colspan="2">车型：50 铃 数量：10</td></tr>
<tr><td colspan="2">车型：冷藏车 数量：3</td></tr>
</table>

范例二

零售企业（GSP）认证（报送指南）

一、项目名称

《药品经营质量管理规范》（GSP）认证。

二、办理依据

1. 《中华人民共和国药品管理法》；
2. 《中华人民共和国药品管理法实施条例》；
3. GSP 及认证管理办法。

三、申请条件

（一）属于以下情形之一的药品经营单位：

1. 具有企业法人资格的药品经营企业；
2. 非专营药品的企业法人下属的药品经营企业；
3. 不具有企业法人资格且无上级主管单位承担质量管理责任的药品经营实体。

（二）具有依法领取的《药品经营许可证》和《企业法人营业执照》或《营业执照》。

（三）企业经过内部评审，基本符合 GSP 及其实施细则规定的条件要求。

（四）在申请认证前 12 个月内，企业没有因违规经营造成的经销假劣药品问题。

四、申请资料

（一）申请材料要求：

1. 申报资料的一般要求：经营企业提交所有资料均须采用 A4 纸打印或复印；图纸需标明面积及尺寸；申报逐页加盖公章，如企业未有公章，法定代表人或企业负责人需逐页签字；复印件注明“此复印件与原件相符”；如办理人员不是法定代表人或企业负责人的，需提供“授权委托书”原件一份。

2. 法人企业的非法人分支机构办理 GSP 认证事项的，必须出具上级法人签署意见的申请书。

（二）申请材料目录：

1. 纸质资料（一式二份）

资料编号 1　××省药品零售企业 GSP 认证申请书。

资料编号 2　企业基本信息表。

资料编号 3　《药品经营许可证》正、副本原件及复印件，《营业执照》正、副本原件及复印件，GSP 证书原件（初次认证的企业不用提交）。

资料编号 4　《药品经营许可证》《营业执照》的登记表。

资料编号 5　企业药品经营质量管理文件系统目录。

资料编号 6　企业实施 GSP 情况的自查报告。

资料编号 7　企业负责人员、质量管理、验收、养护人员情况表。

资料编号 8　企业人员花名册。

资料编号 9　全部从业人员学历证、营业员上岗证、GSP 岗位证原件及复印件；药师以上药学专业技术人员提供职称证书以及经劳动部门鉴证的用工合同原件及复印件；质管员需提供近两年继续教育证明原件及复印件。

资料编号 10　全部药学专业技术人员在市局办理备案的受理凭证件复印件一份（备案单位必须为申请企业）；在省局网站查询到备案结果的网页打印件一份。

资料编号 11　企业管理组织机构的设置与职能框图。

资料编号 12　企业经营场所和仓库平面布局图（经营场所、仓库平面图需详细注明企业名称、地址、分区情况及尺寸、使用面积）。

资料编号 13　企业非因违法违规而销售假劣药品的说明。

资料编号 14　企业对所申报资料真实性做出的责任承诺书。

2. 电子资料

资料编号 1　GSP 电子申报软件所导出数据报表（××省食品药品监督管理局审评认证中心××工作站 取得企业编码、序列号）。

资料编号 2　企业基本信息表。

资料编号 3　《药品经营许可证》和营业执照登记表。

资料编号 4　企业人员花名册。

资料编号 5　企业管理组织机构的设置与职能框图。

资料编号 6　××市药品零售企业电子信息采集资料。

资料编号 7　经营场所、仓库及人员数码相片（企业门面、经营场所中西药柜组、仓库、人员一览表各一张）。

电子资料要求：所有电子申报资料放入一个文件夹中（该文件夹以申报企业名称命名），通过网络或直接用 U 盘上报。

任务二　GSP 认证的现场检查

学习目标

1. 掌握 GSP 认证现场检查的工作程序。
2. 掌握 GSP 认证检查项目与评定标准。
3. 掌握现场检查注意事项。

案例阅读

据业内人士分析认为，现行版 GSP 对信息化管理、冷链管理等方面要求的提高将增加行业整体的资金投入，对于行业内中小型企业而言，由于其自身基础薄弱、资金实力不足，或将面临被市场淘汰的风险。据不完全统计，目前我国有 20 多万人参加了执业药师证书考试，但是注册的执业药师约 8 万人，与实际需求相差甚远，执业药师多店挂名的现象非常严重。届时，仅执业药师驻店这一关，很多零售药店就过不了。对此，药店反映强烈，有的地方临时决定放宽要求，也有不少药店想办法提高执业药师待遇进行“自救”。

在此背景下，关于药店频频关店的消息近期在业内疯传。业内分析认为，关门的药店有两类：一类是因证到期了又过不了现行版 GSP 认证，被要求马上关门的；另一类则是因为硬件软件跟不上现行版 GSP 的要求，需要投入大量资金改造，最终选择自动退出。广东一家连锁大药房的相关负责人向媒体指出，2015 年很多零售药店的双证会集中到期，届时如果按照现行版 GSP 执行的话，估计最终 80% 的药店过不了关。

活动一　GSP 认证现场检查的工作程序

GSP 认证现场的检查，一般由 3~4 名检查员组成检查组，实行组长负责制。检查组长具体负责组织协调、沟通交流、综合情况、主持会议等。其他人员还有企业所在地市药品监督管理局派出的观察员；企业领导班子所有成员；企业中层以上部门的负责人及分支机构负责人。GSP 认证现场检查工作程序如下：

（一）企业提供材料

在检查员到达的当天，企业必须向检查员提供以下材料（每个检查员各一套）：

1. 企业申请 GSP 认证申请材料；
2. 企业质量管理文件（含质量管理制度、工作程序、岗位职责）；

3. 企业所有从业人员花名册。花名册的人员按部门顺序依次排列，花名册的人员包括：正式员工和聘用员工。花名册的内容包括：姓名、性别、出生年月、职务(位)、职称、工作岗位、学历、所学专业、从事本岗位工作时间等。

（二）召开首次会议

认证现场检查工作的第一天，召开首次会议。

1. 首次会议参会人员

（1）现场检查组成员；

（2）企业所在地市食品药品监督管理局派出的观察员；

（3）企业领导班子所有成员；

（4）企业中层以上部门的负责人及分支机构负责人。

2. 首次会议主要内容

（1）检查组与公司代表会面，介绍检查员及观察员，宣读认证检查通知；

（2）企业主要负责人介绍企业参会人员，公司简要汇报 GSP 实施情况；

（3）检查组宣读 GSP 认证现场检查方案、认证检查纪律和注意事项。

（三）进行现场检查

检查组对企业总部及被抽查的分支机构（或连锁药店）进行现场检查，现场检查的主要内容：

1. 硬件设施检查。硬件设施包括：办公场所、营业场所、库区环境、库房条件、设施设备及辅助、办公用房情况；药品的库存管理及出入库现场管理；

2. 文件资料检查。文件资料包括：管理文件、档案资料、证明文件、原始记录等。

在认证检查企业的各种制度、凭证和记录等材料时，企业应将各种文件材料集中到一个场所，并按检查员的分工情况派相关人员协助检查。检查员要求企业提供的材料应在 30 分钟之内提供，否则，不予认可。

3. 过程控制检查。过程控制检查包括：抽查药品、工作过程、操作方法、资料核实等。

4. 机构检查。机构检查包括：部门设置、人员配备、企业档案等。

5. 员工档案：人事、教育、健康。

6. 客户档案：供货方、购货方。

7. 药品档案：药品质量、药品养护。

8. 质量资料档案：原始记录、票据凭证、工作文件。

9. 设备及档案。

（四）认证检查的方法

认证检查的方法是：观察、提问、取证、验证、记录。

（五）汇总检查情况

在现场检查工作完成后，检查组汇总检查情况，做出综合评定，填写检查报告、不合格项目情况表、缺陷项目记录表和检查评定表等。此间，观察员及企业的所有人员要回避。

（六）召开末次会议

检查组汇总检查情况完成后，应召开末次会议，末次会议参会人员与首次会议相同，会议内容包括：

1. 检查组组长宣读认证检查报告、企业不合格项目、提出建议，责成市食品药品监督管理局监督整改，并根据现场检查的不同情况，分别要求如下：

（1）通过的企业。现场检查通过的企业，在认证结束后 7 个工作日内，将整改报告报局 GSP 认证中心，同时抄报所在地市药品监督管理局。

（2）限期整改的企业。现场检查限期整改的企业，在接到整改通知后的 3 个月内向省药品监督管理局认证中心报送整改报告，提出复查申请。

（3）未通过的企业。现场检查未通过的企业，在接到通知的 6 个月后，重新申请 GSP 认证。

2. 企业法定代表人或质量负责人讲话。

3. 企业所在地市药品监督管理局观察员讲话。

（七）GSP 认证现场检查工作结束

活动二　GSP 认证检查项目与评定标准

（一）GSP 认证检查项目

医药企业 GSP 认证检查项目的分解如图 16-2 所示。其中：药品零售连锁企业总部及配送中心按照药品批发企业检查项目检查；药品零售连锁企业门店按照药品零售企业检查项目检查。

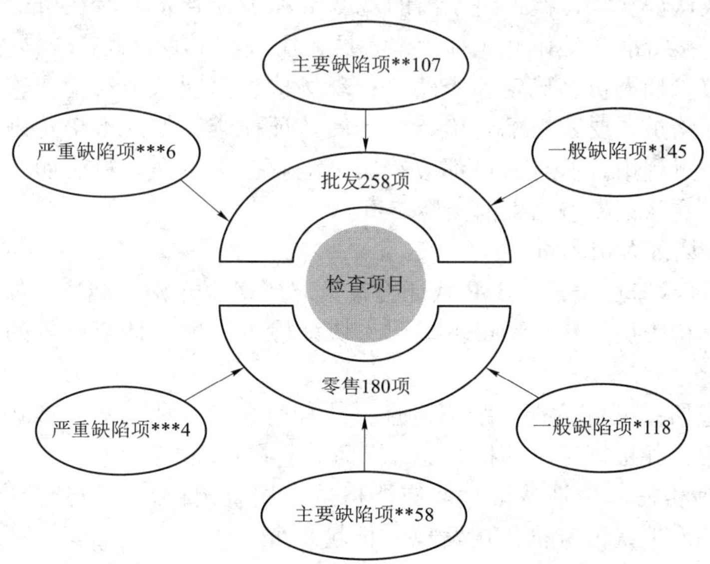

图 16-2　医药企业 GSP 认证检查项目的分解

（二）GSP 认证检查评定标准（结果评定）

项　目			结　果
严重缺陷项目	主要缺陷项目	一般缺陷项目	
0	0	≤20%	通过 GSP 认证
0	0	20%～30%	限期整改后复核检查
0	<10%	<20%	

续表

项　目			结　果
严重缺陷项目	主要缺陷项目	一般缺陷项目	
≥1			不通过 GSP 认证检查
0	≥10%		
0	<10%	≥20%	
0		≥30%	

活动三　现场检查注意事项

（一）GSP 认证现场检查中常见的错误与其他事宜

1. 现场检查中错误的做法

（1）竭力渲染企业的“优秀”，回避差的和不足之处；

（2）不接受任何批评，固执己见，轻视检查人员的意见；

（3）不正面回答问题，不清楚之处用方言搪塞，或者一问三不知，尽可能少说话；

（4）高谈阔论，纠缠问题拖延时间，对问题百般辩解，拒不承认。

2. 其他事宜　在 GSP 认证检查过程中，不允许被检查企业之外的任何单位和个人参与认证检查或认证观摩，检查组派出的观摩员和被检查企业所在市药监局派出的观察员除外。做好接待准备工作（包括接待人员、住宿、车辆和就餐安排等）；明确首次会议及末次会议参加人员；确定检查路线；现场检查陪同人员；检查软件时总体协调人员及各部门联络员，要积极配合检查员开展认证检查工作，不得妨碍或阻挠认证工作；在认证检查过程中，所有人员都应在岗；企业提交申报材料后如有需要变更或补充说明的事项，在认证检查结束前交检查组。

（二）GSP 认证人员职责

1. GSP 认证检查员责任　GSP 认证检查员应严格遵守检查纪律，如有违反，经调查属实，取消其检查员资格，不得再次列入认证检查员库。情节严重的，依法追究法律责任。

监督检查包括：飞行检查、跟踪检查、日常抽查和专项检查等形式。监督检查的结果应记录在案，并按规定定期报送上一级药品监督管理部门。

2. 认证企业责任　申请认证企业应严格遵守检查纪律，如有违反，经调查属实，已经认证合格的取消认证资格，从发现之日起 6 个月内不再受理其认证申请。情节严重的，依法追究法律责任。

对不符合 GSP 要求的企业，《药品经营质量认证管理办法》第四十五条明确规定：对监督检查中发现的不符合 GSP 要求的认证合格企业，药品监督管理部门应按照《药品管理法》第七十八条的规定，要求限期予以纠正或者给予行政处罚。对其中严重违反或屡次违反 GSP 规定的企业，其所在地省、自治区、直辖市药品监督管理部门应依法撤销其《药品经营质量管理规范认证证书》，并按本办法第三十七条规定予以公布。

活动四　GSP 认证实施过程中需要注意的问题

1. 修订完善质量管理体系文件，体系文件与企业实际相符。体系文件制订的制度应涵盖企业整个经营过程。如印章管理、人事薪酬制度、采购发票管理、预付款管理、采购合同管理等。

2. 制订岗位操作流程，结合计算机系统制订，与现场的操作一致，各岗位都应有相关的制度。如质量制度、操作流程。

3. 岗位职责，所有人员的岗位都应有职责，如企业采购员等岗位，都应有岗位的职责。

4. 单列体外验收制度，疫苗验收制度。涉及许可经营范围的，应设相应制度。如终止妊娠制度、含麻制度、蛋肽制度、精神药品制度。

5. 查岗位计算机权限，随机抽查某岗位，系统界面有无无关的权限、模块出现。该岗位人员应熟悉计算机操作。质管部对各部门负责人进行培训，各部门负责人应加强本部门员工的培训。

6. 计算机系统。

（1）检查内容：核对系统功能是否齐全，管控点是否有效，与企业介绍的功能模块是否吻合。

（2）检查各岗位的操作要点，各岗位管控点。

（3）检查药品电子监管码操作人员的具体操作过程和信息交换方式。

（4）提问岗位人员遇到质量问题时，在计算机系统上的操作流程。

（5）严禁外挂式功能，用报表代替系统应有的功能。

（6）收货员操作界面，应有物流的承运信息，如在途时间、承运时间。承运信息由采购订单传递到收货员界面。

（7）冷链品种的收货时间控制、温湿度控制。

（8）药品养护检查有完整清晰的记录，养护中发现有问题的药品，及时处理，并在计算机系统中有处理记录和停止销售发货的记录。

（9）信息部介绍、演示系统的基础数据，如品种分类，管控点的范围包括上下游经营范围控制，委托书时效，质保协议时效、资质时效，系统具备药品过期的拦截功能，提示功能。

（10）采购订单界面，承运信息：承运方式，承运单位、发运地点、在途时限、启动时间、运输方式。收货员勾兑采购订单，核实承运信息。

（11）体系文件的操作流程应与计算机流程相符。

（12）基础数据，包括品种信息、供应商信息，质管部负责录入、更新。

（13）经营数据的修改，应作风险评估，修改在质管部监督下进行。

（14）岗位操作权限设置，由质管部授权，离职、新增人员，进入系统应重新授权。根据岗位授权设置相应的权限，如收货员无分配货位号的权限（验收员权限），关闭与收货员岗位无关的查询模块。

7. 温湿度监控系统的布点。质量负责人、质管部、仓储负责人需了解布点方案、布点的要求、设备的校验。

（1）了解校验报告、校验方案。

（2）一般情况下，温湿度系统不与 ERP 对接。

（3）冷链药品的验证。验证报告，验证实施时间应与图表时间一致。对验证过程的拍照取证。验证项目按类别进行，完成一个项目后再进行另一个项目的验证，不能穿插进行。

（4）冷链数据偏差纠正。

（5）冷藏车厢内画线，限高堆放。

（6）开门作业的时间限制。应有开门作业的说明流程。

8. 方针目标的分解。包括分解项目、内容、措施、实施人员、实施时间。

例如项目：基础数据管理，质量目标：准确率百分百。采取措施：首营企业信息录入后核对百分百，及时更新百分百。

例如经营数据修改的合法性百分百，采取措施：数据修改作风险评估率 100%，数据修改的审核率百分百，修改的监督率百分百。

9. 风险评估。各个部门寻找风险点，质管部汇总。评估方式可以用文字形式评估，或报表形式。评估内容应包括评估项目、评估要求、潜在的风险，风险后果，风险严重性，风险原因，控制预防风险的措施、责任人。

举例：计算机管控的风险，系统设计的功能不全面，对某个环节管控失效。原因分析：人员不了解现行版 GSP 的要求、系统功能设计未经相关部门审核，审核人不熟悉系统。

10. 内审。按企业制度的规定要求进行。例如体系文件修改进行专项内审、场所变更专项内审、ERP 升级专项内审、经营范围增加专项内审。以上各项内容变更，变更时间在 2 个月内的，可集中统一内审；变更时间跨度大于半年以上的，应分别进行专项内审。

11. 进货评审。评审时间，按季度进行动态评审。例如业务例会，质管部应参与，提出质量上的评审意见，或对例会进行综合的评审。评审方式：会议纪要方式。动态评审区别于年度进货评审，仅针对某个方面存在的问题进行评审。

12. 销售评审。按季度进行动态评审。

13. 人员要求。设收货岗位、验收岗位，养护员可兼职。

14. 温控系统要有运行 2 个月以上的数据，待系统稳定运行后，申报 GSP 认证。避免由于系统不稳定引起的故障。

15. 门禁安装，不建议用探头进行事后管理，应采取门卫、门禁系统等事前控制。

16. 首营品种，索取生产批件，包装标签说明书不作要求，药典有收载的质量标准，不需收集，品种资料盖质管部印章。

17. 首营企业，加盖公章。收集印章留样，电子扫描存档；收货员核对备案资料，核对随货凭证的印章，验收员核对随货单样式。

目标检测

一、单项选择题

1.《药品经营质量管理规范认证证书》的有效期是（　　）

A. 3 年　　B. 4 年　　C. 5 年　　D. 10 年

2. 负责药品经营企业 GSP 认证的组织部门是（　　）

A. 市级食品药品监督管理局　　B. 省级食品药品监督管理局

C. 国家食品药品监督管理总局　　D. 国家卫生和计划生育委员会

二、简答题

1. GSP 认证的程序有哪些？

2. GSP 认证现场需要注意的事项有哪些？

【技能训练】

模拟写一份医药批发企业或零售企业的自查报告。

（杨文章）

附　录

附录一　中华人民共和国药品管理法

（1984 年 9 月 20 日第六届全国人民代表大会常务委员会第七次会议通过；2001 年 2 月 28 日第九届全国人民代表大会常务委员会第二十次会议修订；根据 2013 年 12 月 28 日第十二届全国人民代表大会常务委员会第六次会议《关于修改〈中华人民共和国海洋环境保护法〉等七部法律的决定》第一次修正；根据 2015 年 4 月 24 日第十二届全国人民代表大会常务委员会第十四次会议《关于修改〈中华人民共和国药品管理法〉的决定》第二次修正。）

第一章　总　则

第一条　为加强药品监督管理，保证药品质量，保障人体用药安全，维护人民身体健康和用药的合法权益，特制定本法。

第二条　在中华人民共和国境内从事药品的研制、生产、经营、使用和监督管理的单位或者个人，必须遵守本法。

第三条　国家发展现代药和传统药，充分发挥其在预防、医疗和保健中的作用。

国家保护野生药材资源，鼓励培育中药材。

第四条　国家鼓励研究和创制新药，保护公民、法人和其他组织研究、开发新药的合法权益。

第五条　国务院药品监督管理部门主管全国药品监督管理工作。国务院有关部门在各自的职责范围内负责与药品有关的监督管理工作。

省、自治区、直辖市人民政府药品监督管理部门负责本行政区域内的药品监督管理工作。省、自治区、直辖市人民政府有关部门在各自的职责范围内负责与药品有关的监督管理工作。

国务院药品监督管理部门应当配合国务院经济综合主管部门，执行国家制定的药品行业发展规划和产业政策。

第六条　药品监督管理部门设置或者确定的药品检验机构，承担依法实施药品审批和药品质量监督检查所需的药品检验工作。

第二章　药品生产企业管理

第七条　开办药品生产企业，须经企业所在地省、自治区、直辖市人民政府药品监督管理部门批准并发给《药品生产许可证》。无《药品生产许可证》的，不得生产药品。

《药品生产许可证》应当标明有效期和生产范围，到期重新审查发证。

药品监督管理部门批准开办药品生产企业，除依据本法第八条规定的条件外，还应当符合国家制定的药品行业发展规划和产业政策，防止重复建设。

第八条　开办药品生产企业，必须具备以下条件：

（一）具有依法经过资格认定的药学技术人员、工程技术人员及相应的技术工人；

（二）具有与其药品生产相适应的厂房、设施和卫生环境；

（三）具有能对所生产药品进行质量管理和质量检验的机构、人员以及必要的仪器设备；

（四）具有保证药品质量的规章制度。

第九条　药品生产企业必须按照国务院药品监督管理部门依据本法制定的《药品生产质量管理规范》组织生产。药品监督管理部门按照规定对药品生产企业是否符合《药品生产质量管理规范》的要求进行认证；对认证合格的，发给认证证书。

《药品生产质量管理规范》的具体实施办法、实施步骤由国务院药品监督管理部门规定。

第十条　除中药饮片的炮制外，药品必须按照国家药品标准和国务院药品监督管理部门批准的生产工艺进行生产，生产记录必须完整准确。药品生产企业改变影响药品质量的生产工艺的，必须报原批准部门审核批准。

中药饮片必须按照国家药品标准炮制；国家药品标准没有规定的，必须按照省、自治区、直辖市人民政府药品监督管理部门制定的炮制规范炮制。省、自治区、直辖市人民政府药品监督管理部门制定的炮制规范应当报国务院药品监督管理部门备案。

第十一条　生产药品所需的原料、辅料，必须符合药用要求。

第十二条　药品生产企业必须对其生产的药品进行质量检验；不符合国家药品标准或者不按照省、自治区、直辖市人民政府药品监督管理部门制定的中药饮片炮制规范炮制的，不得出厂。

第十三条　经国务院药品监督管理部门或者国务院药品监督管理部门授权的省、自治区、直辖市人民政府药品监督管理部门批准，药品生产企业可以接受委托生产药品。

第三章　药品经营企业管理

第十四条　开办药品批发企业，须经企业所在地省、自治区、直辖市人民政府药品监督管理部门批准并发给《药品经营许可证》；开办药品零售企业，须经企业所在地县级以上地方药品监督管理部门批准并发给《药品经营许可证》。无《药品经营许可证》的，不得经营药品。

《药品经营许可证》应当标明有效期和经营范围，到期重新审查发证。

药品监督管理部门批准开办药品经营企业，除依据本法第十五条规定的条件外，还应当遵循合理布局和方便群众购药的原则。

第十五条　开办药品经营企业必须具备以下条件：

（一）具有依法经过资格认定的药学技术人员；

（二）具有与所经营药品相适应的营业场所、设备、仓储设施、卫生环境；

（三）具有与所经营药品相适应的质量管理机构或者人员；

（四）具有保证所经营药品质量的规章制度。

第十六条 药品经营企业必须按照国务院药品监督管理部门依据本法制定的《药品经营质量管理规范》经营药品。药品监督管理部门按照规定对药品经营企业是否符合《药品经营质量管理规范》的要求进行认证；对认证合格的，发给认证证书。

《药品经营质量管理规范》的具体实施办法、实施步骤由国务院药品监督管理部门规定。

第十七条 药品经营企业购进药品，必须建立并执行进货检查验收制度，验明药品合格证明和其他标识；不符合规定要求的，不得购进。

第十八条 药品经营企业购销药品，必须有真实完整的购销记录。购销记录必须注明药品的通用名称、剂型、规格、批号、有效期、生产厂商、购（销）货单位、购（销）货数量、购销价格、购（销）货日期及国务院药品监督管理部门规定的其他内容。

第十九条 药品经营企业销售药品必须准确无误，并正确说明用法、用量和注意事项；调配处方必须经过核对，对处方所列药品不得擅自更改或者代用。对有配伍禁忌或者超剂量的处方，应当拒绝调配；必要时，经处方医师更正或者重新签字，方可调配。

药品经营企业销售中药材，必须标明产地。

第二十条 药品经营企业必须制定和执行药品保管制度，采取必要的冷藏、防冻、防潮、防虫、防鼠等措施，保证药品质量。药品入库和出库必须执行检查制度。

第二十一条 城乡集市贸易市场可以出售中药材，国务院另有规定的除外。

城乡集市贸易市场不得出售中药材以外的药品，但持有《药品经营许可证》的药品零售企业在规定的范围内可以在城乡集市贸易市点出售中药材以外的药品。具体办法由国务院规定。

第四章　医疗机构的药剂管理

第二十二条 医疗机构必须配备依法经过资格认定的药学技术人员。非药学技术人员不得直接从事药剂技术工作。

第二十三条 医疗机构配制制剂，须经所在地省、自治区、直辖市人民政府卫生行政部门审核同意，由省、自治区、直辖市人民政府药品监督管理部门批准，发给《医疗机构制剂许可证》。无《医疗机构制剂许可证》的，不得配制制剂。

《医疗机构制剂许可证》应当标明有效期，到期重新审查发证。

第二十四条 医疗机构配制制剂，必须具有能够保证制剂质量的设施、管理制度、检验仪器和卫生条件。

第二十五条 医疗机构配制的制剂，应当是本单位临床需要而市场上没有供应的品种，并须经所在地省、自治区、直辖市人民政府药品监督管理部门批准后方可配制。配制的制剂必须按照规定进行质量检验；合格的，凭医师处方在本医疗机构使用。特殊情况下，经国务院或者省、自治区、直辖市人民政府的药品监督管理部门批准，医疗机构配制的制剂可以在指定的医疗机构之间调剂使用。

医疗机构配制的制剂，不得在市场销售。

第二十六条　医疗机构购进药品，必须建立并执行进货检查验收制度，验明药品合格证明和其他标识；不符合规定要求的，不得购进和使用。

第二十七条　医疗机构的药剂人员调配处方，必须经过核对，对处方所列药品不得擅自更改或者代用。对有配伍禁忌或者超剂量的处方，应当拒绝调配；必要时，经处方医师更正或者重新签字，方可调配。

第二十八条　医疗机构必须制定和执行药品保管制度，采取必要的冷藏、防冻、防潮、防虫、防鼠等措施，保证药品质量。

第五章　药品管理

第二十九条　研制新药，必须按照国务院药品监督管理部门的规定如实报送研制方法、质量指标、药理及毒理试验结果等有关资料和样品，经国务院药品监督管理部门批准后，方可进行临床试验。药物临床试验机构资格的认定办法，由国务院药品监督管理部门、国务院卫生行政部门共同制定。

完成临床试验并通过审批的新药，由国务院药品监督管理部门批准，发给新药证书。

第三十条　药物的非临床安全性评价研究机构和临床试验机构必须分别执行药物非临床研究质量管理规范、药物临床试验质量管理规范。

药物非临床研究质量管理规范、药物临床试验质量管理规范由国务院确定的部门制定。

第三十一条　生产新药或者已有国家标准的药品的，须经国务院药品监督管理部门批准，并发给药品批准文号；但是，生产没有实施批准文号管理的中药材和中药饮片除外。实施批准文号管理的中药材、中药饮片品种目录由国务院药品监督管理部门会同国务院中医药管理部门制定。

药品生产企业在取得药品批准文号后，方可生产该药品。

第三十二条　药品必须符合国家药品标准。中药饮片依照本法第十条第二款的规定执行。

国务院药品监督管理部门颁布的《中华人民共和国药典》和药品标准为国家药品标准。

国务院药品监督管理部门组织药典委员会，负责国家药品标准的制定和修订。

国务院药品监督管理部门的药品检验机构负责标定国家药品标准品、对照品。

第三十三条　国务院药品监督管理部门组织药学、医学和其他技术人员，对新药进行审评，对已经批准生产的药品进行再评价。

第三十四条　药品生产企业、药品经营企业、医疗机构必须从具有药品生产、经营资格的企业购进药品；但是，购进没有实施批准文号管理的中药材除外。

第三十五条　国家对麻醉药品、精神药品、医疗用毒性药品、放射性药品，实行特殊管理。管理办法由国务院制定。

第三十六条　国家实行中药品种保护制度。具体办法由国务院制定。

第三十七条　国家对药品实行处方药与非处方药分类管理制度。具体办法由国务院制定。

第三十八条 禁止进口疗效不确、不良反应大或者其他原因危害人体健康的药品。

第三十九条 药品进口，须经国务院药品监督管理部门组织审查，经审查确认符合质量标准、安全有效的，方可批准进口，并发给进口药品注册证书。

医疗单位临床急需或者个人自用进口的少量药品，按照国家有关规定办理进口手续。

第四十条 药品必须从允许药品进口的口岸进口，并由进口药品的企业向口岸所在地药品监督管理部门登记备案。海关凭药品监督管理部门出具的《进口药品通关单》放行。无《进口药品通关单》的，海关不得放行。

口岸所在地药品监督管理部门应当通知药品检验机构按照国务院药品监督管理部门的规定对进口药品进行抽查检验，并依照本法第四十一条第二款的规定收取检验费。

允许药品进口的口岸由国务院药品监督管理部门会同海关总署提出，报国务院批准。

第四十一条 国务院药品监督管理部门对下列药品在销售前或者进口时，指定药品检验机构进行检验；检验不合格的，不得销售或者进口：

（一）国务院药品监督管理部门规定的生物制品；

（二）首次在中国销售的药品；

（三）国务院规定的其他药品。

前款所列药品的检验费项目和收费标准由国务院财政部门会同国务院价格主管部门核定并公告。检验费收缴办法由国务院财政部门会同国务院药品监督管理部门制定。

第四十二条 国务院药品监督管理部门对已经批准生产或者进口的药品，应当组织调查；对疗效不确、不良反应大或者其他原因危害人体健康的药品，应当撤销批准文号或者进口药品注册证书。

已被撤销批准文号或者进口药品注册证书的药品，不得生产或者进口、销售和使用；已经生产或者进口的，由当地药品监督管理部门监督销毁或者处理。

第四十三条 国家实行药品储备制度。

国内发生重大灾情、疫情及其他突发事件时，国务院规定的部门可以紧急调用企业药品。

第四十四条 对国内供应不足的药品，国务院有权限制或者禁止出口。

第四十五条 进口、出口麻醉药品和国家规定范围内的精神药品，必须持有国务院药品监督管理部门发给的《进口准许证》、《出口准许证》。

第四十六条 新发现和从国外引种的药材，经国务院药品监督管理部门审核批准后，方可销售。

第四十七条 地区性民间习用药材的管理办法，由国务院药品监督管理部门会同国务院中医药管理部门制定。

第四十八条 禁止生产（包括配制，下同）、销售假药。

有下列情形之一的，为假药：

（一）药品所含成份与国家药品标准规定的成份不符的；

（二）以非药品冒充药品或者以他种药品冒充此种药品的。

有下列情形之一的药品，按假药论处：

（一）国务院药品监督管理部门规定禁止使用的；

（二）依照本法必须批准而未经批准生产、进口，或者依照本法必须检验而未经检验即销售的；

（三）变质的；

（四）被污染的；

（五）使用依照本法必须取得批准文号而未取得批准文号的原料药生产的；

（六）所标明的适应症或者功能主治超出规定范围的。

第四十九条　禁止生产、销售劣药。

药品成份的含量不符合国家药品标准的，为劣药。

有下列情形之一的药品，按劣药论处：

（一）未标明有效期或者更改有效期的；

（二）不注明或者更改生产批号的；

（三）超过有效期的；

（四）直接接触药品的包装材料和容器未经批准的；

（五）擅自添加着色剂、防腐剂、香料、矫味剂及辅料的；

（六）其他不符合药品标准规定的。

第五十条　列入国家药品标准的药品名称为药品通用名称。已经作为药品通用名称的，该名称不得作为药品商标使用。

第五十一条　药品生产企业、药品经营企业和医疗机构直接接触药品的工作人员，必须每年进行健康检查。患有传染病或者其他可能污染药品的疾病的，不得从事直接接触药品的工作。

第六章　药品包装的管理

第五十二条　直接接触药品的包装材料和容器，必须符合药用要求，符合保障人体健康、安全的标准，并由药品监督管理部门在审批药品时一并审批。

药品生产企业不得使用未经批准的直接接触药品的包装材料和容器。

对不合格的直接接触药品的包装材料和容器，由药品监督管理部门责令停止使用。

第五十三条　药品包装必须适合药品质量的要求，方便储存、运输和医疗使用。

发运中药材必须有包装。在每件包装上，必须注明品名、产地、日期、调出单位，并附有质量合格的标志。

第五十四条　药品包装必须按照规定印有或者贴有标签并附有说明书。

标签或者说明书上必须注明药品的通用名称、成份、规格、生产企业、批准文号、产品批号、生产日期、有效期、适应症或者功能主治、用法、用量、禁忌、不良反应和注意事项。

麻醉药品、精神药品、医疗用毒性药品、放射性药品、外用药品和非处方药的标签，必须印有规定的标志。

第七章　药品价格和广告的管理

第五十五条　依法实行市场调节价的药品，药品的生产企业、经营企业和医疗机构应当按照公平、合理和诚实信用、质价相符的原则制定价格，为用药者提供价格合理的药品。

药品的生产企业、经营企业和医疗机构应当遵守国务院价格主管部门关于药价管理的规定，制定和标明药品零售价格，禁止暴利和损害用药者利益的价格欺诈行为。

第五十六条 药品的生产企业、经营企业、医疗机构应当依法向政府价格主管部门提供其药品的实际购销价格和购销数量等资料。

第五十七条 医疗机构应当向患者提供所用药品的价格清单；医疗保险定点医疗机构还应当按照规定的办法如实公布其常用药品的价格，加强合理用药的管理。具体办法由国务院卫生行政部门规定。

第五十八条 禁止药品的生产企业、经营企业和医疗机构在药品购销中账外暗中给予、收受回扣或者其他利益。

禁止药品的生产企业、经营企业或者其代理人以任何名义给予使用其药品的医疗机构的负责人、药品采购人员、医师等有关人员以财物或者其他利益。禁止医疗机构的负责人、药品采购人员、医师等有关人员以任何名义收受药品的生产企业、经营企业或者其代理人给予的财物或者其他利益。

第五十九条 药品广告须经企业所在地省、自治区、直辖市人民政府药品监督管理部门批准，并发给药品广告批准文号；未取得药品广告批准文号的，不得发布乙处方药可以在国务院卫生行政部门和国务院药品监督管理部门共同指定的医学、药学专业刊物上介绍，但不得在大众传播媒介发布广告或者以其他方式进行以公众为对象的广告宣传。

第六十条 药品广告的内容必须真实、合法，以国务院药品监督管理部门批准的说明书为准，不得含有虚假的内容。

药品广告不得含有不科学的表示功效的断言或者保证；不得利用国家机关、医药科研单位、学术机构或者专家、学者、医师、患者的名义和形象作证明。

非药品广告不得有涉及药品的宣传。

第六十一条 省、自治区、直辖市人民政府药品监督管理部门应当对其批准的药品广告进行检查，对于违反本法和《中华人民共和国广告法》的广告，应当向广告监督管理机关通报并提出处理建议，广告监督管理机关应当依法作出处理。

第六十二条 药品价格和广告，本法未规定的，适用《中华人民共和国价格法》、《中华人民共和国广告法》的规定。

第八章　药品监督

第六十三条 药品监督管理部门有权按照法律、行政法规的规定对报经其审批的药品研制和药品的生产、经营以及医疗机构使用药品的事项进行监督检查，有关单位和个人不得拒绝和隐瞒。

药品监督管理部门进行监督检查时，必须出示证明文件，对监督检查中知悉的被检查人的技术秘密和业务秘密应当保密。

第六十四条 药品监督管理部门根据监督检查的需要，可以对药品质量进行抽查检验。抽查检验应当按照规定抽样，并不得收取任何费用。所需费用按照国务院规定列支。

药品监督管理部门对有证据证明可能危害人体健康的药品及其有关材料可以采取查封、扣押的行政强制措施，并在七日内作出行政处理决定；药品需要检验的，必须自检验报告书发出之日起十五日内作出行政处理决定。

第六十五条　国务院和省、自治区、直辖市人民政府的药品监督管理部门应当定期公告药品质量抽查检验的结果；公告不当的，必须在原公告范围内予以更正。

第六十六条　当事人对药品检验机构的检验结果有异议的，可以自收到药品检验结果之日起七日内向原药品检验机构或者上一级药品监督管理部门设置或者确定的药品检验机构申请复验，也可以直接向国务院药品监督管理部门设置或者确定的药品检验机构申请复验。受理复验的药品检验机构必须在国务院药品监督管理部门规定的时间内作出复验结论。

第六十七条　药品监督管理部门应当按照规定，依据《药品生产质量管理规范》、《药品经营质量管理规范》，对经其认证合格的药品生产企业、药品经营企业进行认证后的跟踪检查。

第六十八条　地方人民政府和药品监督管理部门不得以要求实施药品检验、审批等手段限制或者排斥非本地区药品生产企业依照本法规定生产的药品进入本地区。

第六十九条　药品监督管理部门及其设置的药品检验机构和确定的专业从事药品检验的机构不得参与药品生产经营活动，不得以其名义推荐或者监制、监销药品。

药品监督管理部门及其设置的药品检验机构和确定的专业从事药品检验的机构的工作人员不得参与药品生产经营活动。

第七十条　国家实行药品不良反应报告制度。药品生产企业、药品经营企业和医疗机构必须经常考察本单位所生产、经营、使用的药品质量、疗效和反应。发现可能与用药有关的严重不良反应，必须及时向当地省、自治区、直辖市人民政府药品监督管理部门和卫生行政部门报告。具体办法由国务院药品监督管理部门会同国务院卫生行政部门制定。

对已确认发生严重不良反应的药品，国务院或者省、自治区、直辖市人民政府的药品监督管理部门可以采取停止生产、销售、使用的紧急控制措施，并应当在五日内组织鉴定，自鉴定结论作出之日起十五日内依法作出行政处理决定。

第七十一条　药品生产企业、药品经营企业和医疗机构的药品检验机构或者人员，应当接受当地药品监督管理部门设置的药品检验机构的业务指导。

第九章　法律责任

第七十二条　未取得《药品生产许可证》、《药品经营许可证》或者《医疗机构制剂许可证》生产药品、经营药品的，依法予以取缔，没收违法生产、销售的药品和违法所得，并处违法生产、销售的药品（包括已售出的和未售出的药品，下同）货值金额二倍以上五倍以下的罚款；构成犯罪的，依法追究刑事责任。

第七十三条　生产、销售假药的，没收违法生产、销售的药品和违法所得，并处违法生产、销售药品货值金额二倍以上五倍以下的罚款；有药品批准证明文件的予以撤销，并责令停产、停业整顿；情节严重的，吊销《药品生产许可证》、《药品经营许可证》或者《医疗机构制剂许可证》；构成犯罪的，依法追究刑事责任。

第七十四条 生产、销售劣药的，没收违法生产、销售的药品和违法所得，并处违法生产、销售药品货值金额一倍以上三倍以下的罚款；情节严重的，责令停产、停业整顿或者撤销药品批准证明文件、吊销《药品生产许可证》、《药品经营许可证》或者《医疗机构制剂许可证》；构成犯罪的，依法追究刑事责任。

第七十五条 从事生产、销售假药及生产、销售劣药情节严重的企业或者其他单位，其直接负责的主管人员和其他直接责任人员十年内不得从事药品生产、经营活动。

对生产者专门用于生产假药、劣药的原辅材料、包装材料、生产设备，予以没收。

第七十六条 知道或者应当知道属于假劣药品而为其提供运输、保管、仓储等便利条件的，没收全部运输、保管、仓储的收入，并处违法收入百分之五十以上三倍以下的罚款；构成犯罪的，依法追究刑事责任。

第七十七条 对假药、劣药的处罚通知，必须载明药品检验机构的质量检验结果；但是，本法第四十八条第三款第（一）、（二）、（五）、（六）项和第四十九条第三款规定的情形除外。

第七十八条 药品的生产企业、经营企业、药物非临床安全性评价研究机构、药物临床试验机构未按照规定实施《药品生产质量管理规范》、《药品经营质量管理规范》、药物非临床研究质量管理规范、药物临床试验质量管理规范的，给予警告，责令限期改正；逾期不改正的，责令停产、停业整顿，并处五千元以上二万元以下的罚款；情节严重的，吊销《药品生产许可证》、《药品经营许可证》和药物临床试验机构的资格。

第七十九条 药品的生产企业、经营企业或者医疗机构违反本法第三十四条的规定，从无《药品生产许可证》、《药品经营许可证》的企业购进药品的，责令改正，没收违法购进的药品，并处违法购进药品货值金额二倍以上五倍以下的罚款；有违法所得的，没收违法所得；情节严重的，吊销《药品生产许可证》、《药品经营许可证》或者医疗机构执业许可证书。

第八十条 进口已获得药品进口注册证书的药品，未按照本法规定向允许药品进口的口岸所在地的药品监督管理部门登记备案的，给予警告，责令限期改正；逾期不改正的，撤销进口药品注册证书。

第八十一条 伪造、变造、买卖、出租、出借许可证或者药品批准证明文件的，没收违法所得，并处违法所得一倍以上三倍以下的罚款；没有违法所得的，处二万元以上十万元以下的罚款；情节严重的，并吊销卖方、出租方、出借方的《药品生产许可证》、《药品经营许可证》、《医疗机构制剂许可证》或者撤销药品批准证明文件；构成犯罪的，依法追究刑事责任。

第八十二条 违反本法规定，提供虚假的证明、文件资料样品或者采取其他欺骗手段取得《药品生产许可证》、《药品经营许可证》、《医疗机构制剂许可证》或者药品批准证明文件的，吊销《药品生产许可证》、《药品经营许可证》、《医疗机构制剂许可证》或者撤销药品批准证明文件，五年内不受理其申请，并处一万元以上三万元以下的罚款。

第八十三条 医疗机构将其配制的制剂在市场销售的，责令改正，没收违法销售的制剂，并处违法销售制剂货值金额一倍以上三倍以下的罚款；有违法所得的，没收违法所得。

第八十四条　药品经营企业违反本法第十八条、第十九条规定的，责令改正，给予警告；情节严重的，吊销《药品经营许可证》。

第八十五条　药品标识不符合本法第五十四条规定的，除依法应当按照假药、劣药论处的外，责令改正，给予警告；情节严重的，撤销该药品的批准证明文件。

第八十六条　药品检验机构出具虚假检验报告，构成犯罪的，依法追究刑事责任；不构成犯罪的，责令改正，给予警告，对单位并处三万元以上五万元以下的罚款；对直接负责的主管人员和其他直接责任人员依法给予降级、撤职、开除的处分，并处三万元以下的罚款；有违法所得的，没收违法所得；情节严重的，撤销其检验资格。药品检验机构出具的检验结果不实，造成损失的，应当承担相应的赔偿责任。

第八十七条　本法第七十三条至第八十七条规定的行政处罚，由县级以上药品监督管理部门按照国务院药品监督管理部门规定的职责分工决定；吊销《药品生产许可证》、《药品经营许可证》、《医疗机构制剂许可证》、医疗机构执业许可证书或者撤销药品批准证明文件的，由原发证、批准的部门决定。

第八十八条　违反本法第五十五条、第五十六条关于药品价格管理的规定的，依照《中华人民共和国价格法》的规定处罚。

第八十九条　药品的生产企业、经营企业、医疗机构在药品购销中暗中给予、收受回扣或者其他利益的，药品的生产企业、经营企业或者其代理人给予使用其药品的医疗机构的负责人、药品采购人员、医师等有关人员以财物或者其他利益的，由工商行政管理部门处一万元以上二十万元以下的罚款，有违法所得的，予以没收；情节严重的，由工商行政管理部门吊销药品生产企业、药品经营企业的营业执照，并通知药品监督管理部门，由药品监督管理部门吊销其《药品生产许可证》、《药品经营许可证》；构成犯罪的，依法追究刑事责任。

第九十条　药品的生产企业、经营企业的负责人、采购人员等有关人员在药品购销中收受其他生产企业、经营企业或者其代理人给予的财物或者其他利益的，依法给予处分，没收违法所得；构成犯罪的，依法追究刑事责任。

医疗机构的负责人、药品采购人员、医师等有关人员收受药品生产企业、药品经营企业或者其代理人给予的财物或者其他利益的，由卫生行政部门或者本单位给予处分，没收违法所得；对违法行为情节严重的执业医师，由卫生行政部门吊销其执业证书；构成犯罪的，依法追究刑事责任。

第九十一条　违反本法有关药品广告的管理规定的，依照《中华人民共和国广告法》的规定处罚，并由发给广告批准文号的药品监督管理部门撤销广告批准文号，一年内不受理该品种的广告审批申请；构成犯罪的，依法追究刑事责任。

药品监督管理部门对药品广告不依法履行审查职责，批准发布的广告有虚假或者其他违反法律、行政法规的内容的，对直接负责的主管人员和其他直接责任人员依法给予行政处分；构成犯罪的，依法追究刑事责任。

第九十二条　药品的生产企业、经营企业、医疗机构违反本法规定，给药品使用者造成损害的，依法承担赔偿责任。

第九十三条 药品监督管理部门违反本法规定，有下列行为之一的，由其上级主管机关或者监察机关责令收回违法发给的证书、撤销药品批准证明文件，对直接负责的主管人员和其他直接责任人员依法给予行政处分；构成犯罪的，依法追究刑事责任：

（一）对不符合《药品生产质量管理规范》、《药品经营质量管理规范》的企业发给符合有关规范的认证证书的，或者对取得认证证书的企业未按照规定履行跟踪检查的职责，对不符合认证条件的企业未依法责令其改正或者撤销其认证证书的；

（二）对不符合法定条件的单位发给《药品生产许可证》、《药品经营许可证》或者《医疗机构制剂许可证》的；

（三）对不符合进口条件的药品发给进口药品注册证书的；

（四）对不具备临床试验条件或者生产条件而批准进行临床试验、发给新药证书、发给药品批准文号的。

第九十四条 药品监督管理部门或者其设置的药品检验机构或者其确定的专业从事药品检验的机构参与药品生产经营活动的，由其上级机关或者监察机关责令改正，有违法收入的予以没收；情节严重的，对直接负责的主管人员和其他直接责任人员依法给予行政处分。

药品监督管理部门或者其设置的药品检验机构或者其确定的专业从事药品检验的机构的工作人员参与药品生产经营活动的，依法给予行政处分。

第九十五条 药品监督管理部门或者其设置、确定的药品检验机构在药品监督检验中违法收取检验费用的，由政府有关部门责令退还，对直接负责的主管人员和其他直接责任人员依法给予行政处分。对违法收取检验费用情节严重的药品检验机构，撤销其检验资格。

第九十六条 药品监督管理部门应当依法履行监督检查职责，监督已取得《药品生产许可证》、《药品经营许可证》的企业依照本法规定从事药品生产、经营活动。

已取得《药品生产许可证》、《药品经营许可证》的企业生产、销售假药、劣药的，除依法追究该企业的法律责任外，对有失职、渎职行为的药品监督管理部门直接负责的主管人员和其他直接责任人员依法给予行政处分；构成犯罪的，依法追究刑事责任。

第九十七条 药品监督管理部门对下级药品监督管理部门违反本法的行政行为，责令限期改正；逾期不改正的，有权予以改变或者撤销。

第九十八条 药品监督管理人员滥用职权、徇私舞弊、玩忽职守，构成犯罪的，依法追究刑事责任；尚不构成犯罪的，依法给予行政处分。

第九十九条 本章规定的货值金额以违法生产、销售药品的标价计算；没有标价的，按照同类药品的市场价格计算。

第十章　附　则

第一百条 本法下列用语的含义是：

药品，是指用于预防、治疗、诊断人的疾病，有目的地调节人的生理机能并规定有适应症或者功能主治、用法和用量的物质，包括中药材、中药饮片、中成药、化学原料药及其制剂、抗生素、生化药品、放射性药品、血清、疫苗、血液制品和诊断药品等。

辅料，是指生产药品和调配处方时所用的赋形剂和附加剂。

药品生产企业，是指生产药品的专营企业或者兼营企业。

药品经营企业，是指经营药品的专营企业或者兼营企业。

第一百零一条　中药材的种植、采集和饲养的管理办法，由国务院另行制定。

第一百零二条　国家对预防性生物制品的流通实行特殊管理。具体办法由国务院制定。

第一百零三条　中国人民解放军执行本法的具体办法，由国务院、中央军事委员会依据本法制定。

第一百零四条　本法自 2001 年 12 月 1 日起施行。

附录二　中华人民共和国药品管理法实施条例

第一章　总　则

第一条　根据《中华人民共和国药品管理法》（以下简称《药品管理法》），制定本条例。

第二条　国务院药品监督管理部门设置国家药品检验机构。省、自治区、直辖市人民政府药品监督管理部门可以在本行政区域内设置药品检验机构。地方药品检验机构的设置规划由省、自治区、直辖市人民政府药品监督管理部门提出，报省、自治区、直辖市人民政府批准。国务院和省、自治区、直辖市人民政府的药品监督管理部门可以根据需要，确定符合药品检验条件的检验机构承担药品检验工作。

第二章　药品生产企业管理

第三条　开办药品生产企业，应当按照下列规定办理《药品生产许可证》:

（一）申办人应当向拟办企业所在地省、自治区、直辖市人民政府药品监督管理部门提出申请。省、自治区、直辖市人民政府药品监督管理部门应当自收到申请之日起 30 个工作日内，按照国家发布的药品行业发展规划和产业政策进行审查，并作出是否同意筹建的决定。

（二）申办人完成拟办企业筹建后，应当向原审批部门申请验收。原审批部门应当自收到申请之日起 30 个工作日内，依据《药品管理法》第八条规定的开办条件组织验收；验收合格的，发给《药品生产许可证》。申办人凭《药品生产许可证》到工商行政管理部门依法办理登记注册。

第四条　药品生产企业变更《药品生产许可证》许可事项的，应当在许可事项发生变更 30 日前，向原发证机关申请《药品生产许可证》变更登记；未经批准，不得变更许可事项。原发证机关应当自收到申请之日起 15 个工作日内作出决定。申请人凭变更后的《药品生产许可证》到工商行政管理部门依法办理变更登记手续。

第五条　省级以上人民政府药品监督管理部门应当按照《药品生产质量管理规范》和国务院药品监督管理部门规定的实施办法和实施步骤，组织对药品生产企业的认证工作；符合《药品生产质量管理规范》的，发给认证证书。其中，生产注射剂、放射性药品和国务院药品监督管理部门规定的生物制品的药品生产企业的认证工作，由国务院药品监督管理部门负责。

《药品生产质量管理规范》认证证书的格式由国务院药品监督管理部门统一规定。

第六条 新开办药品生产企业、药品生产企业新建药品生产车间或者新增生产剂型的，应当自取得药品生产证明文件或者经批准正式生产之日起 30 日内，按照规定向药品监督管理部门申请《药品生产质量管理规范》认证。受理申请的药品监督管理部门应当自收到企业申请之日起 6 个月内，组织对申请企业是否符合《药品生产质量管理规范》进行认证；认证合格的，发给认证证书。

第七条 国务院药品监督管理部门应当设立《药品生产质量管理规范》认证检查员库。

《药品生产质量管理规范》认证检查员必须符合国务院药品监督管理部门规定的条件。进行《药品生产质量管理规范》认证，必须按照国务院药品监督管理部门的规定，从《药品生产质量管理规范》认证检查员库中随机抽取认证检查员组成认证检查组进行认证检查。

第八条 《药品生产许可证》有效期为 5 年。有效期届满，需要继续生产药品的，持证企业应当在许可证有效期届满前 6 个月，按照国务院药品监督管理部门的规定申请换发《药品生产许可证》。药品生产企业终止生产药品或者关闭的，《药品生产许可证》由原发证部门缴销。

第九条 药品生产企业生产药品所使用的原料药，必须具有国务院药品监督管理部门核发的药品批准文号或者进口药品注册证书、医药产品注册证书；但是，未实施批准文号管理的中药材、中药饮片除外。

第十条 依据《药品管理法》第十三条规定，接受委托生产药品的，受托方必须是持有与其受托生产的药品相适应的《药品生产质量管理规范》认证证书的药品生产企业。疫苗、血液制品和国务院药品监督管理部门规定的其他药品，不得委托生产。

第三章　药品经营企业管理

第十一条 开办药品批发企业，申办人应当向拟办企业所在地省、自治区、直辖市人民政府药品监督管理部门提出申请。省、自治区、直辖市人民政府药品监督管理部门应当自收到申请之日起 30 个工作日内，依据国务院药品监督管理部门规定的设置标准作出是否同意筹建的决定。申办人完成拟办企业筹建后，应当向原审批部门申请验收。原审批部门应当自收到申请之日起 30 个工作日内，依据《药品管理法》第十五条规定的开办条件组织验收；符合条件的，发给《药品经营许可证》。申办人凭《药品经营许可证》到工商行政管理部门依法办理登记注册。

第十二条 开办药品零售企业，申办人应当向拟办企业所在地设区的市级药品监督管理机构或者省、自治区、直辖市人民政府药品监督管理部门直接设置的县级药品监督管理机构提出申请。受理申请的药品监督管理机构应当自收到申请之日起 30 个工作日内，依据国务院药品监督管理部门的规定，结合当地常住人口数量、地域、交通状况和实际需要进行审查，作出是否同意筹建的决定。申办人完成拟办企业筹建后，应当向原审批机构申请验收。原审批机构应当自收到申请之日起15个工作日内，依据《药品管理法》第十五条规定的开办条件组织验收；符合条件的，发给《药品经营许可证》。申办人凭《药品经营许可证》到工商行政管理部门依法办理登记注册。

第十三条　省、自治区、直辖市人民政府药品监督管理部门负责组织药品经营企业的认证工作。药品经营企业应当按照国务院药品监督管理部门规定的实施办法和实施步骤，通过省、自治区、直辖市人民政府药品监督管理部门组织的《药品经营质量管理规范》的认证，取得认证证书。《药品经营质量管理规范》认证证书的格式由国务院药品监督管理部门统一规定。

新开办药品批发企业和药品零售企业，应当自取得《药品经营许可证》之日起30日内，向发给其《药品经营许可证》的药品监督管理部门或者药品监督管理机构申请《药品经营质量管理规范》认证。受理药品零售企业认证申请的药品监督管理机构应当自收到申请之日起7个工作日内，将申请移送负责组织药品经营企业认证工作的省、自治区、直辖市人民政府药品监督管理部门。省、自治区、直辖市人民政府药品监督管理部门应当自收到认证申请之日起3个月内，按照国务院药品监督管理部门的规定，组织对申请认证的药品批发企业或者药品零售企业是否符合《药品经营质量管理规范》进行认证；认证合格的，发给认证证书。

第十四条　省、自治区、直辖市人民政府药品监督管理部门应当设立《药品经营质量管理规范》认证检查员库。《药品经营质量管理规范》认证检查员必须符合国务院药品监督管理部门规定的条件。进行《药品经营质量管理规范》认证，必须按照国务院药品监督管理部门的规定，从《药品经营质量管理规范》认证检查员库中随机抽取认证检查员组成认证检查组进行认证检查。

第十五条　国家实行处方药和非处方药分类管理制度。国家根据非处方药品的安全性，将非处方药分为甲类非处方药和乙类非处方药。

经营处方药、甲类非处方药的药品零售企业，应当配备执业药师或者其他依法经资格认定的药学技术人员。经营乙类非处方药的药品零售企业，应当配备经设区的市级药品监督管理机构或者省、自治区、直辖市人民政府药品监督管理部门直接设置的县级药品监督管理机构组织考核合格的业务人员。

第十六条　药品经营企业变更《药品经营许可证》许可事项的，应当在许可事项发生变更30日前，向原发证机关申请《药品经营许可证》变更登记；未经批准，不得变更许可事项。原发证机关应当自收到企业申请之日起15个工作日内作出决定。申请人凭变更后的《药品经营许可证》到工商行政管理部门依法办理变更登记手续。

第十七条　《药品经营许可证》有效期为5年。有效期届满，需要继续经营药品的，持证企业应当在许可证有效期届满前6个月，按照国务院药品监督管理部门的规定申请换发《药品经营许可证》。

药品经营企业终止经营药品或者关闭的，《药品经营许可证》由原发证机关缴销。

第十八条　交通不便的边远地区城乡集市贸易市场没有药品零售企业的，当地药品零售企业经所在地县（市）药品监督管理机构批准并到工商行政管理部门办理登记注册后，可以在该城乡集市贸易市场内设点并在批准经营的药品范围内销售非处方药品。

第十九条 通过互联网进行药品交易的药品生产企业、药品经营企业、医疗机构及其交易的药品，必须符合《药品管理法》和本条例的规定。互联网药品交易服务的管理办法，由国务院药品监督管理部门会同国务院有关部门制定。

第四章 医疗机构的药剂管理

第二十条 医疗机构设立制剂室，应当向所在地省、自治区、直辖市人民政府卫生行政部门提出申请，经审核同意后，报同级人民政府药品监督管理部门审批；省、自治区、直辖市人民政府药品监督管理部门验收合格的，予以批准，发给《医疗机构制剂许可证》。

省、自治区、直辖市人民政府卫生行政部门和药品监督管理部门应当在各自收到申请之日起 30 个工作日内，作出是否同意或者批准的决定。

第二十一条 医疗机构变更《医疗机构制剂许可证》许可事项的，应当在许可事项发生变更 30 日前，依照本条例第二十条的规定向原审核、批准机关申请《医疗机构制剂许可证》变更登记；未经批准，不得变更许可事项。原审核、批准机关应当在各自收到申请之日起 15 个工作日内作出决定。

医疗机构新增配制剂型或者改变配制场所的，应当经所在地省、自治区、直辖市人民政府药品监督管理部门验收合格后，依照前款规定办理《医疗机构制剂许可证》变更登记。

第二十二条 《医疗机构制剂许可证》有效期为 5 年。有效期届满，需要继续配制制剂的，医疗机构应当在许可证有效期届满前 6 个月，按照国务院药品监督管理部门的规定申请换发《医疗机构制剂许可证》。

医疗机构终止配制制剂或者关闭的，《医疗机构制剂许可证》由原发证机关缴销。

第二十三条 医疗机构配制制剂，必须按照国务院药品监督管理部门的规定报送有关资料和样品，经所在地省、自治区、直辖市人民政府药品监督管理部门批准，并发给制剂批准文号后，方可配制。

第二十四条 医疗机构配制的制剂不得在市场上销售或者变相销售，不得发布医疗机构制剂广告。

发生灾情、疫情、突发事件或者临床急需而市场没有供应时，经国务院或者省、自治区、直辖市人民政府的药品监督管理部门批准，在规定期限内，医疗机构配制的制剂可以在指定的医疗机构之间调剂使用。

国务院药品监督管理部门规定的特殊制剂的调剂使用以及省、自治区、直辖市之间医疗机构制剂的调剂使用，必须经国务院药品监督管理部门批准。

第二十五条 医疗机构审核和调配处方的药剂人员必须是依法经资格认定的药学技术人员。

第二十六条 医疗机构购进药品，必须有真实、完整的药品购进记录。药品购进记录必须注明药品的通用名称、剂型、规格、批号、有效期、生产厂商、供货单位、购货数量、购进价格、购货日期以及国务院药品监督管理部门规定的其他内容。

第二十七条 医疗机构向患者提供的药品应当与诊疗范围相适应，并凭执业医师或者执业助理医师的处方调配。

计划生育技术服务机构采购和向患者提供药品，其范围应当与经批准的服务范围相一致，并凭执业医师或者执业助理医师的处方调配。

个人设置的门诊部、诊所等医疗机构不得配备常用药品和急救药品以外的其他药品。常用药品和急救药品的范围和品种，由所在地的省、自治区、直辖市人民政府卫生行政部门会同同级人民政府药品监督管理部门规定。

第五章　药品管理

第二十八条　药物非临床安全性评价研究机构必须执行《药物非临床研究质量管理规范》，药物临床试验机构必须执行《药物临床试验质量管理规范》。《药物非临床研究质量管理规范》、《药物临床试验质量管理规范》由国务院药品监督管理部门分别商国务院科学技术行政部门和国务院卫生行政部门制定。

第二十九条　药物临床试验、生产药品和进口药品，应当符合《药品管理法》及本条例的规定，经国务院药品监督管理部门审查批准；国务院药品监督管理部门可以委托省、自治区、直辖市人民政府药品监督管理部门对申报药物的研制情况及条件进行审查，对申报资料进行形式审查，并对试制的样品进行检验。具体办法由国务院药品监督管埋部门制定。

第三十条　研制新药，需要进行临床试验的，应当依照《药品管理法》第二十九条的规定，经国务院药品监督管理部门批准。

药物临床试验申请经国务院药品监督管理部门批准后，申报人应当在经依法认定的具有药物临床试验资格的机构中选择承担药物临床试验的机构，并将该临床试验机构报国务院药品监督管理部门和国务院卫生行政部门备案。

药物临床试验机构进行药物临床试验，应当事先告知受试者或者其监护人真实情况，并取得其书面同意。

第三十一条　生产已有国家标准的药品，应当按照国务院药品监督管理部门的规定，向省、自治区、直辖市人民政府药品监督管理部门或者国务院药品监督管理部门提出申请，报送有关技术资料并提供相关证明文件。省、自治区、直辖市人民政府药品监督管理部门应当自受理申请之日起30个工作日内进行审查，提出意见后报送国务院药品监督管理部门审核，并同时将审查意见通知申报方。国务院药品监督管理部门经审核符合规定的，发给药品批准文号。

第三十二条　生产有试行期标准的药品，应当按照国务院药品监督管理部门的规定，在试行期满前3个月，提出转正申请；国务院药品监督管理部门应当自试行期满之日起12个月内对该试行期标准进行审查，对符合国务院药品监督管理部门规定的转正要求的，转为正式标准；对试行标准期满未按照规定提出转正申请或者原试行标准不符合转正要求的，国务院药品监督管理部门应当撤销该试行标准和依据该试行标准生产药品的批准文号。

第三十三条　变更研制新药、生产药品和进口药品已获批准证明文件及其附件中载明事项的，应当向国务院药品监督管理部门提出补充申请；国务院药品监督管理部门经审核符合规定的，应当予以批准。

第三十四条　国务院药品监督管理部门根据保护公众健康的要求，可以对药品生产企业生产的新药品种设立不超过 5 年的监测期；在监测期内，不得批准其他企业生产和进口。

第三十五条 国家对获得生产或者销售含有新型化学成份药品许可的生产者或者销售者提交的自行取得且未披露的试验数据和其他数据实施保护，任何人不得对该未披露的试验数据和其他数据进行不正当的商业利用。

自药品生产者或者销售者获得生产、销售新型化学成份药品的许可证明文件之日起 6 年内，对其他申请人未经已获得许可的申请人同意，使用前款数据申请生产、销售新型化学成份药品许可的，药品监督管理部门不予许可；但是，其他申请人提交自行取得数据的除外。

除下列情形外，药品监督管理部门不得披露本条第一款规定的数据：

（一）公共利益需要；

（二）已采取措施确保该类数据不会被不正当地进行商业利用。

第三十六条 申请进口的药品，应当是在生产国家或者地区获得上市许可的药品；未在生产国家或者地区获得上市许可的，经国务院药品监督管理部门确认该药品品种安全、有效而且临床需要的，可以依照《药品管理法》及本条例的规定批准进口。

进口药品，应当按照国务院药品监督管理部门的规定申请注册。国外企业生产的药品取得《进口药品注册证》，中国香港、澳门和台湾地区企业生产的药品取得《医药产品注册证》后，方可进口。

第三十七条 医疗机构因临床急需进口少量药品的，应当持《医疗机构执业许可证》向国务院药品监督管理部门提出申请；经批准后，方可进口。进口的药品应当在指定医疗机构内用于特定医疗目的。

第三十八条 进口药品到岸后，进口单位应当持《进口药品注册证》或者《医药产品注册证》以及产地证明原件、购货合同副本、装箱单、运单、货运发票、出厂检验报告书、说明书等材料，向口岸所在地药品监督管理部门备案。口岸所在地药品监督管理部门经审查，提交的材料符合要求的，发给《进口药品通关单》。进口单位凭《进口药品通关单》向海关办理报关验放手续。

口岸所在地药品监督管理部门应当通知药品检验机构，对进口药品逐批进行抽查检验；但是，有《药品管理法》第四十一条规定情形的除外。

第三十九条 疫苗类制品、血液制品、用于血源检查的体外诊断试剂以及国务院药品监督管理部门规定的其他生物制品在销售前或者进口时，应当按照国务院药品监督管理部门的规定进行检验或者审核批准；检验不合格或者未获批准的，不得销售或者进口。

第四十条 国家鼓励培育中药材。对集中规模化栽培养殖、质量可以控制并符合国务院药品监督管理部门规定条件的中药材品种，实行批准文号管理。

第四十一条 国务院药品监督管理部门对已批准生产、销售的药品进行再评价，根据药品再评价结果，可以采取责令修改药品说明书，暂停生产、销售和使用的措施；对不良反应大或者其他原因危害人体健康的药品，应当撤销该药品批准证明文件。

第四十二条 国务院药品监督管理部门核发的药品批准文号、《进口药品注册证》、《医药产品注册证》的有效期为 5 年。有效期届满，需要继续生产或者进口的，应当在有效期届满前6个月申请再注册。药品再注册时，应当按照国务院药品监督管理部门的规定报送相关资料。有效期届满，未申请再注册或者经审查不符合国务院药品监督管理部门关于再注册的规定的，注销其药品批准文号、《进口药品注册证》或者《医药产品注册证》。

第四十三条　非药品不得在其包装、标签、说明书及有关宣传资料上进行含有预防、治疗、诊断人体疾病等有关内容的宣传；但是法律、行政法规另有规定的除外。

第六章　药品包装的管理

第四十四条　药品生产企业使用的直接接触药品的包装材料和容器，必须符合药用要求和保障人体健康、安全的标准，并经国务院药品监督管理部门批准注册。

直接接触药品的包装材料和容器的管理办法、产品目录和药用要求与标准，由国务院药品监督管理部门组织制定并公布。

第四十五条　生产中药饮片，应当选用与药品性质相适应的包装材料和容器；包装不符合规定的中药饮片，不得销售。中药饮片包装必须印有或者贴有标签。

中药饮片的标签必须注明品名、规格、产地、生产企业、产品批号、生产日期，实施批准文号管理的中药饮片还必须注明药品批准文号。

第四十六条　药品包装、标签、说明书必须依照《药品管理法》第五十四条和国务院药品监督管理部门的规定印制。药品商品名称应当符合国务院药品监督管理部门的规定。

第四十七条　医疗机构配制制剂所使用的直接接触药品的包装材料和容器、制剂的标签和说明书应当符合《药品管理法》第六章和本条例的有关规定，并经省、自治区、直辖市人民政府药品监督管理部门批准。

第七章　药品价格和广告的管理

第四十八条　国家对药品价格实行政府定价、政府指导价或者市场调节价。

列入国家基本医疗保险药品目录的药品以及国家基本医疗保险药品目录以外具有垄断性生产、经营的药品，实行政府定价或者政府指导价；对其他药品，实行市场调节价。

第四十九条　依法实行政府定价、政府指导价的药品，由政府价格主管部门依照《药品管理法》第五十五条规定的原则，制定和调整价格；其中，制定和调整药品销售价格时，应当体现对药品社会平均销售费用率、销售利润率和流通差率的控制。具体定价办法由国务院价格主管部门依照《中华人民共和国价格法》（以下简称《价格法》）的有关规定制定。

第五十条　依法实行政府定价和政府指导价的药品价格制定后，由政府价格主管部门依照《价格法》第二十四条的规定，在指定的刊物上公布并明确该价格施行的日期。

第五十一条　实行政府定价和政府指导价的药品价格，政府价格主管部门制定和调整药品价格时，应当组织药学、医学、经济学等方面专家进行评审和论证；必要时，应当听取药品生产企业、药品经营企业、医疗机构、公民以及其他有关单位及人员的意见。

第五十二条 政府价格主管部门依照《价格法》第二十八条的规定实行药品价格监测时，为掌握、分析药品价格变动和趋势，可以指定部分药品生产企业、药品经营企业和医疗机构作为价格监测定点单位；定点单位应当给予配合、支持，如实提供有关信息资料。

第五十三条 发布药品广告，应当向药品生产企业所在地省、自治区、直辖市人民政府药品监督管理部门报送有关材料。省、自治区、直辖市人民政府药品监督管理部门应当自收到有关材料之日起 10 个工作日内作出是否核发药品广告批准文号的决定；核发药品广告批准文号的，应当同时报国务院药品监督管理部门备案。具体办法由国务院药品监督管理部门制定。

发布进口药品广告，应当依照前款规定向进口药品代理机构所在地省、自治区、直辖市人民政府药品监督管理部门申请药品广告批准文号。

在药品生产企业所在地和进口药品代理机构所在地以外的省、自治区、直辖市发布药品广告的，发布广告的企业应当在发布前向发布地省、自治区、直辖市人民政府药品监督管理部门备案。接受备案的省、自治区、直辖市人民政府药品监督管理部门发现药品广告批准内容不符合药品广告管理规定的，应当交由原核发部门处理。

第五十四条 经国务院或者省、自治区、直辖市人民政府的药品监督管理部门决定，责令暂停生产、销售和使用的药品，在暂停期间不得发布该品种药品广告；已经发布广告的，必须立即停止。

第五十五条 未经省、自治区、直辖市人民政府药品监督管理部门批准的药品广告，使用伪造、冒用、失效的药品广告批准文号的广告，或者因其他广告违法活动被撤销药品广告批准文号的广告，发布广告的企业、广告经营者、广告发布者必须立即停止该药品广告的发布。

对违法发布药品广告，情节严重的，省、自治区、直辖市人民政府药品监督管理部门可以予以公告。

第八章　药品监督

第五十六条 药品监督管理部门（含省级人民政府药品监督管理部门依法设立的药品监督管理机构，下同）依法对药品的研制、生产、经营、使用实施监督检查。

第五十七条 药品抽样必须由两名以上药品监督检查人员实施，并按照国务院药品监督管理部门的规定进行抽样；被抽检方应当提供抽检样品，不得拒绝。

药品被抽检单位没有正当理由，拒绝抽查检验的，国务院药品监督管理部门和被抽检单位所在地省、自治区、直辖市人民政府药品监督管理部门可以宣布停止该单位拒绝抽检的药品上市销售和使用。

第五十八条 对有掺杂、掺假嫌疑的药品，在国家药品标准规定的检验方法和检验项目不能检验时，药品检验机构可以补充检验方法和检验项目进行药品检验；经国务院药品监督管理部门批准后，使用补充检验方法和检验项目所得出的检验结果，可以作为药品监督管理部门认定药品质量的依据。

第五十九条 国务院和省、自治区、直辖市人民政府的药品监督管理部门应当根据药品质量抽查检验结果，定期发布药品质量公告。药品质量公告应当包括抽验药品的品名、检品来源、生产企业、生产批号、药品规格、检验机构、检验依据、检验结果、不合格项目等内容。药品质量公告不当的，发布部门应当自确认公告不当之日起5日内，在原公告范围内予以更正。

当事人对药品检验机构的检验结果有异议，申请复验的，应当向负责复验的药品检验机构提交书面申请、原药品检验报告书。复验的样品从原药品检验机构留样中抽取。

第六十条　药品监督管理部门依法对有证据证明可能危害人体健康的药品及其有关证据材料采取查封、扣押的行政强制措施的，应当自采取行政强制措施之日起7日内作出是否立案的决定；需要检验的，应当自检验报告书发出之日起15日内作出是否立案的决定；不符合立案条件的，应当解除行政强制措施；需要暂停销售和使用的，应当由国务院或者省、自治区、直辖市人民政府的药品监督管理部门作出决定。

第六十一条　药品抽查检验，不得收取任何费用。

当事人对药品检验结果有异议，申请复验的，应当按照国务院有关部门或者省、自治区、直辖市人民政府有关部门的规定，向复验机构预先支付药品检验费用。复验结论与原检验结论不一致的，复验检验费用由原药品检验机构承担。

第六十二条　依据《药品管理法》和本条例的规定核发证书、进行药品注册、药品认证和实施药品审批检验及其强制性检验，可以收取费用。具体收费标准由国务院财政部门、国务院价格主管部门制定。

第九章　法律责任

第六十三条　药品生产企业、药品经营企业有下列情形之一的，由药品监督管理部门依照《药品管理法》第七十九条的规定给予处罚：

（一）开办药品生产企业、药品生产企业新建药品生产车间、新增生产剂型，在国务院药品监督管理部门规定的时间内未通过《药品生产质量管理规范》认证，仍进行药品生产的；

（二）开办药品经营企业，在国务院药品监督管理部门规定的时间内未通过《药品经营质量管理规范》认证，仍进行药品经营的。

第六十四条　违反《药品管理法》第十三条的规定，擅自委托或者接受委托生产药品的，对委托方和受托方均依照《药品管理法》第七十四条的规定给予处罚。

第六十五条　未经批准，擅自在城乡集市贸易市场设点销售药品或者在城乡集市贸易市场设点销售的药品超出批准经营的药品范围的，依照《药品管理法》第七十三条的规定给予处罚。

第六十六条　未经批准，医疗机构擅自使用其他医疗机构配制的制剂的，依照《药品管理法》第八十条的规定给予处罚。

第六十七条　个人设置的门诊部、诊所等医疗机构向患者提供的药品超出规定的范围和品种的，依照《药品管理法》第七十三条的规定给予处罚。

第六十八条　医疗机构使用假药、劣药的，依照《药品管理法》第七十四条、第七十五条的规定给予处罚。

第六十九条 违反《药品管理法》第二十九条的规定，擅自进行临床试验的，对承担药物临床试验的机构，依照《药品管理法》第七十九条的规定给予处罚。

第七十条 药品申报者在申报临床试验时，报送虚假研制方法、质量标准、药理及毒理试验结果等有关资料和样品的，国务院药品监督管理部门对该申报药品的临床试验不予批准，对药品申报者给予警告；情节严重的，3 年内不受理该药品申报者申报该品种的临床试验申请。

第七十一条 生产没有国家药品标准的中药饮片，不符合省、自治区、直辖市人民政府药品监督管理部门制定的炮制规范的；医疗机构不按照省、自治区、直辖市人民政府药品监督管理部门批准的标准配制制剂的，依照《药品管理法》第七十五条的规定给予处罚。

第七十二条 药品监督管理部门及其工作人员违反规定，泄露生产者、销售者为获得生产、销售含有新型化学成份药品许可而提交的未披露试验数据或者其他数据，造成申请人损失的，由药品监督管理部门依法承担赔偿责任；药品监督管理部门赔偿损失后，应当责令故意或者有重大过失的工作人员承担部分或者全部赔偿费用，并对直接责任人员依法给予行政处分。

第七十三条 药品生产企业、药品经营企业生产、经营的药品及医疗机构配制的制剂，其包装、标签、说明书违反《药品管理法》及本条例规定的，依照《药品管理法》第八十六条的规定给予处罚。

第七十四条 药品生产企业、药品经营企业和医疗机构变更药品生产经营许可事项，应当办理变更登记手续而未办理的，由原发证部门给予警告，责令限期补办变更登记手续；逾期不补办的，宣布其《药品生产许可证》、《药品经营许可证》和《医疗机构制剂许可证》无效；仍从事药品生产经营活动的，依照《药品管理法》第七十三条的规定给予处罚。

第七十五条 违反本条例第四十八条、第四十九条、第五十条、第五十一条、第五十二条关于药品价格管理的规定的，依照《价格法》的有关规定给予处罚。

第七十六条 篡改经批准的药品广告内容的，由药品监督管理部门责令广告主立即停止该药品广告的发布，并由原审批的药品监督管理部门依照《药品管理法》第九十二条的规定给予处罚。

药品监督管理部门撤销药品广告批准文号后，应当自作出行政处理决定之日起 5 个工作日内通知广告监督管理机关。广告监督管理机关应当自收到药品监督管理部门通知之日起 15 个工作日内，依照《中华人民共和国广告法》的有关规定作出行政处理决定。

第七十七条 发布药品广告的企业在药品生产企业所在地或者进口药品代理机构所在地以外的省、自治区、直辖市发布药品广告，未按照规定向发布地省、自治区、直辖市人民政府药品监督管理部门备案的，由发布地的药品监督管理部门责令限期改正；逾期不改正的，停止该药品品种在发布地的广告发布活动。

第七十八条 未经省、自治区、直辖市人民政府药品监督管理部门批准，擅自发布药品广告的，药品监督管理部门发现后，应当通知广告监督管理部门依法查处。

第七十九条 违反《药品管理法》和本条例的规定，有下列行为之一的，由药品监督管理部门在《药品管理法》和本条例规定的处罚幅度内从重处罚：

（一）以麻醉药品、精神药品、医疗用毒性药品、放射性药品冒充其他药品，或者以其他药品冒充上述药品的；

（二）生产、销售以孕产妇、婴幼儿及儿童为主要使用对象的假药、劣药的；

（三）生产、销售的生物制品、血液制品属于假药、劣药的；

（四）生产、销售、使用假药、劣药，造成人员伤害后果的；

（五）生产、销售、使用假药、劣药，经处理后重犯的；

（六）拒绝、逃避监督检查，或者伪造、销毁、隐匿有关证据材料的，或者擅自动用查封、扣押物品的。

第八十条　药品监督管理部门设置的派出机构，有权作出《药品管理法》和本条例规定的警告、罚款、没收违法生产、销售的药品和违法所得的行政处罚。

第八十一条　药品经营企业、医疗机构未违反《药品管理法》和本条例的有关规定，并有充分证据证明其不知道所销售或者使用的药品是假药、劣药的，应当没收其销售或者使用的假药、劣药和违法所得；但是，可以免除其他行政处罚。

第八十二条　依照《药品管理法》和本条例的规定没收的物品，由药品监督管理部门按照规定监督处理。

第十章　附　则

第八十三条　本条例下列用语的含义：

药品合格证明和其他标识，是指药品生产批准证明文件、药品检验报告书、药品的包装、标签和说明书。

新药，是指未曾在中国境内上市销售的药品。

处方药，是指凭执业医师和执业助理医师处方可购买、调配和使用的药品。

非处方药，是指由国务院药品监督管理部门公布的，不需要凭执业医师和执业助理医师处方，消费者可以自行判断、购买和使用的药品。

医疗机构制剂，是指医疗机构根据本单位临床需要经批准而配制、自用的固定处方制剂。

药品认证，是指药品监督管理部门对药品研制、生产、经营、使用单位实施相应质量管理规范进行检查、评价并决定是否发给相应认证证书的过程。

药品经营方式，是指药品批发和药品零售。

药品经营范围，是指经药品监督管理部门核准经营药品的品种类别。

药品批发企业，是指将购进的药品销售给药品生产企业、药品经营企业、医疗机构的药品经营企业。

药品零售企业，是指将购进的药品直接销售给消费者的药品经营企业。

第八十四条　《药品管理法》第四十一条中“首次在中国销售的药品”，是指国内或者国外药品生产企业第一次在中国销售的药品，包括不同药品生产企业生产的相同品种。

第八十五条　《药品管理法》第五十九条第二款“禁止药品的生产企业、经营企业或者其代理人以任何名义给予使用其药品的医疗机构的负责人、药品采购人员、医师等有关人员以财物或者其他利益”中的“财物或者其他利益”，是指药品的生产企业、经营企业或者其代理人向医疗机构的负责人、药品采购人员、医师等有关人员提供的目的在于影响其药品采购或者药品处方行为的不正当利益。

第八十六条 本条例自 2002 年 9 月 15 日起施行。

附录三 药品经营质量管理规范

(《药品经营质量管理规范》于 2015 年 5 月 18 日经国家食品药品监督管理总局局务会议审议通过，自 2015 年 7 月 1 日起施行。)

第一章 总 则

第一条 为加强药品经营质量管理，规范药品经营行为，保障人体用药安全、有效，根据《中华人民共和国药品管理法》、《中华人民共和国药品管理法实施条例》，制定本规范。

第二条 本规范是药品经营管理和质量控制的基本准则，企业应当在药品采购、储存、销售、运输等环节采取有效的质量控制措施，确保药品质量。

第三条 药品经营企业应当严格执行本规范。

药品生产企业销售药品、药品流通过程中其他涉及储存与运输药品的，也应当符合本规范相关要求。

第四条 药品经营企业应当坚持诚实守信，依法经营。禁止任何虚假、欺骗行为。

第二章 药品批发的质量管理

第一节 质量管理体系

第五条 企业应当依据有关法律法规及本规范的要求建立质量管理体系，确定质量方针，制定质量管理体系文件，开展质量策划、质量控制、质量保证、质量改进和质量风险管理等活动。

第六条 企业制定的质量方针文件应当明确企业总的质量目标和要求，并贯彻到药品经营活动的全过程。

第七条 企业质量管理体系应当与其经营范围和规模相适应，包括组织机构、人员、设施设备、质量管理体系文件及相应的计算机系统等。

第八条 企业应当定期以及在质量管理体系关键要素发生重大变化时，组织开展内审。

第九条 企业应当对内审的情况进行分析，依据分析结论制定相应的质量管理体系改进措施，不断提高质量控制水平，保证质量管理体系持续有效运行。

第十条 企业应当采用前瞻或者回顾的方式，对药品流通过程中的质量风险进行评估、控制、沟通和审核。

第十一条 企业应当对药品供货单位、购货单位的质量管理体系进行评价，确认其质量保证能力和质量信誉，必要时进行实地考察。

第十二条 企业应当全员参与质量管理。各部门、岗位人员应当正确理解并履行职责，承担相应质量责任。

第二节　组织机构与质量管理职责

第十三条　企业应当设立与其经营活动和质量管理相适应的组织机构或者岗位，明确规定其职责、权限及相互关系。

第十四条　企业负责人是药品质量的主要责任人，全面负责企业日常管理，负责提供必要的条件，保证质量管理部门和质量管理人员有效履行职责，确保企业实现质量目标并按照本规范要求经营药品。

第十五条　企业质量负责人应当由高层管理人员担任，全面负责药品质量管理工作，独立履行职责，在企业内部对药品质量管理具有裁决权。

第十六条　企业应当设立质量管理部门，有效开展质量管理工作。质量管理部门的职责不得由其他部门及人员履行。

第十七条　质量管理部门应当履行以下职责：

（一）督促相关部门和岗位人员执行药品管理的法律法规及本规范；

（二）组织制订质量管理体系文件，并指导、监督文件的执行；

（三）负责对供货单位和购货单位的合法性、购进药品的合法性以及供货单位销售人员、购货单位采购人员的合法资格进行审核，并根据审核内容的变化进行动态管理；

（四）负责质量信息的收集和管理，并建立药品质量档案；

（五）负责药品的验收，指导并监督药品采购、储存、养护、销售、退货、运输等环节的质量管理工作；

（六）负责不合格药品的确认，对不合格药品的处理过程实施监督；

（七）负责药品质量投诉和质量事故的调查、处理及报告；

（八）负责假劣药品的报告；

（九）负责药品质量查询；

（十）负责指导设定计算机系统质量控制功能；

（十一）负责计算机系统操作权限的审核和质量管理基础数据的建立及更新；

（十二）组织验证、校准相关设施设备；

（十三）负责药品召回的管理；

（十四）负责药品不良反应的报告；

（十五）组织质量管理体系的内审和风险评估；

（十六）组织对药品供货单位及购货单位质量管理体系和服务质量的考察和评价；

（十七）组织对被委托运输的承运方运输条件和质量保障能力的审查；

（十八）协助开展质量管理教育和培训；

（十九）其他应当由质量管理部门履行的职责。

第三节　人员与培训

第十八条　企业从事药品经营和质量管理工作的人员，应当符合有关法律法规及本规范规定的资格要求，不得有相关法律法规禁止从业的情形。

第十九条　企业负责人应当具有大学专科以上学历或者中级以上专业技术职称，经过基本的药学专业知识培训，熟悉有关药品管理的法律法规及本规范。

第二十条 企业质量负责人应当具有大学本科以上学历、执业药师资格和 3 年以上药品经营质量管理工作经历，在质量管理工作中具备正确判断和保障实施的能力。

第二十一条 企业质量管理部门负责人应当具有执业药师资格和 3 年以上药品经营质量管理工作经历，能独立解决经营过程中的质量问题。

第二十二条 企业应当配备符合以下资格要求的质量管理、验收及养护等岗位人员：

（一）从事质量管理工作的，应当具有药学中专或者医学、生物、化学等相关专业大学专科以上学历或者具有药学初级以上专业技术职称；

（二）从事验收、养护工作的，应当具有药学或者医学、生物、化学等相关专业中专以上学历或者具有药学初级以上专业技术职称；

（三）从事中药材、中药饮片验收工作的，应当具有中药学专业中专以上学历或者具有中药学中级以上专业技术职称；从事中药材、中药饮片养护工作的，应当具有中药学专业中专以上学历或者具有中药学初级以上专业技术职称；直接收购地产中药材的，验收人员应当具有中药学中级以上专业技术职称。

经营疫苗的企业还应当配备 2 名以上专业技术人员专门负责疫苗质量管理和验收工作，专业技术人员应当具有预防医学、药学、微生物学或者医学等专业本科以上学历及中级以上专业技术职称，并有 3 年以上从事疫苗管理或者技术工作经历。

第二十三条 从事质量管理、验收工作的人员应当在职在岗，不得兼职其他业务工作。

第二十四条 从事采购工作的人员应当具有药学或者医学、生物、化学等相关专业中专以上学历，从事销售、储存等工作的人员应当具有高中以上文化程度。

第二十五条 企业应当对各岗位人员进行与其职责和工作内容相关的岗前培训和继续培训，以符合本规范要求。

第二十六条 培训内容应当包括相关法律法规、药品专业知识及技能、质量管理制度、职责及岗位操作规程等。

第二十七条 企业应当按照培训管理制度制定年度培训计划并开展培训，使相关人员能正确理解并履行职责。培训工作应当做好记录并建立档案。

第二十八条 从事特殊管理的药品和冷藏冷冻药品的储存、运输等工作的人员，应当接受相关法律法规和专业知识培训并经考核合格后方可上岗。

第二十九条 企业应当制定员工个人卫生管理制度，储存、运输等岗位人员的着装应当符合劳动保护和产品防护的要求。

第三十条 质量管理、验收、养护、储存等直接接触药品岗位的人员应当进行岗前及年度健康检查，并建立健康档案。患有传染病或者其他可能污染药品的疾病的，不得从事直接接触药品的工作。身体条件不符合相应岗位特定要求的，不得从事相关工作。

第四节 质量管理体系文件

第三十一条 企业制定质量管理体系文件应当符合企业实际。文件包括质量管理制度、部门及岗位职责、操作规程、档案、报告、记录和凭证等。

第三十二条 文件的起草、修订、审核、批准、分发、保管，以及修改、撤销、替换、销毁等应当按照文件管理操作规程进行，并保存相关记录。

第三十三条　文件应当标明题目、种类、目的以及文件编号和版本号。文字应当准确、清晰、易懂。

文件应当分类存放，便于查阅。

第三十四条　企业应当定期审核、修订文件，使用的文件应当为现行有效的文本，已废止或者失效的文件除留档备查外，不得在工作现场出现。

第三十五条　企业应当保证各岗位获得与其工作内容相对应的必要文件，并严格按照规定开展工作。

第三十六条　质量管理制度应当包括以下内容：

（一）质量管理体系内审的规定；

（二）质量否决权的规定；

（三）质量管理文件的管理；

（四）质量信息的管理；

（五）供货单位、购货单位、供货单位销售人员及购货单位采购人员等资格审核的规定；

（六）药品采购、收货、验收、储存、养护、销售、出库、运输的管理；

（七）特殊管理的药品的规定；

（八）药品有效期的管理；

（九）不合格药品、药品销毁的管理；

（十）药品退货的管理；

（十一）药品召回的管理；

（十二）质量查询的管理；

（十三）质量事故、质量投诉的管理；

（十四）药品不良反应报告的规定；

（十五）环境卫生、人员健康的规定；

（十六）质量方面的教育、培训及考核的规定；

（十七）设施设备保管和维护的管理；

（十八）设施设备验证和校准的管理；

（十九）记录和凭证的管理；

（二十）计算机系统的管理；

（二十一）执行药品电子监管的规定；

（二十二）其他应当规定的内容。

第三十七条　部门及岗位职责应当包括：

（一）质量管理、采购、储存、销售、运输、财务和信息管理等部门职责；

（二）企业负责人、质量负责人及质量管理、采购、储存、销售、运输、财务和信息管理等部门负责人的岗位职责；

（三）质量管理、采购、收货、验收、储存、养护、销售、出库复核、运输、财务、信息管理等岗位职责；

（四）与药品经营相关的其他岗位职责。

第三十八条 企业应当制定药品采购、收货、验收、储存、养护、销售、出库复核、运输等环节及计算机系统的操作规程。

第三十九条 企业应当建立药品采购、验收、养护、销售、出库复核、销后退回和购进退出、运输、储运温湿度监测、不合格药品处理等相关记录，做到真实、完整、准确、有效和可追溯。

第四十条 通过计算机系统记录数据时，有关人员应当按照操作规程，通过授权及密码登录后方可进行数据的录入或者复核；数据的更改应当经质量管理部门审核并在其监督下进行，更改过程应当留有记录。

第四十一条 书面记录及凭证应当及时填写，并做到字迹清晰，不得随意涂改，不得撕毁。更改记录的，应当注明理由、日期并签名，保持原有信息清晰可辨。

第四十二条 记录及凭证应当至少保存 5 年。疫苗、特殊管理的药品的记录及凭证按相关规定保存。

第五节　设施与设备

第四十三条 企业应当具有与其药品经营范围、经营规模相适应的经营场所和库房。

第四十四条 库房的选址、设计、布局、建造、改造和维护应当符合药品储存的要求，防止药品的污染、交叉污染、混淆和差错。

第四十五条 药品储存作业区、辅助作业区应当与办公区和生活区分开一定距离或者有隔离措施。

第四十六条 库房的规模及条件应当满足药品的合理、安全储存，并达到以下要求，便于开展储存作业：

（一）库房内外环境整洁，无污染源，库区地面硬化或者绿化；

（二）库房内墙、顶光洁，地面平整，门窗结构严密；

（三）库房有可靠的安全防护措施，能够对无关人员进入实行可控管理，防止药品被盗、替换或者混入假药；

（四）有防止室外装卸、搬运、接收、发运等作业受异常天气影响的措施。

第四十七条 库房应当配备以下设施设备：

（一）药品与地面之间有效隔离的设备；

（二）避光、通风、防潮、防虫、防鼠等设备；

（三）有效调控温湿度及室内外空气交换的设备；

（四）自动监测、记录库房温湿度的设备；

（五）符合储存作业要求的照明设备；

（六）用于零货拣选、拼箱发货操作及复核的作业区域和设备；

（七）包装物料的存放场所；

（八）验收、发货、退货的专用场所；

（九）不合格药品专用存放场所；

（十）经营特殊管理的药品有符合国家规定的储存设施。

第四十八条 经营中药材、中药饮片的，应当有专用的库房和养护工作场所，直接收购地产中药材的应当设置中药样品室（柜）。

第四十九条　经营冷藏、冷冻药品的，应当配备以下设施设备：

（一）与其经营规模和品种相适应的冷库，经营疫苗的应当配备两个以上独立冷库；

（二）用于冷库温度自动监测、显示、记录、调控、报警的设备；

（三）冷库制冷设备的备用发电机组或者双回路供电系统；

（四）对有特殊低温要求的药品，应当配备符合其储存要求的设施设备；

（五）冷藏车及车载冷藏箱或者保温箱等设备。

第五十条　运输药品应当使用封闭式货物运输工具。

第五十一条　运输冷藏、冷冻药品的冷藏车及车载冷藏箱、保温箱应当符合药品运输过程中对温度控制的要求。冷藏车具有自动调控温度、显示温度、存储和读取温度监测数据的功能；冷藏箱及保温箱具有外部显示和采集箱体内温度数据的功能。

第五十二条　储存、运输设施设备的定期检查、清洁和维护应当由专人负责，并建立记录和档案。

第六节　校准与验证

第五十三条　企业应当按照国家有关规定，对计量器具、温湿度监测设备等定期进行校准或者检定。

企业应当对冷库、储运温湿度监测系统以及冷藏运输等设施设备进行使用前验证、定期验证及停用时间超过规定时限的验证。

第五十四条　企业应当根据相关验证管理制度，形成验证控制文件，包括验证方案、报告、评价、偏差处理和预防措施等。

第五十五条　验证应当按照预先确定和批准的方案实施，验证报告应当经过审核和批准，验证文件应当存档。

第五十六条　企业应当根据验证确定的参数及条件，正确、合理使用相关设施设备。

第七节　计算机系统

第五十七条　企业应当建立能够符合经营全过程管理及质量控制要求的计算机系统，实现药品质量可追溯，并满足药品电子监管的实施条件。

第五十八条　企业计算机系统应当符合以下要求：

（一）有支持系统正常运行的服务器和终端机；

（二）有安全、稳定的网络环境，有固定接入互联网的方式和安全可靠的信息平台；

（三）有实现部门之间、岗位之间信息传输和数据共享的局域网；

（四）有药品经营业务票据生成、打印和管理功能；

（五）有符合本规范要求及企业管理实际需要的应用软件和相关数据库。

第五十九条　各类数据的录入、修改、保存等操作应当符合授权范围、操作规程和管理制度的要求，保证数据原始、真实、准确、安全和可追溯。

第六十条　计算机系统运行中涉及企业经营和管理的数据应当采用安全、可靠的方式储存并按日备份，备份数据应当存放在安全场所，记录类数据的保存时限应当符合本规范第四十二条的要求。

第八节　采购

第六十一条　企业的采购活动应当符合以下要求：

（一）确定供货单位的合法资格；

（二）确定所购入药品的合法性；

（三）核实供货单位销售人员的合法资格；

（四）与供货单位签订质量保证协议。

采购中涉及的首营企业、首营品种，采购部门应当填写相关申请表格，经过质量管理部门和企业质量负责人的审核批准。必要时应当组织实地考察，对供货单位质量管理体系进行评价。

第六十二条　对首营企业的审核，应当查验加盖其公章原印章的以下资料，确认真实、有效：

（一）《药品生产许可证》或者《药品经营许可证》复印件；

（二）营业执照及其年检证明复印件；

（三）《药品生产质量管理规范》认证证书或者《药品经营质量管理规范》认证证书复印件；

（四）相关印章、随货同行单（票）样式；

（五）开户户名、开户银行及账号；

（六）《税务登记证》和《组织机构代码证》复印件。

第六十三条　采购首营品种应当审核药品的合法性，索取加盖供货单位公章原印章的药品生产或者进口批准证明文件复印件并予以审核，审核无误的方可采购。

以上资料应当归入药品质量档案。

第六十四条　企业应当核实、留存供货单位销售人员以下资料：

（一）加盖供货单位公章原印章的销售人员身份证复印件；

（二）加盖供货单位公章原印章和法定代表人印章或者签名的授权书，授权书应当载明被授权人姓名、身份证号码，以及授权销售的品种、地域、期限；

（三）供货单位及供货品种相关资料。

第六十五条　企业与供货单位签订的质量保证协议至少包括以下内容：

（一）明确双方质量责任；

（二）供货单位应当提供符合规定的资料且对其真实性、有效性负责；

（三）供货单位应当按照国家规定开具发票；

（四）药品质量符合药品标准等有关要求；

（五）药品包装、标签、说明书符合有关规定；

（六）药品运输的质量保证及责任；

（七）质量保证协议的有效期限。

第六十六条　采购药品时，企业应当向供货单位索取发票。发票应当列明药品的通用名称、规格、单位、数量、单价、金额等；不能全部列明的，应当附《销售货物或者提供应税劳务清单》，并加盖供货单位发票专用章原印章、注明税票号码。

第六十七条　发票上的购、销单位名称及金额、品名应当与付款流向及金额、品名一致，并与财务账目内容相对应。发票按有关规定保存。

第六十八条　采购药品应当建立采购记录。采购记录应当有药品的通用名称、剂型、规格、生产厂商、供货单位、数量、价格、购货日期等内容，采购中药材、中药饮片的还应当标明产地。

第六十九条　发生灾情、疫情、突发事件或者临床紧急救治等特殊情况，以及其他符合国家有关规定的情形，企业可采用直调方式购销药品，将已采购的药品不入本企业仓库，直接从供货单位发送到购货单位，并建立专门的采购记录，保证有效的质量跟踪和追溯。

第七十条　采购特殊管理的药品，应当严格按照国家有关规定进行。

第七十一条　企业应当定期对药品采购的整体情况进行综合质量评审，建立药品质量评审和供货单位质量档案，并进行动态跟踪管理。

第九节　收货与验收

第七十二条　企业应当按照规定的程序和要求对到货药品逐批进行收货、验收，防止不合格药品入库。

第七十三条　药品到货时，收货人员应当核实运输方式是否符合要求，并对照随货同行单（票）和采购记录核对药品，做到票、账、货相符。

随货同行单（票）应当包括供货单位、生产厂商、药品的通用名称、剂型、规格、批号、数量、收货单位、收货地址、发货日期等内容，并加盖供货单位药品出库专用章原印章。

第七十四条　冷藏、冷冻药品到货时，应当对其运输方式及运输过程的温度记录、运输时间等质量控制状况进行重点检查并记录。不符合温度要求的应当拒收。

第七十五条　收货人员对符合收货要求的药品，应当按品种特性要求放于相应待验区域，或者设置状态标志，通知验收。冷藏、冷冻药品应当在冷库内待验。

第七十六条　验收药品应当按照药品批号查验同批号的检验报告书。供货单位为批发企业的，检验报告书应当加盖其质量管理专用章原印章。检验报告书的传递和保存可以采用电子数据形式，但应当保证其合法性和有效性。

第七十七条　企业应当按照验收规定，对每次到货药品进行逐批抽样验收，抽取的样品应当具有代表性。

（一）同一批号的药品应当至少检查一个最小包装，但生产企业有特殊质量控制要求或者打开最小包装可能影响药品质量的，可不打开最小包装；

（二）破损、污染、渗液、封条损坏等包装异常以及零货、拼箱的，应当开箱检查至最小包装；

（三）外包装及封签完整的原料药、实施批签发管理的生物制品，可不开箱检查。

第七十八条　验收人员应当对抽样药品的外观、包装、标签、说明书以及相关的证明文件等逐一进行检查、核对；验收结束后，应当将抽取的完好样品放回原包装箱，加封并标示。

第七十九条　特殊管理的药品应当按照相关规定在专库或者专区内验收。

第八十条　验收药品应当做好验收记录，包括药品的通用名称、剂型、规格、批准文号、批号、生产日期、有效期、生产厂商、供货单位、到货数量、到货日期、验收合格数量、验收结果等内容。验收人员应当在验收记录上签署姓名和验收日期。

中药材验收记录应当包括品名、产地、供货单位、到货数量、验收合格数量等内容。中药饮片验收记录应当包括品名、规格、批号、产地、生产日期、生产厂商、供货单位、到货数量、验收合格数量等内容，实施批准文号管理的中药饮片还应当记录批准文号。

验收不合格的还应当注明不合格事项及处置措施。

第八十一条 对实施电子监管的药品，企业应当按规定进行药品电子监管码扫码，并及时将数据上传至中国药品电子监管网系统平台。

第八十二条 企业对未按规定加印或者加贴中国药品电子监管码，或者监管码的印刷不符合规定要求的，应当拒收。监管码信息与药品包装信息不符的，应当及时向供货单位查询，未得到确认之前不得入库，必要时向当地药品监督管理部门报告。

第八十三条 企业应当建立库存记录，验收合格的药品应当及时入库登记；验收不合格的，不得入库，并由质量管理部门处理。

第八十四条 企业按本规范第六十九条规定进行药品直调的，可委托购货单位进行药品验收。购货单位应当严格按照本规范的要求验收药品和进行药品电子监管码的扫码与数据上传，并建立专门的直调药品验收记录。验收当日应当将验收记录相关信息传递给直调企业。

第十节　储存与养护

第八十五条 企业应当根据药品的质量特性对药品进行合理储存，并符合以下要求：

（一）按包装标示的温度要求储存药品，包装上没有标示具体温度的，按照《中华人民共和国药典》规定的贮藏要求进行储存；

（二）储存药品相对湿度为35%~75%；

（三）在人工作业的库房储存药品，按质量状态实行色标管理：合格药品为绿色，不合格药品为红色，待确定药品为黄色；

（四）储存药品应当按照要求采取避光、遮光、通风、防潮、防虫、防鼠等措施；

（五）搬运和堆码药品应当严格按照外包装标示要求规范操作，堆码高度符合包装图示要求，避免损坏药品包装；

（六）药品按批号堆码，不同批号的药品不得混垛，垛间距不小于5厘米，与库房内墙、顶、温度调控设备及管道等设施间距不小于30厘米，与地面间距不小于10厘米；

（七）药品与非药品、外用药与其他药品分开存放，中药材和中药饮片分库存放；

（八）特殊管理的药品应当按照国家有关规定储存；

（九）拆除外包装的零货药品应当集中存放；

（十）储存药品的货架、托盘等设施设备应当保持清洁，无破损和杂物堆放；

（十一）未经批准的人员不得进入储存作业区，储存作业区内的人员不得有影响药品质量和安全的行为；

（十二）药品储存作业区内不得存放与储存管理无关的物品。

第八十六条 养护人员应当根据库房条件、外部环境、药品质量特性等对药品进行养护，主要内容是：

（一）指导和督促储存人员对药品进行合理储存与作业；

（二）检查并改善储存条件、防护措施、卫生环境；

（三）对库房温湿度进行有效监测、调控；

（四）按照养护计划对库存药品的外观、包装等质量状况进行检查，并建立养护记录；对储存条件有特殊要求的或者有效期较短的品种应当进行重点养护；

（五）发现有问题的药品应当及时在计算机系统中锁定和记录，并通知质量管理部门处理；

（六）对中药材和中药饮片应当按其特性采取有效方法进行养护并记录，所采取的养护方法不得对药品造成污染；

（七）定期汇总、分析养护信息。

第八十七条　企业应当采用计算机系统对库存药品的有效期进行自动跟踪和控制，采取近效期预警及超过有效期自动锁定等措施，防止过期药品销售。

第八十八条　药品因破损而导致液体、气体、粉末泄漏时，应当迅速采取安全处理措施，防止对储存环境和其他药品造成污染。

第八十九条　对质量可疑的药品应当立即采取停售措施，并在计算机系统中锁定，同时报告质量管理部门确认。对存在质量问题的药品应当采取以下措施：

（一）存放于标志明显的专用场所，并有效隔离，不得销售；

（二）怀疑为假药的，及时报告药品监督管理部门；

（三）属于特殊管理的药品，按照国家有关规定处理；

（四）不合格药品的处理过程应当有完整的手续和记录；

（五）对不合格药品应当查明并分析原因，及时采取预防措施。

第九十条　企业应当对库存药品定期盘点，做到账、货相符。

第十一节　销售

第九十一条　企业应当将药品销售给合法的购货单位，并对购货单位的证明文件、采购人员及提货人员的身份证明进行核实，保证药品销售流向真实、合法。

第九十二条　企业应当严格审核购货单位的生产范围、经营范围或者诊疗范围，并按照相应的范围销售药品。

第九十三条　企业销售药品，应当如实开具发票，做到票、账、货、款一致。

第九十四条　企业应当做好药品销售记录。销售记录应当包括药品的通用名称、规格、剂型、批号、有效期、生产厂商、购货单位、销售数量、单价、金额、销售日期等内容。按照本规范第六十九条规定进行药品直调的，应当建立专门的销售记录。

中药材销售记录应当包括品名、规格、产地、购货单位、销售数量、单价、金额、销售日期等内容；中药饮片销售记录应当包括品名、规格、批号、产地、生产厂商、购货单位、销售数量、单价、金额、销售日期等内容。

第九十五条　销售特殊管理的药品以及国家有专门管理要求的药品，应当严格按照国家有关规定执行。

第十二节　出库

第九十六条　出库时应当对照销售记录进行复核。发现以下情况不得出库，并报告质量管理部门处理：

（一）药品包装出现破损、污染、封口不牢、衬垫不实、封条损坏等问题；

（二）包装内有异常响动或者液体渗漏；

（三）标签脱落、字迹模糊不清或者标识内容与实物不符；

（四）药品已超过有效期；

（五）其他异常情况的药品。

第九十七条 药品出库复核应当建立记录，包括购货单位、药品的通用名称、剂型、规格、数量、批号、有效期、生产厂商、出库日期、质量状况和复核人员等内容。

第九十八条 特殊管理的药品出库应当按照有关规定进行复核。

第九十九条 药品拼箱发货的代用包装箱应当有醒目的拼箱标志。

第一百条 药品出库时，应当附加盖企业药品出库专用章原印章的随货同行单（票）。

企业按照本规范第六十九条规定直调药品的，直调药品出库时，由供货单位开具两份随货同行单（票），分别发往直调企业和购货单位。随货同行单（票）的内容应当符合本规范第七十三条第二款的要求，还应当标明直调企业名称。

第一百零一条 冷藏、冷冻药品的装箱、装车等项作业，应当由专人负责并符合以下要求：

（一）车载冷藏箱或者保温箱在使用前应当达到相应的温度要求；

（二）应当在冷藏环境下完成冷藏、冷冻药品的装箱、封箱工作；

（三）装车前应当检查冷藏车辆的启动、运行状态，达到规定温度后方可装车；

（四）启运时应当做好运输记录，内容包括运输工具和启运时间等。

第一百零二条 对实施电子监管的药品，应当在出库时进行扫码和数据上传。

第十三节　运输与配送

第一百零三条 企业应当按照质量管理制度的要求，严格执行运输操作规程，并采取有效措施保证运输过程中的药品质量与安全。

第一百零四条 运输药品，应当根据药品的包装、质量特性并针对车况、道路、天气等因素，选用适宜的运输工具，采取相应措施防止出现破损、污染等问题。

第一百零五条 发运药品时，应当检查运输工具，发现运输条件不符合规定的，不得发运。运输药品过程中，运载工具应当保持密闭。

第一百零六条 企业应当严格按照外包装标示的要求搬运、装卸药品。

第一百零七条 企业应当根据药品的温度控制要求，在运输过程中采取必要的保温或者冷藏、冷冻措施。

运输过程中，药品不得直接接触冰袋、冰排等蓄冷剂，防止对药品质量造成影响。

第一百零八条 在冷藏、冷冻药品运输途中，应当实时监测并记录冷藏车、冷藏箱或者保温箱内的温度数据。

第一百零九条 企业应当制定冷藏、冷冻药品运输应急预案，对运输途中可能发生的设备故障、异常天气影响、交通拥堵等突发事件，能够采取相应的应对措施。

第一百一十条 企业委托其他单位运输药品的，应当对承运方运输药品的质量保障能力进行审计，索取运输车辆的相关资料，符合本规范运输设施设备条件和要求的方可委托。

第一百一十一条　企业委托运输药品应当与承运方签订运输协议，明确药品质量责任、遵守运输操作规程和在途时限等内容。

第一百一十二条　企业委托运输药品应当有记录，实现运输过程的质量追溯。记录至少包括发货时间、发货地址、收货单位、收货地址、货单号、药品件数、运输方式、委托经办人、承运单位，采用车辆运输的还应当载明车牌号，并留存驾驶人员的驾驶证复印件。记录应当至少保存5年。

第一百一十三条　已装车的药品应当及时发运并尽快送达。委托运输的，企业应当要求并监督承运方严格履行委托运输协议，防止因在途时间过长影响药品质量。

第一百一十四条　企业应当采取运输安全管理措施，防止在运输过程中发生药品盗抢、遗失、调换等事故。

第一百一十五条　特殊管理的药品的运输应当符合国家有关规定。

第十四节　售后管理

第一百一十六条　企业应当加强对退货的管理，保证退货环节药品的质量和安全，防止混入假冒药品。

第一百一十七条　企业应当按照质量管理制度的要求，制定投诉管理操作规程，内容包括投诉渠道及方式、档案记录、调查与评估、处理措施、反馈和事后跟踪等。

第一百一十八条　企业应当配备专职或者兼职人员负责售后投诉管理，对投诉的质量问题查明原因，采取有效措施及时处理和反馈，并做好记录，必要时应当通知供货单位及药品生产企业。

第一百一十九条　企业应当及时将投诉及处理结果等信息记入档案，以便查询和跟踪。

第一百二十条　企业发现已售出药品有严重质量问题，应当立即通知购货单位停售、追回并做好记录，同时向药品监督管理部门报告。

第一百二十一条　企业应当协助药品生产企业履行召回义务，按照召回计划的要求及时传达、反馈药品召回信息，控制和收回存在安全隐患的药品，并建立药品召回记录。

第一百二十二条　企业质量管理部门应当配备专职或者兼职人员，按照国家有关规定承担药品不良反应监测和报告工作。

第三章　药品零售的质量管理

第一节　质量管理与职责

第一百二十三条　企业应当按照有关法律法规及本规范的要求制定质量管理文件，开展质量管理活动，确保药品质量。

第一百二十四条　企业应当具有与其经营范围和规模相适应的经营条件，包括组织机构、人员、设施设备、质量管理文件，并按照规定设置计算机系统。

第一百二十五条　企业负责人是药品质量的主要责任人，负责企业日常管理，负责提供必要的条件，保证质量管理部门和质量管理人员有效履行职责，确保企业按照本规范要求经营药品。

第一百二十六条 企业应当设置质量管理部门或者配备质量管理人员，履行以下职责：

（一）督促相关部门和岗位人员执行药品管理的法律法规及本规范；

（二）组织制订质量管理文件，并指导、监督文件的执行；

（三）负责对供货单位及其销售人员资格证明的审核；

（四）负责对所采购药品合法性的审核；

（五）负责药品的验收，指导并监督药品采购、储存、陈列、销售等环节的质量管理工作；

（六）负责药品质量查询及质量信息管理；

（七）负责药品质量投诉和质量事故的调查、处理及报告；

（八）负责对不合格药品的确认及处理；

（九）负责假劣药品的报告；

（十）负责药品不良反应的报告；

（十一）开展药品质量管理教育和培训；

（十二）负责计算机系统操作权限的审核、控制及质量管理基础数据的维护；

（十三）负责组织计量器具的校准及检定工作；

（十四）指导并监督药学服务工作；

（十五）其他应当由质量管理部门或者质量管理人员履行的职责。

第二节　人员管理

第一百二十七条 企业从事药品经营和质量管理工作的人员，应当符合有关法律法规及本规范规定的资格要求，不得有相关法律法规禁止从业的情形。

第一百二十八条 企业法定代表人或者企业负责人应当具备执业药师资格。

企业应当按照国家有关规定配备执业药师，负责处方审核，指导合理用药。

第一百二十九条 质量管理、验收、采购人员应当具有药学或者医学、生物、化学等相关专业学历或者具有药学专业技术职称。从事中药饮片质量管理、验收、采购人员应当具有中药学中专以上学历或者具有中药学专业初级以上专业技术职称。

营业员应当具有高中以上文化程度或者符合省级药品监督管理部门规定的条件。中药饮片调剂人员应当具有中药学中专以上学历或者具备中药调剂员资格。

第一百三十条 企业各岗位人员应当接受相关法律法规及药品专业知识与技能的岗前培训和继续培训，以符合本规范要求。

第一百三十一条 企业应当按照培训管理制度制定年度培训计划并开展培训，使相关人员能正确理解并履行职责。培训工作应当做好记录并建立档案。

第一百三十二条 企业应当为销售特殊管理的药品、国家有专门管理要求的药品、冷藏药品的人员接受相应培训提供条件，使其掌握相关法律法规和专业知识。

第一百三十三条 在营业场所内，企业工作人员应当穿着整洁、卫生的工作服。

第一百三十四条 企业应当对直接接触药品岗位的人员进行岗前及年度健康检查，并建立健康档案。患有传染病或者其他可能污染药品的疾病的，不得从事直接接触药品的工作。

第一百三十五条 在药品储存、陈列等区域不得存放与经营活动无关的物品及私人用品，在工作区域内不得有影响药品质量和安全的行为。

第三节 文件

第一百三十六条 企业应当按照有关法律法规及本规范规定，制定符合企业实际的质量管理文件。文件包括质量管理制度、岗位职责、操作规程、档案、记录和凭证等，并对质量管理文件定期审核、及时修订。

第一百三十七条 企业应当采取措施确保各岗位人员正确理解质量管理文件的内容，保证质量管理文件有效执行。

第一百三十八条 药品零售质量管理制度应当包括以下内容：

（一）药品采购、验收、陈列、销售等环节的管理，设置库房的还应当包括储存、养护的管理；

（二）供货单位和采购品种的审核；

（三）处方药销售的管理；

（四）药品拆零的管理；

（五）特殊管理的药品和国家有专门管理要求的药品的管理；

（六）记录和凭证的管理；

（七）收集和查询质量信息的管理；

（八）质量事故、质量投诉的管理；

（九）中药饮片处方审核、调配、核对的管理；

（十）药品有效期的管理；

（十一）不合格药品、药品销毁的管理；

（十二）环境卫生、人员健康的规定；

（十三）提供用药咨询、指导合理用药等药学服务的管理；

（十四）人员培训及考核的规定；

（十五）药品不良反应报告的规定；

（十六）计算机系统的管理；

（十七）执行药品电子监管的规定；

（十八）其他应当规定的内容。

第一百三十九条 企业应当明确企业负责人、质量管理、采购、验收、营业员以及处方审核、调配等岗位的职责，设置库房的还应当包括储存、养护等岗位职责。

第一百四十条 质量管理岗位、处方审核岗位的职责不得由其他岗位人员代为履行。

第一百四十一条 药品零售操作规程应当包括：

（一）药品采购、验收、销售；

（二）处方审核、调配、核对；

（三）中药饮片处方审核、调配、核对；

（四）药品拆零销售；

（五）特殊管理的药品和国家有专门管理要求的药品的销售；

（六）营业场所药品陈列及检查；

（七）营业场所冷藏药品的存放；

（八）计算机系统的操作和管理；

（九）设置库房的还应当包括储存和养护的操作规程。

第一百四十二条 企业应当建立药品采购、验收、销售、陈列检查、温湿度监测、不合格药品处理等相关记录，做到真实、完整、准确、有效和可追溯。

第一百四十三条 记录及相关凭证应当至少保存 5 年。特殊管理的药品的记录及凭证按相关规定保存。

第一百四十四条 通过计算机系统记录数据时，相关岗位人员应当按照操作规程，通过授权及密码登录计算机系统，进行数据的录入，保证数据原始、真实、准确、安全和可追溯。

第一百四十五条 电子记录数据应当以安全、可靠方式定期备份。

第四节 设施与设备

第一百四十六条 企业的营业场所应当与其药品经营范围、经营规模相适应，并与药品储存、办公、生活辅助及其他区域分开。

第一百四十七条 营业场所应当具有相应设施或者采取其他有效措施，避免药品受室外环境的影响，并做到宽敞、明亮、整洁、卫生。

第一百四十八条 营业场所应当有以下营业设备：

（一）货架和柜台；

（二）监测、调控温度的设备；

（三）经营中药饮片的，有存放饮片和处方调配的设备；

（四）经营冷藏药品的，有专用冷藏设备；

（五）经营第二类精神药品、毒性中药品种和罂粟壳的，有符合安全规定的专用存放设备；

（六）药品拆零销售所需的调配工具、包装用品。

第一百四十九条 企业应当建立能够符合经营和质量管理要求的计算机系统，并满足药品电子监管的实施条件。

第一百五十条 企业设置库房的，应当做到库房内墙、顶光洁，地面平整，门窗结构严密；有可靠的安全防护、防盗等措施。

第一百五十一条 仓库应当有以下设施设备：

（一）药品与地面之间有效隔离的设备；

（二）避光、通风、防潮、防虫、防鼠等设备；

（三）有效监测和调控温湿度的设备；

（四）符合储存作业要求的照明设备；

（五）验收专用场所；

（六）不合格药品专用存放场所；

（七）经营冷藏药品的，有与其经营品种及经营规模相适应的专用设备。

第一百五十二条 经营特殊管理的药品应当有符合国家规定的储存设施。

第一百五十三条 储存中药饮片应当设立专用库房。

第一百五十四条 企业应当按照国家有关规定，对计量器具、温湿度监测设备等定期进行校准或者检定。

第五节　采购与验收

第一百五十五条　企业采购药品，应当符合本规范第二章第八节的相关规定。

第一百五十六条　药品到货时，收货人员应当按采购记录，对照供货单位的随货同行单（票）核实药品实物，做到票、账、货相符。

第一百五十七条　企业应当按规定的程序和要求对到货药品逐批进行验收，并按照本规范第八十条规定做好验收记录。

验收抽取的样品应当具有代表性。

第一百五十八条　冷藏药品到货时，应当按照本规范第七十四条规定进行检查。

第一百五十九条　验收药品应当按照本规范第七十六条规定查验药品检验报告书。

第一百六十条　特殊管理的药品应当按照相关规定进行验收。

第一百六十一条　验收合格的药品应当及时入库或者上架，实施电子监管的药品，还应当按照本规范第八十一条、第八十二条的规定进行扫码和数据上传，验收不合格的，不得入库或者上架，并报告质量管理人员处理。

第六节　陈列与储存

第一百六十二条　企业应当对营业场所温度进行监测和调控，以使营业场所的温度符合常温要求。

第一百六十三条　企业应当定期进行卫生检查，保持环境整洁。存放、陈列药品的设备应当保持清洁卫生，不得放置与销售活动无关的物品，并采取防虫、防鼠等措施，防止污染药品。

第一百六十四条　药品的陈列应当符合以下要求：

（一）按剂型、用途以及储存要求分类陈列，并设置醒目标志，类别标签字迹清晰、放置准确；

（二）药品放置于货架（柜），摆放整齐有序，避免阳光直射；

（三）处方药、非处方药分区陈列，并有处方药、非处方药专用标识；

（四）处方药不得采用开架自选的方式陈列和销售；

（五）外用药与其他药品分开摆放；

（六）拆零销售的药品集中存放于拆零专柜或者专区；

（七）第二类精神药品、毒性中药品种和罂粟壳不得陈列；

（八）冷藏药品放置在冷藏设备中，按规定对温度进行监测和记录，并保证存放温度符合要求；

（九）中药饮片柜斗谱的书写应当正名正字；装斗前应当复核，防止错斗、串斗；应当定期清斗，防止饮片生虫、发霉、变质；不同批号的饮片装斗前应当清斗并记录；

（十）经营非药品应当设置专区，与药品区域明显隔离，并有醒目标志。

第一百六十五条　企业应当定期对陈列、存放的药品进行检查，重点检查拆零药品和易变质、近效期、摆放时间较长的药品以及中药饮片。发现有质量疑问的药品应当及时撤柜，停止销售，由质量管理人员确认和处理，并保留相关记录。

第一百六十六条　企业应当对药品的有效期进行跟踪管理，防止近效期药品售出后可能发生的过期使用。

第一百六十七条 企业设置库房的，库房的药品储存与养护管理应当符合本规范第二章第十节的相关规定。

第七节 销售管理

第一百六十八条 企业应当在营业场所的显著位置悬挂《药品经营许可证》、营业执照、执业药师注册证等。

第一百六十九条 营业人员应当佩戴有照片、姓名、岗位等内容的工作牌，是执业药师和药学技术人员的，工作牌还应当标明执业资格或者药学专业技术职称。在岗执业的执业药师应当挂牌明示。

第一百七十条 销售药品应当符合以下要求：

（一）处方经执业药师审核后方可调配；对处方所列药品不得擅自更改或者代用，对有配伍禁忌或者超剂量的处方，应当拒绝调配，但经处方医师更正或者重新签字确认的，可以调配；调配处方后经过核对方可销售；

（二）处方审核、调配、核对人员应当在处方上签字或者盖章，并按照有关规定保存处方或者其复印件；

（三）销售近效期药品应当向顾客告知有效期；

（四）销售中药饮片做到计量准确，并告知煎服方法及注意事项；提供中药饮片代煎服务，应当符合国家有关规定。

第一百七十一条 企业销售药品应当开具销售凭证，内容包括药品名称、生产厂商、数量、价格、批号、规格等，并做好销售记录。

第一百七十二条 药品拆零销售应当符合以下要求：

（一）负责拆零销售的人员经过专门培训；

（二）拆零的工作台及工具保持清洁、卫生，防止交叉污染；

（三）做好拆零销售记录，内容包括拆零起始日期、药品的通用名称、规格、批号、生产厂商、有效期、销售数量、销售日期、分拆及复核人员等；

（四）拆零销售应当使用洁净、卫生的包装，包装上注明药品名称、规格、数量、用法、用量、批号、有效期以及药店名称等内容；

（五）提供药品说明书原件或者复印件；

（六）拆零销售期间，保留原包装和说明书。

第一百七十三条 销售特殊管理的药品和国家有专门管理要求的药品，应当严格执行国家有关规定。

第一百七十四条 药品广告宣传应当严格执行国家有关广告管理的规定。

第一百七十五条 非本企业在职人员不得在营业场所内从事药品销售相关活动。

第一百七十六条 对实施电子监管的药品，在售出时，应当进行扫码和数据上传。

第八节 售后管理

第一百七十七条 除药品质量原因外，药品一经售出，不得退换。

第一百七十八条 企业应当在营业场所公布药品监督管理部门的监督电话，设置顾客意见簿，及时处理顾客对药品质量的投诉。

第一百七十九条　企业应当按照国家有关药品不良反应报告制度的规定，收集、报告药品不良反应信息。

第一百八十条　企业发现已售出药品有严重质量问题，应当及时采取措施追回药品并做好记录，同时向药品监督管理部门报告。

第一百八十一条　企业应当协助药品生产企业履行召回义务，控制和收回存在安全隐患的药品，并建立药品召回记录。

第四章　附　则

第一百八十二条　药品零售连锁企业总部的管理应当符合本规范药品批发企业相关规定，门店的管理应当符合本规范药品零售企业相关规定。

第一百八十三条　本规范为药品经营质量管理的基本要求。对企业信息化管理、药品储运温湿度自动监测、药品验收管理、药品冷链物流管理、零售连锁管理等具体要求，由国家食品药品监督管理局以附录方式另行制定。

第一百八十四条　本规范下列术语的含义是：

（一）在职：与企业确定劳动关系的在册人员。

（二）在岗：相关岗位人员在工作时间内在规定的岗位履行职责。

（三）首营企业：采购药品时，与本企业首次发生供需关系的药品生产或者经营企业。

（四）首营品种：本企业首次采购的药品。

（五）原印章：企业在购销活动中，为证明企业身份在相关文件或者凭证上加盖的企业公章、发票专用章、质量管理专用章、药品出库专用章的原始印记，不能是印刷、影印、复印等复制后的印记。

（六）待验：对到货、销后退回的药品采用有效的方式进行隔离或者区分，在入库前等待质量验收的状态。

（七）零货：指拆除了用于运输、储藏包装的药品。

（八）拼箱发货：将零货药品集中拼装至同一包装箱内发货的方式。

（九）拆零销售：将最小包装拆分销售的方式。

（十）国家有专门管理要求的药品：国家对蛋白同化制剂、肽类激素、含特殊药品复方制剂等品种实施特殊监管措施的药品。

第一百八十五条　医疗机构药房和计划生育技术服务机构的药品采购、储存、养护等质量管理规范由国家食品药品监督管理局商相关主管部门另行制定。

互联网销售药品的质量管理规定由国家食品药品监督管理局另行制定。

第一百八十六条　药品经营企业违反本规范的，由药品监督管理部门按照《中华人民共和国药品管理法》第七十九条的规定给予处罚。

第一百八十七条　本规范自发布之日起施行，卫生部2013年6月1日施行的《药品经营质量管理规范》（中华人民共和国卫生部令第90号）同时废止。

附录四　国家食品药品监督管理总局公告（实施细则）

附录1　冷藏、冷冻药品的储存与运输管理

第一条　企业经营冷藏、冷冻药品的，应当按照《药品经营质量管理规范》（以下简称《规范》）的要求，在收货、验收、储存、养护、出库、运输等环节，根据药品包装标示的贮藏要求，采用经过验证确认的设施设备、技术方法和操作规程，对冷藏、冷冻药品储存过程中的温湿度状况、运输过程中的温度状况，进行实时自动监测和控制，保证药品的储运环境温湿度控制在规定范围内。

第二条　企业应当按照《规范》的要求，配备相应的冷藏、冷冻储运设施设备及温湿度自动监测系统，并对设施设备进行维护管理。

（一）冷库设计符合国家相关标准要求；冷库具有自动调控温湿度的功能，有备用发电机组或双回路供电系统。

（二）按照企业经营需要，合理划分冷库收货验收、储存、包装材料预冷、装箱发货、待处理药品存放等区域，并有明显标示。验收、储存、拆零、冷藏包装、发货等作业活动，必须在冷库内完成。

（三）冷藏车具有自动调控温度的功能，其配置符合国家相关标准要求；冷藏车厢具有防水、密闭、耐腐蚀等性能，车厢内部留有保证气流充分循环的空间。

（四）冷藏箱、保温箱具有良好的保温性能；冷藏箱具有自动调控温度的功能，保温箱配备蓄冷剂以及与药品隔离的装置。

（五）冷藏、冷冻药品的储存、运输设施设备配置温湿度自动监测系统，可实时采集、显示、记录、传送储存过程中的温湿度数据和运输过程中的温度数据，并具有远程及就地实时报警功能，可通过计算机读取和存储所记录的监测数据。

（六）定期对冷库、冷藏车以及冷藏箱、保温箱进行检查、维护并记录。

第三条　企业应当按照《规范》和相关附录的要求，对冷库、冷藏车、冷藏箱、保温箱以及温湿度自动监测系统进行验证，并依据验证确定的参数和条件，制定设施设备的操作、使用规程。

第四条　企业应当按照《规范》的要求，对冷藏、冷冻药品进行收货检查。

（一）检查运输药品的冷藏车或冷藏箱、保温箱是否符合规定，对未按规定运输的，应当拒收。

（二）查看冷藏车或冷藏箱、保温箱到货时温度数据，导出、保存并查验运输过程的温度记录，确认运输全过程温度状况是否符合规定。

（三）符合规定的，将药品放置在符合温度要求的待验区域待验；不符合规定的应当拒收，将药品隔离存放于符合温度要求的环境中，并报质量管理部门处理。

（四）收货须做好记录，内容包括：药品名称、数量、生产企业、发货单位、运输单位、发运地点、启运时间、运输工具、到货时间、到货温度、收货人员等。

（五）对销后退回的药品，同时检查退货方提供的温度控制说明文件和售出期间温

度控制的相关数据。对于不能提供文件、数据，或温度控制不符合规定的，应当拒收，做好记录并报质量管理部门处理。

第五条　储存、运输过程中，冷藏、冷冻药品的码放应当符合以下要求：

（一）冷库内药品的堆垛间距，药品与地面、墙壁、库顶部的间距符合《规范》的要求；冷库内制冷机组出风口 100 厘米范围内，以及高于冷风机出风口的位置，不得码放药品。

（二）冷藏车厢内，药品与厢内前板距离不小于 10 厘米，与后板、侧板、底板间距不小于 5 厘米，药品码放高度不得超过制冷机组出风口下沿，确保气流正常循环和温度均匀分布。

第六条　企业应当由专人负责对在库储存的冷藏、冷冻药品进行重点养护检查。

药品储存环境温湿度超出规定范围时，应当及时采取有效措施进行调控，防止温湿度超标对药品质量造成影响。

第七条　企业运输冷藏、冷冻药品，应当根据药品数量、运输距离、运输时间、温度要求、外部环境温度等情况，选择适宜的运输工具和温控方式，确保运输过程中温度控制符合要求。

冷藏、冷冻药品运输过程中，应当实时采集、记录、传送冷藏车、冷藏箱或保温箱内的温度数据。运输过程中温度超出规定范围时，温湿度自动监测系统应当实时发出报警指令，由相关人员查明原因，及时采取有效措施进行调控。

第八条　使用冷藏箱、保温箱运送冷藏药品的，应当按照经过验证的标准操作规程，进行药品包装和装箱的操作。

（一）装箱前将冷藏箱、保温箱预热或预冷至符合药品包装标示的温度范围内。

（二）按照验证确定的条件，在保温箱内合理配备与温度控制及运输时限相适应的蓄冷剂。

（三）保温箱内使用隔热装置将药品与低温蓄冷剂进行隔离。

（四）药品装箱后，冷藏箱启动动力电源和温度监测设备，保温箱启动温度监测设备，检查设备运行正常后，将箱体密闭。

第九条　使用冷藏车运送冷藏、冷冻药品的，启运前应当按照经过验证的标准操作规程进行操作。

（一）提前打开温度调控和监测设备，将车厢内预热或预冷至规定的温度。

（二）开始装车时关闭温度调控设备，并尽快完成药品装车。

（三）药品装车完毕，及时关闭车厢厢门，检查厢门密闭情况，并上锁。

（四）启动温度调控设备，检查温度调控和监测设备运行状况，运行正常方可启运。

第十条　企业应当制定冷藏、冷冻药品运输过程中温度控制的应急预案，对运输过程中出现的异常气候、设备故障、交通事故等意外或紧急情况，能够及时采取有效的应对措施，防止因异常情况造成的温度失控。

第十一条　企业制定的应急预案应当包括应急组织机构、人员职责、设施设备、外部协作资源、应急措施等内容，并不断加以完善和优化。

第十二条　从事冷藏、冷冻药品收货、验收、储存、养护、出库、运输等岗位工作的人员，应当接受相关法律法规、专业知识、相关制度和标准操作规程的培训，经考核合格后，方可上岗。

第十三条 企业委托其他单位运输冷藏、冷冻药品时，应当保证委托运输过程符合《规范》及本附录相关规定。

（一）索取承运单位的运输资质文件、运输设施设备和监测系统证明及验证文件、承运人员资质证明、运输过程温度控制及监测等相关资料。

（二）对承运方的运输设施设备、人员资质、质量保障能力、安全运输能力、风险控制能力等进行委托前和定期审计，审计报告存档备查。

（三）承运单位冷藏、冷冻运输设施设备及自动监测系统不符合规定或未经验证的，不得委托运输。

（四）与承运方签订委托运输协议，内容包括承运方制定并执行符合要求的运输标准操作规程，对运输过程中温度控制和实时监测的要求，明确在途时限以及运输过程中的质量安全责任。

（五）根据承运方的资质和条件，必要时对承运方的相关人员进行培训和考核。

附录 2　药品经营企业计算机系统

第一条 药品经营企业应当建立与经营范围和经营规模相适应的计算机系统（以下简称系统），能够实时控制并记录药品经营各环节和质量管理全过程，并符合电子监管的实施条件。

第二条 药品经营企业应当按照《药品经营质量管理规范》（以下简称《规范》）相关规定，在系统中设置各经营流程的质量控制功能，与采购、销售以及收货、验收、储存、养护、出库复核、运输等系统功能形成内嵌式结构，对各项经营活动进行判断，对不符合药品监督管理法律法规以及《规范》的行为进行识别及控制，确保各项质量控制功能的实时和有效。

第三条 药品批发企业系统的硬件设施和网络环境应当符合以下要求：

（一）有支持系统正常运行的服务器；

（二）质量管理、采购、收货、验收、储存、养护、出库复核、销售等岗位配备专用的终端设备；

（三）有稳定、安全的网络环境，有固定接入互联网的方式和可靠的信息安全平台；

（四）有实现相关部门之间、岗位之间信息传输和数据共享的局域网；

（五）有符合《规范》及企业管理实际需要的应用软件和相关数据库。

第四条 药品批发企业负责信息管理的部门应当履行以下职责：

（一）负责系统硬件和软件的安装、测试及网络维护；

（二）负责系统数据库管理和数据备份；

（三）负责培训、指导相关岗位人员使用系统；

（四）负责系统程序的运行及维护管理；

（五）负责系统网络以及数据的安全管理；

（六）保证系统日志的完整性；

（七）负责建立系统硬件和软件管理档案。

第五条　药品批发企业质量管理部门应当履行以下职责：

（一）负责指导设定系统质量控制功能；

（二）负责系统操作权限的审核，并定期跟踪检查；

（三）监督各岗位人员严格按规定流程及要求操作系统；

（四）负责质量管理基础数据的审核、确认生效及锁定；

（五）负责经营业务数据修改申请的审核，符合规定要求的方可按程序修改；

（六）负责处理系统中涉及药品质量的有关问题。

第六条　药品批发企业应当严格按照管理制度和操作规程进行系统数据的录入、修改和保存，以保证各类记录的原始、真实、准确、安全和可追溯。

（一）各操作岗位通过输入用户名、密码等身份确认方式登录系统，并在权限范围内录入或查询数据，未经批准不得修改数据信息。

（二）修改各类业务经营数据时，操作人员在职责范围内提出申请，经质量管理人员审核批准后方可修改，修改的原因和过程在系统中予以记录。

（三）系统对各岗位操作人员姓名的记录，根据专有用户名及密码自动生成，不得采用手工编辑或菜单选择等方式录入。

（四）系统操作、数据记录的日期和时间由系统自动生成，不得采用手工编辑、菜单选择等方式录入。

第七条　药品批发企业应当根据计算机管理制度对系统各类记录和数据进行安全管理。

（一）采用安全、可靠的方式存储、备份。

（二）按日备份数据。

（三）备份记录和数据的介质存放于安全场所，防止与服务器同时遭遇灾害造成损坏或丢失。

（四）记录和数据的保存时限符合《规范》第四十二条的要求。

第八条　药品批发企业应当将审核合格的供货单位、购货单位及经营品种等信息录入系统，建立质量管理基础数据库并有效运用。

（一）质量管理基础数据包括供货单位、购货单位、经营品种、供货单位销售人员资质、购货单位采购人员资质及提货人员资质等相关内容。

（二）质量管理基础数据与对应的供货单位、购货单位以及购销药品的合法性、有效性相关联，与供货单位或购货单位的经营范围相对应，由系统进行自动跟踪、识别与控制。

（三）系统对接近失效的质量管理基础数据进行提示、预警，提醒相关部门及岗位人员及时索取、更新相关资料；任何质量管理基础数据失效时，系统都自动锁定与该数据相关的业务功能，直至数据更新和生效后，相关功能方可恢复。

（四）质量管理基础数据是企业合法经营的基本保障，须由专门的质量管理人员对相关资料审核合格后，据实确认和更新，更新时间由系统自动生成。

（五）其他岗位人员只能按规定的权限，查询、使用质量管理基础数据，不能修改数据的任何内容。

第九条 药品采购订单中的质量管理基础数据应当依据数据库生成。系统对各供货单位的合法资质，能够自动识别、审核，防止超出经营方式或经营范围的采购行为发生。

采购订单确认后，系统自动生成采购记录。

第十条 药品到货时，系统应当支持收货人员查询采购记录，对照随货同行单（票）及实物确认相关信息后，方可收货。

第十一条 验收人员按规定进行药品质量验收，对照药品实物在系统采购记录的基础上录入药品的批号、生产日期、有效期、到货数量、验收合格数量、验收结果等内容，确认后系统自动生成验收记录。

第十二条 药品批发企业系统应当按照药品的管理类别及储存特性，自动提示相应的储存库区。

第十三条 药品批发企业系统应当依据质量管理基础数据和养护制度，对库存药品按期自动生成养护工作计划，提示养护人员对库存药品进行有序、合理的养护。

第十四条 药品批发企业系统应当对库存药品的有效期进行自动跟踪和控制，具备近效期预警提示、超有效期自动锁定及停销等功能。

第十五条 药品批发企业销售药品时，系统应当依据质量管理基础数据及库存记录生成销售订单，系统拒绝无质量管理基础数据或无有效库存数据支持的任何销售订单的生成。系统对各购货单位的法定资质能够自动识别并审核，防止超出经营方式或经营范围的销售行为的发生。

销售订单确认后，系统自动生成销售记录。

第十六条 药品批发企业系统应当将确认后的销售数据传输至仓储部门提示出库及复核。复核人员完成出库复核操作后，系统自动生成出库复核记录。

第十七条 药品批发企业系统对销后退回药品应当具备以下功能：

（一）处理销后退回药品时，能够调出原对应的销售、出库复核记录；

（二）对应的销售、出库复核记录与销后退回药品实物信息一致的方可收货、验收，并依据原销售、出库复核记录数据以及验收情况，生成销后退回验收记录；

（三）退回药品实物与原记录信息不符，或退回药品数量超出原销售数量时，系统拒绝药品退回操作；

（四）系统不支持对原始销售数据的任何更改。

第十八条 药品批发企业系统应当对经营过程中发现的质量有疑问药品进行控制。

（一）各岗位人员发现质量有疑问药品，按照本岗位操作权限实施锁定，并通知质量管理人员。

（二）被锁定药品由质量管理人员确认，不属于质量问题的，解除锁定，属于不合格药品的，由系统生成不合格记录。

（三）系统对质量不合格药品的处理过程、处理结果进行记录，并跟踪处理结果。

第十九条 药品批发企业系统应当对药品运输的在途时间进行跟踪管理，对有运输时限要求的，应当提示或警示相关部门及岗位人员。系统应当按照《规范》要求，生成药品运输记录。

第二十条 药品零售企业系统的硬件、软件、网络环境及管理人员的配备，应当满足企业经营规模和质量管理的实际需要。

第二十一条 药品零售企业系统的销售管理应当符合以下要求：

（一）建立包括供货单位、经营品种等相关内容的质量管理基础数据；

（二）依据质量管理基础数据，自动识别处方药、特殊管理的药品以及其他国家有专门管理要求的药品；

（三）拒绝国家有专门管理要求的药品超数量销售；

（四）与结算系统、开票系统对接，对每笔销售自动打印销售票据，并自动生成销售记录；

（五）依据质量管理基础数据，对拆零药品单独建立销售记录，对拆零药品实施安全、合理的销售控制；

（六）依据质量管理基础数据，定期自动生成陈列药品检查计划；

（七）依据质量管理基础数据，对药品有效期进行跟踪，对近效期的给予预警提示，超有效期的自动锁定及停销；

（八）各类数据的录入与保存符合本附录第六条、第七条的相关要求。

第二十二条 药品经营企业应当根据有关法律法规、《规范》以及质量管理体系内审的要求，及时对系统进行升级，完善系统功能。

附录3 温湿度自动监测

第一条 企业应当按照《药品经营质量管理规范》（以下简称《规范》）的要求，在储存药品的仓库中和运输冷藏、冷冻药品的设备中配备温湿度自动监测系统（以下简称系统）。系统应当对药品储存过程的温湿度状况和冷藏、冷冻药品运输过程的温度状况进行实时自动监测和记录，有效防范储存运输过程中可能发生的影响药品质量安全的风险，确保药品质量安全。

第二条 系统由测点终端、管理主机、不间断电源以及相关软件等组成。各测点终端能够对周边环境温湿度进行数据的实时采集、传送和报警；管理主机能够对各测点终端监测的数据进行收集、处理和记录，并具备发生异常情况时的报警管理功能。

第三条 系统温湿度数据的测定值应当按照《规范》第八十五条的有关规定设定。

系统应当自动生成温湿度监测记录，内容包括温度值、湿度值、日期、时间、测点位置、库区或运输工具类别等。

第四条 系统温湿度测量设备的最大允许误差应当符合以下要求：

（一）测量范围在0℃～40℃之间，温度的最大允许误差为±0.5℃；

（二）测量范围在-25℃～0℃之间，温度的最大允许误差为±1.0℃；

（三）相对湿度的最大允许误差为±5%RH。

第五条 系统应当自动对药品储存运输过程中的温湿度环境进行不间断监测和记录。

系统应当至少每隔1分钟更新一次测点温湿度数据，在药品储存过程中至少每隔30分钟自动记录一次实时温湿度数据，在运输过程中至少每隔5分钟自动记录一次实时温度数据。当监测的温湿度值超出规定范围时，系统应当至少每隔 2 分钟记录一次实时温湿度数据。

第六条 当监测的温湿度值达到设定的临界值或者超出规定范围，系统应当能够实现就地和在指定地点进行声光报警，同时采用短信通讯的方式，向至少 3 名指定人员发出报警信息。

当发生供电中断的情况时，系统应当采用短信通讯的方式，向至少 3 名指定人员发出报警信息。

第七条 系统各测点终端采集的监测数据应当真实、完整、准确、有效。

（一）测点终端采集的数据通过网络自动传送到管理主机，进行处理和记录，并采用可靠的方式进行数据保存，确保不丢失和不被改动。

（二）系统具有对记录数据不可更改、删除的功能，不得有反向导入数据的功能。

（三）系统不得对用户开放温湿度传感器监测值修正、调整功能，防止用户随意调整，造成监测数据失真。

第八条 企业应当对监测数据采用安全、可靠的方式按日备份，备份数据应当存放在安全场所，数据保存时限符合《规范》第四十二条的要求。

第九条 系统应当与企业计算机终端进行数据对接，自动在计算机终端中存储数据，可以通过计算机终端进行实时数据查询和历史数据查询。

第十条 系统应当独立地不间断运行，防止因供电中断、计算机关闭或故障等因素，影响系统正常运行或造成数据丢失。

第十一条 系统保持独立、安全运行，不得与温湿度调控设施设备联动，防止温湿度调控设施设备异常导致系统故障的风险。

第十二条 企业应当对储存及运输设施设备的测点终端布点方案进行测试和确认，保证药品仓库、运输设备中安装的测点终端数量及位置，能够准确反映环境温湿度的实际状况。

第十三条 药品库房或仓间安装的测点终端数量及位置应当符合以下要求：

（一）每一独立的药品库房或仓间至少安装 2 个测点终端，并均匀分布。

（二）平面仓库面积在 300 平方米以下的，至少安装 2 个测点终端；300 平方米以上的，每增加 300 平方米至少增加 1 个测点终端，不足 300 平方米的按 300 平方米计算。

平面仓库测点终端安装的位置，不得低于药品货架或药品堆码垛高度的 2/3 位置。

（三）高架仓库或全自动立体仓库的货架层高在 4. 5 米至 8 米之间的，每 300 平方米面积至少安装 4 个测点终端，每增加 300 平方米至少增加 2 个测点终端，并均匀分布在货架上、下位置；货架层高在 8 米以上的，每 300 平方米面积至少安装 6 个测点终端，每增加 300 平方米至少增加 3 个测点终端，并均匀分布在货架的上、中、下位置；不足 300 平方米的按 300 平方米计算。

高架仓库或全自动立体仓库上层测点终端安装的位置，不得低于最上层货架存放药品的最高位置。

（四）储存冷藏、冷冻药品仓库测点终端的安装数量，须符合本条上述的各项要求，其安装数量按每 100 平方米面积计算。

第十四条　每台独立的冷藏、冷冻药品运输车辆或车厢，安装的测点终端数量不得少于 2 个。车厢容积超过 20 立方米的，每增加 20 立方米至少增加 1 个测点终端，不足 20 立方米的按 20 立方米计算。

每台冷藏箱或保温箱应当至少配置一个测点终端。

第十五条　测点终端应当牢固安装在经过确认的合理位置，避免储运作业及人员活动对监测设备造成影响或损坏，其安装位置不得随意变动。

第十六条　企业应当对测点终端每年至少进行一次校准，对系统设备应当进行定期检查、维修、保养，并建立档案。

第十七条　系统应当满足相关部门实施在线远程监管的条件。

附录 4　药品收货与验收

第一条　企业应当按照国家有关法律法规及《药品经营质量管理规范》（以下简称《规范》），制定药品收货与验收标准。对药品收货与验收过程中出现的不符合质量标准或疑似假、劣药的情况，应当交由质量管理部门按照有关规定进行处理，必要时上报药品监督管理部门。

第二条　药品到货时，收货人员应当对运输工具和运输状况进行检查。

（一）检查运输工具是否密闭，如发现运输工具内有雨淋、腐蚀、污染等可能影响药品质量的现象，及时通知采购部门并报质量管理部门处理。

（二）根据运输单据所载明的启运日期，检查是否符合协议约定的在途时限，对不符合约定时限的，报质量管理部门处理。

（三）供货方委托运输药品的，企业采购部门要提前向供货单位索要委托的承运方式、承运单位、启运时间等信息，并将上述情况提前通知收货人员；收货人员在药品到货后，要逐一核对上述内容，内容不一致的，通知采购部门并报质量管理部门处理。

（四）冷藏、冷冻药品到货时，查验冷藏车、车载冷藏箱或保温箱的温度状况，核查并留存运输过程和到货时的温度记录；对未采用规定的冷藏设备运输或温度不符合要求的，应当拒收，同时对药品进行控制管理，做好记录并报质量管理部门处理。

第三条　药品到货时，收货人员应当查验随货同行单（票）以及相关的药品采购记录。无随货同行单（票）或无采购记录的应当拒收；随货同行单（票）记载的供货单位、生产厂商、药品的通用名称、剂型、规格、批号、数量、收货单位、收货地址、发货日期等内容，与采购记录以及本企业实际情况不符的，应当拒收，并通知采购部门处理。

第四条　应当依据随货同行单（票）核对药品实物。随货同行单（票）中记载的药品的通用名称、剂型、规格、批号、数量、生产厂商等内容，与药品实物不符的，应当拒收，并通知采购部门进行处理。

第五条　收货过程中，对于随货同行单（票）或到货药品与采购记录的有关内容不相符的，由采购部门负责与供货单位核实和处理。

（一）对于随货同行单（票）内容中，除数量以外的其他内容与采购记录、药品实物不符的，经供货单位确认并提供正确的随货同行单（票）后，方可收货。

（二）对于随货同行单（票）与采购记录、药品实物数量不符的，经供货单位确认后，应当由采购部门确定并调整采购数量后，方可收货。

（三）供货单位对随货同行单（票）与采购记录、药品实物不相符的内容，不予确认的，应当拒收，存在异常情况的，报质量管理部门处理。

第六条 收货人员应当拆除药品的运输防护包装，检查药品外包装是否完好，对出现破损、污染、标识不清等情况的药品，应当拒收。

收货人员应当将核对无误的药品放置于相应的待验区域内，并在随货同行单（票）上签字后，移交验收人员。

第七条 药品待验区域及验收药品的设施设备，应当符合以下要求：

（一）待验区域有明显标识，并与其他区域有效隔离；

（二）待验区域符合待验药品的储存温度要求；

（三）设置特殊管理的药品专用待验区域，并符合安全控制要求；

（四）保持验收设施设备清洁，不得污染药品；

（五）按规定配备药品电子监管码的扫码与数据上传设备。

第八条 企业应当根据不同类别和特性的药品，明确待验药品的验收时限，待验药品要在规定时限内验收，验收合格的药品，应当及时入库，验收中发现的问题应当尽快处理，防止对药品质量造成影响。

第九条 验收药品应当按照批号逐批查验药品的合格证明文件，对于相关证明文件不全或内容与到货药品不符的，不得入库，并交质量管理部门处理。

（一）按照药品批号查验同批号的检验报告书，药品检验报告书需加盖供货单位药品检验专用章或质量管理专用章原印章；从批发企业采购药品的，检验报告书的传递和保存，可以采用电子数据的形式，但要保证其合法性和有效性。

（二）验收实施批签发管理的生物制品时，有加盖供货单位药品检验专用章或质量管理专用章原印章的《生物制品批签发合格证》复印件。

（三）验收进口药品时，有加盖供货单位质量管理专用章原印章的相关证明文件：

1. 《进口药品注册证》或《医药产品注册证》；

2. 进口麻醉药品、精神药品以及蛋白同化制剂、肽类激素需有《进口准许证》；

3. 进口药材需有《进口药材批件》；

4. 《进口药品检验报告书》或注明“已抽样”字样的《进口药品通关单》；

5. 进口国家规定的实行批签发管理的生物制品，有批签发证明文件和《进口药品检验报告书》。

（四）验收特殊管理的药品须符合国家相关规定。

第十条 应当对每次到货的药品进行逐批抽样验收，抽取的样品应当具有代表性，对于不符合验收标准的，不得入库，并报质量管理部门处理。

（一）对到货的同一批号的整件药品按照堆码情况随机抽样检查。整件数量在 2 件及以下的，要全部抽样检查；整件数量在 2 件以上至 50 件以下的，至少抽样检查 3 件；整件数量在 50 件以上的，每增加 50 件，至少增加抽样检查 1 件，不足 50 件的，按 50 件计。

（二）对抽取的整件药品需开箱抽样检查，从每整件的上、中、下不同位置随机抽取 3 个最小包装进行检查，对存在封口不牢、标签污损、有明显重量差异或外观异常等情况的，至少再增加一倍抽样数量，进行再检查。

（三）对整件药品存在破损、污染、渗液、封条损坏等包装异常的，要开箱检查至最小包装。

（四）到货的非整件药品要逐箱检查，对同一批号的药品，至少随机抽取一个最小包装进行检查。

第十一条 验收人员应当对抽样药品的外观、包装、标签、说明书等逐一进行检查、核对，出现问题的，报质量管理部门处理。

（一）检查运输储存包装的封条有无损坏，包装上是否清晰注明药品通用名称、规格、生产厂商、生产批号、生产日期、有效期、批准文号、贮藏、包装规格及储运图示标志，以及特殊管理的药品、外用药品、非处方药的标识等标记。

（二）检查最小包装的封口是否严密、牢固，有无破损、污染或渗液，包装及标签印字是否清晰，标签粘贴是否牢固。

（三）检查每一最小包装的标签、说明书是否符合以下规定：

1. 标签有药品通用名称、成份、性状、适应症或者功能主治、规格、用法用量、不良反应、禁忌、注意事项、贮藏、生产日期、产品批号、有效期、批准文号、生产企业等内容；对注射剂瓶、滴眼剂瓶等因标签尺寸限制无法全部注明上述内容的，至少标明药品通用名称、规格、产品批号、有效期等内容；中药蜜丸蜡壳至少注明药品通用名称。

2. 化学药品与生物制品说明书列有以下内容：药品名称（通用名称、商品名称、英文名称、汉语拼音）、成分［活性成分的化学名称、分子式、分子量、化学结构式（复方制剂可列出其组分名称）］、性状、适应症、规格、用法用量、不良反应、禁忌、注意事项、孕妇及哺乳期妇女用药、儿童用药、老年用药、药物相互作用、药物过量、临床试验、药理毒理、药代动力学、贮藏、包装、有效期、执行标准、批准文号、生产企业（企业名称、生产地址、邮政编码、电话和传真）。

3. 中药说明书列有以下内容：药品名称（通用名称、汉语拼音）、成分、性状、功能主治、规格、用法用量、不良反应、禁忌、注意事项、药物相互作用、贮藏、包装、有效期、执行标准、批准文号、说明书修订日期、生产企业（企业名称、生产地址、邮政编码、电话和传真）。

4. 特殊管理的药品、外用药品的包装、标签及说明书上均有规定的标识和警示说明；处方药和非处方药的标签和说明书上有相应的警示语或忠告语，非处方药的包装有国家规定的专有标识；蛋白同化制剂和肽类激素及含兴奋剂类成分的药品有“运动员慎用”警示标识。

5. 进口药品的包装、标签以中文注明药品通用名称、主要成分以及注册证号，并有中文说明书。

6. 中药饮片的包装或容器与药品性质相适应及符合药品质量要求。中药饮片的标签需注明品名、包装规格、产地、生产企业、产品批号、生产日期；整件包装上有品名、产地、生产日期、生产企业等，并附有质量合格的标志。实施批准文号管理的中药饮片，还需注明批准文号。

7. 中药材有包装，并标明品名、规格、产地、供货单位、收购日期、发货日期等；实施批准文号管理的中药材，还需注明批准文号。

第十二条 在保证质量的前提下，如果生产企业有特殊质量控制要求或打开最小包装可能影响药品质量的，可不打开最小包装；外包装及封签完整的原料药、实施批签发管理的生物制品，可不开箱检查。

第十三条 验收地产中药材时，如果对到货中药材存在质量疑问，应当将实物与企业中药样品室（柜）中收集的相应样品进行比对，确认后方可收货。

验收人员应当负责对中药材样品的更新和养护，防止样品出现质量变异。收集的样品放入中药样品室（柜）前，应当由质量管理人员进行确认。

第十四条 企业应当加强对退货药品的收货、验收管理，保证退货环节药品的质量和安全，防止混入假冒药品。

（一）收货人员要依据销售部门确认的退货凭证或通知对销后退回药品进行核对，确认为本企业销售的药品后，方可收货并放置于符合药品储存条件的专用待验场所。

（二）对销后退回的冷藏、冷冻药品，根据退货方提供的温度控制说明文件和售出期间温度控制的相关数据，确认符合规定条件的，方可收货；对于不能提供文件、数据，或温度控制不符合规定的，给予拒收，做好记录并报质量管理部门处理。

（三）验收人员对销后退回的药品进行逐批检查验收，并开箱抽样检查。整件包装完好的，按照本附录第十条规定的抽样原则加倍抽样检查；无完好外包装的，每件须抽样检查至最小包装，必要时送药品检验机构检验。

（四）销后退回药品经验收合格后，方可入库销售，不合格药品按《规范》有关规定处理。

第十五条 检查验收结束后，应当将检查后的完好样品放回原包装，并在抽样的整件包装上标明抽验标志，对已经检查验收的药品，应当及时调整药品质量状态标识或移入相应区域。

第十六条 对验收合格的药品，应当由验收人员与仓储部门办理入库手续，由仓储部门建立库存记录。

第十七条 验收药品应当做好验收记录。

（一）验收记录包括药品的通用名称、剂型、规格、批准文号、批号、生产日期、有效期、生产厂商、供货单位、到货数量、到货日期、验收合格数量、验收结果、验收人员姓名和验收日期等内容。

（二）中药材验收记录包括品名、产地、供货单位、到货数量、验收合格数量等内容，实施批准文号管理的中药材，还要记录批准文号。中药饮片验收记录包括品名、规格、批号、产地、生产日期、生产厂商、供货单位、到货数量、验收合格数量等内容，实施批准文号管理的中药饮片还要记录批准文号。

（三）建立专门的销后退回药品验收记录，记录包括退货单位、退货日期、通用名称、规格、批准文号、批号、生产厂商（或产地）、有效期、数量、验收日期、退货原因、验收结果和验收人员等内容。

（四）验收不合格的药品，需注明不合格事项及处置措施。

第十八条 对实施电子监管的药品，企业应当按规定进行药品电子监管码扫码，并及时将数据上传至中国药品电子监管网系统平台。

（一）企业对未按规定加印或加贴中国药品电子监管码，或因监管码印刷不符合规定要求，造成扫描设备无法识别的，应当拒收。

（二）监管码信息与药品包装信息不符的，要及时向供货单位进行查询、确认，未得到确认之前不得入库，必要时向当地药品监督管理部门报告。

第十九条　企业按照《规范》的相关规定，进行药品直调的，可委托购货单位进行药品验收。购货单位应当严格按照《规范》的要求验收药品，并进行药品电子监管码的扫码与数据上传，建立专门的直调药品验收记录。验收当日应当将验收记录、电子监管数据相关信息传递给直调企业。

附录5　验证管理

第一条　本附录适用于《药品经营质量管理规范》（以下简称《规范》）中涉及的验证范围与内容，包括对冷库、冷藏车、冷藏箱、保温箱以及温湿度自动监测系统（以下简称监测系统）等进行验证，确认相关设施、设备及监测系统能够符合规定的设计标准和要求，并能安全、有效地正常运行和使用，确保冷藏、冷冻药品在储存、运输过程中的质量安全。

第二条　企业质量负责人负责验证工作的监督、指导、协调与审批，质量管理部门负责组织仓储、运输等部门共同实施验证工作。

第三条　企业应当按照质量管理体系文件的规定，按年度制定验证计划，根据计划确定的范围、日程、项目，实施验证工作。

第四条　企业应当在验证实施过程中，建立并形成验证控制文件，文件内容包括验证方案、标准、报告、评价、偏差处理和预防措施等，验证控制文件应当归入药品质量管理档案，并按规定保存。

（一）验证方案根据每一项验证工作的具体内容及要求分别制定，包括验证的实施人员、对象、目标、测试项目、验证设备及监测系统描述、测点布置、时间控制、数据采集要求，以及实施验证的相关基础条件，验证方案需经企业质量负责人审核并批准后，方可实施。

（二）企业需制定实施验证的标准和验证操作规程。

（三）验证完成后，需出具验证报告，包括验证实施人员、验证过程中采集的数据汇总、各测试项目数据分析图表、验证现场实景照片、各测试项目结果分析、验证结果总体评价等，验证报告由质量负责人审核和批准。

（四）在验证过程中，根据验证数据分析，对设施设备运行或使用中可能存在的不符合要求的状况、监测系统参数设定的不合理情况等偏差，进行调整和纠正处理，使相关设施设备及监测系统能够符合规定的要求。

（五）根据验证结果对可能存在的影响药品质量安全的风险，制定有效的预防措施。

第五条　企业应当根据验证方案实施验证。

（一）相关设施设备及监测系统在新投入使用前或改造后需进行使用前验证，对设计或预定的关键参数、条件及性能进行确认，确定实际的关键参数及性能符合设计或规定的使用条件。

（二）当相关设施设备及监测系统超出设定的条件或用途，或是设备出现严重运行异常或故障时，要查找原因、评估风险，采取适当的纠正措施，并跟踪效果。

（三）对相关设施设备及监测系统进行定期验证，以确认其符合要求，定期验证间隔时间不超过 1 年。

（四）根据相关设施设备和监测系统的设计参数以及通过验证确认的使用条件，分别确定最大的停用时间限度；超过最大停用时限的，在重新启用前，要评估风险并重新进行验证。

第六条 企业应当根据验证的内容及目的，确定相应的验证项目。

（一）冷库验证的项目至少包括：

1. 温度分布特性的测试与分析，确定适宜药品存放的安全位置及区域；
2. 温控设备运行参数及使用状况测试；
3. 监测系统配置的测点终端参数及安装位置确认；
4. 开门作业对库房温度分布及药品储存的影响；
5. 确定设备故障或外部供电中断的状况下，库房保温性能及变化趋势分析；
6. 对本地区的高温或低温等极端外部环境条件，分别进行保温效果评估；
7. 在新建库房初次使用前或改造后重新使用前，进行空载及满载验证；
8. 年度定期验证时，进行满载验证。

（二）冷藏车验证的项目至少包括：

1. 车厢内温度分布特性的测试与分析，确定适宜药品存放的安全位置及区域；
2. 温控设施运行参数及使用状况测试；
3. 监测系统配置的测点终端参数及安装位置确认；
4. 开门作业对车厢温度分布及变化的影响；
5. 确定设备故障或外部供电中断的状况下，车厢保温性能及变化趋势分析；
6. 对本地区高温或低温等极端外部环境条件，分别进行保温效果评估；
7. 在冷藏车初次使用前或改造后重新使用前，进行空载及满载验证；
8. 年度定期验证时，进行满载验证。

（三）冷藏箱或保温箱验证的项目至少包括：

1. 箱内温度分布特性的测试与分析，分析箱体内温度变化及趋势；
2. 蓄冷剂配备使用的条件测试；
3. 温度自动监测设备放置位置确认；
4. 开箱作业对箱内温度分布及变化的影响；
5. 高温或低温等极端外部环境条件下的保温效果评估；
6. 运输最长时限验证。

（四）监测系统验证的项目至少包括：

1. 采集、传送、记录数据以及报警功能的确认；
2. 监测设备的测量范围和准确度确认；
3. 测点终端安装数量及位置确认；

4. 监测系统与温度调控设施无联动状态的独立安全运行性能确认；

5. 系统在断电、计算机关机状态下的应急性能确认；

6. 防止用户修改、删除、反向导入数据等功能确认。

第七条　应当根据验证对象及项目，合理设置验证测点。

（一）在被验证设施设备内一次性同步布点，确保各测点采集数据的同步、有效。

（二）在被验证设施设备内，进行均匀性布点、特殊项目及特殊位置专门布点。

（三）每个库房中均匀性布点数量不得少于9个，仓间各角及中心位置均需布置测点，每两个测点的水平间距不得大于5米，垂直间距不得超过2米。

（四）库房每个作业出入口及风机出风口至少布置5个测点，库房中每组货架或建筑结构的风向死角位置至少布置3个测点。

（五）每个冷藏车厢体内测点数量不得少于9个，每增加20立方米增加9个测点，不足20立方米的按20立方米计算。

（六）每个冷藏箱或保温箱的测点数量不得少于5个。

第八条　应当确定适宜的持续验证时间，以保证验证数据的充分、有效及连续。

（一）在库房各项参数及使用条件符合规定的要求并达到运行稳定后，数据有效持续采集时间不得少于48小时。

（二）在冷藏车达到规定的温度并运行稳定后，数据有效持续采集时间不得少于5小时。

（三）冷藏箱或保温箱经过预热或预冷至规定温度并满载装箱后，按照最长的配送时间连续采集数据。

（四）验证数据采集的间隔时间不得大于5分钟。

第九条　应当确保所有验证数据的真实、完整、有效、可追溯，并按规定保存。

第十条　验证使用的温度传感器应当经法定计量机构校准，校准证书复印件应当作为验证报告的必要附件。验证使用的温度传感器应当适用被验证设备的测量范围，其温度测量的最大允许误差为±0.5℃。

第十一条　企业应当根据验证确定的参数及条件，正确、合理使用相关设施设备及监测系统，未经验证的设施、设备及监测系统，不得用于药品冷藏、冷冻储运管理。

验证的结果，应当作为企业制定或修订质量管理体系文件相关内容的依据。

第十二条　企业可与具备相应能力的第三方机构共同实施验证工作，企业应当确保验证实施的全过程符合《规范》及本附录的相关要求。

附录五　药品流通监督管理办法

《药品流通监督管理办法》于2006年12月8日经国家药品监督管理局局务会审议通过，现予公布，自2007年5月1日起施行。

第一章　总　则

第一条　为加强药品监督管理，规范药品流通秩序，保证药品质量，根据《中华人民共和国药品管理法》（以下简称《药品管理法》）、《中华人民共和国药品管理法实施条例》（以下简称《药品管理法实施条例》）和有关法律、法规的规定，制定本办法。

第二条 在中华人民共和国境内从事药品购销及监督管理的单位或者个人，应当遵守本办法。

第三条 药品生产、经营企业、医疗机构应当对其生产、经营、使用的药品质量负责。药品生产、经营企业在确保药品质量安全的前提下，应当适应现代药品流通发展方向，进行改革和创新。

第四条 药品监督管理部门鼓励个人和组织对药品流通实施社会监督。对违反本办法的行为，任何个人和组织都有权向药品监督管理部门举报和控告。

第二章　药品生产、经营企业购销药品的监督管理

第五条 药品生产、经营企业对其药品购销行为负责，对其销售人员或设立的办事机构以本企业名义从事的药品购销行为承担法律责任。

第六条 药品生产、经营企业应当对其购销人员进行药品相关的法律、法规和专业知识培训，建立培训档案，培训档案中应当记录培训时间、地点、内容及接受培训的人员。

第七条 药品生产、经营企业应当加强对药品销售人员的管理，并对其销售行为作出具体规定。

第八条 药品生产、经营企业不得在经药品监督管理部门核准的地址以外的场所储存或者现货销售药品。

第九条 药品生产企业只能销售本企业生产的药品，不得销售本企业受委托生产的或者他人生产的药品。

第十条 药品生产企业、药品批发企业销售药品时，应当提供下列资料：

（一）加盖本企业原印章的《药品生产许可证》或《药品经营许可证》和营业执照的复印件；

（二）加盖本企业原印章的所销售药品的批准证明文件复印件；

（三）销售进口药品的，按照国家有关规定提供相关证明文件。

药品生产企业、药品批发企业派出销售人员销售药品的，除本条前款规定的资料外，还应当提供加盖本企业原印章的授权书复印件。授权书原件应当载明授权销售的品种、地域、期限，注明销售人员的身份证号码，并加盖本企业原印章和企业法定代表人印章（或者签名）。销售人员应当出示授权书原件及本人身份证原件，供药品采购方核实。

第十一条 药品生产企业、药品批发企业销售药品时，应当开具标明供货单位名称、药品名称、生产厂商、批号、数量、价格等内容的销售凭证。

药品零售企业销售药品时，应当开具标明药品名称、生产厂商、数量、价格、批号等内容的销售凭证。

第十二条 药品生产、经营企业采购药品时，应按本办法第十条规定索取、查验、留存供货企业有关证件、资料，按本办法第十一条规定索取、留存销售凭证。

药品生产、经营企业按照本条前款规定留存的资料和销售凭证，应当保存至超过

药品有效期1年，但不得少于3年。

第十三条 药品生产、经营企业知道或者应当知道他人从事无证生产、经营药品行为的，不得为其提供药品。

第十四条 药品生产、经营企业不得为他人以本企业的名义经营药品提供场所，或者资质证明文件，或者票据等便利条件。

第十五条 药品生产、经营企业不得以展示会、博览会、交易会、订货会、产品宣传会等方式现货销售药品。

第十六条 药品经营企业不得购进和销售医疗机构配制的制剂。

第十七条 未经药品监督管理部门审核同意，药品经营企业不得改变经营方式。药品经营企业应当按照《药品经营许可证》许可的经营范围经营药品。

第十八条 药品零售企业应当按照国家食品药品监督管理局药品分类管理规定的要求，凭处方销售处方药。

经营处方药和甲类非处方药的药品零售企业，执业药师或者其他依法经资格认定的药学技术人员不在岗时，应当挂牌告知，并停止销售处方药和甲类非处方药。

第十九条 药品说明书要求低温、冷藏储存的药品，药品生产、经营企业应当按照有关规定，使用低温、冷藏设施设备运输和储存。

药品监督管理部门发现药品生产、经营企业违反本条前款规定的，应当立即查封、扣押所涉药品，并依法进行处理。

第二十条 药品生产、经营企业不得以搭售、买药品赠药品、买商品赠药品等方式向公众赠送处方药或者甲类非处方药。

第二十一条 药品生产、经营企业不得采用邮售、互联网交易等方式直接向公众销售处方药。

第二十二条 禁止非法收购药品。

第三章 医疗机构购进、储存药品的监督管理

第二十三条 医疗机构设置的药房，应当具有与所使用药品相适应的场所、设备、仓储设施和卫生环境，配备相应的药学技术人员，并设立药品质量管理机构或者配备质量管理人员，建立药品保管制度。

第二十四条 医疗机构购进药品时，应当按照本办法第十二条规定，索取、查验、保存供货企业有关证件、资料、票据。

第二十五条 医疗机构购进药品，必须建立并执行进货检查验收制度，并建有真实完整的药品购进记录。药品购进记录必须注明药品的通用名称、生产厂商（中药材标明产地）、剂型、规格、批号、生产日期、有效期、批准文号、供货单位、数量、价格、购进日期。

药品购进记录必须保存至超过药品有效期1年，但不得少于3年。

第二十六条 医疗机构储存药品，应当制订和执行有关药品保管、养护的制度，并采取必要的冷藏、防冻、防潮、避光、通风、防火、防虫、防鼠等措施，保证药品质量。

医疗机构应当将药品与非药品分开存放；中药材、中药饮片、化学药品、中成药

应分别储存、分类存放。

第二十七条 医疗机构和计划生育技术服务机构不得未经诊疗直接向患者提供药品。

第二十八条 医疗机构不得采用邮售、互联网交易等方式直接向公众销售处方药。

第二十九条 医疗机构以集中招标方式采购药品的，应当遵守《药品管理法》、《药品管理法实施条例》及本办法的有关规定。

第四章 法律责任

第三十条 有下列情形之一的，责令限期改正，给予警告；逾期不改正的，处以五千元以上二万元以下的罚款：

（一）药品生产、经营企业违反本办法第六条规定的；

（二）药品生产、批发企业违反本办法第十一条第一款规定的；

（三）药品生产、经营企业违反本办法第十二条，未按照规定留存有关资料、销售凭证的。

第三十一条 药品生产、经营企业违反本办法第七条规定的，给予警告，责令限期改正。

第三十二条 有下列情形之一的，依照《药品管理法》第七十三条规定，没收违法销售的药品和违法所得，并处违法销售的药品货值金额二倍以上五倍以下的罚款：

（一）药品生产、经营企业违反本办法第八条规定，在经药品监督管理部门核准的地址以外的场所现货销售药品的；

（二）药品生产企业违反本办法第九条规定的；

（三）药品生产、经营企业违反本办法第十五条规定的；

（四）药品经营企业违反本办法第十七条规定的。

第三十三条 药品生产、经营企业违反本办法第八条规定，在经药品监督管理部门核准的地址以外的场所储存药品的，按照《药品管理法实施条例》第七十四条的规定予以处罚。

第三十四条 药品零售企业违反本办法第十一条第二款规定的，责令改正，给予警告；逾期不改正的，处以五百元以下的罚款。

第三十五条 违反本办法第十三条规定，药品生产、经营企业知道或者应当知道他人从事无证生产、经营药品行为而为其提供药品的，给予警告，责令改正，并处一万元以下的罚款，情节严重的，处一万元以上三万元以下的罚款。

第三十六条 药品生产、经营企业违反本办法第十四条规定的，按照《药品管理法》第八十二条的规定予以处罚。

第三十七条 违反本办法第十六条规定，药品经营企业购进或者销售医疗机构配制的制剂的，按照《药品管理法》第八十条规定予以处罚。

第三十八条 药品零售企业违反本办法第十八条第一款规定的，责令限期改正，给予警告；逾期不改正或者情节严重的，处以一千元以下的罚款。

违反本办法第十八条第二款规定，药品零售企业在执业药师或者其他依法经过资格认定的药学技术人员不在岗时销售处方药或者甲类非处方药的，责令限期改正，给予警告；逾期不改正的，处以一千元以下的罚款。

第三十九条　药品生产、批发企业违反本办法第十九条规定，未在药品说明书规定的低温、冷藏条件下运输药品的，给予警告，责令限期改正；逾期不改正的，处以五千元以上二万元以下的罚款；有关药品经依法确认属于假劣药品的，按照《药品管理法》有关规定予以处罚。

药品生产、批发企业违反本办法第十九条规定，未在药品说明书规定的低温、冷藏条件下储存药品的，按照《药品管理法》第七十九条的规定予以处罚；有关药品经依法确认属于假劣药品的，按照《药品管理法》有关规定予以处罚。

第四十条　药品生产、经营企业违反本办法第二十条规定的，限期改正，给予警告；逾期不改正或者情节严重的，处以赠送药品货值金额二倍以下的罚款，但是最高不超过三万元。

第四十一条　违反本办法第二十三条至第二十七条的，责令限期改正，情节严重的，给予通报。

第四十二条　药品生产、经营企业违反本办法第二十一条、医疗机构违反本办法第二十八条规定，以邮售、互联网交易等方式直接向公众销售处方药的，责令改正，给予警告，并处销售药品货值金额二倍以下的罚款，但是最高不超过三万元。

第四十三条　违反本办法第二十二条规定非法收购药品的，按照《药品管理法》第七十三条的规定予以处罚。

第四十四条　药品监督管理部门及其工作人员玩忽职守，对应当予以制止和处罚的违法行为不予制止、处罚的，对直接负责的主管人员和其他直接责任人员给予行政处分；构成犯罪的，依法追究刑事责任。

第五章　附　则

第四十五条　本办法所称药品现货销售，是指药品生产、经营企业或其委派的销售人员，在药品监督管理部门核准的地址以外的其他场所，携带药品现货向不特定对象现场销售药品的行为。

第四十六条　实行特殊管理的药品、疫苗、军队用药品的流通监督管理，有关法律、法规、规章另有规定的，从其规定。

第四十七条　本办法自 2007 年 5 月 1 日起施行。自本办法施行之日起，1999 年 8 月 1 日实施的国家药品监督管理局《药品流通监督管理办法（暂行）》（国家药品监督管理局第 7 号令）同时废止。

目标检测参考答案

项目二

一、单项选择题

1. B　2. B

二、多项选择题

1. ABCD　2. ABCE　3. ABC　4. ABD　5. ABCD　6. ABCD

项目三

二、单项选择题

1. A　2. C

三、判断题

1. √　2. ×　3. √　4. ×

项目四

二、单项选择题

1. C　2. B

三、多项选择题

1. ABCDE　2. ABCDE　3. ABCD

项目五

单项选择题

1. C　2. A　3. D　4. B　5. B　6. D

项目六

一、单项选择题

1. A　2. C　3. D　4. B　5. D　6. B

项目七

一、判断题

1. √ 2. × 3. √ 4. √

二、单选题

1. C 2. D 3. B 4. C 5. A

三、多项选择题

1. ABCE 2. ABCDE 3. BD 4. ADE 5. ABCDE

项目八

一、单项选择题

1. A 2. C 3. B 4. B 5. C 6. D 7. D 8. D 9. C 10. A 11. C 12. B 13. D 14. C 15. B 16. C 17. D 18. B 19. D 20. D 21. A

二、多项选择题

1. ABCDE

三、判断题

1. √ 2. √ 3. √ 4. √ 5. √ 6. √ 7. √ 8. √ 9. √ 10. √

项目九

一、单项选择题

1. D 2. B 3. C 4. A 5. C

二、B 型选择题

1~3 BCD 4~7 ACBB 8~12 ADCDD

三、多项选择题

1. ABCD 2. ABCDE

项目十

一、单项选择题

1. C 2. A 3. C 4. C 5. C

二、多项选择题

1. ABE 2. ABCD 3. ABCDE

项目十一

一、单项选择题

1. C　2. C　3. B　4. B　5. B

二、多项选择题

1. ABC　2. ABCDE　3. BCE

项目十二

一、单选题

1. C　2. B　3. A

二、多选题

1. ABCDE　2. ABCDE　3. ABDE

项目十三

一、单项选择题

1. D　2. C　3. C

二、多项选择题

1. ABCDE　2. AB　3. ABCDE

项目十四

一、单项选择题

1. C　2. D　3. D

项目十六

一、单项选择题

1. C　2. B

参考文献

[1] 丁恩峰．药品经营质量管理规范．北京：中国医药科技出版社，2013.
[2] 万春艳．药品经营质量管理规范．北京：化学工业出版社，2014.
[3] 王冬丽．医药商品销售．北京：化学工业出版社，2009.
[4] 梁毅．药品经营质量管理（GSP）．北京：中国医药科技出版社，2003.
[5] 李玉华．实用药品 GSP 基础．北京：化学工业出版社，2012.
[6] 江德元．药品经营质量管理规范实战教程（2012 年修订）．北京：中国人口出版社，2014.
[7] 徐恒秋．《药品经营质量管理规范（2012 年修订）》检查指南．合肥：安徽科学技术出版社，2014.